WESTEND

JÜRGEN ROTH

GAZPROM –
DAS UNHEIMLICHE
IMPERIUM

WIE WIR VERBRAUCHER
BETROGEN UND STAATEN
ERPRESST WERDEN

WESTEND

Mehr über unsere Autoren und Bücher:
www.westendverlag.de

Die Deutsche Nationalbibliothek verzeichnet diese Publikation in
der Deutschen Nationalbibliografie; detaillierte bibliografische Daten
sind im Internet über http://dnb.d-nb.de abrufbar.

ISBN 978-3-86489-000-0
© Westend Verlag GmbH, Frankfurt/Main 2012
Satz: Publikations Atelier, Dreieich
Druck und Bindung: CPI – Clausen & Bosse, Leck
Printed in Germany

Inhalt

Vorwort

Als sie von meinem Vorhaben, ein Buch über den Gazprom-Konzern zu schreiben, erfuhren, warnten mich sowohl osteuropäische wie deutsche Freunde: Sollte ich es wirklich versuchen, hinter die Kulissen des Gazprom-Imperiums zu schauen, würde ich mir jede Menge Probleme einhandeln. Denn, so der russische Publizist Wladimir Iwandize, der wegen seiner kritischen Berichterstattung Russland verlassen musste und inzwischen in Frankreich lebt: »Gazprom ist eine Mafia-ähnliche Organisation, weil Gangster das Geld von Gazprom für ihre Aktivitäten benutzen.«[1] Übertreibt der Kollege da maßlos?

Schon im September 2007 begann der Journalist Hans-Martin Tillack einen Bericht über Gazprom im *Stern* mit den Sätzen: »Es geht bei dieser Invasion um Gas. Aber mehr noch um eine große Menge Geld. Um sehr viel Geld für sehr wenige. Und zwar für Menschen, die größten Wert darauf legen, nicht bekannt zu werden.«[2] Und das angesehene englische Wirtschaftsmagazin *The Economist* schrieb bereits 2006 in einem Artikel mit der Überschrift »Lege dich nicht mit Russland an«: »Putins Einsatz von Energie als Waffe ist nur eine Instanz des russischen Selbstbewusstseins, das heutzutage an Gangstertum anzugrenzen scheint.«[3]

Worum handelt sich also bei diesem Gazprom-Imperium?

Zu Zeiten der Sowjetunion war Gazprom ein Arbeitsbereich des Ministeriums für Gasförder- und Gastransportindustrie. Im Zuge der Perestroika wurde Gazprom 1989 in einen Staatskonzern umgewandelt und hatte sofort das Monopol auf 95 Prozent der gesamten sowjetischen Gasförderung. Am 17. Februar 1992 wurde aus dem bisherigen Staatskonzern eine Aktiengesellschaft, an der der russische Staat 41 Prozent Anteile hielt. Nach Wladimir Putins Machtantritt im Jahr 2000 erhöhte sich die Beteiligung des russischen Staates an Gazprom auf 50,002 Prozent.[4] Putin machte Gazprom zu seinem persönlichen Projekt.

Heute beschäftigt Gazprom über 400 000 Mitarbeiter und ist einer der weltweit mächtigsten Energiekonzerne. Zu seinen Geschäftsbereichen gehören nicht nur die Förderung und Lieferung von Gas, sondern er ist zudem einer der wichtigsten Erdölproduzenten Russlands. Außerdem ist Gazprom unter anderem Mitbesitzer von Banken, Investmentgesellschaften, Fluggesellschaften, Versicherungen, Bauunternehmen und Medien. Geschätzt wird, dass Gazprom allein zwischen 2001 und 2007 über vierzig Milliarden Dollar ausgegeben hat, um Anteile von Unternehmen zu kaufen, die nichts mit dem Gasgeschäft zu tun haben.[5] Dazu gehören insbesondere Anteile an Konzernen der Erdölindustrie und Elektrizitätswerke. Über Hunderte von Tochtergesellschaften und Joint Ventures ist Gazprom zudem auf dem globalen Gasmarkt aktiv, unter anderem in Deutschland, Österreich, der Schweiz, Holland und Frankreich.

Auffällig sind die schier unüberschaubaren Netze von Strohfirmen und geheimen Holdings, die von der Schweiz nach Luxemburg, Deutschland, Österreich, Ungarn, Italien bis nach Zypern reichen. Gazprom-Tochtergesellschaften haben ihren Sitz in Steueroasen, um die Steuerlasten zu vermindern.[6] Für einen Staatskonzern eher ungewöhnlich. Denn das Geld fehlt für die notwendigen sozialen Infrastrukturmaßnahmen in Russland. Im Jahr 2010 betrug der von Gazprom erwirtschaftete Gewinn 23,8 Milliarden Euro und damit 24 Prozent mehr als im Jahr 2009.[7]

Von diesem Weltkonzern kommt immer wieder gebetsmühlenartig die Aussage, die von deutschen Politikern gern nachgeplappert wird: Durch Gazprom werde die Versorgungssicherheit mit Gas in Europa, insbesondere in Deutschland oder Österreich, gewährleistet.[8] Die Frage, wie hoch der Preis dafür ist, den wir alle bezahlen müssen, wird hingegen kaum gestellt.

Wer das Gazprom-Imperium verstehen will, muss sich zwangsläufig auch mit Wladimir Putin und seiner Vergangenheit und die seiner langjährigen Wegbegleiter beschäftigen. Vor über zehn Jahren recherchierten der russische Journalist Wladimir Iwandize und ich unabhängig voneinander über die mutmaßlichen Verstrickungen Putins in korrupte und kriminelle Machenschaften in Sankt Petersburg, wo er Anfang der neunziger Jahre zweiter Bürgermeister war. »Sich damit zu beschäftigen ist außerordentlich gefährlich, schrieb er mir damals. Du hast es mit ehemaligen und noch aktiven KGB-Leuten zu tun, und dazu kommt noch die Tambowskaja-Mafia.«

Ähnlich argumentierte Craig Murray, der ehemalige Botschafter Großbritanniens in Usbekistan. »Es ist wahr, Russland ist heute so etwas wie ein Gangsterstaat, in dem die Mafia in Verbindung mit dem KGB und ehemaligen KGB-Angehörigen in Wirklichkeit diesen Staat kontrolliert.«[9]

Viel Lärm um nichts, billige Hysterie?

Beim wichtigsten russischen Konzern Gazprom beziehungsweise dessen Tochterfirma Nord Stream AG ist schließlich ein deutscher Exbundeskanzler sogar Vorsitzender des Aktionärsausschusses, und er hat dort sein überragendes, ausgeprägtes sozialdemokratisches politisches und persönliches Renommee eingebracht. Der wird doch niemals mit jemandem aus einem Gangsterstaat kooperieren. Schließlich besitzt er das SPD-Parteibuch, und im Grundsatzprogramm der SPD steht: »Mit ihrer durch Kartelle und Verbände noch gesteigerten Macht gewinnen die führenden Männer der Großwirtschaft einen Einfluss auf Staat und Politik, der mit demokratischen Grundsätzen nicht vereinbar ist. Sie usurpieren Staatsgewalt.« Und genau das wird ja Gazprom vorgeworfen.

Auffällig ist, dass es sich bei Gazprom und den weit über hundert Tochter- und Zwischengesellschaften um einen nicht besonders transparenten Konzern handelt, um es diplomatisch zu formulieren. Hinzu kommt, dass einige Gazprom-Zwischenfirmen »Verbindungen zu Gruppen der organisierten Kriminalität in Russland und Europa hatten, während andere dieser Mittlerfirmen verdächtigt wurden, Hunderte Millionen Dollar zu waschen, die auf Konten von hochrangigen russischen, ukrainischen Politikern und Staatsbeamten deponiert wurden.«[10] Alles nur üble Verdächtigungen?

Unbestritten dürfte sein, dass in den letzten Jahren Hunderte von

Millionen Euro in mehr oder weniger dunklen Kanälen versickert sind. Und genauso sicher ist, dass die Bürger in Europa kaum Aussichten haben, billiger Gas geliefert zu bekommen – im Gegenteil. Sie müssen mit immer höheren Energiepreisen rechnen. Prinzipiell gelingt es Gazprom, mit welchen Mitteln wird in den kommenden Kapiteln gezeigt, langfristige Verträge abzuschließen, bei denen der Gaspreis an den Ölpreis gebunden ist.

Das sichert hohe Gewinne zu Lasten der Verbraucher, denn die Wahrscheinlichkeit, dass die Ölpreise wegen politischer Instabilität in den Ölförderländern in Zukunft weiter steigen werden, die Kosten für Gas jedoch wegen des enormen Angebots eher sinken, lässt Rubel und Dollar in die Kassen der multinationalen Konzerne sprudeln. Und die deutschen Verbraucher werden deshalb in Zukunft hohe Gaspreise zahlen dürfen.

Für Andrej Owschinnikow, dem Öl- und Gasanalytiker der Credit Suisse, ist klar, dass »die Verbindung des Gaspreises mit dem Ölpreis Gazprom in Europa zum Hochpreislieferanten gemacht hat, eine Situation, die sich in der Zukunft fortsetzen wird«.[11] Aber wohin fließen diese Gewinne, und wer profitiert davon? Es ist das System Putin!

Gazprom war nach Putins Machtantritt am 7. Mai 2000 das erste Unternehmen, in dem sämtliche Schlüsselpositionen durch seine Bekannten und/oder engen Freunde aus Sankt Petersburg besetzt wurden. Sie arbeiteten in den neunziger Jahren entweder in der Sankt Petersburger Stadtverwaltung, der Aktiengesellschaft Hafen Sankt Petersburg, in Sankt Petersburger Handelsunternehmen oder beim Geheimdienst, dem KGB beziehungsweise, nachdem der umbenannt wurde, beim heutigen FSB.

Diese Konstellation ist im Vergleich zu anderen globalen Energiekonzernen durchaus ungewöhnlich. Üblicherweise werden derartige Führungspositionen von jenen Männern oder Frauen übernommen, die über eine entsprechende Ausbildung und langjährige Erfahrungen in Energieunternehmen verfügen. Ob das für die ehemaligen Verwaltungsangestellten, die Mitarbeiter oder Manager von Hafenbetrieben oder Immobilienfirmen aus Sankt Petersburg gilt, darf bezweifelt werden.

Genau sie jedoch wurden von Wladimir Putin in die Toppositionen der führenden russischen Öl- und Gasunternehmen gehievt. Alle verbindet zudem ein Geheimnis, das in Sankt Petersburg im wahrsten Sinne des Wortes begraben ist.

In diesem Buch will ich – davon abgesehen, dass ein Sankt Petersburger Geheimnis gelüftet werden soll – zwei Probleme aufzeigen, die unsere Gesellschaft verändert haben oder verändern werden. Da geht es zum einen um jene Konzernchefs, Toppolitiker, Lobbyisten und manche Dunkelmänner nicht nur in Russland, die Millionen und Milliarden Euro in ihren Taschen verschwinden lassen, sowie ihre Helfershelfer und Propagandisten auch in Westeuropa. Das hat nicht nur, aber in diesem Fall viel mit Gazprom und dem Kreml zu tun. Zum anderen geht es darum zu zeigen, dass heute in Politik und Wirtschaft, ob in Russland oder beispielsweise auch in Deutschland oder Österreich, nicht einmal ansatzweise ethische Grundsätze von Bedeutung sind. Auch das wiederum lässt sich am besten am Beispiel von Gazprom und den direkten oder indirekten Helfershelfern – wäre man bösartig, würde man sie Komplizen nennen – in Europa und Deutschland dokumentieren.

Gazprom jedenfalls, tönte am 27. Mai 2008 der damalige russische Präsident Dmitri Medwedew in einer Rede vor Vorstandsmitgliedern von Gazprom, sei »eine Macht, mit der man rechnen muss, und eine wichtige Macht in der Welt«.[12] Diese Aussage bekräftigte mir in einem Hintergrundgespräch ein osteuropäischer Unternehmer, der eine Tochtergesellschaft von Gazprom führt: »Das ist eine politische Firma. Die wirklich Mächtigen bei Gazprom sind Politiker. Und dadurch war und ist bis heute immer ausreichend viel Geld vorhanden, um ihre Politik zu finanzieren.«

1 Das Märchen vom possierlichen Weltkonzern, der sich alles und jeden kaufen kann

Wenn wir unsere Gasheizung anstellen, damit die Zimmer kuschelig warm werden, freuen sich auf jeden Fall nicht nur die Aktionäre beim sogenannten Energiekonzern Gazprom. Denn von diesen Einnahmen fließt gleichzeitig auf jeden Fall indirekt ein Teil in Wladimir Putins Machtapparat, an seine Günstlinge, und damit folgerichtig zur Partei Einiges Russland, das heißt der Partei der Diebe und Gauner.[1] So gesehen finanzieren wir, ob wir wollen oder nicht, direkt jene Strukturen, die für die undemokratischen und mörderischen Zustände in der Russischen Föderation mitverantwortlich sind. Dazu gehört auch die Unterdrückung der Presse- und Meinungsfreiheit. Für einige hohe Politiker, etwa Sergei Sobjanin, den Moskauer Bürgermeister, ist das vollkommen richtig. »Ich denke nicht, dass ein Journalist an sich frei sein kann, und auch die Presse kann bei uns nicht frei sein.«[2]

Doch was hat das mit Gazprom zu tun?

Gern wird ausgeblendet, wahrscheinlich sogar wissentlich verschwiegen, dass der Kreml über Gazprom-Media, eine Tochtergesellschaft von Gazprom, nicht nur die fünf wichtigsten Fernsehsender besitzt und damit die Fernsehlandschaft dominiert. Ihr gehören inzwischen mindestens zwei Drittel aller russischen Medien. Neben der *Iswestija*, einer einst angesehenen Zeitung, sind vierzehn weitere Zeitungsredaktionen unter der Gazprom-Media-Holding vereint und damit das Propagandainstrument, um die Politik des Kreml abzunicken. Und die wenigen übriggebliebenen Medien werden massiv unter Druck gesetzt. Zensur, Überfälle auf kritische Journalisten und nicht aufgeklärte Morde – die Angst davor hat sich in den meisten Köpfen eingenistet. Die Folgen? »Eine Untersuchung der

Journalistenunion hat einen dramatischen Anstieg unkritischer Berichte über Putin und dessen Nachfolger Medwedew sowie negativer Beiträge über Gegenkandidaten und Opposition ausgemacht. Der Propagandaanteil in politischen Sendungen habe vor acht Jahren bei dreißig Prozent gelegen, erläutert Igor Jakowenko (Generalsekretär der Journalistenunion, d. Autor). Heute seien es mehr als neunzig Prozent.«[3] Mindestens zwanzig unaufgeklärte Journalistenmorde gab es in der achtjährigen Regierungszeit von Putin als Präsident in den Jahren 2000 bis 2008.

»Demokratie ist die Summe aus einer freien Gesellschaft, freier Presse und Meinungsfreiheit« war das Thema der Konrad-Adenauer-Stiftung am 29. April 2008. Hier wurde der Demokratiereport 2008 vorgestellt. Er beschäftigte sich unter anderem mit der Pressefreiheit in Russland. »Die freie Berichterstattung hat in Russland in den vergangenen fünf Jahren massiv abgenommen. Ursächlich hierfür sind eine enge Staatskontrolle, indirekte Einflussnahme durch Regierungsbeamte auf die Herausgeber und verantwortlichen Redakteure sowie Strafmaßnahmen gegen kritische Journalisten«, klagte Alexei Simonow, der Vorsitzende der »Stiftung für den Schutz von Glasnost«. »Die Berufsausübung von Journalisten wird immer mehr zum Heldentum.« Mit der Verstaatlichung von Druckereien gibt es eine indirekte Möglichkeit der Zensur, Computerdurchsuchungen seien an der Tagesordnung, mit der Gründung von Parallelstrukturen würden kritische Vereinigungen wie der Journalistenverband untergraben.

»Mit der Freiheit des Wortes in Russland ging auch die Freiheit der Wahlen verloren«, so Alexei Simonow. Deshalb ist die Medienmacht auch eine Gefahr für die Demokratie in Russland.[4] Auf dem Index für Pressefreiheit 2011–2012 von Reporter ohne Grenzen steht Russland auf Platz 142, noch hinter Uganda und Gambia.[5]

Es ist nicht bekannt, dass Gazprom-Medien an irgendeiner prominenten Stelle in ihren Zeitungen und Fernsehprogrammen jemals diesen Zustand beschrieben oder gar kritisiert hätten. Sie würden sich damit ja auch selbst massiv in Frage stellen. Schließlich sind sie nicht mehr als das Sprachrohr des Kreml. Denn das Gas und damit Gazprom sind schließlich auch ein Garant dafür, dass das Vermögen Wladimir Putins nicht geringer werden wird als bisher. Demnach soll er unter anderem an Gazprom einen Aktienanteil von 4,5 Prozent besitzen.[6]

Auf meine entsprechende Nachfrage in der Presseabteilung der Moskauer Gazprom-Zentrale, ob und wie viele Aktien Wladimir Putin an Gazprom halte, habe ich keine Antwort erhalten.[7]

Idylle am Strand, das Geschrei der Möwen und Nord Stream

Die Gemeinde Lubmin liegt am östlichen Zipfel von Mecklenburg-Vorpommern. Einst stand hier zu Zeiten der DDR ein Atomkraftwerk russischer Bauart. Nach der Wende sollte es eigentlich abgebaut werden, von 2012 an nur noch eine grüne Wiese zu sehen sein. Die Gebäude mit den hohen Schornsteinen stehen noch. Aber heute ist ein Teil des ehemaligen AKW ein Museum. Zu besichtigen ist Block sechs, der kurz vor der Inbetriebnahme war. Inzwischen steht am Rande des ehemaligen Kernkraftwerks eine riesige Halle, die direkt an ein Naturschutzgebiet angrenzt, das neue Zwischenlager für abgebrannte Brennstäbe und Kastoren.

Seit Herbst 2011 kam Nord Stream hinzu, in Sichtweite des alten Atomkraftwerks und des Kastorzwischenlagers. Am neu gebauten Industriehafen, der wie ausgestorben wirkt, blickt der Besucher auf die silbern glänzenden Kompressorenanlagen mit drei hochragenden Schornsteinen, die Verdichterstation und das Erdgas-Druckerhöhungswerk. Von hier aus wird das russische Erdgas weitergeleitet.

Gesteuert wird alles nicht hier in Lubmin, sondern von einem Kontrollzentrum im schweizerischen Zug aus, dem Sitz von Nord Stream. Über eine Satellitenverbindung steht das Kontrollzentrum mit der Anladestation in ständiger Verbindung. Nord Stream ist ein internationales Joint Venture von fünf Unternehmen, das zur Planung, zum Bau und zum Betrieb der Erdgaspipeline durch die Ostsee gegründet wurde. Hauptaktionär ist Gazprom mit einer 51-Prozent-Beteiligung. Die deutschen Energiefirmen Wintershall Holding und E.ON Ruhrgas AG sind mit jeweils 15,5 Prozent an dem Projekt beteiligt. Die anderen beiden Unternehmen sind die niederländische Gasunie und die französische GDF Suez mit jeweils neun Prozent.

Nicht weit von der Nord-Stream-Anladestation entfernt hat die Bundespolizei ein zweistöckiges Gebäude errichtet. Von hier aus sollen jährlich bis zu 55 Milliarden Kubikmeter Gas transportiert werden, um den Energiebedarf, so Nord Stream, von mehr als 26 Millionen europäischen Haushalten zu decken. Eingebettet sind die Industrieanlagen hier in ein Naturschutzgebiet von hoher Qualität: zwei ausgewiesenen EU-Vogelschutzgebieten und einem nationalem Schutzgebiet.

Derjenige, der die Industrialisierung in der Region maßgeblich angetrieben hat, wohnt nicht weit vom Industrie- und Gewerbegebiet Lubminer Heide entfernt im Seebad Lubmin, der Perle am Greifswalder Bodden, wie es in den Werbebroschüren der Kurverwaltung steht. Dieter Rittscher, Chef der Energiewerke Nord (EWN) und anderer Unternehmen, residiert in einem langgezogenen weiß verklinkerten, etwas spießig wirkenden Bungalow. Beeindruckend ist das große Gelände hinter dem Bungalow, wo einst einmal Kiefernwald war. Und bis zum weißen Strand der Ostsee sind es nur wenige Schritte.

Der Name Dieter Rittscher ist untrennbar verbunden mit »strahlendem Abfall in der Republik«.[8] Als Vorsitzender der Geschäftsführung der EWN ist er unter anderem für den Rückbau des Kernkraftwerks Greifswald zuständig. Ein Mann mit langjährigen Erfahrungen. Medienberichte, wonach die Bundesregierung plant, Atommülllager zu privatisieren und die Verantwortung dafür den Energiewerken Nord (EWN) zu übertragen, hatten bei der SPD-Fraktion im Niedersächsischen Landtag helle Empörung ausgelöst. »Es verschlägt einem die Sprache! Ein Mitverantwortlicher für die Asse-Schande, ein Mann, der aktiv daran mitgewirkt hat, dass wir in der Asse diese Situation haben, so ein Mann soll Verantwortung tragen für den sorgsamen Umgang mit den gefährlichsten Giften, die die Menschheit kennt. Das wäre ein unglaubliches Bubenstück«, sagte Detlef Tanke, stellvertretender Vorsitzender und umweltpolitischer Sprecher der SPD-Fraktion, im September 2010 in Hannover. Seine Kritik entzündete sich vor allem an der Person des EWN-Geschäftsführers Dieter Rittscher.[9]

»Zahlreiche fehlerhafte Einlieferungslisten für die Asse aus den siebziger Jahren tragen Rittschers Unterschrift. Die Erkenntnisse des Asse-Untersuchungsausschusses des Landtags sowie der vor kurzem vorgelegte Bericht der Arbeitsgemeinschaft Asse-Inventar belegen, wie fahrlässig damals bei der Einlagerung von Atommüll verfahren wurde. Herr Rittscher war daran beteiligt. Und nun soll er Zugriff auf (…) Atommülllager bekommen. Damit würde man tatsächlich den Bock zum Gärtner machen«, sagte Tanke.[10] Auf meine Nachfrage bei dem inzwischen pensionierten Dieter Rittscher, was er zu den Vorwürfen des SPD-Abgeordneten Detlef Tanke sage, antwortete er mir: »Diese Aussagen bewerte ich gar nicht. Das ist Unsinn. An den ganzen Vorwürfen ist nichts dran.« Der Plan, Atommülllager zu privatisieren, wurde inzwischen fallengelassen.

Nord Stream schien auch Valeri Jasew zu begeistern, den Vizepräsidenten der russischen Staatsduma und auf russischer Seite für das Vorantreiben der Ostee-Pipeline zuständig. »Es ist großer Bahnhof auf dem Gelände der Energiewerke Nord (EWN), als der Hubschrauber aus Berlin landet. Doch der Gast, der aus dem Chassis springt, macht sich nichts aus Formalitäten. Valeri Jasew trägt eine Freizeitjacke, schüttelt allen die Hand und eilt mit EWN-Chef Dieter Rittscher zum Ostseestrand. Anpacken und los! Das soll sein Auftritt vermitteln, und so sagt er es auch in die russischen TV-Kameras, die er gleich mitgebracht hat: Keine Probleme, alles läuft nach Plan«, berichtete das *Neue Deutschland* im Juni 2009.[11]

Das schmucke Seebad Lubmin. Mit vielen bunten Werbebroschüren sorgte Nord Stream in der Vergangenheit dort für gute Stimmung. Selbst in der Kurverwaltung konnte Nord Stream seine Prospekte auslegen. Beim großen Seefest 2010 wurden von Nord Stream an der Seebrücke die Werbebroschüren verteilt. »Sie waren innerhalb einer halben Stunde weg«, erzählt mir der ehrenamtliche Bürgermeister Axel Vogt in seinem Büro im alten Bahnhofsgebäude des Seebades Lubmin. Einwände gegen das Projekt Nord Stream habe es nicht gegeben. Schließlich habe Lubmin während der Bauzeit von Nord Stream profitiert, weil Zimmer an die Angestellten und Arbeiter von Nord Stream vermietet werden konnten.

Auf die Frage, ob denn unter den Lubminer Bürgern nicht einmal der Zusammenhang zwischen Gazprom und der fehlenden demokratischen Kultur und der grassierenden Korruption in Russland diskutiert wurde, meinte Axel Vogt, dass die Menschen ja schon zu Zeiten der DDR mit dem Kernkraftwerk ganz gut gelebt hätten. Ja, man erinnert sich: »Die Geschichte der vier Reaktorblöcke vom sowjetischen Typ WWER 440, die seit 1973 nacheinander ans Netz gingen, gleicht einer Horrorchronik. Nach bis Anfang dieses Jahres geheimgehaltenen Berichten und Dokumenten, die dem *Spiegel* vorliegen, gab es im Kombinat ›Bruno Leuschner‹ nahe dem Dorf Lubmin, 22 Kilometer von Greifswald, immer wieder schwere Störfälle und fortwährend Verstöße gegen auch nur minimale Anforderungen an den Strahlenschutz.«[12]

Vier Tage lang, vom 22. Juni 2009 bis 25. Juni 2009, dauerte der Erörterungstermin in Stralsund über die vierzig Einwendungen von Verbänden, Institutionen und Privatpersonen gegen das deutsche achtzig Kilometer lange Teilstück der geplanten Ostsee-Pipeline. Die Frage der Umweltzerstörung spielte dabei eine besondere Rolle. Denn was bedeuten die Anladestation und die Pipeline tatsächlich für die Umwelt?

»Verlust teils hochwertiger Böden, Beeinträchtigung von hochwertigen Sandstandorten, Verlust von hochwertigen Biotoptypen (Kiefernwald et cetera), Verlust von Habitatsstrukturen für Brutvögel, erhebliche Beeinträchtigung für Seeadler, Rotmilan, Schwarzspecht, Heidelerche durch dauerhaften Funktionsverlust von Brutrevieren«, klagten engagierte Naturschützer wie der Biologe Günther Vater aus Greifswald, der seine Einwände bei dem Erörterungstermin im Juni 2009 dokumentierte.[13]

Das Bergamt Stralsund, zuständig für das Genehmigungsverfahren, hatte alle diese Beeinträchtigungen bestätigt. Im Planfeststellungsbeschluss heißt es dazu jedoch: »Die Verträglichkeitsprüfung ergab, dass der Bau und Betrieb der Anladestation geeignet sind, das EU-Vogelschutzgebiet Greifswalder Bodden und südlicher Strelasund erheblich zu beeinträchtigen, und dementsprechend das Projekt insoweit zunächst unzulässig ist. Aber die Beeinträchtigungen der Vogelarten rechtfertigen nicht die Ablehnung des für die Energieversorgung Deutschlands und Europas bedeutsamen energiewirtschaftlichen Projekts. Müsste auf den Bau der Anladestation an vorgesehener Stelle verzichtet werden, kämen dadurch die beantragten Projekte NEL[14] und OPAL[15] sowie auch das Projekt Nord Stream zu Fall.«[16] Am 31. März 2011 gab Nord Stream in einer Presseerklärung bekannt, dass eine Naturschutzstiftung Deutsche Ostsee gegründet wurde und Nord Stream ein Stiftungskapital von zehn Millionen Euro einbringt. Bemerkenswert ist, wer zu der Stiftung gehört. Es sind die Umweltverbände BUND Mecklenburg-Vorpommern und der World Wide Fund For Nature (WWF) Deutschland.

Es ist der 6. September 2011. An diesem Tag wurde in Lubmin ein Jahrhundertereignis gefeiert – zum Wohle der sicheren Energieversorgung Deutschlands und Westeuropas, versteht sich. Es findet der Probelauf für die Erdgasleitung Nord Stream statt. Durch diese Pipeline wird nun das russische Gas aus den Gasfeldern Sibiriens nach Wyborg (nahe der russisch-finnischen Grenze) und von dort durch die Ostsee nach Lubmin gepumpt. Anwesend sind unter anderem der russische Ministerpräsident Wladimir Putin, Repräsentanten der deutschen Energiekartelle und Altbundeskanzler Gerhard Schröder, Vorsitzender des Aktionärsausschusses der Gazprom-Tochter Nord Stream. Mit verschmitztem, breitem Lächeln marschiert Gerhard Schröder, leger gekleidet im Sakko mit offenem himmelblauem Hemd, auf den zweitmächtigsten Mann der Welt zu: auf Wladimir Putin. Gerhard Schröder herzt Wladimir Putin auf eine Art und Weise, die man unter Umständen als ausgesprochen innige Beziehung interpretieren könnte.[17] In Russland gilt diese Form der Umarmung als Ausdruck kameradschaftlicher Nähe und Brüderlichkeit.

In einem strategischen Analysebericht des Schweizer Bundesamts für Polizeiwesen vom Juni 2007 – Titel des Analyseberichts: »Organisierte Kriminalität und Nachrichtendienste aus der GUS« – wird auf Nord Stream hingewiesen. Dort wird unter anderem behauptet: »Generell lässt sich feststellen, dass die Nachrichtendienste bei Geschäften im Ausland vermehrt ihren Einfluss geltend machen und dabei auch auf nachrichtendienstliche Verbindungen mit anderen Staaten zurückgreifen Das lässt sich beispielsweise bei der im Jahr 2005 in Zug gegründeten Firma Nord Stream veranschaulichen.«

Der Bericht nimmt dabei Bezug auf den im Jahr 2005 einzigen Verwaltungsrat der Pipeline-Betreibergesellschaft Northern European Gas Pipeline Company, die später in Nord Stream umbenannt wurde. Er saß von 1987 bis 1990 im Verwaltungsrat einer Zuger Firma, die unter Umgehung der Embargobestimmungen gegen die DDR den Beschaffungshandel von Waren für die DDR organisierte. In dieser Zeit soll Urs Hausheer, laut dem Bericht des Bundesamts für Polizeiwesen, mit Wladimir Putin in Dresden »in Kontakt gestanden haben«.[18] Das Unternehmen Asada galt für die DDR als Schwerpunkt bei der Beschaffung von Embargowaren. Urs Hausheer bestritt, Kontakte in die DDR oder die Sowjetunion gehabt zu haben.

Wenn Politiker nach Lubmin eilen

Es ist der 8. November 2011, und die Nord-Stream-Pipeline wird offiziell von Bundeskanzlerin Angela Merkel und dem russischen Präsidenten Dmitri Medwedew in Betrieb genommen.

500 Ehrengäste feierten das Ereignis, 250 Journalisten beobachteten das Geschehen, und knapp 500 Sicherheitskräfte und Servicemitarbeiter sorgten für das allgemeine Wohlbefinden der mehr oder weniger illustren Gäste. Einen Tag vor der Feier wurden bereits mit einer Iljuschin II 167 M die beiden gepanzerten Staatslimousinen des Präsidenten Medwedew eingeflogen. Der jedoch schwebte – nach seinem Abschiedsbesuch als russischer Präsident bei Bundeskanzlerin Angela Merkel – mit ihr in einem Hubschrauber aus Berlin ein.

An der Eröffnungszeremonie nahmen außerdem die Regierungschefs aus den Niederlanden und aus Frankreich teil. Und: »Gerhard Schröder, als Aufsichtsratschef der Pipeline-Gesellschaft Nord Stream …, hat es sich zur Aufgabe gemacht, den deutschen Zeigefinger zu geißeln und den früheren sowie künftigen Präsidenten Wladimir Putin als besonders vertrauenswürdigen Menschen zu preisen.«[19]

Zwischen Schröder und Bundeskanzlerin Angela Merkel scheint es sowieso keine großen Differenzen mehr zu geben. Von einem ausgezeichneten Verhältnis ist die Rede und dass Gerhard Schröder in bezug auf Russland und Putin der Bundeskanzlerin mit seinen langjährigen Erfahrungen ein wichtiger Ratgeber sei.

Um Energiepolitik ging es in Lubmin nur bedingt, wie der *Tagesspiegel* über das Ereignis schrieb: »Bürgerfragen nach dem Nutzen wären fehl am Platz. Es geht um strategische, langfristige Außenpolitik.«[20] Auf jeden Fall wird es nun einfacher werden, »Osteuropäern den Gashahn abzudrehen, ohne Westkundschaft in Mitleidenschaft zu ziehen«.[21]

Pipelines für Gazprom – die Gelddruckmaschine

Eine Öl- oder Gaspipeline ist in Russland mehr als ein Stahlrohr, sie ist fast so etwas wie ein großer Lottogewinn. Tatsache ist, dass dort bei dem Bau und der Verlegung von Pipelines ungewöhnlich viel Geld verdient wird und gleichzeitig Personen versorgt werden, die zu Putins Freunden gehören. 140 000 Rohre für die beiden Leitungsstränge wurden von der Firma Europipe in Mühlheim produziert, schreibt Nord Stream in seinem Prospekt »Die Logistik für die Pipeline«. Auffällig ist, dass ein Teil des Auftrags über das Handelshaus Eurotube in Kaarst abgewickelt wurde. Über dieses gelang es Europipe, insgesamt 97 000 Tonnen Großrohre für Russland zu buchen. Doch warum benötigt ein so seriöses Unternehmen wie Europipe die Vermittlung eines vergleichsweise eher bescheidenen Handelshauses? Und wer verbirgt sich dahinter?

Das Unternehmen Eurotube GmbH wurde im Jahr 2005 gegründet, als auch der Bau von Nord Stream beschlossen wurde. Interessant wird es, wenn man sich die Eigentümer des Unternehmens im deutschen Handelsregister anschaut. Da tauchen zwei deutsche Minderheitsaktionäre auf, die bereits für Mannesmann aktiv im

Röhrengeschäft mit der Sowjetunion tätig waren. Und dann gibt es drei Unternehmer aus Russland, die zusammen eine Beteiligung von 46 Prozent an der Eurotube GmbH in Kaarst halten, also die faktische Mehrheit.

Einer dieser Unternehmer ist Igor Schabalow. Er ist Vorsitzender der Vereinigung des Rats der russischen Röhrenproduzenten und war zuvor Generaldirektor der Firma Gaztaged, die von Boris Rotenberg, ebenfalls ein Miteigentümer von Eurotube, kontrolliert wurde. Der Vereinigung gehört unter anderem eines der weltweit führenden Unternehmen auf dem Gebiet des Röhrenmarktes an. Aber nicht deren Repräsentanten erhielten den Vorsitz der Vereinigung, sondern der frühere Generaldirektor von Gaztaged.

Gleichzeitig taucht Igor Schabalow in Deutschland in einem weiteren Unternehmen auf: der Luxburg GmbH in Gelsenkirchen. Geschäftszweck ist die Investment- und Anlageberatung. Schabalow hält fünfzig Prozent an der Luxburg GmbH. Betrug die Bilanzsumme im Jahr 2006 noch magere 25 000 Euro, waren es ein Jahr später acht Millionen. Und für das Jahr 2010 wurde eine Bilanzsumme von zehn Millionen Euro genannt. Mit welchen Investitionen dieser Gewinnsprung erreicht wurde, ist aus den veröffentlichten Bilanzen nicht zu ersehen.

Die wichtigsten Eigentümer von Eurotube sind jedoch die Brüder Arkadi und Boris Rotenberg, die je 16,675 Prozent halten, während Igor Schabalow 16,65 Prozent besitzt.

Die beiden Rotenberg-Brüder gelten als enge Freunde Wladimir Putins seit ihrer gemeinsamen Zeit in Sankt Petersburg in den neunziger Jahren. Der heutige Multimillionär Arkadi Rotenberg war einer der Gründer des Petersburger Judoklubs Jawara-Newa, in dem Putin Ehrenmitglied war. Arkadi Rotenberg und sein Bruder Boris sind nicht nur Besitzer der Bank Severny Morskoy Put. Im Jahr 2000 gründete Arkadi Rotenberg ein weiteres Unternehmen in Moskau, das sechs Jahre später wieder liquidiert wurde. Das Unternehmen verkaufte offiziell Lebensmittel, während ein ehemaliger Direktor berichtete, in Wirklichkeit sei Gas verkauft worden.

Gazprom verkaufte an Arkadi Rotenberg im Jahr 2008 fünf Firmen. Journalisten der *Nowaja Gazeta*, die bei Gazprom um nähere

Auskünfte baten, erhielten zur Antwort, dass diese Vermögenswerte in einer offenen Auktion vergeben worden seien und dass eben der Höchstbietende die Anteile bekommen hätte.[22]

Im Jahr 2008 verkauften die Besitzer des Seehafens Nowosibirsk zehn Prozent des Hafenbetriebes an die Rotenberg-Firmen, und im gleichen Jahr verkaufte Gazprom fünf Baufirmen ebenfalls an Arkadi Rotenberg. Diese Firmen wiederum hielten Anteile an Mittlerfirmen, die Pipelines und Ausrüstungsmaterial an Gazprom lieferten. Der ehemalige Direktor einer dieser Firmen wurde Direktor der Bauabteilung und Mitglied des Aufsichtsrats von Gazprom. So konnten viele bedient werden, wobei Gazprom diese Zwischenfirmen eigentlich überhaupt nicht benötigen würde, sondern alles in eigener Regie abwickeln könnte. Aber die vielen Freunde müssen ja irgendwie zufriedengestellt werden.

Boris Rotenberg ist ebenfalls ein Judofan, der gern mit Wladimir Putin trainierte. Ihm gehören zwei Unternehmen, die Pipelines und Ausrüstungsmaterialien für Gazprom liefern. Eine dieser Firmen ist wesentlich am Unternehmen Gaztaged beteiligt, das wiederum zu 75 Prozent von einer Gazprom-Tochtergesellschaft kontrolliert wird. Die Rotenberg-Brüder haben quasi ein Monopol für die Lieferung von Pipelines, die aus einem besonders hochwertigen Stahl produziert werden und in der Lage sind, sogar Gas aus dem arktischen Eis zu transportieren. Auch Pipelines für Nord Stream wurden von ihnen geliefert. Im Jahr 2010 verkauften sie über 1,5 Millionen Tonnen Röhren im Wert von 2,5 Milliarden US-Dollar mit einem Gewinn von 266 Millionen US-Dollar. Wenn irgendwohin Pipelines verlegt wurden, dann profitierten die beiden Brüder Rotenberg aufgrund ihrer bisherigen engen Geschäftsbeziehungen zu Gazprom in hohem Maß davon.

Nein, sagte Arkadi Rotenberg in einem Interview, Putin habe ihm bei seinem geschäftlichen Erfolg nicht geholfen. »Wir sind noch freundschaftlich verbunden, obwohl wir uns nicht mehr so häufig treffen wie früher.«[23] Arkadi Rotenbergs Vermögen wird auf 1,28 Milliarden Euro geschätzt, ebenso das seines Bruders.[24]

In der Dokumentation des Finanzinvestors William Broweder aus dem Jahr 2003 wurde bereits die Verlegung einer anderen Pipeline heftig kritisiert. Es geht um Blue Stream. Das ist eine Gaspipeline, die von der nahe der Schwarzmeerküste gelegenen Stadt Izobilny durch das Schwarze Meer nach Samsun in die Türkei bis nach Ankara führt. Die Bauarbeiten waren im Oktober 2002 zu Ende, und seit Februar 2003 floss das Erdgas in die Türkei. Die Kosten betrugen 3,2 Milliarden Euro. Der Finanzinvestor hatte ausgerechnet, dass die Pipeline, wäre sie mit türkischer Effizienz für den russischen Teil gebaut worden, für Gazprom mindestens 596 Millionen US-Dollar billiger gewesen wäre. Denn die 444 Kilometer auf türkischem Boden zwischen Ankara und Samsun kosteten 1,35 Millionen US-Dollar pro Kilometer, während die kürzere Strecke in Russland über 373 Kilometer 2,95 Millionen US-Dollar pro Kilometer kostete. Schließlich musste ja das russische Pipeline-Unternehmen Stroitransgas bedient werden, quasi ein Familienunternehmen von Gazprom-Managern.[25]

Bei dem Projekt der Trans-Kaspischen Pipeline von Turkmenistan durch das Kaspische Meer nach Europa hingegen kam heftiger Widerstand aus Moskau. Die Pipeline unter dem Kaspischen Meer hätte unübersehbare ökologische Folgen, außerdem drohten dort heftige Erdbeben. Denn das Kaspische Meer sei ein geschlossenes System ohne Verbindungen zu den Meeren der Welt, wurde argumentiert.[26] Bei Blue Stream lagen die Dinge noch anders, aber da war Russland ja beteiligt. Auf jeden Fall scheinen die Herstellung und der Vertrieb von Röhren eine ständig sprudelnde Geldquelle zu sein. Das belegen auch andere Beispiele. Im Jahr 2006 veröffentlichte Gazprom auf seiner Webseite, dass die 2 800 Kilometer lange Gaspipeline von Westsibirien nach China, das Altai-Projekt, gebaut werde. Sie kostet einschließlich der Kompressorstationen pro Kilometer zwischen 1,3 und 1,4 Millionen Euro.[27]

Und nach offiziellen Angaben von Gazprom aus dem Jahr 2005 plante das Unternehmen damals bereits den Bau einer 144 Kilometer langen Pipeline von Gryazovets nach Wyborg – von wo aus seit Dezember 2011 das Gas nach Deutschland gepumpt wird. Die Kosten sollten pro Kilometer jedoch vier Millionen Euro betragen.[28] Das heißt, die Pipeline nach Wyborg ist viermal teurer als die nach China, deren Bau unter ungleich ungünstigeren geographischen Bedingungen durchgeführt werden wird.

»Bemerkenswert ist, dass die Kosten für einen Kilometer der OPAL-Pipeline zwischen Lubmin bei Greifswald und Olbernhau an der deutsch-tschechischen Grenze nur 2,1 Millionen Euro betragen, so Mikhail Korchemkin, ein renommierter amerikanischer Experte für den russischen Gassektor.«[29] In einer Studie über die »Inflation der Baukosten bei Gazprom« nennt er ein anderes Beispiel: »Im März 2008, vor der Wirtschaftskrise und den hohen Preisen für Materialien und Dienstleistungen, errechnete das russische Unternehmen Piter Gaz Engineering[30], dass die Kosten für die Sotschi-Gas-Pipeline einschließlich der Kompressorstationen zwischen 190 und 250 Millionen Euro betragen würden.«

Im September 2009, als die Preise für Stahlrohre und andere Materialien niedriger als vor der Krise waren, erklärte der Vorstandsvorsitzende von Gazprom, Alexei Miller, dass die Kosten für diese Pipeline 650 Millionen Euro betragen würden.[31] Fazit dieser Studie? »Die Verantwortlichen von Gazprom genehmigten ihren Kontraktfirmen und Brokern anscheinend hohe Gewinnmargen, so dass die Kosten für die Pipelineprojekte vier- bis fünfmal höher sind als normal.«[32]

Und nicht viel anders dürfte es bei dem Projekt Nord Stream abgelaufen sein. Doch darüber redet in Deutschland niemand, und die Verbraucher bezahlen das letztlich alles mit den entsprechend hohen Gaspreisen. Am 26. Oktober 2011 startete die Föderale Antimonopolagentur (FAS) Ermittlungen gegen Unternehmen der Brüder Rotenberg wegen des Vorwurfs der Kartellbildung und Preisabsprachen zu Lasten von Gazprom. »Die FAS sieht Anzeichen für Verletzungen des Antimonopolgesetzes bei russischen Herstellern von Rohren mit großem Durchmesser ... In der Tat weigerten sich die Marktteilnehmer zu konkurrieren und koordinierten ihre Aktivitäten, was mit Sicherheit zu Einschränkungen des Wettbewerbs führte.«[33] Das erklärt dann auch vielleicht, warum bei Ausschreibungen von Gazprom »fast immer Firmen gewonnen hatten, die zum Rotenberg-Konzern gehörten«.[34] Und da Rotenberg ja freundschaftlich mit dem russischen Zar Wladimir Putin verbunden ist, dürfte das Ergebnis der Antimonopolagentur feststehen: Es wird im Sande verlaufen.

Die Angst der Polen vor Nord Stream

Auf wenig Gegenliebe stieß die Eröffnung der Nord-Stream-Pipeline im Nachbarland Polen. Die herrschende Elite im Kreml ist hier immer noch – aus verständlichen historischen Motiven – wenig beliebt. Und das nicht nur wegen des Massakers an etwa 4400 polnischen Offizieren am 19. Mai 1949 im Wald von Katyn durch Einheiten des Innenministeriums der UdSSR und wenig später die Massenmorde von über 24000 Offizieren, Priestern und Intellektuellen, ebenfalls aufgrund eines Befehls von Josef Stalin.

Ich erinnere mich an ein Gespräch mit Zbigniew Wassermann. Als ich ihn in Krakau im März 2003 traf, war er noch Staatsanwalt. Im Jahr 2005 wurde er Geheimdienstminister in der national-konservativen Regierung von Kazimierz Marcinkiewicz. Wir hatten uns auch über Gazprom unterhalten. Er sagte mir: »Jede Art der Erpressung kommt im Zusammenhang mit Gazprom in Frage. Die Begrenzung der Lieferung, Erhöhung des Preises, niedrigere Preise für den Transit. Deshalb ist Gazprom für uns eine Bedrohung.« Er gehörte am 10. April 2010 zu einer polnischen Delegation, die auf dem Weg nach Katyn war, um dort des siebzigsten Jahrestags des Massakers zu gedenken. Die Maschine stürzte in Smolensk ab, die gesamte Regierungsdelegation sowie hochrangige Repräsentanten des polnischen Staates kamen dabei ums Leben. Die Hintergründe des mysteriösen Flugzeugabsturzes sind bis zum heutigen Tag nicht geklärt.

Das alles trug dazu bei, dass es in Polen zu massiven Vorbehalten gegen Nord Stream kam. »Nord Stream sei gegen die Solidarität in der EU gerichtet, und Russland könnte in einem neuen Energiekrieg Polen künftig den Gashahn zudrehen, ohne dass die lukrativen Lieferungen nach Westeuropa betroffen wären.«[35]

Die konkrete Hauptsorge gilt jedoch der Pipeline. Mit ihr könne die volle Nutzung der Umschlagmöglichkeiten der polnischen Häfen in Swinemünde und Stettin nicht mehr gewährleistet werden, so der Vorwurf. Dadurch werde der Zugang zu dem strategischen Energieversorgungsprojekt der EU, dem Flüssiggasterminal in Swinemünde, blockiert. Denn es gibt Einschränkungen, was den maximalen Tiefgang der Schiffe anbelangt, die den Hafen anlaufen. »Wir wollen, dass das Konsortium Nord Stream den Teil des Bauplans abändert, der den sicheren Zugang zum Hafen Swinemünde für die Schiffe mit dem maximalen Tiefgang von über fünfzehn Meter betrifft, erklären die Ratsmitglieder« von Swinemünde in einer gemeinsamen Mitteilung.[36] Das ist mit der verlegten Pipeline jedoch nicht möglich.

Demnach würden Schiffe mit einem solchen Tiefgang die Pipeline beschädigen. Für Schiffe bis zu einem Tiefgang von 13,5 Metern gibt es hingegen kein Problem. Inzwischen klagt die polnische Hafengesellschaft Swinemünde gegen das Bundesamt für Seeschifffahrt und Hydrographie, das den Verlauf der Trasse auf dem deutschen Festlandsockel vor dem Swinemünder Hafen bereits genehmigt hat. Mit der Klage soll erreicht werden, dass die Pipeline in der Fahrrinne Swinemünde und im gegenüberliegenden schwedischen Hafen auf einer Länge von 2,8 Seemeilen im Meeresboden versenkt wird, damit künftig Schiffe mit einem Tiefgang von fünfzehn Metern den polnischen Hafen erreichen können.

Doch das wird, nachdem bereits das Erdgas durch die Pipeline fließt, nie und nimmer geschehen. Allen polnischen Protesten zum Trotz. Hier zählt nur das ganz große Projekt. Und da die Vertiefung der Hafenzufahrten sowieso nur möglichen zukünftigen Entwicklungen dient, muss man sich auch weiter keine Gedanken um die Entwicklung in dem Seehafen Swinemünde mehr machen. Die Tatsachen liegen unabänderlich unter der Ostsee begraben.

Demokratie und die nicht vorhandene Herrschaft des Gesetzes

Vom 9. bis 11. Oktober 2011 fand in Prag das mit internationalen Menschenrechtlern, Politikern und Wissenschaftlern hochkarätig besetzte »Forum 2000« statt. Thema in diesem Jahr: »Demokratie und die Herrschaft des Rechts«. Die Eröffnungsrede hielt Václav Havel, der ehemalige Präsident der Tschechischen Republik. Auf einer der zahlreichen Podiumsdiskussion ging es unter anderem um »Korruption und Gesellschaft«. Lapidar stellte dort der Straßburger

Wirtschaftsprofessor Laurent Weill fest: »Russland ist Europas korruptester Staat und einer der korruptesten weltweit.«

Aber, wandte der russische Wirtschaftsexperte und Oppositionspolitiker Grigori Jawlinski auf dem Podium ein, so einfach dürften wir es uns nicht machen. Und damit spricht er die Komplizenschaft westlicher Regierungen, Banken und Konzerne an: »Warum wurde das System Putin überhaupt ermöglicht?«, fragte er. »Doch erst durch die massive Unterstützung der westlichen Welt, durch den Internationalen Währungsfonds (IWF), die Weltbank und durch die westlichen Regierungen. Wenn Sie Russland kritisieren, müssen Sie sehen, dass es ja ein Joint Venture mit den westlichen Banken gibt, die viel Geld mit der russischen Korruption verdienen. Oder mit den westlichen Unternehmen, die ebenfalls davon profitieren.«[37]

Grigori Jawlinski machte klar, dass »dieses hundertprozentige korrupte System in Russland« ein Teil des globalen Systems sei. »Die korrupten Eliten bei uns in Russland haben ihr Geld doch nicht in Banken von Nordkorea oder in der Vergangenheit bei Saddam Hussein gebunkert, sondern in den bekannten westlichen Metropolen.«[38] Nach seinen Worten könnten 98 Prozent der russischen Nomenklatura sofort wegen Korruption angeklagt werden, wenn es so etwas wie die Herrschaft des Rechts in Russland geben würde. Und die, so übereinstimmend alle Podiumsteilnehmer, gebe es in Russland nicht. Russische Gesetze, das heißt immer noch, es wird nach Zarenart willkürlich Recht gesprochen. Wer den Zaren, in diesem Fall Wladimir Putin, nicht kritisiert, sondern ihn stützt, lebt unbehelligt. Er darf Steuern hinterziehen, betrügen, stehlen und morden.

Was nicht bedeutet, dass die kriminellen Taten vergessen würden. Sie sind fein säuberlich in den Tresoren des Inlandsgeheimdienstes FSB archiviert und dienen als ideales Erpressungsmaterial, sofern es dem Kreml nutzt. Doch wehe, der Zar im Kreml wird misstrauisch und sieht seine Position und die seines Hofstaates gefährdet. Dann werden die FSB-Archive geöffnet und das Gesetz auf einmal extensiv durchgesetzt. Von Rechtssicherheit kann keine Rede sein – es gilt ausschließlich das Recht des Stärkeren, das Recht, wie es dem Kreml passt.

Auf dem Panel zum Thema »Organisierte Kriminalität, Korruption und Politik« sprach Professor Yakov Gilinsky aus Sankt Petersburg. Er ist einer der wenigen, die versuchen, Einblicke in die herrschenden kriminellen Strukturen zu gewinnen. Der Vorsitzende des Instituts für Soziologie und abweichendes Verhalten an der russischen Akademie für Wissenschaften sowie Dekan der juristischen Fakultät der Sankt Petersburger internationalen Universität für Wirtschaft und Recht führte Mitte der neunziger Jahre eine kriminologische Studie über die Schwarzmarktwirtschaft und die organisierte Kriminalität in Sankt Petersburg durch. Er lebt in einem Hochhauskomplex am Rande von Sankt Petersburg in einer kleinen Dreizimmerwohnung. Sein Verdienst reicht gerade aus, um das Nötigste zu besorgen. Auslandsaufenthalte kann er nur dann finanzieren, wenn er eine Einladung bekommt.

Auf die Frage eines Teilnehmers auf dem Podium, wie Korruption in Russland heute aussehe, antwortete er: »Wir haben heute in Russland die totale Korruption. Bei Baumaßnamen liegt das Kick-back bei 35 Prozent, in der Wissenschaft ebenfalls. Besonders stark ist sie in der Polizei und Justiz ausgeprägt.« Und auf die Frage, was dagegen getan werden könne, was denn der Staat überhaupt tue, um Korruption zu bekämpfen, antwortete der Kriminologe wenig optimistisch: »Es tut mir leid, darauf kann ich keine Antwort geben.«[39]

Das sagte er im Jahr 2011. Wladimir Putin ist seit über zehn Jahren an der Macht.

Fünfzehn Jahre zuvor sah Yakov Gilinsky die Situation, zumindest auf Sankt Petersburg bezogen, fast ähnlich. Seine Aussage ist deshalb aufschlussreich, weil in jener Zeit, als er seine Studie über kriminelle Strukturen in Sankt Petersburg durchführte, Wladimir Putin bereits in entscheidender Position in der Sankt Petersburger Stadtverwaltung war, als stellvertretender Bürgermeister: »Von dem Moment an, wenn neue Handelsstrukturen beginnen, Profite zu erzielen, wecken sie das Interesse krimineller Organisationen. Von Geschäftsleuten wird versichert, dass einhundert Prozent der Handelsstrukturen von Schutzgeldzahlungen betroffen sind – sie kommen in allen Unternehmen mit Ausnahme der Militärindustrie und einigen ausländischen Firmen vor.«[40]

Seine für die Studie gewonnenen Interviewpartner beschrieben ihre Situation zusammengefasst folgendermaßen: »Man kommt ohne illegale Geschäfte nicht aus. Legale und illegale Methoden sind ineinander verzahnt.« Das bestätigten auch führende Polizeioffiziere gegenüber Yakov Gilinsky. »Die mittleren Geschäftsleute sind äußerst kriminalisiert … man muss für alles Bestechungsgelder zahlen … die Schulden müssen eingetrieben werden, indem man Gewalt anwendet … man kann keine Steuerprüfungen abwickeln, ohne Bestechungsgelder zu bezahlen … Mafiosi können unter den Vorstandsmitgliedern von Banken angetroffen werden.« Er listete auf, wie die Delikte aussehen, die von den Banditen in den Banken selbst verübt werden: »Bankbetrug, fiktive Transaktionen im Immobiliensektor, Autodiebstähle – und Wiederverkäufe, illegale Exporte von nicht eisenhaltigen Metallen, Schwarzmarkttransaktionen mit ›humanitärer Hilfe‹, Produktion und Schmuggel von schwarz produziertem Alkohol, Waffenhandel, Geldfälschung, Agenturen, die sexuelle Leistungen anbieten, Drogengeschäfte.«[41] Fazit des Wissenschaftlers damals vor fünfzehn Jahren: »In Russland gibt es keine legale Wirtschaft mehr.« Und er fügte dann hinzu: »Wenn wir alle Verbrecher einsperren, bricht die Wirtschaft zusammen.«

Über fünfzehn Jahre sind vergangen, seit Wladimir Putin in Sankt Petersburg und dann in Russland herrschte. Nichts Prinzipielles hat sich seitdem verändert, abgesehen davon, dass viele der einstigen Banditen zu ehrenwerten Unternehmern, Politikern und Oligarchen mutierten.

Roberto Scarpinato, Oberstaatsanwalt aus Palermo, sieht die Situation nicht viel anders. In einem Vortrag in Karlsruhe sagte er im Jahr 2011: »Was Russland angeht, so ist bekannt, dass mafiöse kriminelle Vereinigungen, die aus dem KGB und dem sowjetischen Staatsapparat hervorgegangen sind, sich in den höchsten Positionen wirtschaftlicher und politischer Macht etabliert haben. Inzwischen wird allgemein anerkannt, dass der russische Kapitalismus mafiös ist – und zwar zu etwa sechzig bis siebzig Prozent.«[42] Er hatte sich in der Vergangenheit übrigens mit Gazprom-Tochtergesellschaften und der sizilianischen Cosa Nostra beschäftigt. Tatsache ist, so Jelena Paniflowa, die Direktorin von Transparency International in Russland, »es gibt keine Insel der Integrität im öffentlichen und wirtschaftlichen Leben Russlands«.[43]

Hinzu kommt, dass Gazprom zugleich – laut Professor Jonathan Stern, Direktor am renommierten Institut für Energiestudien in Oxford – »für Wladimir Putin eine mächtige Melkkuh« sei.[44] Gemolken werden in Wirklichkeit wir, die ahnungslosen Verbraucher in Europa, die in Zukunft immer höhere Energiepreise zahlen müssen. Und die russische Bevölkerung leidet. Die durchschnittliche Lebenserwartung liegt bei 66 Jahren, niedriger als in Papua-Neuguinea, Honduras und sogar im Irak. In Europa liegt sie bei 79 Jahren. Diese Lebenserwartung wird wahrscheinlich nicht jene Personen betreffen, die seit Putins Machtantritt zu Milliardären wurden. Ihre Zahl wird auf 62 geschätzt. Viele davon stehen in direkter Beziehung zu Wladimir Putin.[45]

Die Kluft zwischen Arm und Reich ist zwar auch in Westeuropa immer weiter auseinandergegangen. Aber in der Russischen Föderation sieht es folgendermaßen aus: »In dreizehn Regionen ist die Situation katastrophal: Hier leben dreißig Prozent der Bevölkerung in Armut. Zu den ärmsten Regionen zählt der autonome Distrikt Ust-Orda Buryat (125 000 Einwohner, d. Autor) mit einer Armutsrate von 72 Prozent, die Republik Kalmückien (290 000 Einwohner, d. Autor) mit 59 Prozent und der Oblast Ivanovo (knapp 410 000 Einwohner, d. Autor) mit 41 Prozent. Hingegen gelten als reiche Bezirke Sankt Petersburg mit einem Armutsanteil von 10,2 Prozent und Moskau mit immerhin noch 13,2 Prozent. Vergleichsweise niedrig ist die Armut in der autonomen Region Yamalo-Nenets mit 8,6 Prozent.«[46] In dieser Region werden neunzig Prozent des russischen Naturgases gefördert.

Wegen der hohen Armutsrate in der Russischen Föderation stellte Nikolai Petrovich Popov, Wissenschaftler am ältesten und heute führenden unabhängigen »Forschungszentrum für öffentliche Meinung« (RPORC) in Moskau,[47] der die Studie über Armut in Russland im Jahr 2008 verfasst hat, die Frage: »Ist Armut keine Kriminalität?«[48]

Dabei sollte doch seit 1999 unter Wladimir Putin und seinem Nachfolger Dmitri Medwedew nach den chaotischen Zeiten unter

Boris Jelzin alles besser werden. Mit diesen Erklärungen gehen bis heute viele Politiker und Expolitiker in Deutschland hausieren. Viel wurde den Menschen in der Russischen Föderation versprochen, insbesondere der Kampf gegen Korruption und das organisierte Verbrechen.

Doch irgendwie zerplatzten alle vollmundigen Versprechungen Wladimir Putins. Für helle Empörung im Kreml wie im Moskauer Oberbürgermeisteramt von Juri Luschkow sorgte deshalb ein geheimer Bericht des US-Botschafters John R. Beyerle vom 12. Februar 2010. »Luschkow beherrscht ein System, in dem jeder auf jeder Ebene in Korruption oder kriminelles Verhalten eingebunden ist. Er ist ein loyales Gründungmitglied der Partei Einiges Russland und ein sicherer Lieferant von Stimmen. Luschkows Verbindungen in die Moskauer Geschäftswelt zu den großen und legalen wie den marginalen und korrupten Kräften hat ihm die Möglichkeit gegeben, Unterstützung zu verlangen, wenn er sie benötigt.«[49]

Und weiter: »Die direkten Verbindungen der Moskauer Stadtregierung zu Kriminellen zeigen, dass die Regierung mehr wie eine Kleptokratie arbeitet als eine Regierung.«[50] Partnerstadt von Moskau ist übrigens Düsseldorf.

Die Analyse der US-Botschaft ist verheerend, selbst wenn man dem US-Botschafter Parteilichkeit unterstellt und fast das Gleiche in einer Studie der US-Sicherheitsorganisation Stratfor vom 3. Februar 2010 nachzulesen war.[51] Hier wird lediglich bestätigt, was aus einer ganz anderen Sichtweise bereits ausführlich analysiert wurde, etwa von dem in jeder Beziehung unabhängigen Professor für Kriminalistik, Yakov Gilinsky.

Im September 2010 wurde Juri Luschkow von seinem Posten als Oberbürgermeister aufgrund eines Dekrets von Staatspräsident Medwedew entfernt. Aber nicht etwa, weil der Kreml die mafiosen Machenschaften des korrupten Juri Luschkow und seiner Komplizen beenden wollte. Nein, die offizielle Begründung war »Vertrauensverlust«. Sofort nachdem er sein Amt verlassen musste, hatten Oligarchen und Staatsunternehmen, die dem Kreml sehr nahestehen, systematisch Luschkows Imperium übernommen. Die Bank von Moskau zum Beispiel ging an die staatliche VTB Bank, die auch in

Frankfurt am Main eine Filiale unterhält. Sie wird von russischen Bankenkritikern auch als das »schwarze Loch für Cash-Einlagen des Kreml gesehen, die versucht, das Gazprom des russischen Banksystems zu werden«.[52] Im Aufsichtsrat der VTB Bank sitzt seit 2007 unter anderem Matthias Warnig[53], ein enger Freund von Wladimir Putin. Er wird später im Zusammenhang mit Nord Stream und Stasikontakten wieder auftauchen.

Wie Milliarden verschoben werden

Auf den Kapverdischen und den Kanarischen Inseln waren im Sommer 2002 zwei Männer unterwegs, Jouri M. und Leonid Ch. Sie investierten Hunderte von Millionen Euro in Immobilien – das jedenfalls erzählten sie anderen Immobilienhändlern.

»Woher kommt das Geld?«, fragten die nach.

Die Antwort: »Machen Sie sich mal da keine Gedanken. Wir machen das für Gazprom, und über uns ist die schützende Hand von Wladimir Putin.«

Und dieses Prinzip hat bis heute Tradition: die schützende Hand. Ohne diese schützende Hand droht Investoren und Unternehmern in Russland die existentielle Vernichtung.

Lange Zeit war die deutsch-schweizerische Grenze in Richtung Zürich der Ort, wo Zollbeamte, wenn sie denn aufmerksam bestimmte Fahrzeuge kontrollierten, auf Männer mit russischen Unterlagen stießen. Im gepanzerten Mercedes kam am 20. Mai 2002 Wladislav L., der Inhaber einer Handelsagentur in Schweinfurt, von einem Trip aus Zürich nach Deutschland zurück. Mit im Auto saß Arsen Arslan Abakarow. Wladislav L. gab an, dass er hauptsächlich die Angestellten von Gazprom in Russland mit hochwertigen Autos beliefere, wofür er wohl auch die sechs Geschäftskonten in Riga benötigte. Dann fiel den Zollbeamten bei der Durchsuchung des Autos auf, dass er zwei Polaroidfotos bei sich hatte, auf denen er mit starken Gesichtsverletzungen und ausgeschlagenen Zähnen zu erkennen war.

»Das geht Sie nichts an«, erklärte er den Zöllnern.

Sein Begleiter Arslan Abakarow erzählte – zumindest übersetzte es Wladislav L. so –, dass er der »zweite Mann von Gazprom in Moskau« sei und Inhaber eines Unternehmens in Wien, der A & M Trading Handels GmbH. Neugierig geworden, suchten die Zöllner im Auto nach Dokumenten und stießen auf einen in Tapeten eingewickelten Briefumschlag, der zusätzlich noch in einer Plastikhülle steckte. Darauf stand: »Trident Corporate Services, Zürich«.

Es handelte sich um ein Schreiben der Firma Trident Trust samt mehrerer Dokumente, darunter eine Aktie im Wert von fünfzig Millionen US-Dollar. Der Mann, der von sich behauptete, eine wichtige Persönlichkeit bei Gazprom zu sein, verfügte außerdem über zahlreiche Bankverbindungen: von der Frankfurter Volksbank über die Erste Bank Wien, die UBS Zürich, die Taunus-Sparkasse Bad Homburg bis zur Banco de Andalucía war alles dabei, was Rang und Namen hat. Außerdem unterhielt er noch ein Bankkonto in Moskau, eines in Belize und ein weiteres in Riga. Zudem stellten die Zöllner fest, weil es aus dem ihnen vorliegenden Schriftverkehr hervorging, dass Arslan Abakarow und ein Alexander Sch. von Geschäften, die über Gazprom liefen, zwanzig Prozent Provision kassierten.

Das erklärte vielleicht die zahlreichen Bankverbindungen, aber nicht, warum der Fahrer und Dolmetscher aus Schweinfurt ganz offenkundig zusammengeschlagen worden war.

Als ich in Wien bei der in den Unterlagen angegebenen Firmennummer von Arslan Abakarow anrief, teilte man mir mit, dass er tatsächlich Repräsentant von Gazprom sei, und zwar in Dagestan. Aber unter der Wiener Firmenadresse selbst stieß ich auf einen russischen Journalisten, der nichts davon wusste, dass Abakarow diese Anschrift benutzte.

Weitaus geschickter operierte da Viktor Tschernomyrdin, der 1989 der erste Vorstandsvorsitzende von Gazprom wurde. Und wäre er nicht auf aufmerksame Zollbeamte gestoßen, wäre nicht bekannt geworden, wie er in der Schweiz Geld höchst fragwürdiger Herkunft deponierte.

Anfang Februar 2001, es ist kurz vor Mitternacht, und das Thermometer zeigt minus fünf Grad an. Im Zollamt Bietingen an der deutsch-schweizerischen Grenze kontrollieren die deutschen Zollbeamten nur stichprobenartig die wenigen Fahrzeuge, die aus der Schweiz kommen. Einem Beamten fällt ein Ford Mondeo mit tschechischem Kennzeichen auf.

»Woher kommen Sie?«, fragt der Zollbeamte den Fahrer.

»Aus Zürich, da war ich bei meinem Rechtsanwalt, um Geschäfte zu regeln.«

»Haben Sie etwas zu verzollen? Wie viel Bargeld haben Sie dabei?«, bohrt der Zollbeamte weiter.

»Nein, nichts«, war die Antwort.

Doch der Beamte ist misstrauisch. Das Misstrauen verstärkt sich noch, als ihm der in Slowenien geborene Geschäftsmann Peter K. freimütig erklärt, er sei in der Schweiz im Auftrag des Energiekonzerns Gazprom geschäftlich unterwegs gewesen. Und er erzählt, er würde regelmäßig nach München, Stuttgart, Düsseldorf und Berlin reisen.

Ein anderer Zollbeamter hätte ihn vielleicht jetzt weiterfahren lassen. Nicht so der erfahrene Zöllner, der sich im Fachbereich für organisierte Kriminalität und Geldwäsche weitergebildet hatte.

»Irgendwie stimmt da etwas nicht«, denkt er sich und lässt sich die drei Aktenkoffer öffnen, die auf dem Rücksitz des Ford Mondeo liegen.

In einem der Aktenordner findet er Passkopien von drei Unternehmern aus Moskau und einem Treuhänder aus Zürich. In einem weiteren Ordner findet er Unterlagen von Gazprom und von Peter K.s eigener Firma, der Laversdale Holding Limited mit Sitz auf den Bahamas, und eine Aufstellung über die gesamte Gazprom-Führungsstruktur. Der Beamte spricht ihn auf die Unterlagen von Gazprom an.

»Die Firma ist mein Leben«, antwortet er und fügt hinzu: »Ich habe gute Beziehungen zu höchsten Regierungskreisen in Russland, den USA, der Schweiz, Österreich, Belgien, Frankreich, Italien und Deutschland.«

Der Zöllner wird noch neugieriger, findet in den Unterlagen einen Schuldschein über hundert Millionen US-Dollar.

»Wegen dieser Papiere war ich beim Anwalt in Zürich.«

In der Schweiz genießt dieser Anwalt den Ruf, ein Tresor für jene reichen Russen zu sein, die ihr Geld gern in Immobilien investieren.

Als nächstes stößt der Zollbeamte auf Korrespondenz zwischen einem deutschen Unternehmer und einem Mann namens Viktor Stepanowitsch Tschernomyrdin beziehungsweise dessen Unternehmen United Gas Company sowie zwischen der bekannten Züricher Anwaltskanzlei und Viktor Tschernomyrdin. »Das scheint nun tatsächlich eine hochkarätige Angelegenheit zu werden«, denkt sich der Zöllner.

Viktor Tschernomyrdin war einst Minister für Erdöl- und Gaswirtschaft in der UdSSR, zwischen 1992 und 1998 unter Boris Jelzin sogar Ministerpräsident Russlands und von 1999 bis zum Juni 2000 Vorsitzender des Gazprom-Aufsichtsrats. Von 2001 bis 2009 diente er als russischer Botschafter in der Ukraine.

In seiner mehrseitigen ausführlichen Geldwäscheverdachtsanzeige vom 3. Februar 2001 an das Zollfahndungsamt Stuttgart schrieb der Zöllner aus Bietingen, nachdem er alle Akten kopiert und an das Zollfahndungsamt Stuttgart geschickt hatte: »Aus den gesamten mitgeführten Papieren ist nachvollziehbar, wie und wo die Geldtransfers von Angehörigen der Gazprom beziehungsweise deren Anwälten organisiert wurden beziehungsweise werden.« Auch sei aus dem Schriftverkehr mit den Züricher Anwälten auf Englisch beziehungsweise Russisch zu erkennen, wie die Transaktionen stattfinden. »Bei den aufgeführten Summen geht es meist um zweistellige Milliarden-US-Dollar-Beträge, die kleinsten Summen sind zweistellige US-Dollar-Millionenbeträge.« So weit die Auszüge aus der Geldwäscheverdachtsanzeige der Zollbeamten.

Geldtransfers in Höhe zweistelliger Milliardenbeträge in US-Dollar, belastende Korrespondenz des ehemaligen russischen Ministerpräsidenten und Gazprom-Aufsichtsratschefs wurden gefunden – und was geschah daraufhin mit den brisanten Dokumenten beim Landeskriminalamt in Stuttgart? Nichts. Mit Gazprom oder deren europäischen Repräsentanten legte man sich damals nicht gern an.

Viktor Tschernomyrdin liefert ein hervorragendes Beispiel dafür, was den Diebstahl von Staatseigentum angeht. Bekannt ist, dass er zum Beispiel in Österreich Scheinfirmen installierte, über die er einen Teil seines Vermögens bei Gazprom abgezweigt haben soll. Es soll sich um circa 600 Millionen Euro handeln. Vorgeworfen wurde ihm zudem, dass hohe Summen über Gazprom an ihn und an Firmen, die von seinen Kindern kontrolliert würden, geflossen seien. Die Rede ist von fünf Milliarden US-Dollar. Tschernomyrdin bestritt dies vehement, verwies auf seine offizielle Steuererklärung, wonach er für 1996 bescheidene 8000 US-Dollar als Jahreseinkommen deklarierte. Für 1997 gab er dann eine Viertelmillion US-Dollar als Jahreseinkommen an.[54]

Da ist es kein Zufall, dass ein großer Teil der Bauvorhaben von Gazprom über die Stroitransgas realisiert werden, einer Firma, die vom Tschernomyrdin-Klan beherrscht wurde. Bereits 1998 erläuterte der Oppositionspolitiker Grigori Jawlinski in einem *Spiegel*-Interview die Gründe, warum er Viktor Tschernomyrdin, der in den neunziger Jahren beste Beziehungen zu deutschen Unternehmern und Politikern unterhielt, für gefährlich hielt: »Weil wir die Korruption sehen, die sich unter ihm ausgebreitet hat. Weil wir um die vielen politischen Morde wissen, die in seiner Regierungszeit geschehen sind. Er war und ist der Repräsentant dieses oligarchischen Systems. Er hat, wie die Russen sagen, einen Kapitalismus aufgebaut für einen eng beschränkten Kreis von Leuten.«[55]

2 Die vielen Geheimnisse, die sich hinter Gazprom verstecken

Entstanden ist Gazprom als das Werk zweier befreundeter und sehr fähiger Gasexperten aus den Zeiten der UdSSR: Rem Wjachirew und Viktor Tschernomyrdin. Beide machten in der Sowjetzeit als Gasdirektoren Karriere. 1985 ernannte Michail Gorbatschow Tschernomyrdin zum Gas- und Industrieminister, dessen Stellvertreter wurde Rem Wjachirew. 1989, nach dem Ende der UdSSR, wurde das Gasministerium in ein Staatsunternehmen namens Gazprom umgewandelt, und 1992 wurde aus dem Staatsunternehmen eine private Aktiengesellschaft. Die alte Führung blieb bestehen, und Tschernomyrdin leitete auch den neuen Gazprom-Konzern.

Im Dezember 1992 ernannte Boris Jelzin Viktor Tschernomyrdin zum Ministerpräsidenten, der damit an die Schalthebel der Macht kam. Tschernomyrdins Nachfolger bei Gazprom wurde wiederum sein einstiger Stellvertreter Rem Wjachirew.

Tschernomyrdins enge Verbindungen zu Gazprom nach seinem Eintritt in die Regierung sind medienbekannt. Seine wichtigste Rolle bestand unter anderem darin, dafür zu sorgen, dass der Gasriese minimale Steuern bezahlte. Als Gegenleistung habe Gazprom unter anderem seinen Wahlkampf im Dezember 1995 mitfinanziert. Nach seinem Ausscheiden aus dem Ministerpräsidentenamt 1998 kehrte Tschernomyrdin als Aufsichtsratsvorsitzender zum Gazprom-Konzern zurück und blieb bis 2001 in diesem Amt, als er als Botschafter in die Ukraine versetzt wurde.

In seiner Zeit bei Gazprom begann die hemmungslose Bereicherung. »Das Topmanagement hat den staatlichen Gazprom-Konzern buchstäblich wie einen Familienbetrieb geführt und durch Firmengründungen die lukrativsten Teile in Familienbesitz gebracht. Während Gazproms Gewinne sanken, wuchsen die Einnahmen der Vertragspartner, die in den Händen der Manager lagen.«[1] Die Geschäfte im Konzern liefen ähnlich ab wie zu Sowjetzeiten, als die roten Fabrikdirektoren lukrative Einnahmequellen erschlossen. Gazprom lieferte das Erdgas zu sehr niedrigen russischen Preisen an private Handelsfirmen, die im Besitz des Managements oder von befreundeten Unternehmern waren. Diese Handelsfirmen wiederum verkauften das Erdgas mit sehr hohen Profiten zu Weltmarktpreisen. Die Erlöse landeten auf ausländischen Konten, insbesondere in Zypern, Österreich, Liechtenstein und der Schweiz.

Bereits 1995 lieferte der amerikanische Geheimdienst CIA dem Weißen Haus in Washington einen geheimen Bericht, in dem die korrupten Praktiken des damaligen russischen Ministerpräsidenten Viktor Tschernomyrdin aufgelistet wurden. Der private Besitz, den er sich in seiner Regierungszeit angeeignet hätte, soll demnach mehrere Milliarden US-Dollar betragen haben. Als der vertrauliche Bericht dem US-Vizepräsidenten Al Gore übergeben wurde, lehnte der ab, die Dokumentation überhaupt anzunehmen und schickte sie mit den Worten BULL*** der CIA zurück.[2]

Damals bezeichnete sich Al Gore als Freund Tschernomyrdins. »Freunde haben das Recht, stolz auf ihre Freunde zu sein. Je länger man mit ihm zusammenarbeitet, umso tiefer wird der Respekt für seine Fähigkeit, die Dinge zu tun.«[3] Irgendwie erinnert diese Erfahrung ein wenig an Gerhard Schröder und sein Verhältnis zu Wladimir Putin.

Dabei waren Teile der Vorwürfe der CIA bereits ausführlich in den US-amerikanischen Medien beschrieben worden. Peter Reddaway, Politikwissenschaftler an der George-Washington-Universität und ehemaliger Direktor des Kennan Institute für russische Studien, schrieb darüber in der *Washington Post* einen ausführlichen Artikel. Er zitierte den stellvertretenden russischen Finanzminister Boris Fjodorow. Demnach habe Tschernomyrdin illegal große Anteile an Gazprom während der Privatisierung des Konzerns erhalten. »Er bezeichnete die Privatisierung von Gazprom als den größten Raubzug der Geschichte.«[4]

1998 dokumentierte der russische KGB-Oberst Valery Streletsky in seinem Buch ausführlich die Tolerierung der Korruption durch

Tschernomyrdin. Der Autor gehörte einer Ermittlungseinheit an, die Regierungskorruption untersuchte. Er behauptete, dass Tschernomyrdins langjähriger Stabschef, Gennadi Petelin, Millionen US-Dollar auf ausländische Bankkonten transferiert hatte.[5] Vor einem Moskauer Gericht musste Tschernomyrdin zudem über seine Rolle beim illegalen Export von Diamanten und Gold im Wert von 180 Millionen US-Dollar während seiner Regierungszeit aussagen. Konsequenzen hatte das für ihn nicht, weil er die Aussage verweigerte. In der russischen Presse wurden zudem Schweizer Polizeiquellen zitiert, wonach Tschernomyrdin Hunderte Millionen US-Dollar auf Schweizer Bankkonten transferiert habe, die von ihm kontrolliert wurden.[6]

Nach Medienberichten wurde für die Tochter von Gazprom-Chef Rem Wjachirew und einen Sohn seines Stellvertreters, Wjatscheslaw Scheremet, für einen symbolischen Betrag von wenigen Dollar eine Firma gekauft, die Gazprom mit Industrieausrüstung beliefert. In anderen Fällen wurde den Kindern der Topmanager eine Tarnfirma übertragen, die ein Zehntel des Gasexports nach Ungarn kontrollieren soll. Einer der davon profitierte, ist ein Sohn Viktor Tschernomyrdins. Vorgeworfen wurde ihm, Anteile an anderen Unternehmen systematisch in ein Netzwerk nebulöser Offshore-Holdings transferiert zu haben. Nach Aussagen des Gazprom-Vorstandsmitglieds Boris Fjodorow gehen jedes Jahr »zwei bis drei Milliarden Dollar bei Gazprom durch Korruption, Nepotismus und einfach durch Diebstahl verloren«.[7]

Doch dann geschah zum ersten Mal genau das, was bis zum heutigen Tag die Kreml-Politik unter Wladimir Putin charakterisierte. Rem Wjachirew verweigerte bei der Präsidentenwahl im Jahr 2000 Putin seine Unterstützung und favorisierte stattdessen den damaligen Moskauer Bürgermeister Juri Luschkow. Damit war sein Schicksal bei Gazprom besiegelt. Er verlor den Job als Vorstandsvorsitzender und sein Sohn den Posten bei der Tochtergesellschaft Gazexport.

Es ist der 30. Mai 2001. Rem Wjachirew ist auf dem Weg zu Präsident Wladimir Putin. »Im Kreml dankte Putin Wjachirew kurz für die gute Arbeit und teilte ihm mit, Gazprom werde von nun an ein junger Mann leiten, der ›mein Vertrauen hat, der unternehmerische Erfahrung besitzt und sich in modernen Leitungsmethoden auskennt‹. Von dem neuen Gazprom-Chef erwartete Putin ›die Stärkung und den

Ausbau der Beteiligung des Staates an Gazprom‹. Wjachirew verließ das Büro des Präsidenten mit versteinerter Miene.«[8]

Die Personen und die Günstlinge wurden ausgewechselt – am System als solchem änderte sich jedoch nichts. Nachfolger wurde Alexei Miller, ein Absolvent des finanzökonomischen Instituts in Sankt Petersburg. Er arbeitete von 1991 bis 1996 im Außenhandelskomitee des Bürgermeisteramts der Stadt, vier Jahre davon unter Wladimir Putin, der in dieser Zeit Vorsitzender des Außenhandelskomitees war. Von 1996 an war Miller drei Jahre Direktor der Aktiengesellschaft Seehafen Petersburg, danach Generaldirektor des Petersburger Konzerns Baltisches Wasserrohrsystem.

Es ist ein altes Lied. So viel wie bei Gazprom, wird ein Bauunternehmer in den Medien zitiert, werde sonst nirgends bei der Auftragsvergabe gestohlen. Der Bauunternehmer hatte für Gazprom gearbeitet. »Beim Bau der ›Blue Stream‹ genannten Pipeline durch das Schwarze Meer hat der russische Streckenabschnitt nach Angaben des russischen Rechnungshofs 119 Prozent pro Kilometer mehr gekostet als der türkische Teil. Bei Pipelinebauten ist Gazprom mittlerweile der teuerste Konzern Europas. Der Energiemulti hat zudem 57 Prozent höhere Bohrkosten als Firmen im klimatisch ähnlichen Kanada.«[9]

Am 3. November 2010 starb Tschernomyrdin an einer Krebserkrankung in Moskau. Drei Jahre zuvor, im Sommer 2007, hielt sich Altbundeskanzler Gerhard Schröder in Jalta auf, anlässlich einer Konferenz über die Ukraine und ihr Streben nach Europa. Die *Süddeutsche Zeitung* schrieb über diese Jalta-Konferenz, dass »Gerhard Schröder so eifrig für Russland geworben habe, wie es der entspannt in Reihe eins sitzende Viktor Tschernomyrdin nicht besser hätte machen können«.[10]

Das Kartell des Schweigens

Viele in- wie ausländische Unternehmer in Russland kennen das Wort »Raiderstwo«. Das heißt Enteignung oder Plünderung. »Der Staat oder politisch gut vernetzte Großkonzerne bedienen sich bei

Justiz-, Steuer- und Kartellbehörden, die in Russland meist käuflich sind. Deren Schergen setzen ihre Opfer mit Verfahren, Razzien und dubiosen Steuernachforderungen so lange unter Druck, bis sie ihre Unternehmen aufgeben.«[11] Beispielhaft dafür ist der Fall William Browder.

Sein Großvater war in den dreißiger und vierziger Jahren der Kopf der US-amerikanischen kommunistischen Partei, bis er 1945 von Stalin des Revisionismus beschuldigt wurde. Seine Familie litt unter der Verfolgung des durchgedrehten antikommunistischen Senators Joseph McCarthy Ende der vierziger, Anfang der fünfziger Jahre. Diese Familiengeschichte prägte William Browder. Er rebellierte.

»Wie rebellierst du gegen eine kommunistische Familie? Ich trug nur Anzüge mit Schlips und wurde Geschäftsmann.«[12]

William Browder studierte unter anderem an der Stanford Business School. Als er dort 1989 sein Studium abgeschlossen hatte, sah er, dass sich für ihn nach dem Fall der Berliner Mauer und dem Zusammenbruch der UdSSR phantastische Geschäftsmöglichkeiten boten. Russische Firmen wurden zu lächerlichen Preisen privatisiert, und William Browder erkannte die lukrative Gelegenheit, billig Unternehmen zu kaufen. Im Jahr 1995 gab ihm der New Yorker Banker Edmond Safra 25 Millionen US-Dollar, und Browder ging nach Russland, wo er binnen weniger Monate vierstellige Renditen schaffte. Er hatte den Investmentfonds Hermitage Capital aufgelegt und managte in seinen besten Zeiten über diesen Fonds mehrere Milliarden US-Dollar in Russland. »Sein Fonds ist mit Einlagen von rund drei Milliarden Dollar und 6 000 Anteilseignern einer der größten Investoren gewesen.«[13]

Bei Gazprom wurde er über seinen Fonds ein wichtiger Aktionär und Mitglied im Gazprom-Aufsichtsrat. Eine Erfolgsgeschichte also, die zeigt, dass auch ausländische Unternehmen, sogar Hedge-Fonds, eine Chance haben, hohe Profite in Russland zu erzielen.

William Browder war auch Teilnehmer der 15. Konferenz *Forum 2000* in Prag. Der zweite Tag der dreitägigen Konferenz war am 10. Oktober 2011 der ermordeten russischen Journalistin Anna Politkowskaja gewidmet und stand unter dem Motto: »Annas Tag: Geschäfte in Russland«.

An diesem Tag berichtete William Browder auf dem Panel über »die Zukunft Russlands im Hinblick auf die Auswirkungen von Kapital auf die Menschen« über seine Erfahrungen, die damit endeten, dass er 2005 aus Russland ausgewiesen, sein Besitz gestohlen und einer seiner Anwälte ermordet wurde.

Damit steht er nicht allein. Den Finanzunternehmer Alexei Koslow zum Beispiel, berichtete Kerstin Holm, die Moskau-Korrespondentin der *Frankfurter Allgemeinen Zeitung*, ließ ein russischer Exsenator einsperren und raubte ihm seine Firma. Und das sei nur die Spitze des Eisbergs. »Urteile nach den Strafrechtsparagraphen für Betrug und Geldwäsche sind zu einer Industrie geworden, die schon Tausende Selbständige enteignet und weggesperrt hat.«[14]

Doch der Fall des Investmentfonds Hermitage Capital und William Browder ist von einer hervorragenden Bedeutung, weil hier Finanzbeamte und Beamte des russischen Innenministeriums mit offensichtlicher Duldung – wenn nicht sogar Förderung – der obersten Spitze der Regierung betrügen und Firmen ausrauben dürfen.

Wie begann es? Als William Browder seinen Fonds Ende der neunziger Jahre auflegte, hatte er ein Ziel. Um seinen Investoren optimale Renditen zu garantieren, legte er großen Wert auf Transparenz in den Unternehmen, in denen er das Geld seiner Anleger investierte. Als Aufsichtsratsmitglied bei Gazprom hatte er theoretisch dazu die Möglichkeit. »Die Arroganz war so extrem, dass sie keine Vertuschung nötig hatten. Aber das war hilfreich für uns, weil es uns in die Lage versetzte, uns ein genaues Bild darüber zu machen, was gestohlen wurde.«[15]

Deshalb stellte er bei Gazprom viele kritische Fragen, insbesondere nach den dubiosen Zwischengesellschaften, die für ihn keinen wirtschaftlichen Sinn ergaben, sondern nur die Aktionäre schädigen würden. Er hingegen wollte den Aktienwert von Gazprom, der nach seiner Überzeugung total unterbewertet war, steigern und damit natürlich den Profit für die Anleger seines Fonds.

Er fragte zum Beispiel, warum von den meisten Einnahmen aus den Gasverkäufen die europäischen Gasverteiler profitierten und nicht Gazprom, und belegte das unter anderem mit den Gaspreisen für Deutschland im Jahr 2002. Während der Gaspreis in Russland bei

21 US-Dollar pro tausend Kubikmeter lag und das Gas nach Deutschland für 103 Dollar verkauft wurde, mussten die Verbraucher in Deutschland dafür insgesamt 352 Dollar bezahlen. Eine Preissteigerung von 242 Prozent.[16]

Die Analyse des Gasexports zeigte Browder, dass selbst »Kunden in denselben Ländern, die Gas von Gazprom kaufen, unterschiedliche Preise bezahlen müssen. Während in Deutschland Ruhrgas pro tausend Kubikmeter Gas 131 Dollar zahlte, waren es bei dem Zarubezhgas Management (einer hundertprozentigen Tochter von Gazprom Germania, d. Autor) nur 110 Dollar, also sechzehn Prozent weniger.«[17] Ähnlich sei es sowohl in Österreich wie in der Schweiz.

Besonders kritisch sah er das Unternehmen Stroitransgas. Das hatte im Jahr 1995 für einen 4,83-prozentigen Anteil an Gazprom 2,5 Millionen Dollar bezahlt, obwohl der damalige Marktwert der Aktien 191 Millionen Dollar betrug. Im Mai 2002 wurde Stroitransgas von einem russischen Schiedsgericht verurteilt, seine Anteile für 2,5 Millionen Dollar wieder an Gazprom zurückzugeben. Doch entgegen der Gerichtsentscheidung zahlte Gazprom für diese Anteile nun 144 Millionen Dollar. Und Browder wunderte sich noch mehr, als er herausfand, dass Stroitransgas von Gazprom dafür bezahlt wurde, Geschäfte mit den eigenen Tochtergesellschaften zu tätigen.

Er fragte im Gazprom-Vorstand nach, ob es irgendwelche Konsequenzen für die Familienangehörigen des ehemaligen Gazprom-Managements und von Gazprom-Angestellten gegeben habe, die auf undurchsichtige Art und Weise Anteile von Sibnetgas erworben hatten. Eine zufriedenstellende Antwort erhielt er nicht.

Heftige Kritik äußerte er auch an dem Gaszwischenhändler Itera. »Gazprom war ein armes Unternehmen nur, weil es Itera reich machte. Wir schätzen, dass Gazprom dadurch, dass es die Gasverteilung an die Länder der GUS an Itera übertragen hat, pro Jahr einen Verlust von einer Milliarde Dollar für Gazprom machte.«[18] Ihn störte auch, dass bei einem Tochterunternehmen von Gazprom sich 75 Prozent der Anteile im Besitz ehemaliger Gazprom-Manager befanden.

Alle diese Unregelmäßigkeiten, die bei Gazprom festgestellt und von William Browder moniert wurden, hatten die Wirtschaftsprüfer von PricewaterhouseCooper (PwC) nicht entdeckt. Deshalb klagte sein Investmentfonds Hermitage gegen die internationale Wirtschaftsprüfungsgesellschaft wegen falscher und irreführender Prüfung, und er forderte das Finanzministerium auf, die Lizenz von PwC zu widerrufen. Sowohl von der russischen Regierung wie von Gazprom verlangte Browder deshalb, einen Wirtschaftsprüfer in offener Ausschreibung auszuwählen.

Aufgrund seiner Erfahrungen insbesondere in den Jahren 1999 bis 2005 forderte er im Juli 2003 vom Gazprom-Vorstand und Aufsichtsrat radikale Änderungen. Dazu gehörten, die Möglichkeiten heimlicher Gas- und Firmenverkäufe durch das Management zu eliminieren sowie die herrschende Praxis zu beenden, Materialverluste durch Ermessensspielräume von Managern zu regeln. Insbesondere forderte er Transparenz bei allen Entscheidungsprozessen des Gazprom-Direktorenvorstands.[19] Außerdem forderte er massive Anstrengungen des Gazprom-Managements, alle in der Vergangenheit gestohlenen Vermögenswerte zurückzufordern.

Doch das Management hatte überhaupt kein Interesse und wollte lieber den Störenfried loswerden. Mit all seinen Aktivitäten verletzte Browder ein bislang ehernes Gesetz in Russland: Gerate nicht zwischen die mächtigen Leute und ihr Geld. »Er wusste, dass er sich Feinde gemacht hatte, aber sie waren unsichtbar.«[20]

Dann, im November 2005, er kam gerade von einem Familienaufenthalt in London zurück, wurde er am Moskauer Flughafen festgenommen, sein Visum für ungültig erklärt und er in die nächste Maschine nach London gesetzt. Er war plötzlich eine Bedrohung für die nationale Sicherheit Russlands.

Zwei Jahre nach dem Einreiseverbot traf William Browder im Januar 2007 den damaligen Gazprom-Chef Dmitri Medwedew[21] beim Weltwirtschaftsforum in Davos. Der sagte ihm Hilfe zu. Die bestand darin, dass in Browders Büro in Moskau Artem Kuznetsow, ein Oberstleutnant des Moskauer Innenministeriums, anrief: »Je früher wir uns treffen und Sie bieten, was notwendig ist, um so schneller werden die Probleme gelöst werden.« Als William Browder in seinem Londoner Büro über diesen Anruf informiert wurde, wusste er, dass dieses Telefongespräch auch von der Gegenseite aufgezeichnet wurde mit dem Ziel zu dokumentieren, dass er bestechlich sei. Er ignorierte den Anruf.

Drei Monate später stürmten Oberstleutnant Artem Kuznetsow von der Finanzpolizei und Major Pavel Karpow vom Innenministerium Browders Büro in Moskau und das eines seiner Moskauer Rechtsanwälte. Alle greifbaren Dokumente sowie Computer und Firmenstempel wurden beschlagnahmt. Der Vorwurf der russischen Behörden gegen Browder? Hermitage Capital habe über Strohfirmen auf Zypern Gazprom-Aktien erworben und illegale Steuertricks angewandt. Weil bis Ende 2005 Ausländer keine Gazprom-Papiere kaufen durften und mit den weitaus teureren Anrechtsscheinen vorliebnehmen mussten, »blühte bis zur Liberalisierung des Gazprom-Aktienmarktes der graue Markt. De facto kauften zahlreiche Ausländer zu Inlandspreisen Gazprom-Aktien. Diese übliche Praxis wandte so gut wie jede Investmentbank in Russland an.«[22] Denen geschah auch nichts – aber um gegen den Störenfried vorzugehen, war es ein ideales Instrument. Zwar konnte William Browder nachweisen, dass er für alles seine Steuern bezahlt hatte, doch das nutzte wenig.

Unter den konfiszierten Unterlagen befanden sich drei Investmentzertifikate für Firmen, die nach der Razzia sofort liquidiert wurden. Wenige Tage nachdem die Zertifikate beschlagnahmt und aus dem Firmenregister gelöscht worden waren, tauchten sie wieder auf – und zwar eingetragen auf einen neuen Besitzer. Das war Viktor Markelow, ein Mann mit einer langen kriminellen Karriere. Doch dann fand Sergei Magnitski, der Rechtsanwalt William Browders, heraus, dass der Kriminelle nur ein Strohmann war. Die Drahtzieher des Diebstahls war eine Gruppe aus dem Innenministerium und den Finanzämtern Nummer 28 und Nummer 25 in Moskau. Die Ergebnisse seiner Recherchen übergab Browders Anwalt dem zuständigen Moskauer Staatsanwalt sowie dem Innenministerium und dem FSB. Doch es kam keine Reaktion.

Am 5. Juni 2008 verfasste Rechtsanwalt Sergei Magnitski erneut eine Erklärung. Er beschuldigte, mit zahlreichen Dokumenten belegt, dass Oberstleutnant Artem Kuznetsow und dessen Kollege Major Pavel Karpow die Stempel und Gründungsdokumente der drei Hermitage-Firmen an sich genommen hätten. Wieder geschah nichts. Danach legte Magnitski den Moskauer Ermittlungsbehörden Beweise vor, wonach Major Pavel Karpow und Oberstleutnant Artem Kuznetsow die Gründungsdokumente benutzt hätten, um die Firmen von Hermitage Capital auf neue Eigentümer umzuschreiben. Mit einem fingierten Verlust soll sich dann die Gruppe Ende 2007 insgesamt 230 Millionen Dollar Steuerrückzahlung erschlichen haben. Das ist genau die Summe, die Browders Firmen zuvor an Steuern entrichtet hatten. Damit hätten die beiden Offiziere auf betrügerische Art und Weise 230 Millionen Dollar gestohlen, so Sergei Magnitski in seiner Strafanzeige. Wieder geschah lange Zeit nichts.

Am 28. November 2008 wurde er in einer überfallartigen Aktion in seiner Wohnung verhaftet. Der Vorwurf: Steuerhinterziehung. Seine Frau und seine beiden Kinder sahen ihn an diesem 28. November 2008 zum letzten Mal. In den nächsten 358 Tagen wurde er von einem ins andere Gefängnis gebracht, bis er im gefürchteten Moskauer Butyrka-Gefängnis landete. Er durfte nicht telefonieren, kein einziges Mal wurde der Besuch von seiner Frau und seinen beiden Kindern genehmigt. Er wurde schikaniert und wahrscheinlich auch gefoltert. Auf jeden Fall wurde ihm trotz ständiger Petitionen jegliche medizinische Hilfe versagt.

Das klare Ziel der ihn vernehmenden Beamten war, ihn dazu zu bringen, gegen William Browder auszusagen. Doch statt ihn zu belasten, verfasste er eine Erklärung, in der er die beiden Offiziere Artem Kuznetsow und Pavel Karpow erneut beschuldigte, an dem Steuerbetrug beteiligt gewesen zu sein. In einem Statement erklärte Sergei Magnitski gegenüber den Vernehmungsbeamten: »Als Rechtsanwalt meines Klienten erhielt ich davon Kenntnis, dass Beamte des russischen Innenministeriums wahrscheinlich Komplizen beim Diebstahl der Firmen sind und dass die gestohlenen Unternehmen benutzt wurden, um vom Staatsbudget 5,4 Millionen Rubel (230 Millionen Dollar) zu stehlen.«

Ein Jahr nach seiner Verhaftung, am 16. November 2009, starb der 36-jährige Anwalt im Gefängniskrankenhaus. Ob seine Krankheit nicht behandelt wurde und er keine Medikamente erhielt, obwohl er ständig darum gebeten hatte, oder ob er an den Folgen der

Misshandlungen gestorben ist – bislang gibt es keinerlei Aufklärung über die Ursachen seines Todes.

Nach dem Tod von Sergei Magnitski erklärte Zoya Swetowa, ein Mitglied der Moskauer Menschenrechtsorganisation Oversight Commission, dass es ein »beabsichtigter Tod« war. Und ein weiteres Mitglied der Menschenrechtsorganisation, Andrei Babuschkin, sagte: »Sergei Magnitski wurde ermordet, um den Betrug zu verschleiern, den er aufgedeckt hat.«[23] Ludmila Alekseiwa, ein Vorstandsmitglied der Moskauer Menschenrechtsorganisation Helsinki-Gruppe, erklärte: »Sergei Magnitski starb durch reguläre Folter, die von Beamten des Innenministeriums angewiesen wurde.«

Das stimme alles nicht, widersprach Angelika Kastujewa, die Sprecherin des Innenministeriums in einer Stellungnahme: »Der Gefangene verstarb aufgrund von Herzinsuffizienz.«[24]

Der plötzliche Reichtum der Räuber aus dem Innenministerium

Während Sergei Magnitski im Gefängnis massiv unter Druck gesetzt wurde, um seine Aussagen über Artem Kuznetsow und Pavel Karpow zu widerrufen, kam es bei beiden Offizieren zu einer wundersamen Geldvermehrung. Sie, die verantwortlich dafür waren, dass Sergei Magnitski in einer dunklen Zelle inhaftiert war, genossen zur gleichen Zeit das süße Millionärsleben trotz eines bislang eher mageren Einkommens.

Oberstleutnant Artem Kuznetsow reiste nach Dubai, Kuba, Paris, war dreimal in Italien, jettete in einer Privatmaschine zusammen mit seiner Frau zu einem Kurzurlaub nach Zypern und residierte im Luxushotel Londa in Limassol. Seine Eltern waren in der gleichen Zeit – wie bei einem Lottogewinn – von einem Tag auf den anderen geradezu unermesslich reich geworden. Die beiden Pensionäre mit einer monatlichen Rente von je 180 US-Dollar kauften in Moskau Immobilien im Wert von 3,2 Millionen Dollar. Hinzu kamen noch zwei teure Range Rover und ein Mercedes-Benz SLK 200. Alle Luxusfahrzeuge wurden auf die beiden Pensionäre eingetragen. Kuznetsow selbst wurde befördert: vom Büro gegen Steuerkriminalität der Stadt Moskau zum FSB, Abteilung für wirtschaftliche Sicherheit.

Sein Kollege Major Pavel Karbow vom Innenministerium, dessen Monatseinkommen 2008 noch rund 535 US-Dollar betrug, genoss die neue Situation ebenfalls. Er dinierte in den edelsten Moskauer Restaurants und feierte in Nobeldiskotheken. Besonders viel dachte er jedoch – genauso wie sein Freund und Komplize Artem Kuznetsow – an seine Eltern. Das monatliche Einkommen seiner Eltern belief sich im Jahr 2007 auf umgerechnet 550 US-Dollar. Am 27. November 2008 wurde im Grundbuch der Stadt Moskau Karbows Mutter als Besitzerin eines Appartements im Wert von 930 000 US-Dollar eingetragen. Dazu kamen zwei Grundstücke außerhalb Moskaus im Wert von 120 000 Euro. Seine Eltern kauften sich außerdem einen neuen Audi A3 im Wert von 47 000 Euro und einen gebrauchten Porsche 911 Carrera für 41 000 US-Dollar. Der Major ließ auf seinen eigenen Namen einen Mercedes Benz 280 für 72 610 US-Dollar und einen Porsche Cayenne im Wert von 126 000 US-Dollar eintragen. Und er unternahm im Jahr 2008 zahlreiche Reisen: nach Großbritannien, in die USA, nach Italien, Barcelona, Wien, Griechenland, zweimal nach Zypern und Dubai; er machte zwei Wochen Urlaub in der Karibik . Auch ihm wurde ein profitabler Karrieresprung beschert: vom Ermittler der Moskauer Abteilung des Innenministeriums zum Mitglied des Untersuchungskomitees des russischen Innenministeriums.

Diejenigen vier Mitarbeiter des Moskauer Finanzamtes Nr. 28, die vor Weihnachten 2007 innerhalb eines Tages die Steuerrückerstattung der geraubten Hermitage-Unternehmen ohne jegliche Prüfung genehmigten, profitierten in besonderem Maße von dem Betrug. Addiert man ihre neuen Vermögenswerte, kommt man auf die Summe von mindestens 43 Millionen Dollar.

Am meisten profitierten Olga Stepanowa, die Leiterin des Finanzamts 28, und ihr Ehemann Vladlan Stepanow. In der Zeit von 2006 bis 2008, so geht aus ihren Steuerunterlagen hervor, verfügten sie über ein jährliches Einkommen von immerhin 38 381 US-Dollar. Vladlan Stepanow gründete am 26. Januar 2008 die in Nicosia eingetragene Arivust Holding. Von hier aus wurden auf ein Konto bei der Credit Suisse in Zürich hohe Summen überwiesen. Innerhalb eines Monats waren das 7,1 Millionen US-Dollar. Außerdem wurde von ihm auf den Virgin Islands eine weitere Gesellschaft gegründet, die Aikate Properties. Hier gingen zwei Einzahlungen in Höhe von 750 000 und 650 000 US-Dollar ein. Gleichzeitig investierten die Leiterin des Finanzamtes 28 und ihr Ehemann elf Millionen US-Dollar in Immobilien in Moskau, aber diesmal im Namen von Vladlan Stepanows Mutter. Eine Villa in Bar, Montenegro, war für das Ehepaar Olga und Vladlan Stepanow selbst gedacht. Wert: 471 000 US-Dollar. Und sie reisten jetzt viel, allein neunmal nach Dubai, wo sie sich 95 Tage aufhielten. Wahrscheinlich um endlich eine ihnen angemessene Villa zu finden. Drei Millionen US-Dollar investierten sie in das gefundene Objekt. Für 455 Quadratmeter, Kinoraum, sieben Badezimmer und sechs Schlafzimmer muss man schon einiges hinlegen. Im Kempinski-Hotel in Dubai kauften sie noch zwei Luxusappartements – laut den Hotelunterlagen – im Wert von 2,6 Millionen US-Dollar.[25]

Olga Stepanowa, die Chefin des Finanzamtes Nummer 28, die urplötzlich mit ihrem Mann zu sagenhaftem Reichtum gekommen ist, hat unterdessen ihren Posten beim Finanzamt verlassen. Sie arbeitet nun für eine neue Agentur, die von Dmitri Medwedew gegründet wurde und die Aufgabe hat, die Beschaffung und Verteilung der Polizei- und Militärausrüstungen für die Sicherheitsdienste und das Militär zu kontrollieren.

Kein einziger der Beteiligten an diesem Riesenbetrug wurde bislang angeklagt, geschweige denn verurteilt. Für die rechtskonservative Erika Steinbach, Vorsitzende der Arbeitsgruppe Menschenrechte und Humanitäre Hilfe der CDU/CSU-Bundestagsfraktion, ist der Fall des Rechtsanwalts Sergei Magnitski »beispielhaft für gravierende Mängel im russischen Justizsystem … Das Interesse seitens der russischen Regierung an der Strafverfolgung der Täter und der Hintermänner scheint gering.«[26]

Bei Stellungnahmen der deutschen Konservativen weiß man leider nie genau, ob hier nicht doch der jahrzehntelange Antikommunismus die Feder führt. Aber von dieser Presseerklärung abgesehen, war von deutschen Politikern, insbesondere aus der SPD, keine einzige klare Stellungnahme bekannt.

Während der Anwalt Sergei Magnitski in Moskau im Gefängnis saß, versickerten die anderen gestohlenen Werte des Investmentfonds Hermitage Capital in dubiosen Banken und Firmen. »Das gestohlene Kapital«, so eine Untersuchung des Organized Crime and Corruption Reporting Projektes (OCCRP) über eine russische Geldwaschanlage, »wurde über eine Reihe von Unternehmen geschleust, unter anderem der Nomirex Trading in Birmingham. Nomirex ist Teil einer internationalen Geldwäscheplattform und wird von verschiedenen bedeutsamen Kriminellen für Geldwäsche benutzt, insbesondere von asiatischen kriminellen Organisationen.«[27] OCCRP hat auf seiner Webseite http://www.reportingproject.net alle entsprechenden Dokumente veröffentlicht.

Im Zusammenhang mit Geldwäsche der gestohlenen Gelder des Investmentfonds Hermitage Capital nennt William Browder auch eine österreichische Bank, die Raiffeisen Zentralbank International in Wien. Demnach sei ein Teil des Geldes von Hermitage über Korrespondenzbanken zweier Moskauer Finanzfirmen, der Interkommerzbank und der Universal Savings Bank (USB), bei der Raiffeisen Zentralbank International deponiert und gewaschen worden. Die Universal Savings Bank taucht auch in den Geldwäschestrukturen auf, die von der OCCRP ermittelt wurden. Den Vorwurf der Geldwäsche und Verwicklung in Steuerbetrug in Russland wies die Raiffeisen Zentralbank entrüstet zurück. Entsprechende Ermittlungen der Finanzmarktaufsicht in Wien jedenfalls wurden eingestellt.

Damit gab sich William Browder in London jedoch nicht zufrieden. Mitte Dezember 2011 wurde bekannt, dass das Landgericht Wien nun über eine Wiederaufnahme des Verfahrens gegen die Raiffeisen Zentralbank wegen des Verdachts auf Verwicklung in Geldwäsche entscheiden muss.[28]

Nachdem die US-Regierung aufgrund der Vorfälle um den ungeklärten Tod von Rechtsanwalt Sergei Magnitski im Juli 2011 gegen mehr als sechzig in den Skandal verstrickte russische Personen ein Einreiseverbot verhängt hatte, antwortete Russland in der altbewährten Art und Weise. Elf amerikanische Beamte wurden im Oktober 2011 zu unerwünschten Personen erklärt. Es seien Beamte, die in kriminelle Handlungen gegen russische Bürger und in andere Verletzungen der Menschenrechte verstrickt seien, so Alexander Lukaschewitsch, der Sprecher des russischen Außenministeriums in einer Presseerklärung. Alexander Lukaschewitsch, der von 2002 bis 2006 in der Bonner Außenstelle der russischen Botschaft als zweiter Sekretär gearbeitet hatte, erwähnte die Folter von Verhafteten in Guantánamo und das Töten von Zivilisten im Irak und in Afghanistan als mögliche Gründe für das Einreiseverbot. »Die Angelegenheit ist noch nicht zu Ende. Wenn die USA weiterhin den Weg der Visakonfrontation gehen, werden wir die Liste erweitern.«[29]

Anfang Februar 2012 wurde aus Moskau gemeldet, dass Sergei Magnitski posthum wegen Steuerhinterziehung angeklagt werden wird. Auch William Browder soll der Prozess unter anderem wegen Steuerhinterziehung gemacht werden. Die Angehörigen von Sergei Magnitski reagierten mit Empörung auf die Anklage und sahen sie als Revanche des FSB dafür, dass dessen Mitarbeiter der Bestechung und des Diebstahls von 230 Millionen US-Dollar beschuldigt wurden.[30] Gegen die korrupten Mitarbeiter der Sicherheitsbehörde und des Finanzamtes gab es weder Ermittlungen noch eine Anklage.

Wie ein Oligarch durch Gazprom reich wurde

Der in Turkmenistan geborene Igor Makarow startete seine Karriere als Broker für Gazprom und endete als Hauptexporteur von turkmenischem Gas in die Ukraine und nach Europa, ein Milliardengeschäft. Einst, zu Sowjetzeiten, war er ein bekannter Rennradsportler. Westliche Nachrichtendienste stellten die Behauptung auf, er sei als inoffizieller Mitarbeiter des KGB »informativ in der Schattenwirtschaft« tätig gewesen. Ein Gerücht ist es geblieben. 1992 gründete er das Unternehmen Itera International Energy und darf sich heute zum inneren Zirkel Wladimir Putins zählen. Er genießt also den unbezahlbaren Vorteil, vor belastenden juristischen Problemen geschützt zu sein.

Finanziert wurde Itera mit einem Kredit von Gazprom in Höhe von 427 Millionen US-Dollar. Gleichzeitig lieferte ihm Gazprom

Erdgas unter dem Selbstkostenpreis. Damit konnte zwar Itera auf dem Weltmarkt erhebliche Gewinne erzielen, für Gazprom bedeutet es jedoch einen Verlust von 5,5 Milliarden Euro, weil es diese Gasgeschäfte an Itera vergeben hatte.[31] Da das alles ziemlich merkwürdig war, prüfte die internationale Wirtschaftsprüfungsgesellschaft PricewaterhouseCooper (PwC) einige der Finanztransaktionen von Gazprom an Itera. Sie stellte zum Beispiel fest, dass Gazprom einen Anteil von 32 Prozent der Gazprom-Tochtergesellschaft Purgas an Itera verkauft hatte, und zwar für sage und schreibe 1200 US-Dollar. Der tatsächliche Marktpreis, errechnete PwC, hätte jedoch 400 Millionen Euro betragen. Der Prüfungsbericht blieb unter Verschluss, und es folgten auch keinerlei Konsequenzen. »Seltsam war zudem, dass Gazprom Itera mit weiteren 616 Millionen Kreditgarantien, Darlehen und anderen Dienstleistungen unterstützte.«[32]

Mit diesen undurchsichtigen Methoden wurde Igor Makarow nicht nur einer der einflussreichsten Oligarchen, der den russischen Gasmarkt mitbestimmte, sondern anscheinend auch eine sprudelnde Geldquelle für Gazprom-Direktoren und natürlich für sich selbst. Bis heute ist das wahre Motiv für diese generösen Kapitaltransfers ungeklärt. Inzwischen ist der Oligarch mit seinem Gas- und Ölriesen Itera nicht nur massiv in den internationalen Ölhandel eingestiegen,[33] sondern wird im Kreml geradezu hofiert. Er ist Mitglied des Energierats der Regierung der Russischen Föderation, des Präsidiums der russischen Industrie- und Handelskammer und der mächtigen und einflussreichen russischen Gasgesellschaft. Als prominentes Mitglied der Gasgesellschaft begleitete er häufig Putin bei dessen Reisen ins Ausland, um neue Energiegeschäfte abzuschließen.

In den USA sorgte er für Aufregung, nachdem bekannt wurde, dass er den republikanischen Abgeordneten Curt Weldon und dessen Tochter unterstützte als Gegenleistung dafür, dass der Kongressabgeordnete sich für ihn einsetzte, »um ein Darlehen der U. S. Trade and Development Agency für eine Tochtergesellschaft von Itera genehmigt zu bekommen«.[34] Im Jahr 2007 fand in seinem Unternehmen in Jacksonville, Florida, eine vom FBI initiierte Hausdurchsuchung statt. Dabei wurden zahlreiche Unterlagen sichergestellt. Der Grund für die Aktion war, dass das FBI seine Aktivitäten in den USA und seine Verbindungen zum US-Kongressabgeordneten Curt Weldon aufklären wollte. Das Ergebnis ist nicht bekannt.

Nicht besonders gut auf Igor Makarow ist jedenfalls einer seiner ehemaligen europäischen Repräsentanten zu sprechen, der in St. Gallen lebende Anwalt Urs Weber und dessen Ehefrau. Ihnen gehörten Aktien von Itera, und sie beschuldigten Makarow, fünf Verträge mit Offshore-Unternehmen gefälscht zu haben, die Igor Makarow für seine privaten Geschäfte benutzte.[35] Von Kick-back-Zahlungen war dabei die Rede. Das sagte Urs Weber zumindest am 6. März 2008 vor einem Schweizer Gericht aus. Igor Makarow bestritt diesen Vorwurf und klagte nun gegen die Ehefrau von Urs Weber.

Dokumente, die dem Brüsseler Journalisten Jeremy Peterson vorlagen, der für die EU als Berater für organisierte Kriminalität arbeitete, belegen wieder einmal einen undurchschaubaren Firmendschungel. Demnach ist Igor Makarow der eigentliche Nutznießer einer ganzen Reihe von Unternehmen, die mit Itera verbunden sind; viele davon sind in Offshore-Steueroasen wie den britischen Virgin Islands oder Zypern registriert. »Die Dokumente beweisen, dass Igor Makarow eigentlicher Nutznießer von nicht weniger als 23 Unternehmen ist, darunter die auf den Virgin Islands registrierte Tonmar-Holding, die Multimillionen-Dollar-Verträge mit Itera International Energy LLC abgeschlossen hat. Russische Quellen bestätigen, dass Unternehmen wie Tonmar-Holding wiederum ein riesiges Netz von Briefkastenfirmen auf den Virgin Islands unterhalten, über die das Geld für fiktive Leistungen am Ende auf die persönlichen Bankkonten von Igor Makarow transferiert wurde.«[36]

Wenn Gazproms Millionen in Bremen investiert werden

Arngolt Bekker: Keiner kannte ihn in Deutschland – in Russland hingegen war er einst ein mächtiger Mann. Mit einem geschätzten Vermögen von 340 Millionen US-Dollar ließ sich ein Multimillionär aus Moskau im Jahr 2003 in Bremen nieder. Der Mitbesitzer des Unternehmens Stroitransgas war unter anderem mit dem Bau der

Pipeline Blue Stream beauftragt, deren hohe Kosten der russische Rechnungshof beanstandete.

»Obwohl Bekker und seine Familie seit zwei Jahren in Deutschland leben, fürchten sie Moskaus Rache offenbar mehr denn je. Der Exaufsichtsrat des Energieriesen Gazprom heuerte kurz nach Neujahr 2005 eine private Sicherheitsfirma an und schaltete auch die Polizei ein. Über einen befreundeten Major des Geheimdienstes soll Bekker zuvor erfahren haben, dass er in russischen Regierungskreisen scharf kritisiert wird.«[37]

In Russland war Arngolt Bekker, der zu Sowjetzeiten im Gasministerium unter Viktor Tschernomyrdin arbeitete, Präsident des Konzerns Stroitransgas. Basis des Erfolgs waren Großaufträge zum Bau von Pipelines, die Premierminister Tschernomyrdin 1998 kurz vor seinem Amtsende als russischer Ministerpräsident an Stroitransgas vergab. Insgesamt befanden sich 51 Prozent der Aktien im Besitz des Managements. Arngolt Bekker gehörten zwanzig Prozent der Aktien, seinen drei Kindern je 2,68 Prozent. Auch Viktor Tschernomyrdin und zwei seiner Söhne waren am Aktienkapital mit insgesamt elf Prozent beteiligt. Das Unternehmen verfügte über eine Quasimonopolstellung bei fast allen Bauvorhaben des Gazprom-Konzerns. Gleichzeitig war Stroitransgas mit 6,6 Prozent an Gazprom beteiligt, während Gazprom einen Anteil von weniger als einem Prozent an Stroitransgas hielt.[38]

Nach dem Machtwechsel bei Gazprom 2001 – Putin ernannte Alexei Miller zum neuen Vorstandsvorsitzenden von Gazprom, der den Tschernomyrdin-Vertrauten Rem Wjachirew ablöste – verließ Bekker zwar seinen Posten, doch die Firma bekam weiterhin Aufträge von Gazprom. Vor dem Hintergrund steigenden Drucks aus dem Kreml verkaufte Bekker schließlich seine Anteile an Gazprom. Die wahren Gründe dafür sind bis heute nicht bekannt. Er selbst sagte: »Man sollte nicht der Meinung sein, dass ich aus dem Land geworfen wurde. Ich war damals schon 67 Jahre alt und wollte schon immer nach Deutschland. Meine Mutter hat gesagt: ›Deine Heimat ist Deutschland.‹«[39]

Doch er blieb kein armer Mann. In Bremen machte er mit einem geplanten Windkraftpark in der Nordsee von sich reden. Nördlich von Borkum wollte sein neu gegründetes Unternehmen »Bard Emden Energy« in einer ersten Phase für über 500 Millionen Euro achtzig Generatoren installieren. Langfristig sollten sogar zwei Milliarden Euro investiert werden. Die Bard-Gruppe beschäftigt inzwischen über tausend Mitarbeiter. Und entwickelte, produzierte, errichtete und betreibt schlüsselfertige Offshore-Windparks. Von den geplanten achtzig Windrädern konnten bislang jedoch nur achtzehn im Nordseegrund bei Borkum verankert werden.

Nach dem Tod seiner Tochter Natalie im Jahr 2009, die als Bekkers Nachfolgerin bei Bard vorgesehen war, zog sich Arngolt Bekker im Dezember 2010 aus dem Unternehmen zurück und übertrug seine Firmenanteile (87 Prozent) an die von einem Hamburger Rechtsanwalt geführte Treuhandgesellschaft. Inzwischen befand sich das Unternehmen bereits in Schieflage und wies in der Bilanz 2009 einen Verlust von 414 Millionen Euro aus, »und im Jahr 2010 hatte sich die Situation noch weiter verschlechtert«.[40] Die Insolvenz drohte. Als der von Arngolt Bekker eingesetzte Treuhänder einen neuen Investor suchte, wollte Bekker seine Geschäftsanteile wieder zurückkaufen und erneut das Ruder in dem Unternehmen übernehmen. Doch er scheiterte damit vor dem Landgericht Aurich. »Bard-Gründer Bekker – Multimillionär und ehemaliger Mitverantwortlicher beim russischen Energiekonzern Gazprom – habe kein echtes Interesse daran, die Firma wieder zu übernehmen, hieß es aus Kreisen des Unternehmens. Vielmehr gehe es ihm darum, möglichst noch Geld für seine Anteile zu bekommen.«[41] So weit die Meinung eines den Prozess verfolgenden Journalisten.

Welche Zukunft das Unternehmen, das einst mit Gazprom-Geld aufgebaut wurde, hat, ist ungewiss – immerhin beschäftigt es noch über tausend Arbeitnehmer.

3 Über Hintergründe, die den unaufhaltsamen Siegeszug des Kreml-Machtinstruments Gazprom ermöglichten

In Westeuropa glauben die meisten Bürger an das Märchen vom »normalen Energiekonzern«, wenn es um den Giganten Gazprom geht. Viele Expolitiker und Wirtschaftsmagnaten profitieren von diesem Märchen, weil es Hunderte von Millionen Euro in ihre Kassen spült. Und damit wir an das Märchen glauben, werden von Gazprom Millionen Euro an Public-Relation-Firmen in Washington und Brüssel gezahlt, damit die das Image von Gazprom polieren. Das Ziel ist klar – es geht um die direkte Versorgung der Verbraucher in den europäischen Ländern, weil damit das meiste Geld zu verdienen ist.

»Es ist sehr schwer, eine Firma zu finden, die nicht auf unserer Watchlist steht«, sagt Gazprom-Vize Alexander Medwedew.[1] Die *Financial Times* demgegenüber überschrieb bereits im Jahr 2009 einen Artikel mit den Sätzen »Warm anziehen, Gazprom kommt!« und weist darauf hin, dass Gazprom »mit aller Macht« auf den deutschen Markt will. »Nun will der russische Energiekonzern das Geschäft mit den Endkunden erobern.«[2]

Schon jetzt hält Gazprom fünfzig Prozent der Anteile an Wingas,[3] dem zweitgrößten deutschen Gashändler, und 10,5 Prozent an der Verbundgas Netz (VNG) in Leipzig, dem drittgrößten deutschen Erdgaslieferanten. Damit hat der Konzern bereits jetzt Einfluss auf über vierzig Prozent des gesamten deutschen Gashandels. »Über seine Beteiligungen hat Gazprom zudem noch Zugang zu rund dreißig Prozent der deutschen Gasspeicherkapazitäten. Gasspeicher sind den Endkunden nicht nur eine Quelle für schnell verfügbares Gas, der Händler kann durch Öffnen und Schließen der Ventile auch Einfluss auf die Marktpreise nehmen.«[4]

Doch Gazprom ist weiter auf dem Vormarsch. »Der russische Gasmonopolist Gazprom will in Deutschland auf Einkaufstour gehen. Wir wollen nicht nur als Lieferant von Erdgas fungieren, sondern näher an die Verbraucher herankommen«, ließ Hans-Joachim Gornig, der Chef der Deutschland-Tochter des Konzerns, über die zukünftigen Aktivitäten von Gazprom wissen.[5]

Gelungen ist bereits die Übernahme des hessischen Unternehmens Envacom in Walluf im Rheingau. Abgeschlossen wurde der Vertrag zwischen Envacom und der Londoner Gazprom-Tochtergesellschaft Gazprom Marketing & Trading. Envacom ist ein eher kleines Unternehmen, mit gerade mal 500 000 Kunden. Mit diesem Verkauf ist genau das geschehen, was Gazprom lange Zeit vergeblich versuchte: direkten Zugang zu den Endkunden zu bekommen. Denn durch diese Investition kann Gazprom nun sein Gas direkt verkaufen und anderen Anbietern Konkurrenz machen.

Doch das ist nur der Anfang gewesen. »Gazprom prüfe den deutschen Markt weiter nach möglichen Neueinkäufen«, sagte Jonathan Feingold, Direktor von Gazprom Energy (so heißt die Stromliefersparte von Envacom seit dem Verkauf). »Wir suchen immer nach Gelegenheiten, in Deutschland und weltweit.«[6] Und gegenüber dem ARD-Wirtschaftsmagazin *plusminus* erklärte Burkhard Woelki, Direktor der Gazprom Germania, im Januar 2012, der Konzern wolle die Wertschöpfungskette vom Anfang bis zum Ende ausnutzen. »Das kommt auch dem Energieverbraucher letztendlich zugute. In Deutschland ist das noch nicht der Fall. Aber es gibt verschiedene Modelle, in denen Überlegungen angestellt werden, wie wir auch stärker in die Investitionen in Deutschland mit reingehen.«[7]

Kurz vor Weihnachten 2011 vereinbarte der Freistaat Bayern mit dem Gazprom-Chef Alexei Miller ein Arbeitsprogramm zur Zusammenarbeit auf dem Gebiet der Stromerzeugung. Das sei, so die Bayerische Staatsregierung in einer Pressemitteilung, »ein wichtiger Meilenstein zum Bau neuer Gaskraftwerke in Bayern«.[8] Damit, so der Ministerpräsident Horst Seehofer, »wollen wir in Zusammenarbeit mit einem starken internationalen Partner den Umbau der bayerischen Energieversorgung im Bereich der Infrastruktur vorbereiten«.[9] Neue Gaskraftwerke sollen demnach mit Hilfe von Gazprom in Bayern gebaut werden.

Fast zeitgleich meldeten die Medien, dass sich Gazprom-Chef Alexei Miller in München mit dem Vorstandsvorsitzenden und dem Präsidenten des FC Bayern München, Karl-Heinz Rummenigge und Uli Hoeneß, getroffen habe. Denn einem guten Sponsoring wäre man sicher nicht abgeneigt.[10] Wenige Tage später wurde bekannt, dass Gazprom von einem Sponsoring Abstand genommen habe.

Seit den manipulierten Parlamentswahlen in Russland Anfang Dezember 2011 blühen erste Anzeichen eines breiten Widerstands in der Bevölkerung auf. Doch noch ist Gazprom so etwas wie das Synonym für eine gigantische Selbstbereicherung der früheren sowjetischen Nomenklatura, der neuen russischen Businesselite, die, so diverse Medienberichte, über Tochtergesellschaften sogar mit kriminellen Strukturen verbunden gewesen sein soll.

Völlig anders sieht das Rainer Lindner, der Geschäftsführer des Ost-Ausschusses der Deutschen Wirtschaft: »Sollte Putin (zum Präsidenten, d. Autor) gewählt werden, muss und wird es im Vergleich zu den ersten zwei Legislaturperioden ein anderer Putin sein. Die Stabilität, die er mit seiner Politik in Russland erreicht hat, muss er nutzen, um einen gesellschaftlichen und politischen Wettbewerb um die besten Konzepte und, davon ausgehend, eine starke Reformdynamik zu entfesseln.«[11]

Von wegen Stabilität. In der Zeit der Präsidentschaft von Wladimir Putin, also zwischen 2000 und 2008, wurden aus Russland insgesamt 427 Milliarden US-Dollar illegal ins Ausland transferiert. Nur in China war der illegale Transfer ins Ausland noch höher. Hier lag er in diesem Zeitraum bei sage und schreibe 2,5 Billionen US-Dollar.[12] Unter der Bezeichnung illegale Finanzströme wird der Transfer illegal erworbenen Kapitals aus Wirtschafts- und organisierter Kriminalität, Korruption, Steuerhinterziehung und anderen illegalen Aktivitäten über die nationalen Grenzen hinaus verstanden.

Von Marbella nach Mecklenburg-Vorpommern und irgendwie zu Gazprom

Einige Verbindungslinien zwischen Gazprom-Mitarbeitern und ziemlich undurchsichtigen Persönlichkeiten fallen auf den ersten Blick überhaupt nicht auf. Zum Beispiel als es um die Übernahme der insolventen Wadan-Werft in Mecklenburg-Vorpommern im Jahr 2008 ging. Inzwischen gehört die Wadan-Werft Vitali Jussufow, dem ehemalligen Chef des Moskauer Büros der Gazprom-Tochter Nord Stream.

Doch zuvor machte ein anderer russischer Investor von sich reden. Sein Name ist Andrej Burlakow, dem übrigens auch Beziehungen zu Igor Jussufow, Mitglied des Gazprom-Vorstands und ehemaliger Sonderbeauftragter von Präsident Dmitri Medwedew, nachgesagt werden. »Burlakow bezeichnete Jussufow gern als ›guten Freund, älteren Kameraden und persönlichen Berater‹. Jussufows Sohn Vitali, ehemals Bürochef der Moskauer Niederlassung des Ostseepipeline-Konsortiums Nord Stream, kannte Burlakow seit der Kindheit. Jussufow junior habe ihn vertraut Onkel Andrej genannt, sagte Burlakow einmal dem *Spiegel*.«[13]

Andrej Burlakow war derjenige, der im Jahr 2008 die Wadan-Werft vor dem Zusammenbruch retten wollte. Fast gleichzeitig ermittelte in Spanien der damalige Untersuchungsrichter Baltasar Garzón gegen eine hochkriminelle russische Organisation, die ihren Stützpunkt in Marbella hatte. Und dabei stellte sich heraus, dass es im Zusammenhang mit der Finanzierung der Wadan-Werft Verhandlungen zwischen Andrej Burlakow und einem Gennadi Petrow gegeben hatte. Und der soll, so die spanischen Ermittler, Kopf der kriminellen Organisation gewesen sein. »Quellen aus der spanischen Polizei haben Nowaja Gazeta berichtet, wonach Gennadi Petrow, der Chef der in Spanien zerschlagenen Mafiagruppe, geplant habe, einen neuen russischen Schiffsbaukonzern zu gründen.«[14]

Demnach sei Burlakow mit seinem Partner Nail Malutin, dem Vorsitzenden der staatlich kontrollierten Firma Financial Leasing Company (FLC), im Sommer 2007 nach Spanien zu Petrow geflogen. Burlakow wollte von Petrow 250 Millionen Euro, um die Wadan-Werft zu kaufen. Petrow habe ihm erzählt, er sei nicht in der

Lage, innerhalb kurzer Zeit einen solch hohen Betrag flüssig zu machen. Einige Wochen später flog Burlakow ein weiteres Mal zu Gennadi Petrow. Diesmal sollte er einen Kontakt zum Schiffsbauunternehmen Wyborg Shipyard herstellen, weil dieses Unternehmen Interesse an der Wadan-Werft gezeigt hätte. Ein Freund von Wladimir Putin sei dort Miteigentümer. Das war Nikolai Schamalow. Zwar kam es zu ersten Verhandlungen, doch sie endeten erfolglos.

Meine Frage an Jürgen Seidel, von 2006 bis 2011 Minister für Wirtschaft, Arbeit und Tourismus in Mecklenburg-Vorpommern, ob ihm bekannt sei, dass Andrej Burlakow Verbindungen zu dem im Sommer 2008 in Spanien festgenommenen Petrow gehabt haben soll, beantwortete er folgendermaßen: »Die von Ihnen mit der Fragestellung unterstellten Verbindungen können vom Wirtschaftsministerium nicht nachvollzogen werden.«

Wer jedoch ist dieser finanziell so potente Gennadi Petrow, der nach den Vorstellungen von Andrej Burlakow das Kapital bereitstellen sollte, um die Wadan-Werft zu finanzieren?

Wahrscheinlich kennt in Deutschland keiner den spanischen Anwalt Don Juan Antonio Untoria. Er wurde am 16. Juni 2008 in Spanien verhaftet. Die spanische Justiz beschuldigte ihn, Mitglied einer hochkriminellen Organisation zu sein. Der Name der Mafiagruppe lautet: Tambowskaja-Malyschewskaja.

Nach Angaben der spanischen Policía Nacional seien ihre Mitglieder für Waffenschmuggel, Erpressung, Bestechung, Auftragsmorde und natürlich Geldwäsche verantwortlich. In Malaga, Madrid, Palma de Mallorca und Alicante verwalteten sie beziehungsweise waren Eigentümer einer Vielzahl von Firmen, insbesondere im Immobilien- und Finanzsektor. Der verhaftete Anwalt, so die spanische Staatsanwaltschaft, sei Berater von Gennadi Petrow, dem Kopf dieser kriminellen Organisation, gewesen, zuständig insbesondere für die finanziellen Transaktionen. Unter anderem habe er 59 Bankkonten verwaltet, die von Gennadi Petrow bezahlt worden seien. Zwischen 1998 und 2007 seien so mehr als sechzehn Millionen Euro aus Panama, der Schweiz, Lettland, Großbritannien, den Virgin Islands und Russland in Spanien investiert worden, die von dem Anwalt kontrolliert wurden.

»Gennadi Petrow, Alexander Malyshev und ihre Verbündeten, die in Spanien als Mitglieder einer kriminellen Organisation verhaftet wurden«, schrieb die Zeitschrift *Nowaja Gazeta* im Juli 2008, »haben besondere Verbindungen in Russland, einschließlich Politiker, Regierungsmitglieder, Direktoren von staatseigenen Unternehmungen, Unternehmer und Freunde von Wladimir Putin.«

Der Rechtsanwalt von Don Juan Antonio Untoria erklärte am 24. August 2008 in einem Antrag zur Aufhebung der Untersuchungshaft seines Mandanten, dass dieser guten Gewissens gehandelt habe. Untoria habe sich demnach 1998 zusammen mit seinem Freund José Alises Sanz zum ersten Mal mit Petrow getroffen. Sein Mandant und dessen Freund José Alises Sanz seien Klassenkameraden an der Militärakademie gewesen. José Alises Sanz gehörte einst dem spanischen Geheimdienst Centro Nacional de Inteligencia (CNI) an, Juan Antonio Untoria der Vorläuferorganisation der CNI, dem Centro Superior de Información de la Defensa (CESID), verantwortlich für die Gegenspionage.

Gennadi Petrow habe ihm erzählt, dass er sich in Spanien niederlassen wolle, um Geschäfte mit Immobilien und dem Import und Export von Lebensmitteln zwischen Russland und Spanien zu machen. Dafür suche er einen spanischen Anwalt. Er würde in Russland große Unternehmen besitzen, darunter Juweliergeschäfte mit über 350 Läden in Moskau und anderen Städten, Luxusappartements in Sankt Petersburg und Moskau und Baufirmen. Eines seiner Unternehmen habe lukrative Regierungsverträge für den Bau von Autobahnen, die Sanierung von Straßen erhalten, und er sei außerdem für das Management des Hafens Sankt Petersburg zuständig. »Bei mehreren Gelegenheiten erzählte ihm Gennadi Petrow, er hätte in Sankt Peterburg enge Freunde aus seiner Jugend, nämlich Herrn Putin, Herrn Reznik und Herrn Rejman.«

Ob das tatsächlich stimmte? Man kann das auch behaupten, um Eindruck bei dem ehemaligen Geheimdienstler zu schinden.

Während der gesamten Zeit sei Juan Antonio Untoria jedenfalls davon überzeugt gewesen, dass Gennadi Petrow ein prominenter russischer Geschäftsmann sei mit Verbindungen zur politischen Elite seines Landes. Diese Einschätzung wurde dadurch bekräftigt, dass Petrow von zwei seiner Freunde bei Untoria eingeführt wurde, die Interesse an einem Immobilienobjekt in Palma de Mallorca hatten. Der eine, Wladislaw Reznik, besaß bereits eine Villa in Mallorca. Er ist der Vorsitzende des Finanzmarktkomitees der Duma, seine Frau ist Präsidentin der First Boston Bank in Russland und Repräsentantin der Credit Suisse. Wladimir Putin redet Reznik mit Slawa an, russisch für Ruhm. »Der Regierungschef hat den Multimillionär in das Präsidium seiner Partei Einiges Russland aufsteigen lassen und auch noch zum Fraktionsvize in der Staatsduma.«[15]

Der andere Freund war Leonid Rejman, der russische Telekommunikationsminister.

Wladislaw Reznik sei, so der damalige Untersuchungsrichter Baltasar Garzón im Oktober 2008, Besitzer der Madrider Immobilienverwaltungsgesellschaft Antel.[16] Dieses Unternehmen habe er von Gennadi Petrow erworben.

Wie alle Beteiligten war zu Beginn der neunziger Jahre auch Wladislaw Reznik fest in die Sankt Petersburger Gemeinschaft eingebunden. So soll er Anfang der neunziger Jahre zu wichtigen Personen der Tambowskaja-Mafia Beziehungen unterhalten haben. Anfang der neunziger Jahre hatten jedoch fast alle Geschäftsleute Kontakte zu kriminellen Organisationen, wollten sie überleben oder nicht alles verlieren. Und Gennadi Petrow konnte damals eventuelle Probleme auf seine besondere Art und Weise lösen. Sowohl Reznik wie Petrow und einige ihrer »Geschäftspartner« waren in den neunziger Jahren im Vorstand der Rossija Bank. Leonid Rejman wie Wladislaw Reznik wurden vom Madrider Untersuchungsrichter Garzón der Geldwäsche beschuldigt. Im Kreml wurden diese Ermittlungsergebnisse nicht gern gesehen. Die Rede war von einer Kampagne gegen Russland. Sowohl Rejman wie Reznik dementierten die gegen sie gerichteten Vorwürfe.

Es mag ein Witz sein, aber wenige Monate bevor die spanische Justiz die kriminelle Organisation 2008 in Spanien zerschlug, trat Leonid Rejman beim Weltwirtschaftsforum in Davos auf und erklärte in einem Interview, dass das größte Problem heute die fehlenden Informationen sind. Und im Jahr 2006 war er Koautor eines Buches über die »Prävention von Geldwäsche durch kriminelle Aktivitäten und Finanzierung des Terrorismus«.[17] Leonid Rejman, der auch Berater von Präsident Medwedew war, wurde 2010, auf eigenen Wunsch, wie es hieß, von seinem Amt als Berater entbunden.

Zweieinhalb Jahre nach der spektakulären Verhaftungsaktion wurde der Vorwurf fallengelassen, Gennadi Petrow sei der Kopf der kriminellen Organisation Tambowskaja. Der Grund war laut spanischen Zeitungsmeldungen, dass es in Russland bislang keinerlei Ermittlungen oder Verdachtsmomente gegen Gennadi Petrow im Zusammenhang mit der Tambowskaja gegeben habe, und damit fiele der Vorwurf »kriminelle Vereinigung« in sich zusammen. Die Untersuchungsrichter hatten zuvor erfolglos versucht, bei der russischen Justiz entsprechende Dokumente zu bekommen. Deshalb wurden die meisten Ermittlungen in Spanien gegen Petrow eingestellt. Übriggeblieben ist der Vorwurf der Korruption.[18] Bis Ende 2011 gab es in Spanien keine weitere Bewegung bezüglich des Verfahrens gegen die Beschuldigten.

Zur Erinnerung. Nach Angaben von Baltasar Garzón, dem damaligen Untersuchungsrichter am Obersten Gerichtshof Spaniens, der die Verhaftungen angeordnet hatte, wurde die »weltweit bedeutendste kriminelle Struktur russischer Herkunft« damit als völlig vernichtet angesehen. Dass es Probleme bei den Ermittlungen geben würde, war jedoch von kundigen russischen Journalisten bereits sehr früh gesehen worden. In der *Nowaja Gazeta* war am 25. Juni 2008, also kurz nach der Verhaftungswelle in Spanien, zu lesen: »Die russischen Behörden warten auf detaillierte Informationen aus Madrid. Aber das Gegenteil ist auch möglich. Je mehr konkrete Informationen sie erhalten, um so ängstlicher könnte jemand in Russland werden.«

Der Journalist zitierte einen anonymen Geschäftsmann aus Sankt Petersburg, der mit der Tambowskaja-Malyschewskaja-Gruppe in den neunziger Jahren zusammengearbeitet hatte. Demnach könnte die »spanische Operation unerwünschte Folgen für einige Mitglieder der russischen politischen und wirtschaftlichen Elite haben«.

Ähnlich sahen es Staatsanwälte im katalanischen Barcelona. Am 15. Oktober 2009 schrieb die US-Botschaft über ein Treffen zwischen hohen US-Beamten mit Gerardo Cavero, dem leitenden

Staatsanwalt in Barcelona, und Fernando Bermejo, dem Staatsanwalt, der in Barcelona für die Bekämpfung der Mafia, der Korruption und Geldwäsche zuständig ist: »Er und sein Kollege Cavero sind davon überzeugt, dass die öffentlichen Erklärungen durch spanische Behörden Mitte 2008, wonach die Verhaftung von Petrow und anderen die russische Mafia in Spanien ›enthauptet‹ hätte, sehr optimistisch gewesen seien und nicht die Realität widerspiegeln würden.«[19]

Eine deutsche Werft und der Verdacht der Geldwäsche

Und das führt jetzt wieder zu Andrej Burlakow und der Wadan-Werft zurück. Im Dezember 2008 reiste Jürgen Seidel nach Moskau. Bei dem Treffen mit dem russischen Industrieminister saß Andrej Burlakow mit am Tisch, und das beruhigte den Wirtschaftsminister aus Schwerin. Denn in der Zwischenzeit schien Andrej Burlakow dann doch zu den 250 Millionen Euro gekommen zu sein, um im März 2008 die Wadan-Werften in Wismar und Rostock-Warnemünde zu übernehmen.

Wie genau, ist bis heute umstritten und wird auch nie mehr zu klären sein. Die Belegschaft war verständlicherweise begeistert, genauso wie die politischen Entscheidungsträger in Mecklenburg Vorpommern, trotz aller Mahnungen. »Ich warne die russische Regierung vor diesen Leuten und davor, das Wünschenswerte für die Wirklichkeit zu halten«, mahnte Nail Maljutin von FLC und einstiger Partner von Andrej Burlakow. Er bezog sich dabei auf seinen Exfreund. »Die Hinweise verdichteten sich, dass sie sich mittels eines betrügerischen Schemas an Staatsgeldern bedient haben, um die Werften zu kaufen.«

Die Versprechungen Andrej Burlakows hörten sich gut an, und viele wollten glauben, dass er die Arbeitsplätze retten würde. Andere Erfahrungen mit dem »Retter« machte Rüdiger Klein. Er war 2008 der zuständige Sekretär der IG Metall in Rostock: »Das war ganz sicher nicht das Gebaren eines ordentlichen Geschäftsmanns. Er wollte mich ins Berliner Hotel Adlon schleppen, und ich sollte seinen Ruf geraderichten. Wir hatten viele Auseinandersetzungen. Kein Hotel war ihm zu teuer: Yachthafenresidenz. Adlon oder Hamburg. Er hat sich das was kosten lassen. Verdient hat er nichts, nur ausgegeben.«[20]

Damals konnte Andrej Burlakow immerhin zwei prominente Aufsichtsräte gewinnen. Den Exchefredakteur der *Bild-Zeitung*, Hans-Hermann Tiedje, und Klaus-Peter Schmidt-Deguelle, den ehemaligen Berater von Finanzminister Hans Eichel. Hans-Hermann Tiedje ist Vorsitzender des Vorstandes des Kommunikationsberatungsunternehmens WMP Eurocom AG, und Klaus-Peter Schmidt-Deguelle ist dort Vorstandsmitglied für operative Aktivitäten. Die WMP Eurocom AG wirbt damit, für öffentliche Meinungsbildung zu sorgen.[21] »Bislang agierte Schmidt-Deguelle, der mit Tiedje die PR-Agentur WMP führt, als Sprecher und Berater des russischen Wadan-Anteilseigners Andrej Burlakow.«[22]

Fast drei Jahre nach der »Rettung« der Wadan-Werften in Wismar und Rostock (heute Nordic-Yards) bestätigt ein Aktienbesitzer des Unternehmens FLC, dass bei dem Kauf »Geldwäsche im Spiel gewesen sei«. Das behauptete der russische Oligarch Alexander Lebedew im Dezember 2011 gegenüber dem *Handelsblatt*. Der russische Milliardär mit einer KGB-Vergangenheit und einem Vermögen von geschätzten zwei Milliarden US-Dollar[23] hatte Aktien an dem Unternehmen FLC gekauft. Das ist das Unternehmen, über das Andrej Burlakow die Rostocker Wadan-Werften aufgekauft hatte. »Ich habe wertlose Aktien eines bankrotten Unternehmens gekauft, um einen besseren Einblick zu bekommen. Herr Burlakow und seine Partner sind in Russland Ziel staatsanwaltschaftlicher Ermittlungen wegen Betrugs in großem Stil. Sie haben rund 200 Millionen Dollar aus dem Haushalt gestohlen, und all die Kredite und Anleihen, die meist aus dem Ausland kamen – das sind noch mal 150 Millionen Dollar. Ein Teil davon ist sicher genutzt worden, um die Werften zu kaufen. In Deutschland interessiert das aber offensichtlich niemanden, obwohl das eindeutig Diebstahl und Geldwäsche war.«[24]

Diese Vermutung hatte bereits ein Jahr zuvor der IG-Metall-Bevollmächtigte für die Werften, Rüdiger Klein. Er sagte mir gegenüber: »Was der Hintergrund ist? Bei der Summe kann es sich nur um Geldwäsche handeln. Hauptsache, es ist ein gültiges Rechtsgeschäft, und das Geld ist nachher wieder sauber, was vorher schmutzig war. Es ist klar, wenn man eine solche Geldwäscheanlage gefunden hat, dass man Millionen in den Orkus verschwinden lassen kann. So blöde konnten die nicht sein. Das ist meine Vermutung. Dem war scheißegal, was das kostet. Das strategische Konzept war nicht der Schiffbau, sondern dass man die Connection hat, eine richtige Trommelwaschmaschine.«

Am 5. Juni 2009 war trotz Staats- und Landesbürgschaften in Höhe von über hundert Millionen Euro der Traum geplatzt. Burlakow beantragte beim Amtsgericht Schwerin die Insolvenz. »Die gescheiterte Rettungsaktion zeigt, welche Risiken drohen, wenn die Parteien der großen Koalition im Wettlauf um Stimmen bei der Rettung von Firmen jede Zurückhaltung aufgeben – und sich eher von politischen Erwägungen leiten lassen als von ökonomischer Logik.«[25] Auf einer Betriebsversammlung am 19. Juni 2009 erklärte der Insolvenzverwalter Marc Odebrecht den Arbeitern der Werft: »Nach einer intensiven Prüfung der Unternehmenssituation stellt sich die Lage wesentlich schlechter dar, als bislang bekannt. Zum gegenwärtigenZeitpunkt ist keines der laufenden Schiffbauprojekte sicher finanziert. Lieferanten haben rund neunzig Millionen Euro an offenen Forderungen gegenüber dem Unternehmen. ›Ein sicherer Auftrag hat einen Gegenstand, einen Vertrag, eine Finanzierung und sorgt unmittelbar für Beschäftigung. Wir haben heute eine Werft ohne sichere Aufträge und ohne liquide Mittel.‹« [26]

Doch schließlich kam neue Hoffnung auf. Der Insolvenzverwalter hatte im August 2009 einen neuen Käufer für die Werften und ihr Vermögen gefunden. Und plötzlich ist man bei Gazprom.

Der neue Investor, Vitali Jussufow, ist ein vergleichsweise junger Unternehmer. Kompensiert wurde das dadurch, dass er der Sohn von Igor Jussufow ist, der vom 16. Juni 2001 bis zum 24. Februar 2004 russischer Energieminister war und danach zum Sonderbeauftragten des russischen Präsidenten für die internationale Kooperation im Energiesektor ernannt wurde, und zwar im Rang eines Botschafters.

In seiner Zeit als Energieminister sprudelten die Petrodollars nicht nur in den russischen Staatshaushalt. Als er im Jahr 2004 als

Energieminister zurücktrat, »sollen später von einem Konto die 40,5 Millionen Euro gekommen sein, mit denen die Wadan-Werft gerettet wurde«.[27] Davon ging auf jeden Fall Rüdiger Klein von der IG Metall in Rostock aus. Bewiesen ist das nicht.

Igor Jussufows Sohn Vitali war bis August 2009 der russische Repräsentant von Nord Stream, also ein Kollege von Exbundeskanzler Gerhard Schröder. In einer Presseerklärung der Nord Stream AG bedauerte Nord Stream Vitalis Rücktritt und wünschte ihm viel Erfolg in seiner künftigen Berufstätigkeit. »Der Geschäftsführer der Nord Stream AG, Matthias Warnig, dankte Vitali Jussufow für seinen Beitrag zur Entwicklung des Unternehmens, insbesondere dessen Moskauer Filiale, die er seit dem Jahr 2007 geleitet hat.«[28]

Woher genau er die 40,5 Millionen Euro hat, die er zur Rettung der Werft investierte, ist ein Geheimnis. Oder sind die Verdienste bei Nord Stream so gewaltig?

Da passt eine Meldung der *Frankfurter Rundschau* vom August 2009, deren Autor sich mangels eigener Informationen auf Spekulationen russischer Zeitungen betrief: »Er und sein Sohn Vitali, Chef des Moskauer Büros des Ostsee-Pipeline-Konsortiums North Stream, engagierten sich an der mecklenburgischen Küste nicht mit eigenen Millionen, sondern der Energieriese Gazprom stecke dahinter.«[29]

Wieder keimte Hoffnung für die Arbeitnehmer der Werften auf, bestärkt durch Bundeskanzlerin Angela Merkel. Die äußerte sich im August 2009 bei einem Treffen mit dem russischen Präsidenten Dmitri Medwedew in Sotschi zu dem neuen Investor: »Sie habe den Eindruck, dass der neue Investor ein ›seriöses Interesse‹ an den Wadan-Werften hat. Er gehe nach ihrer Kenntnis auch längerfristige Verpflichtungen ein. Medwedew wiederum äußerte die Hoffnung, dass der neue Investor bei den Wadan-Werften Arbeitsplätze sichern wird. Jussufows Konzept zufolge sollen 1 600 der 2 500 Stellen erhalten bleiben.«[30]

Die Zahl 1 600 war etwas geschönt. Denn eine Beschäftigungsgarantie gab es tatsächlich nur für 1 200 Arbeitsplätze. Zuvor hatten auf den beiden Werften Wismar und Rostock-Warnemünde 2 400 Arbeiter/innen einen sicheren Arbeitsplatz gefunden.

Zwei Jahre nach den vollmundigen Versprechungen arbeiteten immerhin 950 Mitarbeiter auf den Werften. Arbeit gäbe es jedenfalls weiterhin bis ins Jahr 2013, lauten jetzt die offiziellen Erklärungen aus dem Schweriner Wirtschaftsministerium. Wie es danach weitergeht, das kann jedoch niemand sagen. Für Vitali Jussufow, den einstigen Moskau-Chef von Nord Stream, scheint sich die Investition jedenfalls gelohnt zu haben. Er soll die Werft dazu benutzt haben, »um einen Kredit über 1,1 Milliarde Dollar bei der Bank of Moscow zu bekommen. Russischen Medienberichten zufolge verpfändete der Russe die Werft, für die er selbst nur vierzig Millionen Euro gezahlt hatte, um das Milliardendarlehen abzusichern.«[31] Sein Pressesprecher wollte mir gegenüber diesen Vorwurf nicht bestätigen.

Unterdessen hatte sich in Moskau im Zusammenhang mit dem alten Investor Burlakow einiges getan. Am 30. November 2009 wurde er in seiner Wohnung verhaftet und ins Moskauer Untersuchungsgefängnis Butyrka gebracht. Ihm wurde schwerer Betrug vorgeworfen. Er soll mit einer Leasinggesellschaft nicht gedeckte Kredite an Briefkastenfirmen vergeben und das Unternehmen in den Konkurs getrieben haben. Mit diesem Geld habe er die Übernahme der Wadan-Werft im Juli 2008 finanziert. Doch kurze Zeit später war er wieder frei.

Der IG-Metaller Rüdiger Klein, der Andrej Burlakow in Warnemünde erlebte, ist inzwischen in Pension. Eine Aussage von ihm, die er mir gegenüber im Jahr 2009 machte, ist jedoch bedenkenswert: »Für mich war er als Person eher ein Trottel, ein armes Schwein, einer, der froh sein musste, wenn er nicht mit Beton an den Füßen im Fluss wiedergefunden wird.« Nein, so kam es nicht.

Anfang Oktober 2011 wurde Burlakow in einem Moskauer Café während eines Interviews von einem Killer durch mehrere Schüsse ermordet. Die offizielle Version des Mordanschlags war, dass es wahrscheinlich um ausstehende Schulden gegangen sei. Ruslan Mitschenko vom Informationszentrum Analyse und Sicherheit erklärte gegenüber der Zeitung *Iswestija*, Burlakow und dessen Lebensgefährtin hätten sich vor einem Monat bereits an ihn gewandt. Sie glaubten, verfolgt zu werden, und hätten ihm berichtet, dass er die Werften durch eine feindliche Übernahme seitens Jussufows verloren habe.

Auch der Journalist Roman Shleynow kannte Andrej Burlakow seit einigen Jahren, insbesondere im Zusammenhang mit seinen Recherchen über den Verkauf der Wadan-Werften an Burlakow. Er hatte ihn kurz vorher in genau dem Café getroffen, in dem Burlakow einige Tage später niedergeschossen wurde. »Er wollte mit mir über die Wadan-Werft sprechen, den Deal, der zwischen ihm und Jussufow zustandegekommen sei. Er behauptete mir gegenüber, dass damals die Familie Jussufow aufgrund der deutschen Gesetze die Werft nicht sofort übernehmen konnte und ihn deshalb als Strohmann eingesetzt habe. Ein neues Treffen mit entsprechenden Dokumenten war geplant.«[32]

Ähnlich äußerte sich der Anwalt der Lebensgefährtin und Geschäftspartnerin Burlakows, die bei dem Attentat schwer verletzt wurde. Deshalb habe er die Einleitung eines Gerichtsverfahrens gegen Vitali Jussufow gefordert. Die Anschuldigung war, dass die Familie Jussufow 2008 die in seinem Besitz befindlichen Wadan-Werften durch eine feindliche Übernahme mit kriminellen Methoden in ihren Besitz gebracht hätte. »Nach Informationen der *Iswestija* habe Vitali Jussufow am Tag des Attentats auf Burlakow und dessen Lebensgefährtin seinen Aktienanteil an der durch dubiose Geschäfte bekanntgewordenen Bank Moskwa an eine andere Bank verkauft.«[33]

Vitali Jussufow wies diese Vorwürfe kategorisch von sich. Gegenüber Journalisten erklärte er, nie etwas mit den Wadan-Werften zu tun gehabt zu haben, und er habe die Nordic Yards »von null« aufgebaut. Die Wadan-Werften seien praktisch bankrott gewesen. »Andrej Burlakow und seine Frau hatten behauptet, Familie Jussufow habe bereits vor dem Bankrott die volle Kontrolle über die Wadan-Werften gehabt.«[34] Der Mörder von Andrej Burlakow konnte bislang nicht ausfindig gemacht werden.

Der Feldzug der Sympathie

Gazprom versteht es, für sich einzunehmen – mit allen Mitteln der Sympathiewerbung. Als Sponsor zum Beispiel. Besondere russische Verbindungen lassen sich im folgenden Fall zeigen. Mehrere Männer planten im Januar 2007 eine Expedition zum Südpol. Zu ihnen gehörten unter anderem Nikolai Patruschew, der Chef des Inland-geheimdienstes FSB, und sein Bruder Viktor Patruschew. Die Reise wurde von dem Moskauer Polar- und Antarktis-Expeditionsunter-nehmen Polus organisiert. Aber als wichtigster Berater dieser Expe-ditionsreise agierte ein Mann, der nach nationalen wie internatio-nalen Medienmeldungen und entsprechenden Dossiers bei europäischen Polizeibehörden als der Kopf der kriminellen Mafiaor-ganisation Solnzevskaja gilt. Es ist Sergej Michailow, der im Koordi-nierungsrat des Expeditionsunternehmens sitzt.[35]

Der Flug war teuer, jedoch nicht für die Teilnehmer, denn Gaz-prom übernahm die Kosten für den Flug zum Südpol. Auf einem Foto ist Sergej Michailow am Südpol zu sehen, dick vermummt, mit einem rotschwarzen Anorak und einer schwarzen Mütze auf dem Kopf.[36] Er hat eine eigene Webseite (http://www.sergey-mihailov.ru), auf der er beschreibt, was er alles für die Zukunft Russlands tut. So erfährt man, dass er eine Stiftung mit dem Namen Partizipation gegründet hat. »Das Leben selbst hat uns dazu veranlasst zu glau-ben, dass wir eine Organisation benötigen, in der die Liebe tätig wird. Heute bieten wir karitative Hilfe für Dutzende von verschie-denen Organisationen, die russische orthodoxe Kirche, die Kriegs-veteranen, die Armee, das Innenministerium, Sport, für Menschen mit Behinderungen und Hilfen für in Not geratene Bürger.«[37]

Doch auch in Deutschland ist Gazprom durchaus spendabel. Im Frühjahr 2008 fand im Berliner Hotel Intercontinental der Jahres-ball des Vereins Berliner Kaufleute und Industrieller statt. Austern, Kaviar und spanischer Schinken wurden gereicht, die Champagner- und Weinquellen sprudelten. Über einen der Hauptsponsoren des Abends – Gazprom Germania – waren Lobreden in den höchsten Tönen zu hören. Vertreter von Gazprom Germania sprachen auch schon einmal auf einer Tagung des Wirtschaftsrats der CDU, und man hört dann kluge Sätze wie: »Was gut ist für Gazprom, ist auch gut für Deutschland. Schließlich ist E.ON an Gazprom beteiligt.«

Es war für den traditionsreichen Fußballklub die finanzielle Ret-tung. 125 Millionen Euro soll Gazprom an den FC Schalke 04 für einen fünfjährigen Sponsorenvertrag gezahlt haben. Eine bessere

Imagepflege für den Konzern war kaum denkbar. Fußballspieler und Fans des FC Schalke 04 werden es sich wahrscheinlich nicht vorstellen können, dass sie seitdem, wenn sie das Trikot ihres geliebten Bundesligavereins mit dem Schriftzug Gazprom überziehen, kostenlose Propaganda für die Diebe und Gauner machen, wie Putins Partei Einiges Russland gemeinhin von Kritikern genannt wird. Das Gleiche gilt für die öffentlich-rechtlichen Fernsehanstalten, wenn sie Spiele von Schalke 04 übertragen.

Als ein Hauptsponsor tritt Gazprom Germania seit Oktober 2009 beim Freizeitpark »Europa-Park« im südbadischen Rust auf. Ein Paradies für Kinder und ihre Eltern. In einer Veranstaltungs- und Informationshalle präsentiert sich Gazprom mit Werbung für die eigenen Leistungen. »Mit vier Millionen Besuchern im Jahr ist der Park ein idealer Partner, um unsere Marke sympathisch zu präsentieren«, so Burkhard Woelki, zuständig für Unternehmenskommunikation bei Gazprom Germania.[38] Eingefädelt hatte das imagefördernde Projekt Klaus Mangold, im Jahr 2009 noch Vorsitzender des Ost-Ausschusses der Deutschen Wirtschaft. Und als erster Prominenter, der das Projekt besuchen wolle, schrieb die *Badische Zeitung* im März 2010, habe sich bereits Günther Oettinger, EU-Kommissar für Energie, angemeldet.[39]

Was waren das noch für Zeiten, damals, als Wladimir Putin noch stellvertretender Bürgermeister von Sankt Petersburg war und sich im Frühjahr 1994 in Hamburg aufhielt. Hier findet jährlich das gesellschaftliche Ereignis überhaupt statt, die traditionelle Matthiae-Mahlzeit der Hamburger Kaufleute. Der Matthiae-Tag galt im Mittelalter als Frühlingsbeginn und war der Termin für den Dienstbotenwechsel. Die Matthiae-Mahlzeit ist seit 1356 historisch belegt und damit das älteste noch begangene Festmahl der Welt.

Über 400 Gäste waren damals, am 25. Februar 1994, in den Großen Saal des Rathauses zu einem Festessen eingeladen, darunter alle »Vertreter der Hamburg freundlich gesonnenen Mächte«, also die Konsulatsleiter und zusätzlich ein ausländischer und ein deutscher Ehrengast. Zu den Gästen gehörten auch der Generalkonsul von Russland und der stellvertretende Bürgermeister von Sankt Petersburg, der Partnerstadt Hamburgs.

Ehrengast war der estnische Staatspräsident Lennart Meri. Er übte heftige Kritik an Russland und dem damaligen Präsidenten Boris Jelzin, warnte den Westen vor einer möglichen neoimperialistischen Politik Russlands und forderte die westlichen Demokratien auf, entschlossen zur Stabilität und Sicherheit der mittleren und kleinen Staaten östlich der deutschen Grenze beizutragen. »Nicht schmecken will ihm (Wladimir Putin, d. Autor) jetzt, zwischen Essenz von Steinpilzen und Filet vom Damwildrücken, was der Ehrengast aus Tallin den bösen Nachbarn in Moskau unterstellt. Imperialistischen Appetit. Nationalistische Strömungen. Wie ein Ertrinkender, der nach dem Rettungsring ruft, spricht der Präsident aus Estland zu 420 satten Hamburgern. In Putins Ohren eine Zumutung, die sich nicht ohne weiteres mit einem Schluck 1990er Kiedricher Kabinett, Riesling trocken, Erzeugerabfüllung Robert Weil, wegspülen lässt.«[40]

Wladimir Putin, nachdem er den ihn begleitenden russischen Generalkonsul ultimativ aufgefordert hatte, ihm zu folgen, marschierte mit knallenden Abätzen an den Tisch des damaligen Hamburger Bürgermeisters, Hennig Voscherau, und verlangte wütend, dass der Redner zum Schweigen gebracht werden solle. Als das nichts nutzte, ging er provozierend laut mit dem Generalkonsul auf die Ausgangstür zu und verließ demonstrativ den Saal. Dabei ist wichtig zu wissen, warum der estnische Staatspräsident derart heftige Kritik übte. Immerhin hatte im Januar 1991 die sowjetische Armee, insbesondere die gefürchteten Black Berets (eine Sondereinheit der sowjetischen Marine), mit brutaler Gewalt versucht, die Unabhängigkeit der baltischen Staaten zu verhindern. »In dieser Situation wandte sich die lettische Regierung am 14. Januar 1991 mit einem dramatisch formulierten Aufruf an die ›Regierungen der Welt und der Sowjetunion‹ und warnte vor reaktionären Kreisen der KPdSU und vor der sowjetischen Armee, die einen mörderischen Staatsstreich zur Beseitigung der in den baltischen Staaten bestehenden Verfassungsordnung vorbereiteten.«[41]

Viel hat sich seitdem geändert. Inzwischen finden zu Ehren Wladimir Putins insbesondere in Deutschland große Feiern statt. In Berlin zum Beispiel sollte ihm 2011 ein besonders begehrter Preis verliehen werden, der diejenigen ehren soll, die »Aufklärung, Engagement und

Gemeinwohl verpflichtet sind«: der Quadriga-Preis. Am 3. Oktober 2011, dem Tag der Deutschen Einheit, sollte der Preis im Konzerthaus am Berliner Gendarmenmarkt an Putin verliehen werden. Nicht weit vom Gendarmenmarkt entfernt steht übrigens das eher schlichte Bürogebäude von Gazprom Germania. Es fällt allenfalls dadurch auf, dass der Eingangsbereich in gleißend blau-weißes Licht getaucht ist. Die Preisträger werden von dem Kuratorium Werkstatt Deutschland ausgewählt, in dem sich insbesondere viele Unternehmer und einige Politiker engagieren.

Als durch einen Bericht in der *Süddeutschen Zeitung* bekannt wurde, dass Wladimir Putin den Quadriga-Preis erhalten sollte, den zuvor so unterschiedliche Politiker wie Gerhard Schröder, Václav Havel und Michail Gorbatschow erhalten hatten, brach in den Medien ein Sturm der Empörung los. »Damit Putins Verdienste zur Vereinsphilosophie passen, hatte daraufhin die ›Werkstatt Deutschland‹ einen Text von ihrer Webseite genommen, wonach die Quadriga an Vorbilder verliehen wird, die ›Aufklärung, Engagement und Gemeinwohl verpflichtet sind‹. Eigenschaften, die offenbar nicht zu Wladimir Putin passen – und trotzdem soll er einen Preis bekommen?«[42]

Der Vorsitzende des Auswärtigen Ausschusses, Ruprecht Polenz (CDU), erklärte gegenüber der *Neuen Osnabrücker Zeitung*: »Ironisch könnte man vorschlagen, dass Exkanzler Gerhard Schröder die Laudatio auf den lupenreinen Demokraten Putin hält. Aber im Ernst. Putin hat Russland nur wirtschaftlich weiterentwickelt, nicht aber die Rechtsstaatlichkeit und die Verwirklichung der Menschenrechte vorangebracht.«[43]

Besonders empört war Kuratoriumsmitglied Cem Özdemir von den Grünen: »Ich habe mich im Kuratorium klar und deutlich gegen eine Ehrung von Wladimir Putin ausgesprochen. Leider war ich mit meiner Einschätzung in der Minderheit.«

Wie reagierte jedoch Gernot Erler von der SPD und treuer Anhänger Gerhard Schröders? Er äußerte sich positiv über die geplante Ehrung. »Putin wisse genau, welche Anstrengungen noch gemacht werden müssten, um Russland für die Zukunft fit zu machen … Insofern kann dieser Preis auch als eine in die Zukunft gerichtete Erwartung an Putin gesehen werden, sich für ein wirtschaftlich und politisch stabiles und demokratisches Russland zu engagieren.«[44]

Aufgrund des Protestes musste schließlich die Preisvergabe an Putin zurückgenommen werden und die gesamte festliche Veranstaltung fiel ins Wasser – kein Rummel, kein Renommee, keine Selbstbespiegelung vermeintlicher politischer und wirtschaftlicher Eliten. Aber eigentlich musste sich Wladimir Putin nicht grämen, die Quadriga nicht erhalten zu haben. Er war bereits stolzer Besitzer eines kostbaren Ordens aus massivem achtzehnkarätigem Gold. Der Orden zeigt den heiligen Georg in Rüstung auf seinem Pferd, der eine Lanze hält, die auf einen Drachen zeigt und symbolisiert – das passt zu Wladimir Putin – den Kampf des Guten gegen das Böse in der Welt. Es ist der Dankesorden des Dresdner Semper Opernballs, an Putin am 17. Januar 2009 verliehen, in einem Bundesland, das für diverse tiefe Sümpfe berüchtigt ist, und in einer Stadt, in der Putin in den achtziger Jahren als KGB-Mann seine ersten Meriten verdiente.

Gewürdigt werden mit der Auszeichnung besondere Leistungen im Bereich Politik, Sport und Kunst. »Man kann liebe und zu ehrende Gäste einladen, auch ohne ihnen gleich einen Orden an die Brust zu heften«, mäkelte immerhin der damalige Kanzleramtschef Thomas de Maizière und fügte schnell hinzu, dass sich dies nicht nur auf Putin beziehe.[45]

350 sächsische Polizeibeamte schützten den Staatsgast aus Russland, der in der 5 000 Euro teuren Kurfürstensuite des Dresdner Hotels Kempinski Taschenbergpalais übernachtete.

Nachdem er den Opernball anderthalb Stunden mit seiner Anwesenheit beglückt hatte, traf er sich zu einem dreistündigen Pressegespräch mit zehn ausgewählten Chefredakteuren. Ein Teilnehmer der kleinen Gesprächsrunde (im Nebenzimmer durften 43 russische Journalisten zuhören) erinnert sich: »Hauptthema war Gas in allen Facetten. Putin war sehr präsent, energiegeladen und ungeduldig. Er wollte uns bis ins Detail über seine Sichtweise aufklären, damit wir ihn verstehen.«[46]

Stanislaw Tillich, der sächsische Ministerpräsident, der natürlich auch am Opernball teilnahm, reiste im März 2009 nach Moskau und traf auch Wladimir Putin. Für Sachsen ist Russland der wichtigste Partner für Geschäfte außerhalb der EU. Und auch diesmal ging es um Investitionen. »Noch während des Gesprächs rief Putin persönlich den Chef der Fluggesellschaft Aeroflot an, um die Möglichkeit einer direkten Flugverbindung nach Dresden oder Leipzig prüfen zu lassen.«[47]

Der sächsische Ministerpräsident suchte zudem Hilfe bei Putin für den in Insolvenz geratenen Speicherchip-Hersteller Qimonda. Das russische Interesse sei groß, verkündete der Ministerpräsident später. Doch aus den wolkigen Versprechungen wurde nichts. Das Unternehmen, in dem einst mehrere Tausend Mitarbeiter tätig waren, wurde zerschlagen; die verbliebenen Produktionsanlagen und das Grundstück übernahm im Mai 2011 der einstige Mutterkonzern Infineon.

Wenn die Berliner High Society tanzt und feiert

Der Berliner Zarenball 2002 stand unter dem Motto »Katharina die Große«. Und Ölmagnaten, Banker und Juweliere kamen sogar aus dem fernen Russland nach Berlin. Die *Welt* schrieb übrigens über den Zarenball 2002 in einem Vorbericht: »Der Russe als solcher lässt es ja gern krachen. Das lehrt nicht nur die Geschichte, nein, auch in Charlottenburg vulgo Charlottengrad pumpt die in Versace gehüllte Mafia gerne die Medusenköpfe mit Blei voll oder legt sich ein Bömbchen in die Mercedes-S-Klasse.«[48]

Der Zarenball am 18. Januar 2003 war wieder ein gesellschaftliches Ereignis für die betuchten Berliner Russen. Diesmal stand der Ball unter dem Motto »Zar Alexander I.« und diente gleichzeitig als Auftaktveranstaltung des »Russlandjahres in Deutschland«, das von Russlands Präsident Putin und Bundeskanzler Schröder initiiert wurde, um die Beziehungen zwischen beiden Staaten zu intensivieren. In der Presseinformation für den pompösen Zarenball im ebenso pompösen Hotel Adlon schreiben die Veranstalter: »Mit höfischer Pracht, livriertem Servicepersonal und einem perfekt durchinszenierten Programm lässt die festliche Ballgala Glanz und Hochkultur des Zarenhofes wieder aufleben.« Natürlich diente das Gelage mit Kaviar, Lachs und insbesondere Wodka und Cognac einem guten Zweck: der Förderung musisch hochbegabter, aber mittelloser Kinder in Russland.

Mit einem Festakt im Berlin Luxustempel Adlon feierten am 25. November 2010 über 200 geladene Gäste aus der Hochfinanz, Konzernchefs und ein paar altgediente Politiker. Es ging um das deutsche Chemieunternehmen BASF und ihre Öl- und Gastochter Wintershall und den russischen Konzern Gazprom. Im Herbst 1990 kam es zwischen beiden Konzernen zu einer Vereinbarung über die Vermarktung russischen Erdgases in Deutschland. Die Zusammenarbeit zwischen BASF und Gazprom reicht 2012 von der Exploration und Produktion von Erdgas in Westsibirien über den Transport durch die Nord-Stream-Pipeline bis zum Verkauf von Erdgas in Deutschland und Europa, und zwar über die gemeinsame Erdgashandelsgesellschaft Wingas.

Schöne Worte über die Kooperation fielen, etwa von Rainer Seele, dem Vorstandsvorsitzenden der BASF-Tochter Wintershall: »Wir haben die Partnerschaft gelebt, indem wir gemeinsame Investitionen getätigt haben, gemeinsam Märkte erobert haben und die Menschen gemeinsam an einem Strang gezogen haben.«[49]

Und Altbundeskanzler Gerhard Schröder verstieg sich zu der kühnen Behauptung, dass die »Partnerschaft zwischen den beiden Unternehmen ein wenig sinnbildend dafür ist, wie sich die Beziehungen zwischen unseren Ländern entwickelt haben«.[50]

Dazu passt die folgende Information von Transparency International in Moskau. In Deutschland wurde sie nirgendwo veröffentlicht, obwohl sie doch eigentlich von hervorragender Bedeutung sein sollte: Nach einer Umfrage von Transparency International unter 3 000 führenden russischen Unternehmern sind demnach die im Ausland aktiven russischen Unternehmen in hohem Maße bereit, auch dort zu bestechen. »Angesichts der zunehmenden globalen Präsenz russischer Unternehmer haben Korruption und Bestechung erhebliche Auswirkungen auf die nationalen Gesellschaften, in denen sie operieren, und sie schalten dort den freien Wettbewerb aus.«[51]

Häufig finden auch sogenannte Energiedialoge statt wie die fünfte internationale Konferenz »Energiedialog Russland–Europäische Union: der Gas-Aspekt« am 21. Mai 2010 in Berlin. Anwesend war unter anderem der ehemalige Verteidigungsminister Volker Rühe (CDU). Er, Rühe, favorisierte in langfristiger Perspektive eine Mitgliedschaft Russlands in der Nato. Man führt dies auch auf das Lobbying Volker Rühes für die Boston Consulting Group zurück, deren Moskauer Repräsentantin während der Berliner Konferenz an seiner Seite war. Boston Consulting berät den Gazprom-Konzern. Gerüchteweise hört man in Berlin, dass Volker Rühe seit längerer Zeit gute Beziehungen zum derzeitigen russischen Ministerpräsidenten Putin habe – wie auch der ehemalige Kanzleramtschef Horst Teltschik. Er sei der Ghostwriter einer viel beachteten Rede, die der damalige Präsident Wladimir Putin am 25. September 2001 vor den Mitgliedern des Bundestags und des Bundesrats hielt.

Nur Filz oder ein geheimes russisch-deutsches Kartell?

Holzgetäfelte Wände, riesige, gemusterte Teppiche, und an der Decke des großen Saals hängen weit ausladende kostbare Kristalllüster. Das ist das noble Ambiente für jene 43 Männer im dunklen Anzug, die an weiß gedeckten Tischen sitzen. Ein Bild aus einem Kreml-Saal? Nein, es ist das Berliner Ritz-Carlton-Hotel. Hier tagte am 3. Dezember 2010 das Präsidium einer »Nichtregierungs- und Non-Profit-Organisation« (NGNPO), wie sie von den Teilnehmern beschrieben wird. Die 43 Männer verwalten Milliarden Euro und sind in aller Regel selbst Multimillionäre. Dass sie einmal vor Kälte zittern werden, weil ihnen der Gashahn zugedreht wird, ist höchst unwahrscheinlich. Sie sind ja diejenigen, die die Macht haben, den Gashahn zuzudrehen und die Ölpipeline zu blockieren.

»Ich habe die Ehre und das Vergnügen, Ihnen ein allgemeines Bild über die Aktivitäten des EBC für das Jahr 2010 zu geben.« Die Ehre, den Bericht vorzutragen, hatte Udo Voelker, Präsidiumsmitglied der Nichtregierungsorganisation EBC und Vorstandsmitglied von Gasunie, einem holländisch-deutschen Unternehmen, verantwortlich für das Management und den Ausbau eines rund 3 200 Kilometer langen Fernleitungsnetzes in Norddeutschland. Im November 2007 unterzeichneten zum Beispiel Gasunie und Gazprom einen Vertrag, wonach sich Gasunie einen neunprozentigen Anteil an der Gazprom-Tochter Nord Stream AG gesichert hat. All das deutet auf bestimmte Schwerpunkte hin – in Richtung Kreml und Gazprom.

Nur Eingeweihte wissen, was sich hinter dem Kürzel EBC verbirgt: der European Business Congress e. V. mit Sitz in Berlin. European Business Congress – das klingt irgendwie wertneutral. Da treffen sich europäische Unternehmer, die über Gott und die Welt, also Bilanzen und Geschäftsstrategien, sprechen. Unzählige ähnliche Kongresse finden jedes Jahr auch in Berlin statt.

EBC, der 1997 in Bonn gegründet wurde, hatte mit Stand vom April 2009 117 Mitglieder aus 23 OECD-Staaten. Ihr Ziel ist die »Unterstützung der wirtschaftlichen Kooperation zwischen und in OECD-Staaten, die Förderung der wirtschaftlichen Entwicklung in den OECD-Staaten und die Förderung eines nachhaltigen Dialogs zwischen Politik und Wirtschaft.«[52]

Beim EBC scheint alles transparent zu sein. Über die Treffen wird auf einer eigenen Webseite berichtet. Doch konkrete Informationen darüber, wie und was genau untereinander besprochen und abgesprochen wurde – Fehlanzeige. Bei einer Suche über die Aktivitäten des Vereins in verschiedenen deutscher Pressedatenbanken und der Wirtschaftsdatenbank von Genios fand sich in den letzten zehn Jahren kein einziger Bericht über die EBC.

Und das hat einen Grund. Es handelt sich um einen ganz besonderen Verein. Hier trifft sich eine quasi handverlesene Elite überwiegend aus der deutschen und russischen Energiewirtschaft mit einer übermächtigen Beteiligung von Mitgliedern aus der Russischen Föderation. Noch klarer wird die Intention bei einem Blick in die Mitgliederliste unter dem Buchstaben G. Da stehen neben Gazprom weitere acht Unternehmen, die direkt zum Gazprom-Imperium gehören.[53]

Genau diese Zusammensetzung soll anscheinend nicht publik werden. Zumal viele Mitglieder des EBC (meistens Vorsitzende oder Vorstandsvorsitzende) auch noch auf die eine oder andere Art und Weise an Gazprom gebunden sind. Bei den diversen jährlichen Treffen in unterschiedlichen europäischen Staaten (Präsidiumstreffen, allgemeines Treffen, Arbeitsgruppentreffen) geht es grundsätzlich um Energie, um Gas und Öl, um das Gasgeschäft und um geplante Expansionen. Die Mitgliederliste des EBC enthält fast nur prominente Namen und Konzerne: Neben Gazprom sind es ExxonMobil, Daimler, Siemens, Shell, die Deutsche Bank, die J. P. Morgan Bank, Alcatel, Wintershall, E.ON Ruhrgas, GDF Suez, ENI, die Bank BNP-Paribas und andere Unternehmen wie Renaissance Capital mit Sitz in Moskau.[54] Auch hier bestehen enge Bindungen an Gazprom. Die künftigen Anleihen des russischen Gaskonzerns Gazprom im Gesamtwert von 300 Milliarden Rubel (7,64 Milliarden Euro) werden von Renaissance Capital Moskau, einer Investmentbank, und der Gazprombank arrangiert.[55]

Die EBC-Vereinsmitglieder sind, so der EBC-Präsident Alexei Miller in Berlin, die »wichtigsten wirtschaftlichen und finanziellen Tycoons und bekanntesten Player auf dem Energie- und Finanzmarkt«.

In Berlin wurden 2010 als neue Mitglieder unter anderem begrüßt: die Royal Bank of Scotland (Tschechien/Russland), die J. P. Morgan International Bank (Russland), das Unternehmen DONG Energy A. S. (Dänemark) und Open Technologies (Russland). Neue Fördermitglieder sind die Gazprom-Tochter South Stream (Schweiz) und Technogarant (Russland) sowie die deutsche Internationale Wirtschaftsberatungsgesellschaft IWB.[56]

Zu den weiteren neuen Mitgliedern gehören Ferrostaal Industrieanlagen GmbH (Deutschland), die Deutsche Energie Agentur (Dena) GmbH (Deutschland) und die Moskauer Sicherheitsfirma Special Information Services Limited.

Die Internationale Wirtschaftsberatungsgesellschaft (IWB) ist von besonderem Interesse. Sie wurde 2003 von Klaus Mangold gegründet, der von 2000 bis 2010 Vorsitzender des Ost-Ausschusses der Deutschen Wirtschaft war sowie Mitglied des Vorstands der DaimlerChrysler AG. Er ist bis heute Honorarkonsul für die Russische Föderation in Stuttgart.[57] Manche Beobachter behaupten, er sei ein besonderer Freund von Altbundeskanzler Gerhard Schröder, aber auch des russischen Ministerpräsidenten Wladimir Putin. Enge Kontakte zu sehr umstrittenen russischen Oligarchen, ob Boris Beresowski oder Oleg Deripaska, werden ebenfalls erwähnt.

Wie massiv Gazprom den Verein beherrscht, ergibt sich bereits daraus, dass Alexei Miller, der Gazprom-Vorstandsvorsitzende, seit Beginn der Vereinsgründung EBC-Präsident ist. An seiner Seite sitzt als Vizepräsident ebenfalls seit Gründung der EBC ein Vorstandsmitglied der Deutschen Bank. Mit zum neunköpfigen Präsidium gehören außerdem ein Repräsentant von E.ON Ruhrgas, ein Vorstandsmitglied der russischen Intrustbank und ein Vorstandsmitglied der Wintershall Holding AG.

Während der Berliner Präsidiumssitzung 2010 berichteten unter anderem folgende Konzernrepräsentanten über ihre Aktivitäten: Open Technologies, ein russisches Internetunternehmen, die Royal Bank of Scotland Group Moskau und Marcel Kramer, der »Chief Executive Officer« der South Stream AG.

»South Stream«, verkündete Marcel Kramer stolz, »habe breite Unterstützung von Firmen und Regierungen.«[58]

Mit welchen Methoden in den betroffenen Ländern einige Politiker, diplomatisch ausgedrückt, das vielleicht als massiven Druck empfunden haben, sagte er nicht. Dabei wird er in Energiekreisen als derjenige gelobt, der sich besonders ausgeprägt für South Stream stark macht.

South Stream ist eine von Gazprom geplante russisch-italienische Erdgaspipeline, die unter anderem auf dem Grund des Schwarzen Meers verlaufen und in Italien enden soll, um die Abhängigkeit der russischen Gaslieferungen in die europäischen Länder von den Transitstaaten Ukraine und Weißrussland zu beenden. Der Kreml versucht mit allen Mitteln, dieses Projekt so schnell wie möglich durchzusetzen.

Die gleichfalls geplante Nabucco-Pipeline hingegen wird insbesondere von der EU gefördert. Sie soll die Abhängigkeit von Gaslieferungen aus Russland in Grenzen halten, indem das Gas direkt aus Zentralasien ohne Russlands Beteiligung nach Europa geliefert wird. »Nabucco wäre auch deshalb für die EU sinnvoll, um die Gasversorgung Südosteuropas im Falle von Lieferunterbrechungen bei russischem Gas sicherzustellen.«[59]

Innerhalb des EBC bestehen sechs Arbeitskomitees. Das Komitee »Geschäftssicherheit« wird von Gazprom geleitet, »Information und

Kommunikation« von Siemens, »Recht, Banken und Finanzen« wiederum von Gazprom und »Bildung und Wissenschaft« von Wintershall Holding, bekanntlich eng mit Gazprom verbunden. Das Arbeitskomitee »Ökologie und Gesundheitsvorsorge« führt der Chef von Overgas, dem bulgarischen von Gazprom kontrollierten Gasunternehmen. Die Sparte »Industrie und Bau« wiederum wird von Gazprom und »Energie« von E.ON Ruhrgas geleitet.

Zweifellos ist der European Business Congress e.V. das mächtigste europäische Energiekartell, das versucht, bestimmenden Einfluss sowohl auf wirtschaftliche wie politische Entscheidungen in den jeweiligen Staaten, demnach auch in Deutschland, zu nehmen. In seiner Antrittsrede in Berlin machte Alexei Miller das eindrucksvoll klar: »Der Zweck der heutigen Sitzung ist es, eine umfassende Bewertung der Arbeit des Kongresses im Jahr 2010 zu machen und sich auf strategische Aufgaben für die Zukunft zu einigen.« Für ihn war 2010 ein »eher dynamisches und erfolgreiches Jahr für unsere Vereinigung«. »Wir können auch feststellen, dass entgegen der Finanzkrise der Kongress auf dem Vormarsch ist und seine Aktivitäten verstärken konnte.«[60] Genau darum geht es. Klarer kann man es überhaupt nicht formulieren.

Und die Zukunft scheint rosig. Denn es gilt, die Märkte gerade in den Staaten des ehemaligen Ostblocks zu erobern. Hugo Kysilka, Vizepräsident von Vemex, einem tschechischen Energieunternehmen, kündigte an, dass das kommende vierzehnte Jahrestreffen in Prag stattfinden werde. Es seien derzeit Gespräche in Vorbereitung, wonach der tschechische Präsident, der Ministerpräsident und der Industrieminister an dem Treffen teilnehmen werden. Eine Galaveranstaltung sei geplant und ein Unterhaltungsprogramm in Vorbereitung.

Gazprom Germania hält 50,1 Prozent Anteile an der Vemex und Centrex Europe Energy 33 Prozent. Die in Wien agierende Centrex Europe Energy wiederum – und hier schließt sich der Kreis – gilt als ein Unternehmen, das eng mit Gazprom verbunden ist.[61] Aber da legt sich schon wieder der Schleier über die tatsächlichen Besitzverhältnisse. Auf der offiziellen Webseite der Centrex Europe Energy findet sich dazu keinerlei Hinweis.[62]

Der reiche Professor aus Sankt Petersburg

Manchmal tauchen Institutionen auf, die nach außen vollkommen harmlos und insbesondere unabhängig aussehen. Am 10. Oktober 2006 wurde das Deutsch-Russische Rohstoff-Forum gegründet. Das sieht sich als Informations- und Beratungsplattform für Entscheidungsträger aus Wissenschaft, Politik und Wirtschaft. Gegründet wurde das Forum von der Technischen Universität Bergakademie im sächsischen Freiberg und dem staatlichen Sankt Petersburger Bergbauinstitut. Professor Wladimir Litwinenko aus Sankt Petersburg erhielt von Präsident Putin den Auftrag zur Koordinierung der Aufgaben des Forums.[63] Bei der Eröffnungsfeier waren sowohl Bundeskanzlerin Merkel wie der russische Präsident Putin anwesend. Doch was wusste die Öffentlichkeit über den Mitinitiator Wladimir Litwinenko?

Er leitet das staatliche Bergbauinstitut Sankt Petersburg, die Kaderschmiede der neuen Eliten, war schon mal Bildungsminister und Rohstoffexperte der Regierung und soll einen guten Draht zu Wladimir Putin haben. In den Jahren 2000 und 2004 war er der Verantwortliche im Wahlkampfteam für Putins Präsidentschaftswahlkampf. Ihm hat Wladimir Putin seinen Doktortitel zu verdanken. Titel der Doktorarbeit: *Die strategische Planung der Produktion mineralischer Rohstoffbasen der Regionen unter marktwirtschaftlichen Bedingungen.* Und nach sehr kurzer Zeit war er Dr. jur. Putin. »Für eine Einsichtnahme durch Unbefugte in den Bibliotheken ist der Text gesperrt.«[64]

Plagiatsvorwürfe, die amerikanische Wissenschaftler 2006 erhoben hatten, wonach Dr. Wladimir Putin aus einer 1978 in den USA erschienenen Arbeit abgeschrieben haben soll, dementierte der Kreml.[65]

Professor Litwinenko war derjenige, der die Beziehungen zur sächsischen Bergakademie im sächsischen Freiberg aufbaute, und soll, so wird gesagt, damit einen speziellen Wunsch von Wladimir Putin erfüllt haben.

Wladimir Putin zeigte sich jedenfalls für die langjährige Freundschaft besonders dankbar, wieder einmal.

Seit 2010 ist der Professor Litwinenko, und das unterscheidet ihn von fast allen russischen Professoren, auch millionenschwerer Unternehmer. Innerhalb eines Jahres kam er zu einem Vermögen, das zwischen 350 bis 450 Millionen US-Dollar betragen soll.[66]

Auf der Webseite des russischen Konzerns Phosagro, einem der weltweit wichtigsten Düngemittelerzeuger, wird er als Vorstandsmitglied aufgeführt.[67]

Im Jahr 2009 hatte Phosagro dem Bergbauinstitut ein Darlehen von 119 Millionen US-Dollar überwiesen, um Wohnungen in Sankt Petersburg zu bauen. Das Unternehmen, das von Analysten mit sieben Milliarden US-Dollar bewertet worden war, wurde zuvor von dem seit 2003 im Gefängnis sitzenden Oligarchen Michail Chodorkowski kontrolliert.[68] Dessen Imperium wurde von Putin zerschlagen und unter seinen Günstlingen verteilt.

Vor einigen Jahren hatte Phosagro jedoch den Zorn Wladimir Putins zu spüren bekommen. Anfang Juni 2009 protestierten Tausende Arbeiter in Pikalyovo, einer kleinen Industriestadt in der Oblast Leningrad 250 Kilometer von Sankt Petersburg entfernt, und blockierten verschiedene Verbindungsstraßen nach Sankt Petersburg. Grund für die massiven Proteste waren Entlassungen und seit Monaten nicht gezahlten Löhne. Zahlreiche Fabriken, in denen seit Jahrzehnten nichts mehr investiert wurde, mussten aufgrund der steigenden Preise für Nephelin-Konzentrat – eine wichtige Komponente, um Aluminium zu produzieren – geschlossen werden. Mit großem Medienaufgebot flog Wladimir Putin in die Stadt und gab den Befehl, die Löhne zu bezahlen und die notwendigen Komponenten zur Aluminiumproduktion zu niedrigeren Preisen anzubieten. Phosagro war dazu bereit, und zwar zu Preisen, die nicht einmal die Produktionskosten abdeckten. Ende Oktober 2011 meldeten Wirtschaftsmedien, dass sich Phosagro unter anderem mit Gazprom verbünden will, um die Phosphoritvorkommen auf der Kola-Halbinsel auszubeuten.[69]

Ein Botschafter und kurzzeitiger Chef von Gazprom Germania

Die ganze Propagandashow, die einer Wundertüte gleich den Gästen manch kulinarische und alkoholische Überraschung bot, fand in der Vergangenheit in der prächtigen Botschaft der Russischen Föderation Unter den Linden statt. Seine Exzellenz Wladimir Kotenew, der Hausherr, ist der Ziehsohn des einstigen Außenministers und Geheimdienstchefs Jewgeni Primakow. Zu Sowjetzeiten war Primakow als Gesandter im Generalkonsulat der UdSSR in Westberlin tätig, was bedeutet, dass für ihn der KGB sicher kein Fremdwort ist. Er hat die einstige kommunistische Tristesse gegen kapitalistischen Glamour getauscht. Als im Jahr 2006 Exspionagechef Markus Wolf starb, war er bestürzt. In seiner Trauerrede sagte er, dass Deutschland »einen seiner bedeutenden Söhne und Russland einen seiner besten Freunde verloren habe«.

Alle, die von Bedeutung zu sein schienen, wurden zu den traditionellen russischen Sommerbällen des Botschafters Wladimir Kotenew geladen. Da waren sie alle zu sehen, die »königlichen Hoheiten und Bundesminister, Modeschöpfer und Diplomaten, Filmstars und Industriemagnaten, geschasste und aufstrebende Wirtschaftsbosse, einstige und vielleicht künftige Regierungschefs«.[70]

Gazprom war prominent vertreten. Auch Exbundesfinanzminister Hans Eichel wurde gesichtet und mit den Worten zitiert: »Die Russen sind sehr emotionale Menschen, überschwenglicher als wir. Deshalb feiert es sich mit ihnen so schön.«

Im Sommer 2010 verabschiedete sich Botschafter Wladimir Kotenew. Wieder war es das ganz große Fest. An die 1 200 Gäste machten ihm und seiner Ehefrau Marina die Aufwartung. Die sagte gegenüber *Bild*: »Am 27. Juni reisen wir ab. Was dann passiert, wird noch entschieden.«[71] Zitiert in *Bild* wurde auch Exaußenminister Hans-Dietrich Genscher mit: »Kotenew wird in Erinnerung bleiben als der Botschafter, der unsere Völker näher zusammengeführt hat.« Und Altbundeskanzler Gerhard Schröder reihte sich ebenfalls ein: »Ich denke, dieses weltoffene Paar werden wir hier nicht zum letzten Mal sehen«. Er sollte es im Gegensatz zu den anderen Partygästen wissen.

»»Ich habe Wladimir Kotenew heute morgen gesprochen, und er war bester Dinge. Er freut sich auf eine neue Aufgabe‹, sagte Margarita Mathiopoulos, Vorstandsvorsitzende der Unternehmensberatung Aspide, am Dienstag dem *Tagesspiegel*.«[72] Zu seinem Abschied richtete die Unternehmerin und Expolitikerin einen Empfang aus, bei dem Außenminister Guido Westerwelle (FDP) Kotenews Verdienste würdigte.

Und wohin ging Wladimir Kotenew? Zu Gazprom Germania. Nach nachrichtendienstlichen Erkenntnissen wurde darüber bereits am 21. Mai 2010 während einer Energiekonferenz heftig diskutiert.

Ende Juni 2010 stellte er sich als neuer Hauptgeschäftsführer der Gazprom Germania vor. Eine seiner ersten Handlungen war, dass er am 21. August 2010 zum traditionellen »Vorabendkonzert der Potsdamer Schlössernacht« in die Orangerie, einst Gästehaus für Zar Nikolaus I., eingeladen hatte. Und sie kamen wieder alle – diesmal zum Gazprom-Botschafter: unter anderem Thomas Gottschalk, Günther Jauch, das Oberhaupt des Hauses Hohenzollern, Georg Friedrich Prinz von Preußen, Event-Unternehmerin Isa von Hardenberg und die Expolitiker Lothar de Maizière und Michael Glos. Sie genossen beim Empfang feine Lachspiroggen und Entenborschtsch. Nach dem Sektempfang und der Teilnahme an dem Open-Air-Konzert mit dem Moskauer Tschaikowsky Symphonieorchester lud Wladimir Kotenew seine Gäste noch zum gemeinsamen Spaziergang durch den festlich illuminierten Schlosspark Sanssouci ein, damit sie das Feuerwerk bewundern konnten. »Damit leistet Gazprom einen weiteren Beitrag zum deutsch-russischen Kulturaustausch.«[73] Man kann es auch Honigfalle nennen.

Wladimir Kotenew jedenfalls schien diese Auftritte in höherem Auftrag geliebt zu haben. Nur bei dem eher spröden Unternehmen Gazprom Germania fiel er deshalb anscheinend unangenehm auf und musste im Frühsommer 2011 den sicher lukrativen Job aufgeben. Gazprom Germania verabschiedete ihn Anfang Juni 2011 mit einer dürren Pressemitteilung. Es wurde darüber spekuliert, warum er nach nur elf Monaten an der Spitze der deutschen Gazprom-Filiale gehen musste. »Die Rede ist von einem Machtkampf hinter den

Kulissen, von einer gewaltigen Pleite und einem gerissenen internationalen Steuersparmodell.«[74]

Der Jahresbilanz 2010 von Gazprom Germania konnte man noch entnehmen, dass die insgesamt drei Mitglieder der Geschäftsführung ein Jahreseinkommen von 2 469 012,72 Euro bezogen hatten. Der Anteil des Hauptgeschäftsführers Kotenew dürfte dabei wohl am höchsten gewesen sein. Doch das geht aus der Jahresbilanz nicht hervor.

4 Zuckerbrot und Peitsche – das Kaleidoskop der Erpressungen und Einflussnahmen

Bereits im Jahr 2006 warnte der CDU-Europaabgeordnete Elmar Brok vor den Expansionsbestrebungen von Gazprom. Vorausgegangen war Gazproms Ankündigung, den Gashahn nach Europa teilweise zuzudrehen, sollten seine Expansionspläne in Europa blockiert werden. »Brok kritisierte, der russische Energiekonzern verfolge die Strategie, nicht nur größter Energielieferant der EU zu sein, sondern auch die Herrschaft über Netze und Durchleitungsrechte zu bekommen, ›damit ohne Gazprom nichts mehr geht‹.«[1]

Tatsache ist, dass derzeit mehr als ein Viertel des Gesamtbedarfs der EU aus russischen Quellen stammt. »Laut Berechnungen des deutschen Bundestags wird die Abhängigkeit der EU bis ins Jahr 2030 auf sechzig Prozent anwachsen.«[2] Bulgarien, Estland, Finnland, Lettland, Litauen und die Slowakei sind zu hundert Prozent von russischem Gas und damit von Gazprom abhängig, während andere Länder wie Dänemark, Schweden, Spanien, Irland, Portugal und Luxemburg von Gazprom völlig unabhängig sind. Belgien und die Niederlande wiederum vertrauen nur in geringem Umfang auf Gaslieferungen aus Russland, die Tschechische Republik, Griechenland, Ungarn, Österreich und Slowenien dagegen sind im wesentlichen auf russische Quellen angewiesen, Österreich zu knapp 63 Prozent. Auch Polen, Deutschland und Italien weisen eine hohe Abhängigkeit vom russischen Gas auf, die jedoch unter fünfzig Prozent liegt, Frankreich und Rumänien demgegenüber beziehen nur wenig Gas aus Russland.

Abhängig zu sein bedeutet, erpressbar zu sein, und es heißt auch, dass die Preise für den Verbraucher ohne jeglichen Widerstand erhöht werden können, wann immer es geboten erscheint – auch um politischen Druck auszuüben. Dass gerade die baltischen Staaten sich nicht freiwillig der freundlichen Umarmung Russlands hingegeben haben, was die Energieversorgung angeht, dokumentiert Litauen.

Bis zum heutigen Tag ist das Land bezüglich seiner Energieversorgung an einen Vertrag gebunden, der im Februar 2001 mit dem staatlichen Energiekonzern Vereinte Russische Energiesysteme (RAO JES) abgeschlossen wurde. Alle Versuche, diesen Vertrag zu kündigen, blieben ergebnislos, trotz unterschiedlichster Regierungen in Litauen. Immer wieder mussten die Verträge verlängert werden. Aussagen wie die des Vorstandsvorsitzenden der Litauischen Energieversorgung: »Wir können und wir wollen nicht gegen das mächtigste Energieunternehmen kämpfen«, dokumentieren die Ohnmacht der regionalen Versorgungsunternehmen.

Und der litauische Ministerpräsident Algirdas Brazauskas (2001–2006) wird mit den Worten zitiert: »In meiner gesamten Amtszeit ist es das erste Mal, dass ich einen solchen negativen Einfluss eines russischen Energieunternehmens oder des russischen Geheimdienstes auf das litauische Energiesystem erlebt habe.«[3]

Kurz zuvor war bekanntgeworden, dass ein von Wien aus agierender KGB-Agent versuchte, ein litauisches Kernkraftwerk für RAO JES zu übernehmen. »Es ist sehr schlecht, dass die Energiefrage politisiert wird«, antwortete im Oktober 2007 der damalige ukrainische Präsident Viktor Juschtschenko auf die Frage des Journalisten Boris Reitschuster, ob Russland Gas als politische Waffe einsetze. »Immer mehr Länder werden diese Bedrohung spüren. Das ist kein Problem der Ukraine, sondern der ganzen Welt, auch von Europa und Deutschland.«[5]

Zwei Jahre später schrieb *Spiegel Online*: »Die Drohung ist so drastisch wie unmissverständlich. Der russische Staatskonzern Gazprom hat die Gasversorgung Europas von dem Ausgang der Präsidentenwahl in der Ukraine abhängig gemacht. Man habe ein Interesse an ›klaren Verhältnissen‹.«[6] Dabei war bereits Anfang 2008 eine andere Drohkulisse gegen die Ukraine aufgebaut worden.

Am 4. Februar 2008 traf sich Julia Timoschenko mit Viktor Tschernomyrdin, dem russischen Botschafter, auf dessen Bitte in Timoschenkos Privathaus. Einziges Thema war die Diskussion in der

Ukraine über den Beitritt zur Nato, der insbesondere ein Herzensanliegen von Viktor Juschtschenko, dem ukrainischen Präsidenten, war. Begrüßt wurde dieser Vorschlag auch von Bundeskanzlerin Angela Merkel anlässlich ihres Besuchs im Juni 2008 in Kiew: »Die Ukraine wird Mitglied der Nato sein.«[6] Das war selbstverständlich überhaupt nicht im Interesse Russlands.

Bei dem Gespräch der Ministerpräsidentin Julia Timoschenko mit dem russischen Botschafter machte der klar, was geschehen würde, sollte der Plan des Nato-Beitritts weiter verfolgt beziehungsweise umgesetzt werden: Es käme zu einem offenen Handelskrieg.

Ein solcher Beitritt würde bedeuten, so Viktor Tschernomyrdin, dass Russland darauf drängen werde, dass die Ukraine aus der Gemeinschaft Unabhängiger Staaten (GUS) ausgeschlossen und die Energieversorgung der Ukraine sofort von Russland eingestellt würde. Die Ukraine müsste umgehend die ausstehenden Schulden für alle wirtschaftlichen Produkte zurückzahlen, Russland würde seinen Einfluss auf andere GUS-Staaten nutzen, damit sie ebenfalls wirtschaftliche Sanktionen gegen die Ukraine einleiteten. Diese Drohungen seien ernst gemeint, beteuerte der russische Botschafter.

Die »klaren Verhältnisse«, an denen Russland interessiert war, hießen für den Kreml und damit für Gazprom, dass die amtierende Ministerpräsidentin Julia Timoschenko bei den Präsidentschaftswahlen im Februar 2010 und den Parlamentswahlen im März 2010 verlieren würde, damit der damals noch moskautreue Viktor Janukowitsch an die Macht käme. Sie verlor die Wahl. Und der Kreml honorierte den Regierungswechsel mit stark verbilligtem Gas. »Russland darf seine Schwarzmeerflotte noch mindestens 25 bis dreißig Jahre auf der Krim stationieren. Die Ukraine erhält dafür einen Rabatt von dreißig Prozent auf den vereinbarten Preis für die russischen Gaslieferungen.«[7]

Doch am 15. August 2011 meldete die russische Nachrichtenagentur *RIA Nowosti*: »Russland und Ukraine: Zeichen stehen auf Gaskrieg.« Der Grund: die hohen Preise und ein Knebelvertrag von Gazprom.

Das erinnert fatal an folgende Vorgänge: Russland war lange Zeit der einzige Gasversorger Georgiens. Tiflis bezog sein Gas von Gazprom und einer Mittlerfirma, der Itera, die wiederum eng an Gazprom gebunden war. Georgien versuchte, seit Michail Sakaschwili die Regierung im Jahr 2004 übernommen hatte, sich von russischen Gaslieferungen unabhängiger zu machen. Vergeblich. »Die Regierung Putin hatte in den vergangenen Jahren bereits mehrfach die Gasversorgung Georgiens als Druckmittel gegen den nach Westen strebenden Nachbarn eingesetzt.«[8]

Im Jahr 2006 drohte eine neue Preiserhöhung, und zwar sollte das Gas doppelt so viel wie vorher kosten. Anfangs weigerte sich die Regierung in Tiflis, diese enorme Preissteigerung für das Gas zu bezahlen. Sie sprach von einem politischen Preis und dass das Gas als politische Waffe gegen den im Kreml unbeliebten Präsidenten Sakaschwili eingesetzt würde. Daraufhin drohte Gazprom, den Gashahn für Georgien zuzudrehen. Und die Regierung in Tiflis knickte ein, nachdem Russland auch den Transit von Gas aus Kasachstan für Georgien durch russische Pipelines abgelehnt hatte.

Das ist weit weg von Europa, denken vielleicht einige. Tatsächlich?

In Lettland wurde 2003 der Ölhahn gesperrt, in Litauen zwischen 1992 und 2002 und erneut 2006, in Polen der Gashahn im Jahr 2004 und in Tschechien der Ölhahn 2008, ganz zu schweigen von der Unterbrechung der Gaslieferung während des sogenannten Gaskrieges im Januar 2006 zwischen Russland und der Ukraine. Auch für die wichtigste deutsche Ölraffinerie in Schwedt, Landkreis Uckermark, lief im Januar 2006 aus der Pipeline mit dem sinnigen Namen Druschba (Freundschaft) kein Öl, und in Leuna wurde die Öllieferung ein Jahr später, im Januar 2007, aus »geschäftlichen Gründen« ebenfalls unterbrochen.[9]

Gazprom Germania, die mächtige Tochtergesellschaft von Gazprom mit Sitz in Berlin, wehrt sich gegen solche Verdächtigungen. In einer Broschüre vom Sommer 2007 mit dem Titel »Gazprom Germania – Wirtschaftlicher Erfolg ist nicht alles« wird die Sponsortätigkeit des Unternehmens beschrieben: »Als Sponsor wollen wir den Menschen zeigen, dass die Unternehmen der Gazprom-Gruppe auf dem internationalen Markt seriös und verantwortungsbewusst auftreten und besonders auf dem Energiesektor für Europa langfristig

Sicherheit geboten werden kann. Wie jedes andere Unternehmen arbeiten wir nach marktwirtschaftlichen Kriterien und respektieren die jeweiligen nationalen Gegebenheiten in den Ländern, in denen wir tätig sind.«

Na, ja – das kann man glauben oder auch nicht. Jedenfalls durchsuchten Ende September 2011 Ermittler der EU-Wettbewerbsbehörde in einer europaweiten Razzia Gasversorger in Ost- und Zentraleuropa, auch E.ON Ruhrgas und Gazprom Germania. »Den Gasversorgern wird demnach vorgeworfen, Märkte aufgeteilt, Preise abgesprochen und Mitbewerber etwa beim Zugang zu ihren Erdgasnetzen behindert zu haben. Die Beschränkungen des Wettbewerbs können über mangelnde Auswahl und höhere Preise letztlich auch die Verbraucher schädigen.«[10]

Die Reaktion aus Moskau ließ nicht lange auf sich warten. Wladimir Putin reagierte, indem er süffisant darauf hinwies, dass er hoffe, man habe in Europa noch niemanden für Verträge mit Gazprom festgenommen und ins Gefängnis geworfen, und »die Regierung wird sehr aufmerksam verfolgen, was rund um Gazprom vor sich geht«.[11]

Gazprom-Chef Alexei Miller wird mit den Worten zitiert: »Das ist eine peinliche Überraschung.«[12]

In der Tat hatte niemand in Moskau damit gerechnet, dass Gazprom von irgendjemanden in Europa angetastet würde, weil Europa doch vom russischen Gas abhängig, sprich erpressbar ist.

South Stream oder wie manipuliere ich Regierungsentscheidungen

Seit 1996 bezieht Griechenland russisches Gas und ist heute zu einem großen Teil von Gaslieferungen aus Russland abhängig. Das verführt zwangsläufig dazu, sich dem Willen russischer Energiepolitiker zu unterwerfen. Ein Beispiel dafür ist das Pipelineprojekt South Stream. In Europa ist es deshalb heftig umstritten, weil die Energieabhängigkeit von Russland damit noch größer wird. Ein dienstbarer Regierungschef in Griechenland ist daher allemal von Nutzen, und das war Kostas Karamanlis, der konservative Ministerpräsident (2004–2009), allemal. Er ist in seiner Regierungszeit durch eine Vielzahl von Korruptionsvorwürfen belastet worden, war ein einziges Biotop der hemmungslosen Bereicherung seines Familienklans. Doch was noch weitaus gravierender ist: Er ist der verantwortliche Politiker, der Griechenland in den sozialen und wirtschaftlichen Abgrund geführt hat. Sehr früh war er darüber informiert, dass er sein Land direkt in den Staatsbankrott führen würde, wenn er seine Politik der hemmungslosen Staatsausgaben nicht beendete. Ihn kümmerte es nicht.

Zur gleichen Zeit, im Frühjahr 2008, flog er stattdessen nach Moskau. Der Grund? Ein Regierungsabkommen über die Kooperation beim Bau und Betrieb des griechischen Abschnitts der Gaspipeline South Stream »sollte zum Abschluss von Verhandlungen zwischen dem russischen Präsidenten Wladimir Putin und dem griechischen Ministerpräsidenten Kostas Karamanlis am Dienstag im Kreml signiert werden«, meldete die Nachrichtenagentur *RIA Nowosti* am 29. April 2008.

Karamanlis traf sich bei seinem Arbeitsbesuch in Russland auch mit dem neu gewählten Präsidenten Dmitri Medwedew[13]. Doch bevor es dazu kam, ist in Griechenland einiges vorgefallen, um die anstehende Entscheidung leichter zu machen: Es wurde Stimmung gegen bestimmte westliche Staaten gemacht, die das Projekt South Stream für wenig förderlich halten.

Hier kommt nun der russische Geheimdienst FSB ins Spiel. Eine Spezialeinheit des FSB operierte seit März 2008 in Griechenland, um, wie russische Behörden den griechischen Kollegen erklärten, einer Lauschaktion westlicher Nachrichtendienste auf die Spur zu kommen. Die westlichen Nachrichtendienste würden nämlich die Telefonate zwischen Wladimir Putin und Karamanlis abhören. In einem als geheime Verschlusssache klassifizierten Dokument des griechischen Nachrichtendienstes mit dem Verteiler: Ministerpräsident, Minister des Innern, Vizeminister des Innern wurde dokumentiert, was die westlichen Nachrichtendienste vor dem geplanten Besuch von Kostas Karamanlis in Moskau beabsichtigten: politische Instabilität, Destabilisierung der griechischen Wirtschaft, Verunsicherung der griechischen Geschäftswelt (einschließlich

Entführung von Managern) und die Anzettelung sozialer Unruhen einschließlich terroristischer Akte mit dem einzigen Ziel, South Stream zu verhindern.[14] Um das zu erreichen, sei noch vor dem Flug nach Moskau ein Attentat gegen den griechischen Ministerpräsidenten geplant, den der FSB natürlich verhindern wollte.

Den erwähnten Unterlagen des griechischen Nachrichtendienstes ist zu entnehmen, dass der FSB merkwürdige Dinge beobachtet hatte. So sei dem Wagenkorso des griechischen Ministerpräsidenten von seinem Wohnort in Rafina bis zu seinem Amtssitz ein Fahrzeug gefolgt. »Das beigefarbene Fahrzeug hatte ein falsches griechisches Kennzeichen. Es befanden sich mehrmals drei bis vier Personen darin. Während der Verfolgung des Ziels wurde von den Personen Kommunikation per Telefon aus dem Pkw geführt. In dieses operative Lagebild fügten sich andere Fahrzeuge ein, welche die Verfolgung und Beobachtung des Wagens des Ministerpräsidenten aufnahmen: so ein Ford Transit (Farbe blau, griechisches Kennzeichen gefälscht) in der Marathon Avenue, Höhe Pikermi, und ein BMW mit deutschem Kennzeichen am Supermarkt in AB Vassilopoulos Holargos Attika. Die Gesamtanzahl der Personen des Teams wird mit zwanzig angegeben.«[15]

Der FSB ermittelte zudem, dass die Insassen der Fahrzeuge Gespräche auf Griechisch führten und sich mittels Handy abstimmten. »In den genannten Fahrzeugen wurden detaillierte Aufzeichnungen über die Fahrtroute des griechischen Ministerpräsidenten, seine Begleitfahrzeuge und den Personenschutzdienst aufgefunden. Zur ihrer Ausrüstung gehörten: Nachtferngläser, Plastiksprengstoff sowie Waffen vom Typ Tokarew/Kalaschnikow, Make-up, Perücken, Kommunikationssysteme zum Scannen des Polizeifunks und Lebensmittel als eiserne Reserve.«[16]

Diese Erkenntnisse wurden in Moskau von Alexander Baranow, dem IT-Experten des FSB, ausgewertet und führten zu folgenden Schlussfolgerungen: »Es handelt sich um die organisierte Verfolgung durch westliche Nachrichtendienste unter Beteiligung des israelischen Nachrichtendienstes mit dem Ziel, das geplante Abkommen im Energiebereich zwischen Russland und Griechenland zu sabotieren.«[17]

Das geplante Attentat sei von bestimmten griechischen Entscheidungsträgern geplant worden, die eine Verschiebung oder Stornierung der Energiepolitik des griechischen Kabinetts im Sinn haben.

Das Resümee des FSB laut der Dokumentation des griechischen Nachrichtendienstes: »Vorrangig die Vereinigten Staaten sind an der Verschiebung und Stornierung von South Stream interessiert.«[18] All diese FSB-Aufklärungsergebnisse wurden dem griechischen Geheimdienst EYO zur Verfügung gestellt. Und der wiederum überprüfte die Stichhaltigkeit der Vorwürfe.

Der EYO jedoch glaubte nicht daran, dass westliche Nachrichtendienste eine Eliminierung des griechischen Ministerpräsidenten planten. »Die vom russischen Nachrichtendienst aufgezeigten Probleme stimmen nicht unbedingt mit unseren Erkenntnissen überein. Die Aufnahme von objektiven Daten wie Standorte, Namen, Orte und Entfernungen können als Vorbereitung für ein Attentat auf den Ministerpräsidenten in Betracht gezogen werden. Aber die Deutung, dass hinter solchen Vorbereitungen angeblich ein westlicher Nachrichtendienst steckt, gibt Anlass zu einigen vernünftigen Fragen durch unseren Nachrichtendienst. Ebenso ist ausgeschlossen, dass die Informationen in ihrer Gesamtheit als Teil einer versuchten Desinformation unserer Behörden zu werten sind.«[19]

So ganz sicher war sich also auch der griechische Geheimdienst nicht.

Über die »alarmierenden« Erkenntnisse des FSB und seines eigenen Nachrichtendienstes wurde Ministerpräsident Kostas Karamanlis selbstverständlich vor seiner Abreise nach Moskau informiert. Dort zeigte er Dankbarkeit. »Die Aktivitäten Griechenlands im Energiesektor haben ausschließlich zum Ziel, die Energieversorgung sowohl unseres Landes als auch unserer europäischen Partner sicherzustellen durch eine partnerschaftliche Zusammenarbeit von Produzenten, Transitländern und Abnehmern«, erklärte Premierminister Karamanlis anlässlich der Vertragsunterzeichnung für das South-Stream-Projekt.[20]

Auf der Webseite der Botschaft Griechenlands ist dazu zu lesen: »Ebenfalls Gegenstand der Gespräche in Moskau waren eine Verlängerung des Vertrages über russische Gaslieferungen nach Griechenland sowie eine Liberalisierung des griechischen Gasmarktes. South Stream ist ein Joint Venture der russischen Gasgesellschaft Gazprom und des italienischen Energieversorgers Eni.«[21] Das griechische Parlament ratifizierte das Abkommen am 2. September 2008.

Dieses Beispiel dokumentiert, mit welchen perfiden Methoden versucht wurde, mit Hilfe der griechischen Regierung die westlichen Pläne im Zusammenhang mit Nabucco zu torpedieren. Griechenland sollte Moskaus Interessen unterstützen, indem es sich für South Stream entschied. Inzwischen ist Griechenland pleite und daher auf ausländisches Kapital angewiesen, gleichgültig, woher es kommt. Nicht nur für Gazprom ist das ein geradezu idealer Zustand für strategische Expansion.

Ende Januar 2012 besuchte Antonis Samaras, der Vorsitzende der konservativen Demokratischen Partei, Moskau. Er wurde von Wladimir Putin empfangen. In dem Gespräch ging es um eine engere Kooperation im Energiesektor und das große Interesse russischer Unternehmen an künftigen Investitionen in den griechischen See- und Flughäfen und der Eisenbahninfrastruktur.[22] Danach traf sich der konservative Parteichef Antonis Samaras mit Gazprom-Chef Alexei Miller. Der zeigte sein großes Interesse für Investitionen in das griechische Gasunternehmen Public Gas Corporation (DEPA) und das Gasverteilerunternehmen DESFA. Alexei Miller bot zudem an, Kraftwerke in Westgriechenland zu bauen, in denen das Gas aus der South-Stream-Pipeline in Elektrizität transformiert würde.[23]

Seit 2002 gibt es übrigens eine Rohstoffindustrie-Transparenz-Initiative EITI (Extractive Industries Transparency Initiative), die erste dieser Art. Sie hat ihren Sitz in Oslo und wurde von dem damaligen britischen Premierminister Tony Blair mit initiiert. Heute gehört ihr unter anderem Peter Eigen, der ehemalige Vorsitzende von Transparency International Deutschland, an. EITI hat sich der Aufgabe verschrieben, dass alle von den natürlichen Ressourcen profitieren sollen, und zwar durch eine Koalition von Regierungen, Unternehmen und zivilgesellschaftlichen Organisationen. Zu den Standards, die sie umsetzen sollen, gehört, dass die Unternehmen veröffentlichen, was sie für die Ausbeutung der Rohstoffe bezahlen, und den Regierungen offenlegen, was sie an Einnahmen erhalten.

Denn, so die Initiative EITI, es leben 3,5 Milliarden Menschen in Ländern, die reich an Öl, Gas und Mineralienvorkommen sind. Mit einer guten Regierungsführung bei der Ausbeutung dieser Ressourcen können sehr große Einnahmen erwirtschaftet werden, um das Wachstum zu fördern und die Armut zu verringern. Wenn allerdings die Regierungsführung schwach ist, kann es zu Armut, Korruption und Konflikten kommen.[24]

Weder Gazprom noch eine einzige ihrer Tochtergesellschaften haben sich laut der Internetpräsenz von EITI der Transparenz-Initiative angeschlossen.[25] Das einzige deutsche Energieunternehmen, das EITI unterstützt, ist der deutsche Energiekonzern RWE.

»Für die meisten Länder in der Region ist selbst ein nur annäherndes Maß an Transparenz ein illusorisches Ziel.« Damit umschreibt die US-Botschaft in Sofia in einer Depesche vom 5. Juni 2009 ein für den gesamten Balkan bestehendes Problem, was die Gasversorgung angeht. Und die liegt nun mal überwiegend in den Händen von Gazprom.

Über Gazprom und South Stream auf dem Balkan

Fehlende Transparenz – mit der Folge, dass die Bürger höhere Gaspreise bezahlen müssen – zeigte sich insbesondere in den letzten Jahren in Bulgarien. Wladimir Putins letzte Auslandsreise als Präsident im Januar 2008, bevor er sein Amt an Dmitri Medwedew übergab, ging nicht etwa nach Washington oder Berlin, sondern nach Sofia. Dort regierten die Sozialisten, die aus der einstigen kommunistischen Partei hervorgegangen waren. Für Putin ging es darum, das Pipelineprojekt South Stream in Sofia zu unterzeichnen.

»Ohne die Russlandfreundlichkeit der Bulgaren wäre das kaum gelungen; schließlich erschwert South Stream die Festlegung der EU auf eine einheitliche Energiestrategie.«[26]

Bei den Parlamentswahlen 2009 verloren die Sozialisten ihre Macht, und der konservative Bojko Borissow wurde neuer Ministerpräsident. Er und seine Partei, die GERB (Bürger für eine europäische Entwicklung Bulgariens), hatten im Wahlkampf massiv gegen diesen russischen Einfluss insbesondere in der Energiepolitik Stimmung gemacht und wurden daher vom Westen entsprechend hofiert. Gleichzeitig pflegte Bojko Borissow zuvor sicher keine besonders feindlichen Gefühle gegenüber Russland. Widersprüche, die seine Politik in Zukunft bestimmen sollten.

Im Januar 2008 kam Nikolai Patruschew, der Vorsitzende des russischen Inlandsnachrichtendienstes (FSB), nach Bulgarien. Patruschew sei mit einer eigenen Maschine gekommen, meldeten Journalisten. Der Anlass war die Auszeichnung mehrerer bulgarischer Politiker, Geschäftsleute und »schöpferisch Tätiger« mit russischen Orden. Patruschew habe im Plovdiver Hotel Sankt Petersburg Quartier bezogen, das dem bulgarischen Geschäftsmann und Direktor der Plovdiver Messe, Georgi Gergov, gehört. Dort habe er sich mit dem damaligen Innenminister Rumen Petkow (der im Frühjahr 2010 wegen mutmaßlicher Beziehungen zu bekannten Mafiabossen zurücktrat) und angesehenen Geschäftsleuten, die für ihre freundschaftlichen Beziehungen zu dem russischen Präsidenten bekannt seien, und weiteren Politikern getroffen. Auch der damalige Oberbürgermeister von Sofia und informelle Führer der Partei GERB, Bojko Borissow, sei zu einem Meinungsaustausch mit Patruschew gekommen. Er habe sich dabei besonders für die aktuelle Situation Bulgariens interessiert, auch für eventuelle vorzeitige Wahlen und die Chancen von GERB und Borissow, an die Macht zu gelangen.

Borissow gehörte zu jenen Bulgaren aus Politik, Wirtschaft und Kultur, die bereits am 23. Dezember 2007 in der russischen Botschaft in Anwesenheit von Patruschew von dem russischen Botschafter einen Orden erhielten. Bei Borissow war es der Lomonossow-Orden.[27] Der Chef von Lukoil Bulgarien, Valentin Zlatev, ein besonders enger Freund Borissows, wurde mit dem Orden Alexander Newskij ersten Grades ausgezeichnet.[28] Ein bulgarischer Kommentator stellte dazu ironisch fest, dass Nikolai Patruschew gekommen sei, um den lokalen Mitarbeitern seines Amts einen Besuch abzustatten, und diese hätten ihm Bericht erstattet. Es seien keine staatlichen Orden verliehen worden, sondern Auszeichnungen der Moskauer Akademie für Fragen der Nationalen Sicherheit, Verteidigung und Inneren Ordnung, die der ehemalige russische Spionagechef und KGB-General, Viktor Schewtschenko, 1999 gegründet hatte.

Vielleicht orientierte sich der bulgarische Auslandsgeheimdienst auch deshalb auf seiner Website bis ins Jahr 2010 am FSB und feierte dort bis dahin nicht nur den sechzigsten Jahrestag seiner Gründung, sondern würdigte alle Leiter von KGB/FSB mit ihren Lebensläufen: von Felix Dserschinski über Lawrenti Beria bis Wladimir Putin. Inzwischen sind auf der Webseite nur noch die Leiter des bulgarischen Nachrichtendienstes von 1949 bis heute zu fiinden.[29]

Am 1. September 2009 trafen sich in Danzig der russische Ministerpräsident Wladimir Putin und der neugewählte bulgarische Ministerpräsident Bojko Borissow. Unter anderem ging es um gemeinsame Energieprojekte wie das Atomkraftwerk Belene, in das Russland über den Energiekonzern Gazprom investieren will. Und darum, dass Bulgarien endlich seine Zustimmung zur Erdgasleitung South Stream geben soll. In den von Wikileaks veröffentlichten Depeschen der US-Botschaft in Sofia vom 5. Oktober 2009 wurde bekannt, wie diese Gespräche im Detail verlaufen sind: »Ministerpräsident Borissow steht eindeutig unter Druck des russischen Ministerpräsidenten Putin, um eine Entscheidung zu treffen, dass Bulgarien sich vorwärts bewegt mit den zentralen russischen Energieprojekten.«

Putin habe bei diesem Gespräch dem bulgarischen Ministerpräsidenten gedroht, dass Bulgarien »einen kalten Winter riskiert«, wenn sich Borissow mit den Projekten nicht »vorwärts bewegt«.[30]

Diese Aussage ist entweder eine klare Erpressung zur Sicherung der Macht russischer Energiekonzerne, oder sie sollte nur ein Witz sein. Der Depesche der US-Botschaft ist dies allerdings nicht zu entnehmen. Immerhin schien diese Bemerkung Putins den bulgarischen Ministerpräsidenten so beeindruckt zu haben, dass er darüber mit dem US-Botschafter in Sofia gesprochen hatte.

Anderen diplomatischen Depeschen bezüglich Fragen der bulgarischen Energieversorgung ist jedoch zu entnehmen, dass das Risiko für Millionen bulgarischer Bürger, aufgrund der russischen Energieerpressung einen kalten Winter erleben zu müssen, bei bulgarischen Politikern dazu führte, dass sie sehr sorgfältig die russischen Energieprojekte in Bulgarien prüften. Involviert ist Russland in drei großen Projekten. Das sind das Belene-Atomkraftwerk, South Stream und der seit langem geplante, aber immer wieder verschobene Bau der Ölpipeline zwischen dem bulgarischen Hafen Burgas und dem griechischen Hafen Alexandroupolis.

Die größte Trumpfkarte von Russland in diesen und anderen Projekten ist, dass Bulgarien fast total abhängig von ausländischen Energielieferungen ist. »Seit 1999 kontrolliert Lukoil die einzige Erdölraffinerie Bulgariens, Lukoil-Neftochim bei Burgas. Lukoil ist außerdem der zweitgrößte Inhaber von Tankstellen in Bulgarien mit einem Marktanteil am Bruttoinlandsprodukt von sieben Prozent. Gazprom hat im bulgarischen Energiemarkt bereits eine Monopolstellung inne, da 94 Prozent des in Bulgarien verbrauchten Erdgases von Gazprom geliefert wird.«[31]

Das zwingt die Regierung in Sofia zu Kompromissen und damit in noch größere Abhängigkeiten. Denn Overgas, die größte private Gasgesellschaft, ist bereits mehrheitlich im Besitz von Gazprom. Diese Zwischengesellschaft zeichnet sich durch allerlei Merkwürdigkeiten aus. Fünfzigprozentiger Eigentümer der Overgas Holdings Limited ist eine Gazprom-Tochtergesellschaft, während die anderen Anteile an Overgas von einer DDI Holdings Limited gehalten werden. Sie wurde im Jahr 1999 unter dem Namen Energy Consultants Limited registriert.

Die Aktionäre der DDI Holdings sind in einer Gesellschaft, der South Eastern European Energy, auf den British Virgin Islands registriert. Hier enden alle Versuche, etwas über die wahren Eigentümer zu erfahren. In einem Internetportal über Offshore-Geschäfte ist zu lesen: »Es besteht die Möglichkeit, dass dieses komplexe Geflecht von Holdinggesellschaften und in den Steueroasen eingetragenen Unternehmen mit nominellen Direktoren von Overgas Inc. verwendet wird, um die Identität der tatsächlichen Nutznießer der Gesellschaft zu verstecken.«[32]

Das deckt sich mit den Erkenntnissen, die in einer Depesche der US-Botschaft in Sofia bereits am 20. Dezember 2006 festgehalten wurden. Demnach wird der bulgarische Energiesektor angesehen als »nicht transparent, als korrupt und mit Personen verbunden, die Beziehungen zur organisierten Kriminalität haben«.[33]

In dieser US-Depesche – mit der Zwischenüberschrift »Die bulgarische Energiemafia« – werden drei Personen als die wichtigsten Figuren dieser Energiemafia namentlich genannt: Bogomil Manchev, Krassimir Georgiew und Hristo Kovachki.

Besonders ausführlich geht die US-Botschaft auf Bogomil Manchev ein. Er würde die meisten Aufträge im Energiesektor erhalten und sei Anteilseigner von zehn verschiedenen Firmen. Bogomil Manchev nannte die Äußerungen des US-Botschafters »Nonsens«, und der damalige Energieminister Rumen Ovtcharov wehrte sich gegen den Vorwurf, es gebe eine Energiemafia in Bulgarien.[34]

In seiner Zeit als Energieminister war es jedoch vor allem Rumen Ovtcharov, der die Russland-Orientierung der bulgarischen Energiewirtschaft vorangetrieben hatte. So handelte er neue langfristige Konditionen für russische Gaslieferungen aus, verantwortete die Vergabe für den Bau des zweiten bulgarischen Atomkraftwerks Belene an russische Konzerne und akzeptierte die von Wladimir Putin diktierten Bedingungen beim trilateralen Projekt einer Ölpipeline vom bulgarischen Schwarzmeerhafen Burgas ins griechische Alexandroupolis. Von seinen politischen Gegnern wurde er für seine russlandfreundliche Energiepolitik heftig kritisiert. Sie unterstellten ihm zudem eigenständige wirtschaftliche Interessen bis hin zur Verstrickung in Korruption.

In direkter Beziehung zur organisierten Kriminalität bringt die US-Botschaft in Sofia hingegen Hristo Kovachki. Er habe engen Kontakt zu Konstantin Dimitrov unterhalten, der 2003 in Amsterdam erschossen wurde und ein bekannter Schmuggler gewesen sei. »Einige gehen davon aus, dass die Quelle für Kovachkis Startkapital, das benutzt wurde, um sich in den Energiesektor einzukaufen, aus Dimitrovs kriminellen Aktivitäten stammte. Andere sehen Russland und die russische organisierte Kriminalität hinter Kovachkis Wohlstand.«[35]

Das Sofioter Stadtgericht verurteilte Kovachki am 14. April 2011 zu einer dreijährigen Haftstrafe mit fünf Jahren auf Bewährung wegen Steuerhinterziehung und Veruntreuung.[36]

Von besonderer Bedeutung für den Kreml, das zeigen auch die Bemerkungen Wladimir Putins gegenüber dem bulgarischen Ministerpräsidenten Bojko Borissow in Danzig, war das Atomkraftwerk

Belene. Vertragspartner der bulgarischen Regierung war das russische Unternehmen Atomstroiexport, an dem Gazprom mit 53,85 Prozent beteiligt ist. Der Kostenvoranschlag belief sich auf 3,9 Milliarden Euro. Am 18. April 2006 meldete die russische Nachrichtenagentur *RIA Nowosti*: »Wenn die bulgarische Regierung dem Unternehmen Atomstroiexport ihre Zustimmung gibt, das Atomkraftwerk Belene fertigzubauen, wird damit ein Aufmarschraum für das Vordringen der russischen Energiewirtschaft auf dem Balkan geschaffen‹, schreibt die Internetzeitung *Gazeta.Ru* am Dienstag.«[37]

Im selben Jahr berichtete die US-Botschaft, dass die Ressourcen in Belene so groß sind, »dass jeder der Beteiligten der bulgarischen Energie- und politischen Lobby in der Lage ist, ein Stück vom Kuchen zu bekommen«.[38] Auch der deutsche Energiekonzern RWE war inzwischen in Belene dabei, nachdem er 2007 eine Ausschreibung gewann und im Jahr 2008 Teileigentümer von Belene wurde. 1,7 Milliarden Euro wollte RWE investieren.

In einer Depesche der US-Botschaft vom 7. Juli 2009 bezieht sich die Botschaft auf Fragen von RWE an die Betreiber. RWE beschwerte sich demnach darüber, dass zahlreiche grundsätzliche Fragen über Sicherheits- und Umweltfragen unbeantwortet geblieben seien. Denn das geplante AKW Belene befindet sich in einem bekannten Erdbebengebiet. Nach Einschätzung des ehemaligen Leiters der bulgarischen Atomaufsicht stellt Belene ein nicht tolerierbares Sicherheits- und Umweltrisiko dar.

Doch auch andere Faktoren machen das AKW zu einer besonderen Gefährdung: »Geplant ist in Belene ein Atomkraftwerk russischen Reaktortyps, der in Westeuropa nicht genehmigt würde, weil es den Sicherheitsstandards nicht genügt", sagt Heinz Smital, Atomexperte von Greenpeace.[39] Heftige Proteste von Umweltschützern in Bulgarien wie Deutschland konnten die RWE jedoch nicht davon abhalten, dort zu bauen.

Jürgen Großmann, der RWE-Vorstandsvorsitzende, antwortete auf die Frage, ob aufgrund der mafiosen und korrupten Verhältnisse in Bulgarien ein solches Investment nicht höchst problematisch sei: »Wir setzen auf offene, transparente und rechtsstaatliche Verfahren und wollen damit einen Mehrwert für das Projekt schaffen ... Die

Beteiligung von RWE garantiert ein hohes Maß an Offenheit gegen-über den Bürgern.«[40]

Ende Oktober 2009 ist RWE von dem Projekt in Bulgarien zurück-getreten. Nicht wegen der Proteste von Bürgerinitiativen oder weil man aus ethischen Motiven in Bulgarien keine Geschäfte machen will. Eine Sprecherin der RWE begründete dies mit der unsicheren Finanzierung des Milliardenprojekts. Mit den immer wieder von Kernkraftgegnern geäußerten Sicherheitsbedenken habe der Schritt aber nichts zu tun. »RWE hatte sich mit 49 Prozent an dem Projekt beteiligt, das ursprünglich vier Milliarden Euro schwer sein sollte, dessen Kosten aber inzwischen deutlich höher liegen. Nach Darstellung des Unternehmens sei mit dem Partner, der staatlichen bulgarischen Nationalen Energiegesellschaft (NEK) fest vereinbart worden, dass bis Ende dieses Monats die Finanzierung geklärt sein müsse. Die Bulgaren hätten aber kein schlüssiges Konzept für ihren Anteil präsentiert.«[41]

Nach dem Rückzug von RWE eilte der russische Energieminister, Sergei Schmatko, nach Sofia und erklärte sich bereit, den Anteil von RWE zu übernehmen. Bereits in der Vergangenheit hatte der Kon-zern Atomstroiexport einen Vier-Milliarden-Euro-Kontrakt zum Bau des AKW mit Bulgarien abgeschlossen.[42]

Die Atomkraftgegnerin Albena Simeonova weiß über das Engage-ment von Atomstroiexport in Bulgarien Folgendes zu erzählen: »Es ist ein offenes Geheimnis, dass hohe Bestechungssummen an Regie-rungsmitglieder und hohe Verwaltungsbeamte geflossen sind.«[43]

Im Februar 2011 setzte Atomstroiexport den Mutterkonzern Atomenergoprom in Kenntnis, auf den Bau von Belene zu verzich-ten. Grund dafür sei die fehlende Entscheidung der bulgarischen Regierung über die Finanzierung des Projekts. In den internen Do-kumenten weist Atomstroiexport darauf hin, dass der Ausstieg aus dem Projekt für Russland sogar günstiger sei als der Bau selbst. »Durch den Bau würde Atomstroiexport nur 150 Millionen Euro ge-winnen, während bei Bruch des Vertrages die bulgarische Seite eine Entschädigung von 200 Millionen Euro zahlen müsste«, heißt es in dem Papier, das von der russischen Nachrichtenagentur *RIA No-wosti* zitiert wurde.[44]

Im Januar 2012 verkündete dann der bulgarische Wirtschafts- und Energieminister, Trajtscho Trajkow, dass man von dem Kraftwerksprojekt Abstand nehme und auf den bestehenden Atomkraftwerkstandort Kosloduj, wo sich zwei AKW in Betrieb befinden, setzen würde: »Dort gebe es bereits die notwendige Infrastruktur, Personal sowie Erfahrung bei der Nutzung der Anlage. Belene sei dagegen ein ›wunderbarer Standort zur Entwicklung jeder anderen Produktion‹, dort ›wird es schon irgendetwas geben, wenn auch kein Atomkraftwerk‹."[45]

Dieses ständige Wechseln der politischen Positionen in der Entscheidungsfindung zeichnet die Politik von Ministerpräsident Bojko Borissow aus und nicht so sehr die feste politische Überzeugung. Das verärgert inzwischen sowohl die russische wie die westliche Seite. Deutlich wird das in einer US-Depesche vom 7. Oktober 2009. Da schrieb Nana McEldowney, die US-Botschafterin in Sofia, dass das »Bild eines leidenschaftlich begierigen Bulgariens im Bett mit dem mit seinen Muskeln spielenden Duo Gazprom und Lukoil nur teilweise richtig ist. Es ist vielmehr ein Stelldichein, das weniger von Leidenschaft angetrieben ist als durch einen potentiellen Mangel an klarer Haltung.« Denn Borissow, schrieb die US-Botschafterin, habe enge finanzielle und politische Beziehungen zu Valentin Zlatev, dem bulgarischen Direktor von Lukoil Bulgarien, einem einflussreichen Königsmacher und hinter den Kulissen agierenden Machtbroker. Borissows Loyalität (und Verwundbarkeit) gegenüber Zlatev spiele eine zentrale Rolle bei seinen politischen Entscheidungen. Gazprom sei dabei, sich in den bulgarischen Strommarkt einzukaufen, und betreibe auch Tankstellen über Tochtergesellschaften.

Mal hin, mal her – so sehen es auch Beobachter in Brüssel, wenn es um die Beziehungen der bulgarischen Regierung zu Russland geht. Inzwischen unterstützt die bulgarische Regierung South Stream. Wenn nicht, so zuvor die Drohung aus Russland, könnte man ja über die Verlegung der South-Stream-Pipeline über Rumänien nachdenken.

In Rumänien spielt der militärische russische Nachrichtendienst GRU eine bedeutende Rolle. Er war bereits in kommunistischen Zeiten in Rumänien stark vertreten, und viele rumänische Militärs und

Angehörige des berüchtigten Geheimdiensts Securitate studierten an den GRU-Ausbildungseinrichtungen. Maßgebliche ehemals staatliche Unternehmen insbesondere in der Energiewirtschaft sind privatisiert und stehen unter mehr oder weniger starkem russischen Einfluss. In einem internen Bericht eines Ermittlers in Rumänien steht dazu: »Der Einfluss wird entweder durch Erwerb der Mehrheitsanteile durch russische und/oder rumänische Geheimdienstmitarbeiter oder durch Personen der ehemaligen Nomenklatura gewährleistet. Die Strategie des Eindringens oder des Erwerbs von strategisch wichtigen Unternehmen durch ehemalige oder aktive Geheimdienstmitarbeiter hat sich in Rumänien bewährt.« Und weiter: »Nach vorliegenden Quelleninformationen spricht man beim GRU schon davon, dass Russland die Macht in Rumänien zurückhat, da die wichtigsten Sparten der rumänischen Wirtschaft wieder in einem russischen Abhängigkeitsverhältnis stehen.«

Wenn Rumänien sich an South Stream beteiligt, hätte Russland die Möglichkeit, die Trasse statt durch Bulgarien über Rumänien zu legen, und die Bulgaren gingen leer aus. Am 17. Februar 2010 kam es daher in Bukarest zu Gesprächen zwischen dem Vizepräsidenten von Gazprom, Alexander Medwedew, und dem rumänischen Wirtschaftsminister, Adrian Videanu. Hintergrund war eine mögliche Beteiligung Rumäniens an South Stream. Besprochen wurde die Gründung eines gemeinsamen Unternehmens von Gazprom und Romgaz zum Bau von Erdgasspeichern.

Die Versprechungen waren klar: Rumänien könne künftig direkte Beziehungen zum russischen Gasriesen Gazprom unterhalten und seine Gasimporte folglich billiger und unter Ausschluss der Zwischenhändler beziehen. Dafür sei allerdings eine »Gegenleistung« der rumänischen Behörden nötig, erklärte Igor Sidorow, Wirtschaftsattaché der russischen Botschaft in Bukarest, bei einem Treffen der Wirtschaftsminister der Mitgliedsstaaten der Organisation für Wirtschaftliche Zusammenarbeit (OECD/Organisation for Economic Co-operation and Development) im Schwarzmeerraum. Der bis heute von Rumänien gezahlte Preis für die russischen Gaslieferungen gehört zu den höchsten in Europa. Hätte Rumänien seine Gasvertriebsgesellschaft Distrigaz Süd an den russischen Gaskonzern

Gazprom verkauft, der an einer Beteiligung interessiert gewesen war, so würde das Land heute russisches Gas zu einem viel günstigeren Preis beziehen, zitierte die Nachrichtenagentur *Mediafax* am 17. Mai 2011 den unmissverständlichen Wink mit dem Zaunpfahl des russischen Diplomaten.[46] Distrigaz Süd war 2005 vom französischen Konzern Gaz de France übernommen worden.

Auch jetzt habe Rumänien die Chance, seine Gasimporte direkt von Gazprom und nicht über die Zwischenhändler Wintershall und Imex Oil zu beziehen. Zu diesem Zweck müssten die Behörden in Bukarest nur den Kontakt zum russischen Gasriesen suchen und diesem »etwas anbieten«, fügte Sidorow hinzu. Der russische Wirtschaftsattaché erläuterte zudem, dass der Gasmonopolist auf Zwischenhändler zurückgegriffen habe, da die Zahlungsmoral Rumäniens früher zu wünschen übrig ließ – zurzeit sei dies jedoch nicht mehr der Fall. Verlockungen sind das eine, die Peitsche das andere Mittel für Gazprom, um seine Ziele durchzusetzen.

So geschah es auch in der Türkei. Dort hatte Gazprom-Chef Alexei Miller mit seiner Ankündigung, Russland wolle der Türkei den Re-Export des russischen Erdgases verbieten, bei Ministerpräsident Recep Erdogan Verärgerung ausgelöst. Am 30. September 2011 gab das türkische Staatsunternehmen Botas dann bekannt, den Gasvertrag mit Gazrom wegen der hohen Gaspreise nicht verlängern zu wollen. Nach diesem Vertrag, der 1986 geschlossen wurde, kaufte die Türkei jährlich etwa sechs Milliarden Kubikmeter russischen Gases. Der Vertrag lief am 31. Dezember 2011 aus. Die Türken sind der Ansicht, dass sie einen zu hohen Preis für das russische Gas zahlen. Denn Russland liefert auf Basis von Langzeitverträgen, in denen der Gaspreis an den Ölpreis gekoppelt ist. Daraufhin erklärte, laut internen Unterlagen, Alexander Medwedew: »Wenn der Vertrag mit dem Staatsunternehmen Botas nicht verlängert wird, sind wir bereit, diese Mengen an unsere bereits bestehenden sowie an neue Partner – Privatunternehmen – zu verkaufen, die das Erdgas weiter zu den Endkunden bringen.«[47]

Wahrscheinlich denkt man da an die türkische Gesellschaft Bosphorus Gas. An der ist Gazprom Germania über ihre hundertprozentige Tochtergesellschaft ZMB GmbH zu vierzig Prozent beteiligt.

Sowohl ZMB wie Bosphorus Gas haben zudem einen Vertrag über die Lieferung russischen Erdgases in die Türkei unterzeichnet.[48]

Das alles deckt sich mit Aussagen von Informanten, die nicht namentlich erwähnt werden wollen, dass nach ihrem Kenntnisstand in verschiedenen osteuropäischen Ländern zahlreiche Verträge von Gazprom an die Bedingungen geknüpft wurden, dass der Rohstoff nicht in andere Länder weiterverkauft, sondern nur für den heimischen Markt genutzt werden darf. Und was haben die Proteste in der Türkei gegen Gazprom eigentlich bewirkt? Nichts, im Gegensatz zu den Drohungen.

Die Türkei hat zum Jahresende 2011 den Bau der Gaspipeline South Stream durch ihre Hoheitsgewässer im Schwarzen Meer genehmigt. Im Gegenzug sicherte Russland der Türkei langfristige Gaslieferungen bis 2025 zu.[49] An der Bindung des Gaspreises an den Ölpreis wurde nichts geändert.

Nächstes Ziel, South Stream gegen Nabucco in Stellung zu bringen, war im Jahr 2009 Kroatien. »»Gazprom und andere russische Energiekonzerne mühen sich redlich ab, den Staat mit der längsten Adriaküste in ihre Projekte einzubeziehen‹, meint Vladimir Socor, Analyst der konservativen US-amerikanischen Jamestown Foundation. Putin habe der kroatischen Ministerpräsidentin Jadranka Kosor und Präsident Stipe Mesić bei Treffen im September ein Paket von Projekten angeboten, die alle ein Ziel hätten: durch Kroatiens Mitwirkung am Gaspipelineprojekt South Stream nichtrussische Energielieferungen zu blockieren.«[50]

Ein Jahr später, am 3. März 2010, unterzeichneten die Regierungschefs von Kroatien und Russland den Einstieg Kroatiens bei South Stream. Auch hier wieder der sanfte Druck: »Ende 2010 läuft der aktuelle Vertrag mit Gazprom aus, laut dem Kroatien jedes Jahr 1,2 Milliarden Kubikmeter Gas erhält. In Zagreb wäre man bereit, diese Menge zu vergrößern. Moskau gibt jedoch zu verstehen, dass dies nur durch die South-Stream-Leitung möglich wäre.«[51]

Drohungen gegenüber einem osteuropäischen Oligarchen

Im Gegensatz zu meinem letztem Besuch im Jahr 2010 wirkt er gebrechlicher. Der siebzigjährige Oligarch ist einer der reichsten Männer Osteuropas. Ende November 2011, als ich ihn zum zweiten Mal besuche, ist er gerade von einer zwanzigtägigen Weltreise zurückgekommen. Sein Vermögen hat er, das ist sicher, mit Gasgeschäften gemacht, und zwar mit dem russischen Energiekonzern Gazprom.

Mit welchen Tricks und Methoden er nach dem Zusammenbruch der Sowjetunion zu seinem gigantischen Reichtum gekommen ist – schätzungsweise eine Milliarde Euro –, ich will es überhaupt nicht wissen. Dieses Geheimnis würde er mir sowieso nicht verraten.

Ein silberner Bentley gehört zu den Accessoires seines Lebensstils, ebenso eine Villa im Wert von 22 Millionen Euro mit einer gigantischen Tennishalle und einem riesigen Swimmingpool. In seiner Villa servieren weiß livrierte Lakaien der Familie das Essen, während ein paar Kilometer entfernt viele Familien nicht wissen, wie sie ihre Kinder ernähren sollen. Ein menschenwürdiges soziales Netz gibt es in diesem osteuropäischen Land nicht.

Außerdem besitzt der Oligarch noch ein Pferdegestüt und vergnügt sich, wenn er Lust und Laune hat, auf dem eigenen Golfplatz. Seine Bedingung für die Gespräche mit mir war, dass ich weder seinen Namen nenne noch einen Hinweis darauf gebe, in welchem osteuropäischen Land er lebt.

In einem der seltenen Interviews mit Journalisten wurde er einmal folgendermaßen zitiert: »Da ich mit Gas begann, als die Lizenzen von der ›Mafia‹ aus Staatsbeamten, Sicherheitsdiensten und Gangstern vergeben wurden, versuchte man, mich ständig aus dem Geschäft zu verdrängen. Ich habe begonnen, gegen diese Mafia zu kämpfen.« Das dürfte wohl der Grund sein, dass er von mehreren Leibwächtern bewacht wird und sein Büro einem Hochsicherheitstrakt gleicht.

Denn er hat immer noch Angst, große Angst, und zwar nicht vor irgendwelchen muskelbepackten hirnlosen Mafiosi aus Italien oder Russland, sondern davor, was sich seiner langjährigen Erfahrung nach hinter Gazprom verbirgt.

»Es ist extrem gefährlich, sich mit Gazprom anzulegen«, sagt er mir Ende November 2011 in seinem Büro.

»Stehen die Angriffe gegen Sie in direktem Zusammenhang damit, dass Gazprom Sie aus dem Geschäft heraushaben wollte?«, frage ich.

»Ich bezahle bis heute noch dafür, dass ich mich gewehrt habe. Einerseits wird man abgehärtet, andererseits geht es an die Substanz. Als der Konflikt begann, hat man es auf professionelle Art und Weise betrieben. Indem Berichte über mich gefälscht wurden. Danach hat man versucht, mich zu ermorden, und gedroht, mein Kind zu entführen.«

»Geht es anderen Kollegen ähnlich, wenn sie sich gegen den Machtanspruch von Gazprom wehren?«

»Ja, ganz sicher. Da hat nur einer recht, und es gibt nur eine Wahrheit: die von Gazprom. Man verdient mit dieser Strategie.«

Trotzdem wendet er ein: »Es gibt ja keine einseitige Schuldzuweisung, schließlich gibt es nicht nur diejenigen, die vergewaltigen, sondern auch diejenigen, die sich vergewaltigen lassen.«

Die Angst vor der tödlichen Vergiftung

Seine Geschichte erinnert ein wenig an die von Professor Luzius Wildhaber, dem Expräsidenten des Europäischen Gerichtshofs für Menschenrechte. Ende Oktober 2006 kam der Schweizer Jurist nach einer mehrtätigen Russland-Reise mit einer schweren Vergiftung nach Basel zurück. Ohne ärztliche Behandlung wäre er gestorben. Luzius Wildhaber erklärte damals gegenüber der Neuen Zürcher Zeitung, dass er nicht ausschließen könne, dass er während seiner letzten Russland-Reise vergiftet wurde. Er gab an, er habe schon in der Vergangenheit Drohungen aus Russland erhalten. »Nach allem, was ich am Europäischen Gerichtshof erfahren habe, ziehe ich einfach alle Möglichkeiten in Betracht«, so Luzius Wildhaber.[52]

Er schilderte einen Vorfall vom Herbst 2002. Damals hätten dreizehn junge Tschetschenen den Gerichtshof in Straßburg angerufen. Im August 2002 waren sie vor russischen Truppen nach Georgien geflohen und dort verhaftet worden. Russland verlangte von Georgien ihre Auslieferung. Der Gerichtshof untersagte dies mittels vorsorglicher Verfügung.

»Nachdem der Europäische Gerichtshof die Verfügung erlassen hatte, erschien der russische Botschafter in Wildhabers Büro und überreichte ihm eine ›Mitteilung des Staatspräsidenten‹. Die lautete: Innerhalb von 24 Stunden sind die Tschetschenen auszuliefern. Andernfalls wird man in den russischen Medien schreiben, der Europäische Gerichtshof habe im voraus von der Geiselnahme in einem Moskauer Theater durch tschetschenische Terroristen gewusst. Wildhaber setzte den Diplomaten vor die Tür. ›Es war eine üble Erpressung.‹«[53]

Die Schweizer Strafverfolgungsbehörden hatte er nach seiner lebensbedrohenden bakteriellen Vergiftung nicht eingeschaltet. »Ich habe es mir überlegt. Allerdings: Wer ist zuständig, wenn ein Schweizer Richter, der in Straßburg wohnhaft ist, in Russland angegriffen wird? Gar nicht so einfach. Am Ende wohl doch der russische Staatsanwalt. Ich sah das Unterfangen als nicht erfolgversprechend an.«[54]

Ich habe im Oktober 2011 versucht, mit Professor Wildhaber über die Hintergründe dieser Affäre zu sprechen. Doch selbst ein Hintergrundgespräch lehnte er am Telefon kategorisch ab. Auf eine E-Mail, in der ich ihn zu seinen Vorwürfen fragen wollte, wonach es Erpressungen seitens Präsident Putins gegen ihn gegeben habe sollte, antwortete er nicht.[55]

Wenn der Vorgang, den Wildhaber gegenüber Journalisten schilderte, tatsächlich stattgefunden hatte, fällt er in den gleichen Zeitraum, als Putin-Kritiker Alexander Litwinenko in London qualvoll durch eine Vergiftung starb. Bis zum heutigen Tag ist der Mord nicht restlos aufgeklärt – viele Finger wiesen damals auf die Kreml-Administration. In einer Erklärung am 21. November 2006, kurz vor seinem Tod, schrieb Alexander Litwinenko noch: »Ich glaube, es ist Zeit, ein oder zwei Dinge zu der Person zu sagen, die für meine derzeitige Situation verantwortlich ist. Sie mögen mich erfolgreich zum Schweigen gebracht haben, aber dieses Schweigen wird teuer sein. Sie haben sich selbst als ein barbarischer und skrupelloser

Mensch dargestellt … Mr. Putin, möge Gott Ihnen vergeben, was Sie getan haben, nicht nur mir gegenüber, sondern dem geliebten Russland und seinem Volk.«[56]

Den stellvertretenden Leiter der Kreml-Administration, Wjatscheslaw Wolodin, kümmerte das nicht: »Salieri hat Mozart vergiftet, andere haben wegen der gleichen Probleme ihre Opponenten zum Duell gefordert und getötet. Im übertragenen Sinne gibt es diese Duelle und Giftmischerei aber auch heute noch.«[57]

Das System, um den Auserwählten zu Wohlstand zu verhelfen

In Russland erntet jeder, der behauptet, Gazprom sei ein ganz normaler Energiekonzern, ein mitleidiges Lächeln. Die russischen Bürger wissen zum Beispiel, wie eingeschränkt die Presse- und Meinungsfreiheit ist und welchen Anteil Gazprom daran hat. Unliebsamen TV-Kanälen oder Zeitungen entzieht man entweder die Lizenzen, jagt ihnen die korrupte Steuerpolizei hinterher oder sorgt dafür, dass die überlebensnotwendigen Anzeigen ausbleiben. Dann werden die Medien zwecks ökonomischer Rettung von Gazprom aufgekauft und Putin-treue Führungsleute eingesetzt. Nach seiner Inthronisierung zum russischen Präsidenten am 7. Mai 2000 und dem Wechsel der gesamten Führung des Gazprom-Vorstands ein Jahr später sollten die bisherigen hemmungslosen privaten Bereicherungen von Gazprom-Managern und die erpresserische Politik gegen Konkurrenzunternehmen endlich ein Ende finden. Außerdem sollte für mehr Transparenz gesorgt werden. Doch konnte dieses System überhaupt noch korrigiert werden? War eine Korrektur überhaupt gewollt?

Könnte man es als Ausdruck der neuen Transparenz verstehen, dass Gazprom 2004 Millionenbeträge an eine unbekannte Filmgesellschaft überwies, um eine Werbeserie über Gazprom produzieren zu lassen, obwohl es in Wirklichkeit nur darum ging, bestimmten Personen aus dem Umfeld Putins für dessen Wahlkampf 2004 Geld zu spenden?

Auch die Übernahme des ehemaligen unabhängigen Fernsehsenders NTV der Medienholding Media-Most des Oligarchen Wladimir Gussinski im April 2001 war ein merkwürdiger Vorgang. Der Fernsehsender hatte bereits vor den Parlamentswahlen im März 2000 landesweit heftige Kritik an den korrupten Machenschaften der Familie Jelzin verbreitet und Kritik an Wladimir Putin wegen dessen brutaler Unterdrückungspolitik in Tschetschenien geübt. Wenige Tage nachdem Putin zum Präsidenten gewählt worden war, stürmte die Steuerpolizei, begleitet vom Staatsanwälten und dem FSB, den Fernsehsender und Media-Most. Am 13. Juni 2000 wurde schließlich Gussinski verhaftet. Erst als er hinter Gittern im Gefängnis Butyrka eine besondere Vereinbarung mit dem Informationsminister Mikhail Lesin unterschrieb, kam er wieder frei und flüchtete kurze Zeit darauf nach Spanien. In der Vereinbarung stand unter anderem: Er werde jeglichen Handlungen einschließlich öffentlicher Auftritte und der Verbreitung von Informationen …, die den konstitutionellen Aufbau oder die Einheit der Russischen Föderation unterhöhlen, eine Absage erteilen.

Gleichzeitig übereignete er Gazprom seinen gesamten Media-Most-Konzern, während die Journalisten seines Fernsehsenders NTV gegen die drohende Übernahme protestierten. Sie wussten, dass die Pressefreiheit damit zu Grabe getragen wurde. Die Situation damals »sah wie Pressefreiheit und mutiger Enthüllungsjournalismus aus, war aber doch nichts anderes als Auftragsarbeit und eine Abbildung der Grabenkriege verschiedener Cliquen im gnadenlosen Kampf um die permanente Umverteilung des Staatsvermögens«.[58]

In einer Presseerklärung nach seiner Freilassung sagte Gussinski: »Es ist kein Geheimnis, dass es sich um einen Akt staatlicher Schutzgelderpressung handelt, wenn die Staatsanwaltschaft ein Strafverfahren nach Belieben eröffnen und dann wieder einstellen kann.« Inzwischen hatte die Holding des Fernsehsenders hohe Schulden bei Gazprom angehäuft, und zwar in Höhe von 300 Millionen US-Dollar. Um den Medienkonzern an sich zu reißen, wurde auf Putins Order hin der Verkauf der Mostbank an eine Tochter der Zentralbank gestoppt, die im Besitz des Oligarchen Wladimir Gussinski war.

Dann kam Alfred Koch, der neu eingesetzte Chef von Gazprom-Media, ins Spiel. »Als ersten Schritt setzte Koch eine Vereinbarung außer Kraft, mit der 211 Millionen Dollar Schulden von Media-Most in eine Aktienbeteiligung umgewandelt werden sollten. Er forderte die sofortige Rückzahlung der 211 Millionen und im Juni 2001 weitere 262 Millionen Dollar.«[59] Dazu war Gussinski aufgrund der Blockaden gegen ihn nicht mehr imstande.

»Als Henker musste der staatlich kontrollierte Gazprom-Konzern herhalten – zum Unmut der eigenen Manager. Das Unternehmen, einst auf ›Wunsch‹ Jelzins sehr spendabel zu Gussinski, forderte nun mit einem Mal die alten Schulden zurück. Das mächtige Gasunternehmen hatte immerhin rund 2,2 Milliarden Mark an Krediten springen lassen. ›Die Stimmung ist nicht gut. Das ist schlecht fürs Image‹, kommentierte ein Gazprom-Insider die offenbar von oben diktierte Übernahmeaktion bei NTV.«[60]

Gazprom hatte das gesamte Unternehmen von Media-Most für genau 773 Millionen Dollar gekauft, wobei Gazprom nur die 300 Millionen Schulden bezahlte.

Alfred Koch ist ein Mann mit bewegter Vergangenheit und ein intimer Gegner Wladimir Gussinskis. Er war 1996 bis 1997 Vorsitzender der russischen Privatisierungsbehörde und Nachfolger von Anatoli Tschubajs sowie 1997 sieben Monate Vizeministerpräsident in der Regierung Viktor Tschernomyrdins. Und er war eine Schlüsselfigur zahlreicher Privatisierungsskandale. Aufgrund der kritischen Berichterstattung von Gussinskis Medien über ihn musste er im September 1997 von seinem Posten als Vizeministerpräsident zurücktreten. Bereits 1996 hatten Duma-Abgeordnete den Moskauer Generalstaatsanwalt aufgefordert, Ermittlungen gegen Koch einzuleiten. Er hatte 100 000 Dollar für ein Buch über Privatisierung kassiert, obwohl das niemals veröffentlich wurde und in Wahrheit überhaupt nicht existierte. Weitere 90 000 Dollar erhielt er für ein Buch, das er über Anatoli Tschubajs geschrieben hatte. Der Auftraggeber hatte Verbindungen zu russischen Privatunternehmen, die in besonderem Maße von der Privatisierung profitierten.

1998 versuchte der Staatsanwalt gegen ihn ein weiteres Verfahren zu eröffnen, diesmal wegen der – unter höchst fragwürdigen

Umständen vollzogenen – Privatisierung von Norilsk Nickel Mitte der neunziger Jahre. Der Konzern ist heute der weltgrößte Platin- und Palladiumproduzent und kontrolliert zwanzig Prozent des Weltmarkts für Nickel. Besitzer des Konzerns ist der Oligarch Vladimir Potanin. Auch in diesem Fall wurden die Ermittlungen gestoppt. Im Jahr 2000 wurde Alfred Koch schließlich Chef von Gazprom-Media, verantwortlich für die umstrittene Übernahme des Fernsehsenders NTV und der Medienholding von Wladimir Gussinksi. Ein Jahr später, im Oktober 2001, und nach getaner Arbeit, trat er von diesem Posten zurück und wurde russischer Senator, was ihm Immunität garantierte.[61] Und es war der Beginn der Zerstörung der Presse- und Meinungsfreiheit in Russland, insbesondere weil Gazprom später auch weitere Fernsehsender, Rundfunkstationen und Printmedien unter seine Kontrolle brachte.

So wurde die populäre kremltreue Boulevardzeitung *Komsomolskaja Prawda* Anfang 2007 von der Holding Prof-Media des russischen Oligarchen Wladimir Potanin an Gazprom verkauft. Angaben zum Preis für die auflagenstarke Zeitung wurden nicht gemacht. Zuvor hatte Potanin schon die Traditionszeitung *Iswestija* an Gazprom verkauft, die sich daraufhin von einem liberalen zu einem strikt linientreuen Blatt wandelte. »Der Verkauf der *Komsomolskaja Prawda* bedeutet die komplette Konzentration der Medien in der Hand des Kremls«, erklärte der Sekretär des russischen Journalistenverbandes, Igor Jakowenko, der deutschen Nachrichtenagentur dpa am 22. November 2006. Zu Gazprom-Media gehören darüber hinaus die Fernsehsender NTV, NTV plus und TNT, das Nachrichtenmagazin *Itogi*, mehrere Zeitschriften sowie die Hälfte des Radiosenders *Echo Moskwy*.

Eleganter gemanagt wurde die Situation bei der Sibur-Gesellschaft, die 1999 als eine petrochemische Holding von Gazprom gegründet wurde. Sibur ist Russlands größer Produzent von Propan- und Butangasen sowie von Plastik und Reifen. Präsident des Unternehmens war Yakov Goldowski. Er kaufte nun mit Gazprom-Krediten zahlreiche Betriebe auf, musste dann jedoch seine Geschäftstätigkeit unterbrechen. Er soll einen Gazprom-Anteil an Sibur in Höhe von etwa 97 Millionen Euro veruntreut haben. Dafür saß er im Jahr 2002 acht Monate in Untersuchungshaft. Verurteilt wurde er zu einer Geldstrafe.

Als nächstes kaufte Gazprom seine Anteile an Sibur zurück, die wenig später erneut an unbekannte Privatpersonen verkauft wurden. Yakov Goldkowski, der Ex-Sibur-Präsident, hält sich derweil häufig in Wien auf. Hier kooperiert er über eine Privatstiftung mit dem russischen Unternehmer Michail Chernoy zusammen. Er bezeichnet ihn als seinen Freund.[62] Chernoy werfen internationale Ermittlungsbehörden engste Kontrakte zur russischen organisierten Kriminalität vor. In einem Bericht des Wiener Bundeskriminalamtes wird behauptet: »Michail Chernoy verfügt in Österreich über ausgezeichnete Kontakte, insbesondere zu dem ständig in Österreich lebenden russischen Staatsbürger Jakov Goldkowski.«[63]

Sowohl Goldkowski wie Chernoy, so Medien aus Litauen, sollen Algirdas Brazauskas, dem Premierminister von Litauen, Schmiergeld bezahlt haben, um eine litauische Ölfirma erwerben zu können.[64]

Eine ganz andere »legale« Übernahme von Unternehmen auch durch Gazprom, die nun systematisch in Russland umgesetzt werden sollte, fand auch im Gassektor statt, wie der folgende Fall dokumentiert.

Farhad Achmedow ist heute so etwas wie ein Öl- und Gasveteran. Zwischen 1983 und 1987 war er als Inspektor für Leder und Rohmaterialien in einer staatlichen Behörde der UdSSR angestellt. Seine nächsten Stationen: Moskauer Repräsentant einer Londoner Ölgesellschaft für die UdSSR und Broker für eine Londoner Pelzfirma; von 1982 bis 2002 Vorstandsvorsitzender einer Handelsgesellschaft, die später in Farco-Gruppe umbenannt wurde. Unternehmenszweck waren das Marketing und die Lieferung von Erdölprodukten für den europäischen Markt sowie die Lieferung von Öl und Gasausrüstung in Russland. Zu seinen Kunden zählte ein Gazprom-Tochterunternehmen. Um ein Gasfeld im Nord-Urengoy-Feld zu entwickeln, gründete er das unabhängige Unternehmen Nordgaz. 44 Prozent hielt ein US-Unternehmen, 51 Prozent die Gazprom-Tochtergesellschaft und fünf Prozent Achmedow. 1996 stiegen die Amerikaner wieder aus und übergaben ihre Anteile der Farco-

Gruppe von Achmedow. Er übernahm später auch noch die Anteile der Gazprom-Tochterfirma.

Solange Nordgaz mit der Produktion nicht begonnen hatte, zeigte Gazprom keinerlei Interesse an dem Unternehmen. Das änderte sich schlagartig, als die ersten Vorbereitungsarbeiten zur Erschließung des Gasfeldes anfingen. Nordgaz bekam im Jahr 1999 vom zuständigen Ministerium die bisherige Lizenz zur Erschließung des Gasfeldes entzogen, und der Aktienkauf des Gazprom-Tochterunternehmens wurde für ungültig erklärt. Begründet wurde die unerwartete Entscheidung damit, dass die Termine für die konkrete Förderung nicht eingehalten wurden.

Farhard Achmedow gab als Grund für die beanstandete Verzögerung an, dass die Gazprom-Tochter bislang keinerlei Mittel zur Verfügung gestellt hätte und er deshalb auf eigene Kosten begonnen habe, Ausrüstungsmaterial zu kaufen, Schulden zu bezahlen und 220 Mitarbeiter einzustellen. Weitere bürokratische Hemmnisse folgten. Das einzige Ziel war, das Unternehmen unter die volle Kontrolle Gazproms zu bringen. Als nächstes wurde das Management ausgetauscht, und die Aktionäre wurden gegen den Besitzer aufgewiegelt. Um das zu erreichen, brachte Gazprom einen Mann mit Reputation aus Sankt Petersburg ins Spiel: Alexander Krasnenkow, den heutigen Vorstandsvorsitzenden von Nordgaz. Seine Biographie sprach anscheinend für den Posten.

Nach dem Studium der Philosophie in Leningrad[65] und an der Harvard Business School arbeitete Alexander Krasnenkow vor 1989 als Übersetzer für das russische Verteidigungsministerium in Afrika. Danach, von 1989 bis 2001, war er Übersetzer und Direktionsassistent im bekannten Sankt Petersburger Nobelhotel Astoria, um dann Hoteldirektor des staatlichen Hotels zu werden. Unter seiner Führung wurde das Hotel an private Investoren verkauft. Er spielte eine entscheidende Rolle, als es darum ging, die Aktionäre von Nordgaz auf Linie von Gazprom zu bringen. Wie er die Aktionäre überzeugte, ist nicht bekannt. Als erstes genehmigte er den Direktoren hohe Gehälter, er selbst kassierte 2,7 Millionen Dollar. »Später wurde er Generaldirektor eines Tankschiffunternehmens, Vorstandsvorsitzender von Nordgaz, Mitglied einer Open Stock Company der Gazprombank und schließlich Direktor der Gazprombank und Aufsichtsratsvorsitzender von Nordgaz«.[66]

Außerdem ist er Direktor des lettischen Unternehmens AS Latvijas Gāze.[67] Das ist ein privatisiertes lettisches Erdgasunternehmen; es gehörte nach der Privatisierung zu 47,20 Prozent E.ON Ruhrgas International AG. Gazprom ist mit 34 Prozent beteiligt und ein lettisches Unternehmen mit sechzehn Prozent.[68] Das Unternehmen ist heute das Monopolunternehmen für den Erdgasmarkt in Lettland.

Doch wieder zurück zu Farhad Achmedow. Er klagte vergeblich gegen die feindliche Übernahme. Im Jahr 2006 ermittelte schließlich auch noch die Staatsanwaltschaft gegen ihn. Sie warf ihm vor, dass er ein ungerechtfertigt hohes Einkommen bezogen und dafür keine Steuern bezahlt habe. In der Zeit von 2002 bis 2004 verdiente er 108 Millionen US-Dollar.

Um den Konflikt mit Gazprom zu lösen, unterzeichnete er schließlich eine Vereinbarung, wonach Gazprom 51 Prozent an Nordgaz erhält, Nordgaz jedoch eine unabhängige Gesellschaft innerhalb der Gazprom-Gruppe bleiben sollte. Er selbst erhielt keinen finanziellen Ausgleich. In den russischen Medien wurde berichtet, dass er glücklich gewesen sei, überhaupt seine 41 Prozent behalten zu dürfen. Doch jetzt hatte Gazprom in dem Gasfeld das Monopol. Seitdem hat er bei Nordgaz, obwohl er noch einer der Direktoren ist, eigentlich nichts mehr zu sagen. Gazprom bestimmt alles, und dazu gehören die weit überhöhten Preise für das Gas, gegen die sich Achmedow ebenfalls jahrelang gewehrt hatte.

Wie mit Konkurrenten umgegangen wird, zeigen auch andere Fälle. Und sie betreffen große internationale Konzerne, insbesondere nachdem die Unternehmen Milliarden Dollar in die Infrastruktur investiert hatten. Unter massivem Druck musste im Sommer 2007 der britische Ölkonzern BP seine Mehrheitsbeteiligung am ostsibirischen Erdgasfeld Kowykta an Gazprom abgeben. Und zwar weit unter Wert. »Für die Anteile von BP zahlte Gazprom 900 Millionen Dollar, obwohl der Wert auf zwischen zwei bis 3,2 Milliarden Dollar geschätzt wurde.«[69]

Zugleich unterzeichneten BP und Gazprom im Juni eine Absichtserklärung über die Bildung einer strategischen Allianz, die Gazprom einerseits die führende Rolle bei Energieprojekten in Russland und andererseits den Beistand von BP beim Einstieg in ausländische Märkte sicherte.

Im September 2006 wurde der Royal Dutch Shell die Umweltlizenz für das Sachalin-2-Gasfeld[70] entzogen und dem Konsortium eine Strafe von dreißig Milliarden US-Dollar angedroht, sollte es seine Mehrheitsanteile nicht an Gazprom übergeben. Nachdem die Kontrollmehrheit an Gazprom abgegeben wurde, erklärte Wladimir Putin, Minuten nach der Unterzeichnung des Vertrags, dass es keine Umweltprobleme mehr gebe und die Regierung nun in vollem Umfang das Projekt unterstütze.

»In beiden Fällen bediente sich der Kreml konstruierter Vorwände, um die westlichen Firmen unter Druck zu setzen und ihnen mit der gewaltsamen Beendigung ihrer Geschäftstätigkeit zu drohen. Sowohl Shell als auch BP haben sich der Erpressung widerspruchslos gebeugt, da sie für den Verlust der Mehrheitsbeteiligung finanziell entschädigt werden und offenbar hoffen können, auch in der Rolle des Juniorpartners von Gazprom auf ihre Kosten zu kommen.«[71]

Ähnlich erging es den US-amerikanischen Konzernen ExxonMobil und Chevron. Entgegen einer Vereinbarung aus dem Jahr 1993, wonach die beiden Konzerne einen wichtigen Anteil des Sachalin-Feldes zur Erschließung erhalten hatten, mussten sie ihre Anteile 2006 an Gazprom und den Staatskonzern Rosneft übergeben. 2007 wurde ExxonMobil gezwungen, das von dem Konzern geförderte Naturgas nur über Gazprom nach China zu verkaufen. Und die Preise bestimmt Gazprom. In allen Fällen wurde die hochentwickelte technische Ausrüstung der ausländischen Konzerne mehr oder weniger preisgünstig erworben – aber danach herrschte Stillstand. Denn Gazprom fehlten die finanziellen und technologischen Möglichkeiten, um die technischen Standards einzuhalten, so zumindest sahen es Experten der Gas- und Ölindustrie aus dem Westen.

Ein Beispiel dafür war am 18. Dezember 2011 zu beobachten. Da zerbrach 10 000 Kilometer von Moskau entfernt im Nord-Pazifik vor der Insel Sachalin aufgrund eines heftigen Sturms und sechs Meter hoher Wellen eine kleine schwimmende Ölplattform, die Gazflot gehörte, einem Tochterunternehmen von Gazprom. Die schwimmende Bohrinsel war am Stahltau eines Schleppers von der Halbinsel Kamtschatka zur Insel Sachalin unterwegs. In weniger als dreißig Minuten versank die Plattform. Von den 67 Arbeitern konnten nur vierzehn Crew-Mitglieder aus dem eiskalten Wasser geborgen werden.

Russische Medien hatten zuvor berichtet, dass die Kolskaja-Plattform den harten Wetterbedingungen in dieser Region nicht standhalten könne und zu weit von Rettungseinheiten entfernt sei, die im Fall eines Unglücks helfen könnten.»Gazprom hatte die Warnungen ignoriert. Umweltschützer hatten zudem geklagt, dass die Kolskaja-Plattform illegal genutzt wurde und dass Gazprom im Fall eines Ölunfalls nicht das technologische Wissen habe, um bei einer Umweltkatastrophe das verletzbare Ökosystem zu schützen.«[72]

Eine andere Methode, Konzerne zu rauben, wurde im Fall Michail Chodorkowski angewandt. Nachdem er wegen Steuerhinterziehung verhaftet worden war, zwangen die Finanzbehörden ihn zum Verkauf seines Energiekonzern Jukos. Dieser wurde im Jahr 2005 weit unter Wert von einer Briefkastenfirma der Baikalfinanzgruppe übernommen. Hinter der mysteriösen Baikalfinanzgruppe versteckte sich der Staatskonzern Rosneft. Spielte Rosneft zuvor noch keine große Rolle im Ölgeschäft, stieg der Staatskonzern danach steil auf und ist inzwischen einer der größten russischen Ölproduzenten, eng mit Gazprom verbunden. Im Aufsichtsrat des Ölkonzerns sitzt seit 2006 ein führender europäischer Investmentbanker. Es ist Hans-Jörg Rudloff. Er ist unter anderem Beiratsmitglied der Landeskreditbank Baden-Württemberg und Mitglied des Aufsichtsrats von EnBW (Energie Baden-Württemberg).[73] Er wird bei Rosneft häufiger mit Igor Setschin zu tun haben, einem der besten Freunde Putins.

5 Gazprom und das Netzwerk von Günstlingen und Seilschaften

Das Imperium Gazprom verfügt über unbegrenzte finanzielle Mittel. Gazprom (und die staatliche Ölgesellschaft Transneft) sind die einzigen russischen Unternehmen, die eine Genehmigung erhalten haben, eigene schwerbewaffnete Sicherheitskräfte zu beschäftigen. Die Soldaten dieser Privatarmeen dürfen über schwere Waffen, Panzer und Kampfhubschrauber verfügen, Gazprom besitzt Drohnnen und eigene Satelliten. De facto, klagen russische Menschenrechtler, führen sie zu einem »Staat im Staat« mit unermesslichen Machtbefugnissen. Und wer hat diese Büchse der Pandora geöffnet?

Wladimir Putin, einst ein verdienstvoller KGB-Oberstleutnant weiß, dass der Ruf nach Demokratie in Russland seine korrupten Machtstrukturen hinwegfegen würde.

Einer der intimsten Kenner Gazproms ist der international renommierte Moskauer Journalist Roman Shleynow. Wie er den Konzern sehe, fragte ich ihn.

»Ich sehe eine Menge Offshore-Gesellschaften. Aber niemand weiß genau, was sie machen. Das Gleiche gilt für die vielen Zwischenhändlerfirmen.« Nach seinen Erkenntnissen werden die Pipelines von Putins Freunden gebaut. »In Gazprom können sie alles tun. Es ist ein einziges Netzwerk von Günstlingen, die alle Bereiche von Gazprom beherrschen.«[1]

Und er behauptet, um Aufträge von Gazprom zu bekommen, müsse man üblicherweise 25 Prozent Provision an die für den Geschäftsabschluss Verantwortlichen bezahlen. Das kann auf ganz unterschiedliche Art und Weise geschehen, durch Firmengründungen und/oder Firmenbeteiligungen. Das klingt abenteuerlich.

Die Journalistin Catherine Belton zum Beispiel fand im Sommer 2005 heraus, dass das Unternehmen Trubny Torgovy Dom als Zwischengesellschaft für Gazprom Pipelines kauft und Hunderte von Millionen US-Dollar wert ist. Das Unternehmen wurde im Jahr 2003 von einer 27-jährigen Frau mit gerade einmal 350 US-Dollar gegründet. Catherine Belton wollte sich das millionenschwere Unternehmen genauer anschauen. In dem Haus, in dem das Unternehmen seinen Firmensitz haben sollte, gab es jedoch keinen Hinweis auf das Unternehmen, und niemand wusste etwas von dessen Existenz. Mysteriös war, dass es nur ein einziges gekennzeichnetes Büro gab, das der Putin-Partei Einiges Russland. Als sie bei Gazprom darüber Auskunft verlangte, warum Trubny Torgovy Dom und andere Firmen als Vermittler für Pipelines agieren, obwohl Gazprom das Geschäft doch im Prinzip viel günstiger selbst tätigen könnte, und warum unter der angegebenen Adresse das Unternehmen nicht zu finden sei, erhielt sie keine Auskunft.[2]

Vermutet wird, dass mit dieser Firma Förderer von Putins Partei Einiges Russland bedient wurden. Es geht auch anders. Als der ehemalige Gazprom-Chef Dmitri Medwedew am 2. März 2008 russischer Präsident wurde, rechneten viele mit einem Boom für Gazprom. Und die Erwartungen wurden schnell erfüllt. Sechs Wochen nach seinem Amtsantritt erhielt Gazprom ohne jegliche Ausschreibung das Recht, ein riesiges Gasfeld in Chayanda/Jakuzien auszubeuten, ein Gasfeld von strategischer Bedeutung.[3] Als Motiv wurde genannt, dass dadurch die Gasversorgung Russlands gesichert werde.[4] Interesse an diesem Gasfeld hatten auch andere russische Konzerne, etwa Rosneft oder LUKoil, die alle ebenfalls eng mit dem Kreml verbunden sind.

Profiteure von Gazprom spielen auch in anderen Staaten, beispielsweise der Ukraine, eine entscheidende Rolle. In einem geheimen sechsseitigen Bericht des Bundesnachrichtendienstes (BND) vom Dezember 2011 steht unter der Überschrift »Gasmarkt wird zunehmend von Gazprom und dem ukrainischen Oligarchen Dmytro Firtasch« kontrolliert unter anderem: »Er ist seit langem ein enger Verbündeter von Gazprom. Gazprom gelang es in den letzten Monaten, seinen Einfluss am ukrainischen Gasmarkt auszuweiten – Auswirkung ist der wachsende Einfluss des ukrainischen Oligarchen Dmytro Firtasch auf die Wirtschaft und den Gasmarkt des Landes.«

Nach Einschätzung des BND spielen dabei ukrainische Regierungskreise eine wichtige Rolle. »Firtasch wird protegiert von Yuriy Bykov, dem Energieminister, Valeri Khoroshowskij, dem Direktor des Geheimdienstes SBU, und Viktor Janukowitsch, dem Staatspräsidenten.«

Diese Analyse des BND über die Ukraine ist nur ein Indiz von vielen dafür, dass über Tochtergesellschaften von Gazprom und auf unerklärliche Weise eingeschaltete Zwischenfirmen hohe Politiker, leitende Kreml-Mitarbeiter, Geheimdienstmitarbeiter und persönliche Freunde der Sankt Petersburger Clique »bedient« werden. Unter der Sankt Petersburger Clique versteht man all diejenigen, die einst zusammen mit Wladimir Putin in Sankt Petersburg zu Beginn der neunziger Jahre auf die eine oder andere Art und Weise zu wirtschaftlichem und politischem Einfluss gekommen sind.

Der größte Teil der Gewinne aus diesem Firmengestrüpp wird wiederum verwendet, um Firmenanteile, Immobilien und Hotels in Westeuropa und den USA zu kaufen. Diese Anteile werden dann den Familienmitgliedern der privilegierten Kreml-Kaste überschrieben, die sich damit ihre finanzielle und politische Macht nicht nur in Russland sichert.

Und was hört man über Gazprom Germania, der wichtigen Tochter von Gazprom, mit Sitz in Berlin? »Da riecht es«, schreibt der *Spiegel*, »nach alter Ostseilschaft, nach Selbstbedienung, nach Schatten- und Scheingeschäften.«[5]

Welche Unterschiede gibt es noch zwischen normalen Konzernen und Gazprom? Gazprom ist zum einen die wirtschaftliche und politische Waffe eines undemokratischen Regimes (und das ist ein wesentlicher Unterschied zu westlichen undurchsichtigen Konzernen), und Gazprom ist eine militärisch-geheimdienstliche Waffe.

Russische Erbdynastien – das politische Krebsgeschwür

Auffällig innerhalb der neuen russischen Elite ist die überdurchschnittliche Präsenz des Nachwuchses der Silowiki[6], insbesondere in den führenden russischen Bankhäusern. Sie ist der Erfahrung aus der Jelzin-Ära geschuldet, als die Oligarchen mit Geld die Politik im Kreml gekauft und gesteuert haben. Das sollte nun dadurch verhindert werden, dass die Freunde Putins, die heute die wirtschaftliche Macht repräsentieren, ihre loyalen Söhne und Töchter in Schlüsselpositionen der Finanzwirtschaft setzen. Sie nahmen erst dann Managementfunktionen ein, nachdem die Väter sich durch wenigstens einen Amtswechsel innerhalb des Systems Putin als dessen treue Begleiter erwiesen hatten. Mit dem Kadertransfer ihrer Kinder in die russische Bankenwelt verbinden die Silowiki einerseits den Wunsch, familiär im Big Business mitzumischen, aber sie zeigen damit andererseits auch ihr Misstrauen gegenüber dem führenden Management der russischen Großbanken. Zugleich werden die Weichen für die Zukunft gestellt. Dadurch wird ihnen mittelfristig die Kontrolle über die wichtigsten Wirtschaftsunternehmen ermöglicht. Das entspricht nicht nur der Vita ihrer Väter, sondern den Vorstellungen des inneren Zirkels um Wladimir Putin über modernes Management bei der zukünftigen Führung des Landes.

Alexej Nawalni, ein bekannter Bürgerrechtsanwalt aus Moskau, der für eine bessere Kontrolle der Staatsunternehmen plädiert, sieht diese Entwicklung als ein großes Problem, selbst wenn die neue Politik von Putin dazu führen sollte, die Beamten aus den Staatsbetrieben zu entfernen oder die Staatsbetriebe zu privatisieren. »Die Verantwortlichen dieser Firmen werden über ihre Kinder das Vermögen aus den Staatsbetrieben für sich generieren.«[7]

Jelena Panfilowa, Direktorin von Transparency International in Moskau, sieht das genauso: »Die russischen politischen Klans spielen eine ähnliche Rolle wie die in Asien, Afrika und Lateinamerika. Ein Vergleich: In Indonesien regierte Suharto, dessen Familie große Unternehmen kontrollierte, drei Jahrzehnte, bis ihn Demonstrationen 1998 zum Rücktritt zwangen. In Russland erstreckt sich diese Praxis bis in die Regionen, wo die Kinder der Gouverneure häufig die lokalen Unternehmen dominieren.«[8] Langfristig ergeben sich aus diesen »Erbdynastien Mechanismen zur Regulierung und gegebenenfalls Korrektur der Politik«, steht dazu in einem Dossier eines deutschen Nachrichtendienstes. Da ist zum Beispiel Sergei Iwanow Junior. Er gehört zwar nicht dem KGB an, ist aber der Sohn des ehe-

maligen Verteidigungsministers und jetzigen Kreml-Verwaltungs-
chefs Sergei Iwanow. Der »arbeitete schon zu Sowjetzeiten mit Putin in einer KGB-Abteilung zusammen. Als Putin Ende der neunziger
Jahre Chef des Inlandgeheimdienstes FSB wurde, bekam Sergei
Iwanow Senior einen Posten als Stellvertreter.«[9]

Sergei Iwanow Junior wurde 1980 in Leningrad geboren. Im
Jahre 2002 absolvierte er das staatliche Moskauer Institut mit dem
Abschluss Finanzen/Kredit. Berufliche Erfahrungen sammelte er
zuerst als Seniorspezialist in der Investmentgesellschaft Gosinkor.
Von 2003 bis 2005 war er Chefexperte für internationale Projekte
im Gazprom-Konzern, und er beriet in dieser Funktion sowohl den
Chef der Gazprombank (Andrej Akimow) sowie Alexei Miller von
Gazprom. Sergei Iwanow Junior wurde im Dezember 2010 mit Genehmigung durch Wladimir Putin zum stellvertretenden Vorsitzenden der Gazprombank befördert. Mit 0,113 Prozent der Anteile ist
er außerdem einer der Aktionäre der Gazprombank.

Zudem fungiert er im Vorstand oder Verwaltungsrat einer Vielzahl strategisch wichtiger Unternehmen. Dazu gehören die arme-
nisch-russische Export-/Import-Bank, Atomstroiexport, Gazprom-
Invest oder die Carbon Trade & Finance Sigar SA, ein Joint Venture
zwischen der Gazprombank und der Commerzbank. Zudem ist er
noch stellvertretender Vorsitzender des Verwaltungsrats der Sibir-
gazbank, einer Tochtergesellschaft von Gazprom.

Der zweite Sohn von Sergei Iwanow Senior, Alexander Iwanow,
arbeitet seit 2007 als Abteilungsleiter Struktur- und Fremdfinanzie-
rung in der Zentrale der Vneshtorgbank (VTB).

Boris Kowaltschuk war 28 Jahre alt, als er die Verantwortung für
milliardenschwere nationale Projekte in der Regierung übernahm.
Er erwarb zuvor keinerlei spezielle Berufserfahrung – dafür war er
der Sohn des Bankers und Putin-Intimus aus Sankt Petersburg, Juri
Kowaltschuk. Inzwischen ist Boris Kowaltschuk Konzernchef von
Inter RAO, dem größten russischen Stromexporteur, und bot im November 2011 Deutschland schon einmal Stromlieferungen aus einem Kernkraftwerk aus Kaliningrad an.[10]

Inter RAO wiederum ist Teil des staatlichen »Vereinten Russischen
Energiesystems«, des größten russischen Stromproduzenten. Dieses

Konglomerat wird von dem zweitmächtigsten Mann Russlands, Igor Setschin, geführt, einem der treuesten Verbündeten Putins seit Sankt Petersburger Zeiten Anfang der neunziger Jahre. Er ist ein ehemaliger Geheimdienstmann, der seine Karriere als Militärdolmetscher begann, später den Staatsbetrieb Rosneft übernahm, »obwohl er keinerlei spezielle Ausbildung hatte, die ihn zur Leitung eines Ölkonzerns qualifiziert hätte, aber dafür brachte er eine andere Eigenschaft mit: persönliche Loyalität gegenüber Putin«.[11] Heute ist er außerdem noch russischer Vizeministerpräsident.

Seit Anfang 2011 leitet Dmitri Patruschew, der Sohn eines weiteren hohen Staatsbeamten, den Vorstand der viertgrößten Bank Russlands, der Rosselchosbank. Sein Vater war von August 1999 bis Mai 2008 Leiter des FSB und ist inzwischen Sekretär des Nationalen Sicherheitsrats. Auch er ist ein enger Freund Putins noch aus den bewegten Zeiten in Sankt Petersburg.

Einen ähnlichen Hintergrund hat Pjotr Fradkow, stellvertretender Vorsitzender der Vnesheconombank. Er ist der Sohn des Exministerpräsidenten und derzeitigen Chefs der Auslandsspionage (SWR), Michail Fradkow. Bekannt ist über Michail Fradkow, dass Mitte der neunziger Jahre die Staatsanwaltschaft gegen ihn wegen Unterschlagung von Staatseigentum ermittelte. Glücklicherweise verbrannten alle Dokumente, und das Verfahren wurde eingestellt.[12]

Alle genannten jungen Unternehmer sind klassische Beispiele dafür, dass die Silowiki-Kinder inzwischen in die Finanzwelt eingedrungen sind.

Kampf um die Pfründe – aus dem Innenleben des Kreml

Ende Februar 2008 fand in Moskau ein wichtiges Treffen statt. Was dort besprochen wurde, ist in einer geheimen Aktennotiz enthalten, die ein an dem Gespräch Beteiligter festhielt. Die mir vorliegenden Notizen geben einen tiefen Einblick in die Abhängigkeiten von Oligarchen zum Kreml und umgekehrt, insbesondere darüber, wie Wissen über die Oligarchen als politische Waffe instrumentalisiert werden kann. Teilnehmer waren unter anderem Igor Setschin, der enge Freund Wladimir Putins und damals stellvertretender Leiter der Präsidialverwaltung, Viktor Iwanow, der ehemalige FSB-Direktor und ebenfalls ein enger Freund von Wladimir Putin, sowie Alexander Bastrygin, der Vorsitzende des neu gegründeten Sonderkomitees im Büro der Generalstaatsanwaltschaft und der Leiter der Auslandsabteilung des militärischen Nachrichtendienstes GRU.

Um dieses Treffen hatte der Oligarch Oleg Deripaska gebeten. Nicht teilgenommen hatten Wladimir Putin und Dmitri Medwedew. Das Gespräch kam noch während der Präsidentschaft Putins und fünf Monate nach der Bildung des Sonderkomitees in der Generalstaatsanwaltschaft unter Leitung von Alexander Bastrygin zustande. Geschrieben wurde die Aktennotiz mit einem mehrmonatigen Abstand zum Gesprächstermin Ende Februar 2008. Deripaska kam bei diesem Treffen ohne große Umschweife auf sein zentrales Anliegen zu sprechen. Er erklärte, dass er Kenntnis davon bekommen habe, dass neben ihm auch andere Personen im Fadenkreuz intensiver Ermittlungen stünden, die alle vom Kreml initiiert wären. Darunter der Oligarch Wladimir Lissin, der Besitzer der Trans-World-Gruppe; Alisher Usmanow, Milliardär und Besitzer der Gazprominvest-Holding; Alexander Abramow, Stahlmogul, und der Milliardär Iskander Machmudow.

»Oleg Deripaska verblüffte seine Gesprächspartner damit, dass er ihnen vorhielt, sie stützten sich dabei vor allem auf Aussagen seiner persönlichen Feinde Michail und Lew Chernoy sowie des Multimillionärs Aracadi Gaydamak. Außerdem habe er Kenntnis erlangt, dass der inhaftierte Mogilewitsch sowie Wladimir Kumarin alias Barsukow, Chef der Tambower Mafia in Sankt Petersburg, gegen ihn aussagen würden.« So weit die Aussage von Deripaska gemäß der Aktennotiz. Weiter erklärte Deripaska, dass er glaube, seine Zeit in Russland sei abgelaufen. Der Kreml habe sich unter Putin seiner bedient, und er habe weitgehende Freiheiten erhalten. Niemand könne ihm aber heute die weitere Immunität garantieren. Außerdem habe er Informationen, dass es im Kreml genügend Material gegen Putin gebe, das diesen »schachmatt setzen« könne, insbesondere aus dessen Sankt Petersburger Zeit.

»Weiter führte er aus, er habe sich natürlich abgesichert, wisse jedoch, dass er in einem Kampf gegen die Interessen des Kreml chancenlos sei. Er deutete an, dass er ein Dossier kenne, welches der ukrainische Geheimdienst über Putin habe.«

Danach machte Deripaska seinen Gesprächspartnern ein Angebot. Erstens: Er wolle seine Auslandsbeteiligungen an der österreichischen Strabag und dem kanadischen Autozubehör-Zulieferer Magma behalten sowie einige kleinere Beteiligungen. Zweitens: Er wolle sein privates Vermögen, sofern noch nicht im Ausland, behalten und auch später keine Probleme mit dem russischen Staat auf strafrechtlicher Ebene haben. Und er sei drittens bereit, sein Aluminiumimperium sowie weitere Beteiligungen im Inland dem Staat kostenlos zurückzugeben. Dieses Angebot sei fair, und er glaube, dass auch Wladimir Putin und Dmitri Medwedew darauf eingehen würden, insbesondere deshalb, weil er in den letzten Jahren seine Loyalität gegenüber dem Kreml bewiesen habe.

Auf dieses Angebot ging Sonderstaatsanwalt Alexander Bastrygin, so die Aktennotiz, mit den Worten ein: »Über den Vorschlag könnte nur der Präsident entscheiden. Eine Übergabe seines Aluminiumkonzerns an den Staat und auch weiterer Beteiligungen sei die eine Seite. Bisher seien jedoch auch theoretische Überlegungen möglich, nach dem Ursprung des Unternehmens und damit auch des Privatvermögens zu fragen.«

Denn es gäbe ja nicht nur von seiten der Chernoy-Brüder Anzeigen gegen ihn, sondern es ginge auch um Kapitalverbrechen (Auftragsmorde), die Mitte der neunziger Jahre begangen worden seien und in deren Zusammenhang auch sein Name aufgetaucht sei.

Igor Setschin hingegen erklärte, dass eine so weitreichende innen- und außenpolitische Entscheidung erst nach der Präsidentenwahl getroffen werden könne. »Er, Deripaska, müsse verstehen, dass ein solcher Schritt zwangsläufig dazu führen könnte, dass auch andere Oligarchen nachziehen wollten, nicht zuletzt, um ihr auf kriminelle Art und Weise erworbenes Vermögen sicher ins Ausland zu bringen und sich eventuellen strafrechtlichen Verfolgungen zu entziehen. Er, Deripaska, habe doch sicher von der Rede des künftigen Präsidenten Dmitri Medwedew vor dem Krasnojarsker Wirtschaftsforum gehört, und hier seien von Medwedew Dinge angesprochen worden, die in der Kreml-Administration aufmerksam gehört worden seien. Die derzeitige Kreml-Administration sehe sich als Garant der Weiterführung der Politik des Präsidenten Putin, auch in der Amtszeit des neuen Präsidenten.«

Bei der erwähnten Rede von Dmitri Medwedew am 15. Februar 2008 im sibirischen Krasnojarsk hatte dieser weitgehende Reformen angekündigt. Seine Politik als künftiger Präsident soll auf zwei Säulen ruhen: Freiheit ist besser als Unfreiheit, und er wolle dem Gesetz endlich zu seinem Recht verhelfen. »Wir müssen die Praxis ungerechter Entscheidungen gegen Bestechungsgelder oder ›auf Anruf von oben‹ ausmerzen.«[13]

Der Öffentlichkeit wurde ein neues Gesicht Russlands präsentiert. Insofern ist die Aussage von Igor Setschin bemerkenswert, dass die Kreml-Administration – Medwedew hin oder her – der Garant für die Weiterführung des Politik Putins sei.

Viktor Iwanow sagte zu den Vorschlägen Deripaskas, dass er momentan keinen Handlungsbedarf sehe. »Natürlich werde man zu gegebener Zeit darüber mit dem Präsidenten reden müssen, nicht zuletzt wegen der Verdienste von Deripaska und seiner Loyalität gegenüber dem Präsidenten und der Administration.«

Zum Abschluss erklärte Deripaska laut dieser Aktennotiz, dass sein Vorschlag nicht auf eine kurzfristige Realisierung gerichtet, sondern mittelfristig gedacht sei. Er werde selber mit diesen Vorschlägen sowohl den neuen als auch den alten Präsidenten konfrontieren.

»Im Anschluss an dieses Gespräch trafen Iwanow und Setschin zusammen, a. um die Hintergründe für Deripaskas Vorschläge zu untersuchen und b. um die bestmögliche Strategie festzulegen.«

Ich habe diese interne Aktennotiz von einem Geheimdienstexperten aus Deutschland überprüfen lassen. Was sagt er dazu?

»Inhalt und Erläuterungen lassen ebenso der Interpretation freies Feld, dass es sich um Informationen aus dem Umfeld Deripaskas handelt, die zu dem Zwecke seiner eigenen Protektion lanciert wurden. Es wäre verwunderlich, wenn Deripaska bei diesem Gespräch nicht wenigstens einen Vertrauten hinzugezogen hätte, zumal es sich um ein inoffizielles Meeting außerhalb des Protokolls handelte.« Ein Teil der in dieser Notiz aufgeführten Fakten würden mit Berichten aus offenen Quellen zu diesem Zeitpunkt zusammenpassen. Etwa die Ermittlungen gegen Wladimir Lissin oder Alisher Usmanow.

Dass Deripaska seine Gesprächspartner im Kreml mit Fakten der Ermittlungsbehörden (Zeugenaussagen seiner geschäftlichen/persönlichen Feinde) konfrontiert haben soll, deutet, sofern dies stimmt, auf eigene nachrichtendienstliche Quellen Deripaskas hin.

Den Sicherheitsdienst bei der internationalen Deripaska-Gruppe Basic-Element führt Valery Pechenkin, ein KGB-Profi, der von 1997 bis 2001 stellvertretender Chef der Operationen Spionageabwehr unter Putin und dessen Nachfolger Patruschew im FSB war.»Interessant ist diesbezüglich der Fakt der Teilnahme des Chefs des Direktorats 1 des militärischen Nachrichtendienstes GRU (Alexander Bastrygin, d. Autor) an dem Gespräch, in dessen Zuständigkeit Europa (Intelligence, Luftfahrt, Elektronik) fällt«, steht in einem Bericht eines europäischen Nachrichtendienstes.»Die russischen Oligarchen im Ausland verfügen oftmals über ein Kontaktnetz hochrangiger politischer Persönlichkeiten, deren Wahlkampf sie mit Spenden finanzieren. Ein Abfischen dieser Hechte durch den russischen Nachrichtendienst wäre nicht untypisch.«

Aber wiederum sei der Hinweis auf Auftragsmorde, mit dem Bastrygin Deripaska zu verstehen gegeben haben könnte, dass sein Abtauchen ins Ausland wenig Sinn für ihn ergebe. »Insgesamt ist das Material schlüssig und wirft differenziert einen Blick auf die Sonderbeziehungen des russischen Establishments zu den Oligarchen der zweiten Generation während der kommenden Präsidentschaft. Es dokumentiert einzigartig, dass scheinbar in privater Hand geführte Unternehmen mit Auslandsfokus sehr direkt vom russischen Staat gesteuert werden und dass der Fall Chodorkowski als abschreckendes Beispiel dazu instrumentalisiert wird. Scheinbar ist der Kreml an keinem zweiten Fall Chodorkowski interessiert.«

Unabhängig von dieser geheimen Aktennotiz und der entsprechenden Auswertung durch deutsche Nachrichtendienstler ist auf jeden Fall festzustellen, dass gegen Oleg Deripaska bis zum heutigen Tag nichts unternommen wurde und er immer noch einer der einflussreichsten und loyalsten Oligarchen Russlands ist.

Geldwäsche, eine deutsche Bank und ein Minister

Seit Sonntag, dem 16. März 2008, ist der 41-jährige Jetset-Millionär Leonid Rozhetskin wie vom Erdboden verschluckt. Kurz zuvor hatte er noch den exklusiven Gay-Nachtklub XXL in Riga besucht. Auf der Webseite des Klubs ist zu lesen: »Alles ist möglich.« In seiner mondänen Villa nahe der lettischen Hauptstadt Riga fand man den Teppich des Salons voller Blut. Rozhetskins Auto fand man in einem Vorort von Riga, ebenfalls voller Blutspuren – sein Blut, wie später analysiert wurde. Die Aktion sei militärisch geplant gewesen, meinten Ermittler und gehen deshalb bis heute von einem Mord aus, obwohl die Leiche bislang nicht gefunden wurde.

Der Lebemann und Multimillionär galt als heftiger Kritiker Wladimir Putins. Auf der Spurensuche nach seinen geschäftlichen Verbindungen stößt man auf einen persönlichen Freund Putins aus dessen glorreichen Sankt Petersburger Zeiten. Dieser Freund, Leonid Rejman, wurde Anfang der neunziger Jahre in Sankt Petersburg Chefingenieur und danach Vizechef der später privatisierten Sankt Petersburger Unternehmensholding Telecominvest. In Russland blühte die Privatisierung von staatlichen Unternehmen, und in Sankt Petersburg profitierte davon nur der, der über gute Freunde in der zuständigen Verwaltung oder im Büro des Bürgermeisters verfügte. Wladimir Putin als Freund zu haben, war für die einen eine Goldgrube, für die anderen bedeutete es Macht und Einfluss. Das hieß auch gute Geschäfte für Banken, insbesondere deutsche Banken. Neben der Dresdner Bank war es die Commerzbank. Für die Commerzbank waren vier Investmentbanker zuständig, einer von ihnen war Andreas K. (Name geändert), der zu den führenden Köpfen in Osteuropa gehörte.

Eines seiner Geschäfte in Sankt Petersburg, Mitte der neunziger Jahre: Über eine in Luxemburg gegründete First National Holding

(FNH) erwarben die Commerzbank-Banker sukzessiv Anteile an der staatlichen Telecominvest, und zwar als Treuhänder für den dänischen Anwalt Jeffrey Galmond. »Die Telecominvest entwickelte sich zu einem der wichtigsten Investoren und hielt Anteile an mehr als dreißig Telekommunikationsfirmen in Russland und später an einem der größten Anteilseigner ›am Telekomriesen Megafon.‹«[14] Inzwischen ist Megafon das drittgrößte Mobilfunkunternehmen in Russland, das als einziger Mobilfunkkonzern eine Sendelizenz für alle russischen Regionen einschließlich Tschetschenien hat.

Investmentbanker Andreas K. von der Commerzbank, der an diesem Deal entscheidend beteiligt gewesen sein soll, schied 2002 bei der Commerzbank aus und gründete eine Verwaltungs GmbH mit Sitz in der noblen Frankfurter Goethestraße, in Sichtweite der Commerzbank. Im Handelsregister wurde die Firma in Frankfurt am 16. Juli 2002 eingetragen. Gegenstand des Unternehmens: die Verwaltung eigenen Vermögens, Unternehmensberatung, Dienstleistungen und Geschäftsbesorgungen jeglicher Art.

Leonid Rejman war unterdessen mit Putin nach Moskau gewechselt, wurde im Jahr 1999 Chef des Staatskomitees für Telekommunikation und nach wenigen Monaten Minister für Information und Kommunikation. Und er genoss seine Beziehung zu Gazprom. In einer Presseerklärung von Gazprom mit der Überschrift »Alexei Miller und Leonid Rejmans Arbeitstreffen« besprachen beide die Fortschritte im Geschäft von Gazprom in der Telekommunikationsbranche. »Die Parteien fassten die Fortschritte im Gazpromgeschäft in der Telekommunikation zusammen. Geplant ist unter Beteiligung eines externen Beraters die umfassende Prüfung der finanziellen und wirtschaftlichen Tätigkeit der Gazprom-Tochtergesellschaften beim Aufbau der Telekommunikation.«[15]

Im Moskauer Kabinett zählte Rejman unterdessen zu den reichsten Ministern. Als offizielles Jahreseinkommen gab er im Jahr 2005 umgerechnet 312 000 Euro an. Nicht mitgezählt wurden dabei seine fünf Wohnungen, ein Wochenendhaus und ein Grundstück von 20 000 Quadratmetern. Rechnet man noch die bislang von ihm dementierte Beteiligung an dem Fonds IPOC hinzu, dürfte er ein Multimillionär sein. Diese IPOC mit Firmensitz auf den Bermudas war ebenfalls eine Holding, die Anteile an Megafon erworben hatte, und zwar über einen dänischen Rechtsanwalt und Unternehmer. Doch der soll nur Strohmann für Leonid Rejman gewesen sein.

Nachdem 2008 Dmitri Medwedew zum Präsidenten ernannt wurde, räumte Leonid Rejman den Ministersitz, um jetzt Berater für Informationstechnologie und Kommunikation des russischen Präsidenten – und gleichzeitig Unternehmer zu werden.

Der verschwundene Multimillionär Leonid Rozhetskin wiederum war in den neunziger Jahren in Moskau Mitbegründer von Renaissance Capital, der ersten russischen Investitionsbank. Im Jahr 1998 verließ er das Unternehmen, um Miteigentümer der Kapitalanlagefirma LV Finance zu werden. Die übernahm 25,1 Prozent des Mobilfunkunternehmens Megafon. Fünf Jahre später verkaufte er seine Megafon-Anteile für umgerechnet 154 Millionen Euro der Alfa-Gruppe[16] des Oligarchen Michail Fridman, die seitdem 25,1 Prozent Anteile an Megafon hält. Danach kam es zwischen der IPOC und der Alfa-Gruppe zum bis heute anhaltenden Streit über genau dieses Aktienpaket. »Der Grund dafür war, dass IPOC behauptete, bereits vor dem Verkauf an die Alfa-Gruppe habe es eine Optionsvereinbarung mit LV Finance über die 25,1 Prozent gegeben«.[17]

In Moskau beschuldigte die Moskauer Staatsanwaltschaft aufgrund einer Anzeige von IPOC Leonid Rozhetskin, vierzig Millionen Dollar von IPOC gestohlen zu haben und stellte einen Haftbefehl aus. In New York wiederum beschuldigte Leonid Rozhetskin, der in Russland als eine der zentralen Figuren der neuen liberalen Wirtschaftsordnung galt, Telekommunikationsminister Leonid Rejman der Erpressung und Geldwäsche. Weil er als Minister für Telekommunikation die Privatisierung aller staatlichen Telekommunikationsunternehmen kontrolliert und sich über den Kapitalfonds IPOC illegal an Megafon bereichert habe. Der Ausgang des Verfahrens ist offen.

Die Besitzverhältnisse von IPOC jedenfalls waren ungewöhnlich verschachtelt – das war die gängige Praxis, um die realen Besitzverhältnisse zu verschleiern. Und es wäre selbst zur damaligen Zeit ein Skandal gewesen, wenn ein Minister für Telekommunikation Aktienanteile an einem Unternehmen hält, für dessen Interessen er sich nicht nur eingesetzt, sondern von dem er auch persönlich profitiert hätte.

Damit nichts von der Beteiligung Leonid Rejmans an IPOC auffiele, so die Vermutungen von Ermittlern und des Megafon-Anteileigners Alfa-Gruppe, sei ein komplexes Geldwäscheschema in verschiedenen Ländern installiert worden, insbesondere in Zypern, Liechtenstein, der Schweiz und auf den Bermudas. Der Minister bestritt jedoch, irgendetwas mit der auf den Bermudas eingetragenen IPOC zu tun zu haben, und der dänische Anwalt, Jeffrey Galmond, behauptete beharrlich, er sei der wahre Eigentümer von IPOC und habe mit Geldwäsche nichts zu tun.

In einem internen Bericht der Londoner Wirtschaftsprüfungsgesellschaft PricewaterhouseCoopers vom 18. Oktober 2004 wurde behauptet, dass die Aktivitäten der IPOC-Gruppe einige oder alle Merkmale von Geldwäsche zeigen würden.

Zur gleichen Zeit war in den Medien über diese undurchsichtigen Geschäfte, insbesondere die zentrale Einbindung der Commerzbank, die Aussage von Vidya Sharma zu lesen: »Ich habe an einem ausgeklügelten Geldwäschesystem mitgewirkt«, gestand Vidya Sharma, Exvizepräsident der US-amerikanischen Investmentbank Merrill Lynch, vor dem Schiedsgericht der Internationalen Handelskammer in Genf. Er hatte IPOC in Bermuda mitgegründet. »Mehr als 170 Millionen US-Dollar Schwarzgeld aus Russland, so der Finanzexperte, seien allein bis Ende Oktober 2003 mit Hilfe eines weltweiten Firmengeflechts gewaschen und dann vorwiegend in Russland wieder investiert worden.«[18] Beteiligt seien an diesem Firmengeflecht einstige Banker der Commerzbank.

Im Oktober 2004 vernahm ein Gericht auf den Virgin Islands, auch dort wurde gegen IPOC geklagt, Zeugen, die darüber aussagen sollten, ob Leonid Rejman tatsächlich an IPOC beteiligt sei und der dänische Anwalt Jeffrey Galmond nur dessen Strohmann. Sie bestätigten, dass der wahre Berechtigte an den Anteilen von IPOC Leonid Rejman sei.

Danach kam es zu einem weiteren Verfahren vor dem Internationalen Schiedsgericht in Zürich.[19] »Auslöser dieses Verfahrens in Zürich war der Streit zwischen dem von der Schweiz aus verwalteten Fonds IPOC und der russischen Alfa-Gruppe um Anteile an Megafon. Rejman hatte stets bestritten, sich bei der Veräußerung von Unternehmen persönlich bereichert zu haben.«[20]

Das Urteil des Züricher Schiedsgerichts war jedoch eindeutig. Die drei Richter stellten in einer 347-seitigen Begründung fest, dass der dänische Anwalt Jeffrey Galmond nur als Strohmann für Leonid Rejman fungiere. Der Wert des Unternehmens IPOC wurde auf eine Milliarde US-Dollar geschätzt. Während des Verfahrens vor dem Schiedsgericht kam noch mehr ans Tageslicht.

Demnach habe Leonid Rejman als Telekommunikationsminister Entscheidungen getroffen, insbesondere bei der Vergabe von Lizenzen, die verschiedenen Mobilfunkunternehmen Millionen US-Dollar an Einnahmen brachten. Ein Teil der Gewinne wurde in IPOC auf den Bermudas investiert. Der Wert zahlreicher Firmen erhöhte sich innerhalb kurzer Zeit. Beispiel hierfür ist Telecom XXI, eine kleine russische Firma. Sie wurde 1999 für drei Millionen Dollar gekauft und von Bermuda aus durch Anwalt und Treuhänder Galmond aus Dänemark kontrolliert. Nach nur einen Jahr wurde Telecom XXI an den russischen Telekommunikationsgiganten MTS für vierzig Millionen Dollar weiterverkauft. Die dramatische Wertsteigerung hing damit zusammen, dass Telecom XXI von Leonid Rejman eine Lizenz für den Mobilfunk in Sankt Petersburg erhalten hatte. MTS hatte ebenfalls eine Lizenz beantragt, doch die wurde abgelehnt. Das Gericht stellte fest, dass die IPOC durch den Verkauf von Telecom XXI einen Profit von über tausend Prozent gemacht habe. Der größte Teil des Gewinns aus diesem einen Deal, er wurde auf 30,5 Millionen US-Dollar geschätzt, floss in den IPOC-Fonds nach Bermuda.

Ein russischer Minister für Telekommunikation und Geldwäsche, eigentlich unglaublich. Auf jeden Fall gab es sowohl in der Schweiz wie in Frankfurt am Main Ermittlungsverfahren, in denen er auch eine Rolle spielte. Im Sommer 2005 durchsuchten zeitgleich mehr als hundert Beamte die Privatwohnungen und Geschäftsräume der Beschuldigten, darunter die Zentrale der Commerzbank. Die Durchsuchungen fanden in Zürich, Zug und im Fürstentum Liechtenstein statt. Überall wurde Material beschlagnahmt. Am Ende zahlte die Commerzbank ein Bußgeld wegen Verletzungen interner Aufsichtspflichten in Höhe von 7,3 Millionen Euro.

Der alte Weggefährte Wladimir Putins hingegen konnte sich in Moskau sicher fühlen, zumal die Moskauer Staatsanwaltschaft keinerlei Anhaltspunkte für ein Fehlverhalten des Ministers finden konnte. Im Frühjahr 2004 wurde Leonid Rejman allerdings kurz aus der Regierung entlassen. Aber nicht wegen der vermuteten kriminellen Aktivitäten.

Vor seiner Entlassung hatte er heftig das zweitgrößte Mobilfunkunternehmen Russlands attackiert. Sofort als er seinen Ministerposten verließ, stiegen die Aktien des von ihm kritisierten Unternehmens in bislang ungeahnte Höhe. Doch einen Tag später wird Rejman von Putin wieder in sein Ministeramt eingesetzt, und der Aktienkurs stürzte in den Keller. »Binnen Wochenfrist lösen sich 320 Millionen Dollar in Luft auf. Bei den verwunderten Analysten rief das gleich die Frage hervor, was denn der Hinweis von Rejmans geplantem Gang in die Privatwirtschaft sollte. Schließlich habe er auch im Ministeramt ausschließlich im Interesse des drittgrößten Mobilfunkanbieters, Megafon, gehandelt, an dem er und Putins Ehefrau Ludmila beteiligt sein sollen.«[21]

Eine Regelung des Streits sollte schließlich darin bestehen, dass beide Seiten ihre Anteile an einen Mann verkauften, der besonders vom Kreml gefördert wurde, an Alisher Usmanow, dem Chef von Gazprom Investment Holding.

Usmanow hat eine etwas sehr undurchsichtige Vergangenheit und ist eng sowohl mit Wladimir Putin als auch mit Dmitri Medwedew verbunden. Er besitzt inzwischen die Mehrheitsanteile an Telecominvest.[22] Mit dem Verkauf der Aktienanteile von Megafon an Alisher Usmanow, also an die Gazprom Investment Holding, sollte der langjährige Konflikt zwischen den Parteien behoben werden. Da störte nur ein einziges Problem. Solange es noch ausstehende Gerichtsverfahren gab, konnte Gazproms Tochterunternehmen den lukrativen Mobilfunkkonzern Megafon nicht übernehmen. Da passte es irgendwie, dass Leonid Rozhetskin unauffindbar war. Denn das »ermöglicht nun, eine Vereinbarung zwischen Fridman, Rejman und Usmanow zu erreichen, den drei mächtigsten Männern in Russland«.[23]

Damit jedoch ist die Geschichte nicht zu Ende. Denn wahrscheinlich wird der gesamte undurchsichtige Fall 2012 in Frankfurt am Main zur Sprache kommen, diesmal vor einem ordentlichen Gericht. Der Hintergrund dafür ist, dass schon seit über sechs Jahren die Frankfurter Staatsanwaltschaft auch über die Vorwürfe gegen Putins Busenfreund, den einstigen Telekommunikationsminister Leonid Rejman, ermittelt. Frankfurt ist deshalb zuständig, weil es leitende Exmitarbeiter der Frankfurter Commerzbank waren, die diese Geldwäsche erst ermöglicht haben sollen, indem sie mit Hilfe von Scheinkonten und Scheinbesitzansprüchen dafür gesorgt haben sollen, dass die Miteigentümerschaft Rejmans an der IPOC nicht auffiel. So der Vorwurf der Staatsanwaltschaft.

Und noch etwas: Im Jahr 2007 sagte in einem Münchener Verfahren gegen Siemens – es ging um Bestechung – ein Siemens-Mitarbeiter gegenüber der Staatsanwaltschaft aus, dass von Siemens in Russland fragwürdige Beraterhonorare an staatliche Stellen gezahlt worden seien, um Aufträge von russischen Telekommunikationsunternehmen zu akquirieren.[24]

Am 13. Dezember 2011 teilte die Staatsanwaltschaft in Frankfurt am Main nach jahrelangen extrem schwierigen weltweiten Ermittlungen mit, dass wegen bandenmäßiger und gewerbsmäßiger Geldwäsche Anklage erhoben werde. Angeklagte sind ein »61-jähriger dänischer Rechtsanwalt sowie vier ehemalige beziehungsweise noch dort tätige Mitarbeiter der Frankfurter Großbank«. Gemeint sind die Commerzbank und der dänische Anwalt Galmond, schrieben deutsche Medien. »Dabei geht es um möglicherweise rechtswidrige Zueignung von Anteilen an staatlichen russischen Telekommunikationsfirmen.« In der Anklageschrift wird behauptet, dass die Angeklagten »mit einem gesondert verfolgten russischen Staatsangehörigen, der zeitweilig auch russischer Kommunikationsminister war, ab Ende 1995 bis 2008 daran gearbeitet haben, Erträge zu verschleiern, die dieser in rechtswidriger Weise zu Lasten von russischen Gesellschaften und Staatsbetrieben erlangt haben soll.«[25] Das bezieht sich auf Leonid Rejman, bestätigte mir die Staatsanwaltschaft.

Insgesamt sollen dabei circa 150 Millionen US-Dollar über ein Firmengeflecht in mehreren Ländern verschleiert worden sein. »Gegen den ehemaligen Minister wurde ein Ermittlungsverfahren wegen Geldwäsche eingeleitet, nachdem die höchstrichterliche Rechtsprechung 2009 die Strafbarkeit des Vortäters einer Geldwäschehandlung bejaht hat, wenn die Vortat nicht im Inland begangen wurde. Dieses Ermittlungsverfahren ist noch nicht abgeschlossen«, so die Frankfurter Staatsanwaltschaft.

Die Anklageschrift ist Resultat jahrelanger Ermittlungen mit dem Ziel, das weltweite Firmengestrüpp zu lichten. »Das war ein riesiges Geflecht von Firmen, fast unüberschaubar«, sagte mir eine Frankfurter Staatsanwältin. Sie ist immerhin stolz darauf, dass es überhaupt zu diesem Verfahren kommen wird. Doch noch gilt für die Angeklagten natürlich die Unschuldsvermutung.

Die Frankfurter Verwaltungs GmbH von Andreas K., die einst hilfreich für die Geldwäsche gewesen sein soll, wurde laut Handelsregisterauszug vom 11. April 2011 inzwischen gelöscht.

Und ein wichtiger Zeuge wird im kommenden Prozess in Frankfurt wohl fehlen. Der immer noch verschwundene Multimillionär Leonid Rozhetskin.

Hinter der Bühne eines undurchsichtigen Machtwechsels

Hinter den Kulissen der Perestroika dachte die alte Nomenklatura, nachdem ihr die ideologische Macht endgültig entglitten war, darüber nach, wie sie wieder an die Macht gelangen könnte. Wer seinen Sessel im Kreml retten wollte, musste die wirtschaftliche Macht mit Hilfe des großen Geldes an sich reißen. Die Idee von der wirtschaftlichen Machtergreifung fand unter der alten Wirtschaftselite neue Anhänger, in erster Linie bei der sowjetischen Nomenklatura, die auf langjährige Geschäftserfahrungen auf den Weltmärkten zurückgreifen konnte. Warum nicht gleich die effizientesten Bereiche der kommunistischen Wirtschaft als Ganzes in den Kapitalismus verpflanzen und dort eine führende Stellung einnehmen? Hat man das einmal geschafft, kann man auch die Politik für sich arbeiten lassen.

Und in einem Dokument des Zentralkomitees (ZK) der KPdSU »über unaufschiebbare Maßnahmen zur Organisierung der kommerziellen und außenwirtschaftlichen Tätigkeit der Partei« ist zu lesen: »Auszuarbeiten sind Vorschläge für die Schaffung neuer ›vermittelnder‹ Wirtschaftsstrukturen (Fonds, Assoziationen ...), die bei minimal ›sichtbaren‹ Verbindungen zum ZK der KPdSU zu Zentren der Herausbildung einer ›unsichtbaren‹ Parteiwirtschaft werden können.«[26]

Gazprom wurde 1989 aus dem Ministerium für Erdgasindustrie der UdSSR ausgegliedert und verfügte sofort über das Monopol auf 25 Prozent der russischen Ergasförderung, die gesamte Schwefelerzeugung und die Verwaltung des Rohrleitungsnetzes, über das Erdgas aus allen GUS-Republiken exportiert wurde.

Die Zahlungen für das Erdgas wurden über eine ehemalige sowjetische Auslandsbank in Luxemburg abgewickelt. Damit die Industriegiganten frei über ihre Mittel verfügen und somit ihre Unabhängigkeit sichern konnten, mussten sie sich als erstes vom staatlichen Bankensystem lösen. 1990 erfolgte die Registrierung der Imperialbank, deren Hauptgründer die Gazprom selbst, die zur ihr gehörende Gazexport und das Handelshaus Lukoil waren. Im Herbst 1992 hielt die Imperialbank bereits das Aktienkontrollpaket bei der ehemaligen sowjetischen Auslandsbank in Luxemburg, wodurch den Bankkunden aus der Erdöl- und Erdgasbranche ermöglicht wurde, Devisen ganz legal im Ausland zu deponieren.

Anfang 1993 waren die wichtigsten Positionen in Russland mit Personen besetzt, die die Interessen der einflussreichen inländischen Industrie- und Finanzgruppen der exportorientierten Branchen vertraten. Nach Konflikten mit Lukoil entschloss sich Gazprom 1996, eine eigene Bankengruppe zu schaffen. Die Konzernfinanzen wurden seitdem von der Gazprombank und der National Reserve Bank (NRB) abgewickelt. »Beide Banken stiegen dadurch in die Gruppe der größten russischen Geschäftsbanken auf. Die Imperialbank hingegen verlor fast ein Drittel ihrer Aktiva. 1998 verließ dann auch Lukoil die Imperialbank, die daraufhin wegen mangelnder Liquidität ihre Lizenz verlor. Die Entscheidung Gazproms, nach der Finanzkrise 1998 die Konzerngeschäfte fast vollständig über die Gazprombank abzuwickeln, machte sie zur viertgrößten russischen Bank.«[27]

Er könne erst heute darüber sprechen, sagte mir im November 2011 Jan Bisztyga. Er war von 1978 bis 1981 Botschafter Polens in London und danach eine wichtige Person im polnischen kommunistischen Sicherheitsdienst. Nach der Unabhängigkeit wurde er Propagandachef in der Polnischen Vereinigten Arbeiterpartei (PZPR) und von 2001 bis 2004 Berater des polnischen Premierministers Leszek Miller. Jan Bisztyga ist der Überzeugung, dass die meisten Menschen bis zum heutigen Tag die Wurzeln der gegenwärtigen Entwicklung in Russland nicht kennen. »Das war keine unkontrollierte Machtübernahme, keine Revolution. Es gab seit längerer Zeit verschiedene Interessengruppen innerhalb der Sowjetunion, die sich auf den Wandel vorbereitet hatten. Das hat man von außen nicht gesehen, hat sich aber in den späteren Machtkonstellationen widergespiegelt.«

Er bezieht sich auf ein Treffen am 8. Dezember 1991, als sich drei Männer auf einer verschneiten Datscha bei Brest in Weißrussland getroffen haben. Es waren der Russe Boris Jelzin, der Ukrainer Leonid Krawtschuk und der Weißrusse Stanislaw Schuschkewitsch. An diesem Tag ging die UdSSR zu Ende.

»Wir stellen fest«, so begann die Vereinbarung der drei Präsidenten, »dass die UdSSR als Subjekt des Völkerrechts und als geopolitische Realität zu bestehen aufhört.«[28] Am Vormittag des 12. Dezember 1991 sollte das russische Parlament die Entscheidung bestätigen.

»Ich bin in dem Moment nach Moskau gereist, als die Sowjetunion zusammengebrochen ist. In einer der Banken bin ich genau zwei Wochen, nachdem am 25. Dezember 1991 faktisch durch den Rücktritt von Gorbatschow als Präsident der UdSSR die Sowjetunion aufgelöst wurde, auf einen alten Bekannten gestoßen. Er war, als ich in London Botschafter war, dort stellvertretender Botschafter der UdSSR. Als wir uns über seine neue Funktion als Präsident in der Bank X. unterhalten haben, was nun mit der UdSSR geschehe, sagte er: ›Bei uns wird Ordnung herrschen, weil wir die wichtigsten Bereiche der Sowjetunion auf drei Gruppen verteilt haben. Banken und Wirtschaftssteuerung haben die Nachrichtendienste übernommen, die Partei die Administration und die Armee die Schwerindustrie. Die Mafiaorganisationen werden in allen Bereichen für die notwendige Ruhe und Stabilisierung sorgen. Aber es wird eine Zeit kommen, dass wir mit ihnen das machen, was man in Russland mit solchen Leuten macht. Sie werden enthauptet. Danach besteht eine neue Ordnung, bis am Ende die Nachrichtendienste an den Gipfel gekommen sind.«

Bernd Knabe schreibt in einer 1998 veröffentlichten Studie über *Die System-Mafia als Faktor der sowjetisch-russischen Transformation* über die Kooperation von KGB und den »Dieben im Gesetz«.[29] Demnach begann die KGB-Führung bereits 1987, ausgewählten »Autoritäten« die Möglichkeit zur Kontrolle über die verschiedenen kriminellen Gruppen in den wichtigsten Gebieten der Sowjetunion zu verschaffen. »Für Zentralrussland war danach Wjatscheslaw Iwankow (Japontchik), für die Ural-Region Alexander Usojan (Chasan), für den Fernen Osten Jefimow Wasin (Shem) und für den Nordkaukasus Jurij Bagdarsjan (Swo) zuständig. In den folgenden Jahren wurden weitere führende Kriminelle in diesen Kreis aufgenommen, so dass sich zu Beginn der neunziger Jahre ein Syndikat ›Familie der 11‹ ergab. Diese Personen teilten die wichtigsten Operationsgebiete unter sich auf und einigten sich auf Konferenzen über strategische und taktische Aufgaben.«[30]

Und der russische Journalist Wladimir Iwandize kommentierte mir gegenüber die damalige Lage mit den Worten: »Es fand damals die Konversion des KGB statt, und Putin war ein Teil davon. Sie waren klug, weil sie wussten, dass sie so nicht weitermachen konnten. Sie organisierten alles. Insbesondere die über 600 Firmen, die das Geld der Partei und des Geheimdiensts im Ausland verwalteten. Sie holten Leute aus dem Gefängnis, die wegen Korruption dort saßen, gaben ihnen eine neue Chance, sandten sie nach Österreich, Deutschland, Finnland, Frankreich. Alle diese Leute wurden innerhalb kurzer Zeit extrem reich. Das ist ohne Plan unmöglich.«

Das kriminelle russische Biotop und Geschichten über Oligarchen

Im Jahr 2000, als Wladimir Putin zum Präsidenten gewählt wurde, waren nach Angaben von Europol kriminelle Strukturen in Russland beherrschend. »5 000 OK-Gruppen operieren in Russland. Es gibt etwa 1 100 ›Diebe im Gesetz‹. 250 Gruppen agieren inzwischen mit 300 bis 5 000 Mitgliedern in 44 Ländern. Elf große kriminelle Organisationen bilden hierfür das Dach.« Und weiter: »Russland ist fest im Griff der osteuropäisch organisierten Kriminalität: Zwanzig Prozent der Duma-Abgeordneten, vierzig Prozent der Privatwirtschaft, fünfzig Prozent der russischen Banken (bis zu 85 Prozent) und bis zu 75 Prozent der staatlichen Firmen.«[31]

Dazu passt die Aussage eines bekannten russischen Gangsterbosses, der gegenüber einer Moskauer Wochenzeitung prahlte: »In den letzten beiden Jahren waren die kriminellen Gruppen die größten Investoren in der russischen Wirtschaft. Man kann sich die Wirtschaft des Landes ohne unsere Investitionen überhaupt nicht vorstellen.«[32]

Einer Untersuchung des Washingtoner Zentrums für Strategische und Internationale Studien zufolge »sind zwei Drittel der russischen Wirtschaft unter Kontrolle krimineller Syndikate«.[33]

Gleichzeitig waren jedoch noch weitaus größere Gangster am Werk, jene, die über die Rohstoffindustrie herrschten. Um welche Summen es dabei ging, zeigte sich im November 2011 vor dem High Court in London. Hier klagt seit Ende Oktober 2011 der Oligarch Boris Beresowski gegen einen anderen russischen Oligarchen, gegen Roman Abramowitsch.

Boris Beresowski, ein erklärter Gegner Wladimir Putins, der deshalb 2001 nach London floh, fordert von Roman Abramowitsch, einem Freund Putins, rund vier Milliarden Euro, weil ihn dieser bei der Auszahlung seiner Anteile beim Ölkonzern Sibneft und dem Aluminiumproduzenten Rusal betrogen habe.

Tatsächlich hatte Abramowitsch für sein Imperium keinen Rubel bezahlt, stellte sich bei der Gerichtsverhandlung heraus. Den Ölkonzern, den er damals für gerade einmal hundert Millionen Euro kaufte, hatte er 1995 über einen Kredit von Beresowski finanziert. Als Sicherheit dienten Öllieferverträge von Sibneft, womit der Konzern seine Übernahme selbst finanziert hat. Als Gegenleistung zahlte Abramowitsch später mehrere hundert Millionen US-Dollar an seinen ehemaligen Freund Beresowski, häufig, indem er ihm das Geld in bar überbrachte. Vor Gericht sagte er aus, dass er Boris Beresowski im Jahr 1996 achtzig Millionen US-Dollar, 1997 und 1998 je fünfzig Millionen US-Dollar und 1999 noch einmal achtzig Millionen US-Dollar auszahlte. Beträge bis fünf Millionen

US-Dollar wurden bar in Beresowskis Moskauer Büro oder in seinen Klub gebracht.[34]

Dieses Geld, so Roman Abramowitsch, sei für Beresowskis politische Dienstleistungen, für seinen physischen Schutz und für Beresowskis Einfluss auf Präsident Jelzin gezahlt worden. Er habe Beresowski als eine Kryscha gesehen, um seine Geschäftsinteressen zu schützen.[35]

Kryscha, das Dach, ist gemeinhin der Schutz durch kriminelle Organisationen. Boris Beresowski hingegen erklärte dem Gericht, dass es seine Gewinnanteile des Ölkonzerns Sibneft gewesen seien. Und die will er nun gerichtlich einfordern. Abramowitsch hat in der Zwischenzeit seinen Ölkonzern Sibneft an Gazprom verkauft – für 13 Milliarden US-Dollar.[36] Vor Gericht erklärte er auch, dass er keine Ahnung habe, ob die Haupteinnahmequellen seines Einkommens besteuert würden. Dieses Eingeständnis kam von ihm am 4. November 2011 um drei Uhr nachmittags, nachdem er seit zehn Uhr im Zeugenstand durch Beresowskis Rechtsanwalt ins Kreuzverhör genommen worden war.

Gazprom Invest Holding – das Netzwerk einer Tochter

Gazprom und seine Gasgeschäfte sind ohne den am 9. September 1953 in Chust, Usbekistan, geborenen Oligarchen Alisher Usmanow nicht vorstellbar. Dessen Familie gehörte zur sowjetischen Nomenklatura, sein Vater arbeitete als stellvertretender Generalstaatsanwalt in der usbekischen Hauptstadt Taschkent. Im Alter von achtzehn Jahren studierte Alisher Usmanow 1971 am staatlichen Institut für internationale Beziehungen in Moskau, der Kaderschmiede für die sowjetische Nomenklatura, und war dort Schüler von Jevgeni Primakow, dem späteren Ministerpräsidenten.[37]

Im Jahr 1980 wurde Alisher Usmanow wegen Betrugs, Kidnapping und Erpressung zu einer achtjährigen Gefängnisstrafe in Taschkent verurteilt. Davon musste er sechs Jahre in einem Straflager verbüßen. Er wurde jedoch im Jahr 2000 vom höchsten Gericht in Usbekistan rehabilitiert und von den einstigen Vorwürfen entlastet. Alisher Usmanow hatte immer wieder betont, dass das damalige Urteil gegen ihn politisch motiviert gewesen sei.[38]

Aus dem Gefängnis wurde er wegen guter Führung bereits im Jahr 1986 entlassen. Sein Berufswunsch, Diplomat zu werden, war durch die Gefängnisstrafe jedoch verbaut, also nahm er die Geschäftsmöglichkeiten wahr, die sich ihm in den frühen Tagen der Perestroika boten, und zwar mit dem Verkauf von Plastiktüten. Anfang der neunziger Jahre, als die russischen Banken freizügig Kredite vergaben, muss ihm eine Bank über hunderttausend Euro geliehen haben, mit denen er nun erfolgreich Aktiengeschäfte tätigte. »Wir kauften und verkauften, was immer möglich war. Wir hatten ein paar Mal Pech, aber viele Erfolge.«[39] In dieser Periode begann der Usbeke, wie Usmanow auch genannt wurde, seine Aktivitäten auf dem Gebiet des Wertpapierhandels sowohl auf dem russischen Markt als auch im Ausland. Dafür gründete er ein Finanzierungs- und Investitionsunternehmen sowie eine Reihe anderer Firmen, die im Wertpapiergeschäft tätig waren. So begann sein Aufstieg zu einem der mächtigsten Oligarchen Russlands – mit einem geschätzten Vermögen von 5,5 Milliarden US-Dollar.

Über die Schattenseiten wird weniger offen geredet. »Ende der achtziger und in den frühen neunziger Jahren unterhielt er Kontakte mit Vatschagan Petrossov, einer zentralen Figur der sowjetischen kriminellen Unterwelt, sowie zu Vyacheslav Ivankov, einer der wichtigsten Figuren der russischen organisierten Kriminalität.«[40] Gegen Alisher Usmanow gab es wegen dieser Verbindungen keinerlei strafrechtliche Ermittlungen. Seine Verbindungen zu höchsten Repräsentanten der organisierten Kriminalität in den neunziger Jahren dementierte er nie, auch nicht, dass er diese Personen in der Vergangenheit getroffen hat. Er legte jedoch Wert auf die Feststellung, nie mit ihnen Geschäfte getätigt zu haben.

Seine Verbindungen zur mächtigen Solnzesvskaja-Mafia beziehen sich insbesondere auf Andrej Skoch, der dort in den neunziger Jahren kein unbedeutender Mann war. [41] Bekannt ist folgender Vorgang: Am 31. Mai 1995 reiste Andrej Skoch nach Prag, um dort zusammen mit den Topgrößen der russischen organisierten Kriminalität den Geburtstag von Viktor Averin, einem der Führer der

Solnzevskaja, zu feiern. Die tschechische Polizei stürmte jedoch das Lokal U Holubu, und der Unternehmer Andrej Skoch wurde nach einem Verhör des Landes verwiesen.[42] Damals war er immerhin Generaldirektor einer der wichtigsten Firmen von Alisher Usmanow, bis er im Jahr 1999 in die Staatsduma gewählt wurde. Und wer hat seinen Wahlkampf gesponsert? Es war Gazprom.[43]

Alisher Usmanow war Anfang der neunziger Jahre zudem offizieller Moskau-Repräsentant des kanadischen Unternehmens Gofman Developments, dessen Inhaber nach Erkenntnissen der kanadischen Polizei Mitglied der Diaspora der russischen kriminellen Unterwelt in Nordamerika war. Sein krimineller Beschützer war Pavel Ischenko, den zumindest die amerikanische, kanadische und russische Polizei als eine Führungsfigur der ukrainischen und russischen Unterwelt bezeichnete. Pavel Ischenkos russisches Unternehmen ZAO Intertradin wurde als Kunde von Alisher Usmanow bei der MAPO-Bank eingeführt.

Hier war Alisher Usmanow gemäß seiner offiziellen Biographie zwischen 1995 und 1997 stellvertretender Bankdirektor. Die Bank hat eine besondere Bedeutung. Gegründet wurde sie von MAPO-MiG, einem Unternehmen für die Herstellung von MiG-Kampfjets. Der Gründer der Bank, Evgeni Ananjew von dem staatlichen russischen Waffenexportunternehmen, war ehemaliger Offizier im sechsten Direktorat des KGB.[44] Er galt auch in den frühen neunziger Jahren als Berater für Usmanow.

In einem Frage- und Antwortenkatalog des Journalisten Ian Cobain vom *Guardian* an Alisher Usmanow, ob er irgendetwas über seine engen Kontakte zu den sich noch im Dienst befindlichen oder ehemaligen Offizieren des KGB und ihren Unterstützungsorganisationen sagen möchte, antwortete er kurz und bündig mit »Nein«.[45]

Zu den wichtigsten Kunden der MAPO-Bank zählten der FSB, der russische Auslandsnachrichtendienst SWR und das staatliche Rüstungsexportunternehmen Roswoorushenije. Sie war außerdem eng mit der Regierung des damaligen Präsidenten Boris Jelzin verbunden. Der zunehmende Einfluss organisierter krimineller Strukturen auf die Führung dieser Bank führte in der Folgezeit zu einer Schwächung der Verbindungen und Kooperationen der

Bank mit dem militärisch-industriellen Komplex, dem Militär und den Sicherheitsdiensten. Das führte schließlich dazu, dass die Konten von Roswoorushenije zunehmend in andere Banken verlagert wurden.

Der Direktor des staatlichen Rüstungsunternehmens und Vorsitzende der MAPO-Bank geriet zunehmend in die Kritik, insbesondere aufgrund zahlreicher finanzieller Unregelmäßigkeiten in dem Konzern. Da waren die 100 000 US-Dollar, die er pro Monat für seine persönlichen Bodyguards ausgab, und die 500 000 US-Dollar, die die Renovierung seines Büros kostete, noch die geringsten Posten. Im Jahr 1998 verließ er den Rüstungskonzern. Wenig später verkaufte er drei MiG-Kampfflugzeuge nach Peru, was dazu führte, dass Jahre später, im Sommer 2004, die italienische Staatsanwaltschaft in Trento gegen ihn einen Haftbefehl ausstellen ließ. Der Vorwurf lautete auf Geldwäsche. Die drei MiG-Kampfjets im Wert von 117 Millionen US-Dollar wurden für 300 Millionen US-Dollar verkauft. Einen Teil der Summe kassierte der damalige peruanische Geheimdienstchef Vladimiro Montesino, den Rest Evgeni Ananjew und andere. Da einige der Geldtransfers erst auf einer Bank in Lugano deponiert waren und danach an verschiedene kleine italienische Banken transferiert wurden, kam es in Italien zu dem Ermittlungsverfahren wegen Geldwäsche.[46] Die italienischen Behörden wurden erst Anfang 2001 von den peruanischen Behörden über den Korruptionsvorgang informiert, nachdem der peruanische Geheimdienstchef Montesino aus dem Amt gejagt worden war.

Nach seinen ersten äußerst erfolgreichen Geschäftsaktivitäten war Alisher Usmanows Aufstieg gesichert. Im Jahr 1988 wurde er stellvertretender Vorsitzender der Gazprom Invest Holding, dem Gazprom-Tochterunternehmen, das bis zum heutigen Tag für die Investitionen von Gazprom zuständig ist. Die Entscheidung des Obersten Gerichtshofs von Usbekistan, wonach Alisher Usmanow zu Unrecht verurteilt worden war und die ihm einst vorgeworfenen Taten (Betrug und Kidnapping) nicht begangen hatte, erfolgte erst im Jahr 2000. Im selben Jahr besetzte er auch den Posten des Generaldirektors von Gazprom Invest Holding. Den Wechsel von Jelzin zu Putin hatte er nicht nur schadlos überstanden, im Gegenteil.

Der wesentliche Grund für Putins Sympathie dürfte gewesen sein, dass Usmanow maßgeblich an der Wiederbeschaffung von Gazprom-Vermögenswerten beteiligt war, die in der Vergangenheit deutlich unter dem Marktwert verkauft worden waren. Zu diesen Unternehmen gehörten unter anderem Stroitransgas, Severneftegazprom und Zapsibgazprom. Putin schätzte ihn außerordentlich. Und die Gazprom Invest Holding wurde unter anderem zu einem der maßgeblichen Finanziers von Naschi, der Jugendorganisation der Regierung, um Putins Partei Einiges Russland zu unterstützen.[47]

Im Jahr 2002 war er zusammen mit Oleg Deripaska Mitbegründer des Stahlkonzerns Ural Stahl. Das Unternehmen wurde mit dem Ziel gegründet, ein Konkurrenzunternehmen, die Firma Nosta von Andrei Andrejew, zu übernehmen. Der ehemalige Polizist und Multimillionär klagte zwar gegen die Übernahme und behauptete, gegen seinen Willen zum Verkauf seiner Anteile gezwungen worden zu sein. Doch der Fall wurde niedergeschlagen. Heute kontrolliert Alisher Usmanow die Metalloinvest Holding, ist Generaldirektor der Gazprom Invest Holding und eine der bekanntesten und angesehensten Personen in der russischen Geschäftswelt.

Wer so erfolgreich ist, dem glaubt man in Russland nicht unbedingt, was seine mühsam erarbeitete Reputation angeht. Einer dieser Kritiker ist bis zum heutigen Tag Craig Murray, der zwischen August 2002 und Oktober 2004 britischer Botschafter war im Reich des Despoten Karimow, des Präsidenten von Usbekistan. Der Diplomat wurde bei voller Gehaltszahlung suspendiert, nachdem er sich öffentlich über schwere Menschenrechtsverletzungen in Usbekistan und einen paranoiden Präsidenten beschwerte. Er ist heute Rektor der schottischen Dundee-Universität.

Auf seinem Blog[48] rückte er Alisher Usmanow in die Nähe der russischen Mafia und beschuldigte ihn, mit großen Geldsummen und seinen Anwälten dafür zu sorgen, dass keine kritischen Berichte über ihn veröffentlicht würden. Nach seinen Erkenntnissen habe Alisher Usmanow über Gazprom Invest Holding außerdem Bestechungsgelder an Gulnara, die Tochter des usbekischen Präsidenten Karimow gezahlt, damit Gazprom die usbekischen Gasreserven übernehmen konnte.[49] Es seien insgesamt 88 Millionen US-Dollar

Schmiergelder geflossen. Sie sei in den Verhandlungen mit Gazprom, bei denen es um die Übernahme der usbekischen Gasfelder ging, mit verantwortlich gewesen. Er warf ihr auch vor, dass sie Mitbesitzerin einer Reiseagentur sei, die sie mit dem jüngsten Sohn des Emirs von Dubai führe. Über diese Reiseagentur seien Tausende usbekischer Frauen nach Dubai geschickt worden, um dort als Prostituierte zu arbeiten.[50]

Sowohl ein Sprecher der Gazprom Invest Holding wie Alisher Usmanow und Karimows Tochter dementierten die Vorwürfe.[51] Gazprom Invest Holding erklärte, dass das Wirtschaftsprüfungsunternehmen PricewaterhouseCoopers die Konten des Unternehmens geprüft habe. Alisher Usmanow sagte zudem, er habe keinerlei Beziehungen zu Gulnara Karimowa.[52]

Über seine Erkenntnisse hatte der damalige Botschafter Craig Murray im Jahr 2004 in einer Depesche das Foreign Office in London informiert. Als jedoch ein Abgeordneter der Labour-Partei forderte, dass diese Depesche veröffentlich werden sollte, lehnte das Foreign Office ab. Denn Alisher Usmanow müsste dazu erst die Genehmigung erteilen, weil diese Informationen persönliche Daten enthalten. Der Exbotschafter war mit dieser Entscheidung »höchst unzufrieden«.[53]

6 Die Armee Putins und des Imperiums

An den Schalthebeln des Putin-Systems – und damit auch bei Gazprom – sitzen ungewöhnlich viele ehemalige führende Kader des Militärs und des KGB beziehungsweise des heutigen FSB. Diese Kader der sowjetischen Sicherheitsstrukturen werden, wie schon erwähnt, auch Silowiki genannt. Auf sie stützt sich die Herrschaft Putins. Die ehemalige ARD-Moskau-Korrespondentin Sonia Mikich beschrieb das System folgendermaßen: »Während wir im Westen an unsere Energieversorgung dachten, fand – kaum berichtet, kaum kritisiert – eine atemberaubende Durchsetzung von Staat und Gesellschaft mit Geheimdienstlern und Militärs statt. Sie geben in Polilk und Wirtschaft den Ton an.«[1] Auf meine Anfrage beim Chef der Informations- und Kommunikationsabteilung von Gazprom, Alexander Bespalow, wie viele ehemalige Angehörigen des KGB oder FSB in leitenden Positionen bei Gazprom und den Töchterunternehmen arbeiten, erhielt ich keine Antwort.

Der KGB war bekanntlich einst das Schwert und Schild der Kommunistischen Partei der Sowjetunion, der KPdSU. Sicher ist jedenfalls, dass ohne »den großen Feldzug des KGB gegen ideologische Subversion während das Kalten Krieges die kommunistische Zeit von viel kürzerer Dauer gewesen wäre«.[2] Die Silowiki beherrschten die feine wie die grobe Diplomatie, ein Handwerk, das unter anderem aus Lügen, Täuschung, Erpressung bestand – zu dem auch die physische wie psychische Liquidierung gehörte. So viel hat sich da bis heute nicht geändert. Denn die heutigen Silowiki haben ihr Handwerk von der Pike auf gelernt, sind hochqualifizierte Experten in ihren unterschiedlichen Funktionen.

Olga Kryshtanovskaya, Professorin am Institut für Soziologie der Russischen Akademie der Wissenschaft, und Professor Stephen White, Professor für Politik an der Universität Glasgow, haben in einer Studie bereits im Jahr 2005 das Ziel dieser Silowiki beschrieben: »Der Staat ist die Grundlage der Gesellschaft, deshalb sollte der Staat stark sein. Ein starker Staat kontrolliert alles. Die Stützen des Staates sind die Silowiki und die Strafverfolgungsbehörden.«[3] Dementsprechend nehmen sie, so Olga Kryshtanovskaya, die bestimmende Stellung in der Gesellschaft ein. Sie benötigen einen besonderen materiellen und rechtlichen Status. Die Angehörigen der Sicherheitsbehörden, die ihr Leben im Dienst des Staates riskieren, müssen für die Justiz unerreichbar sein. »Ein starker Staat sollte auch die Kontrolle der Wirtschaft, zumindest der natürlichen Ressourcen, in seiner Hand behalten. Meinungsvielfalt ist gefährlich, da sie den Staat von innen untergräbt. Außerdem gibt es einen äußeren Feind, den Westen. Das bedeutet, dass eine starke Armee und eine leistungsfähige Rüstungsindustrie notwendig sind. Die Gesellschaft sollte passiv und gehorsam sein und den Staat nicht schwächen.«[4]

Nicht nur im Zusammenhang mit Gazprom ist dieses Ziel bereits in die Praxis umgesetzt. Deshalb ein kurzer Rückblick auf das Jahr 1999.

Einmal im Jahr, im klirrend-kalten Dezember, treffen sich in der Lubjanka, dem altehrwürdigen KGB-Hauptquartier in Moskau, Hunderte Geheimdienstler bei klassischer Musik und Sekt. Sie feiern die Gründung der ersten sowjetischen Geheimpolizei Tscheka, der berüchtigten Vorläuferorganisation des KGB. Bis zum heutigen Tag ist der KGB nie zur kriminellen Vereinigung erklärt worden – niemand für die verbrecherischen Aktvitäten der Vergangenheit zur Rechenschaft gezogen worden. Am 20. Dezember 1999 war auch Wladimir Putin in der Lubjanka dabei, der von 1998 bis 1999 Direktor des FSB war, der Nachfolgeorganisation des KGB. Jeder wusste, dass der kurz zuvor von Boris Jelzin zum Ministerpräsidenten ernannte Wladimir Putin eine große Zukunft vor sich haben würde, war sie doch von ihnen selbst strategisch vorbereitet worden.

Aber es gab nicht wenige FSB-Offiziere, die mit der neuen Politik des FSB, die Putin als Direktor betrieben hatte, überhaupt nicht einverstanden waren. Diese Minderheit war froh, dass die Tradition der politischen Überwachung unter dem Präsidenten Boris Jelzin ein Ende gefunden hatte. Doch bereits im Jahr 1999 kam von Wladimir Putin der Befehl, wonach »aktive Maßnahmen« gegen kritische Journalisten durchgeführt werden müssten. Außerdem sollte das gesamte Material, das bisher über die »Familie« (Boris Jelzins Verbündete und Verwandte) gesammelt worden war, aus den Akten entfernt werden, und alle Verbindungen zu entsprechenden Quellen sollten gekappt werden.

Nachdem Putin im September 1999 russischer Ministerpräsident wurde, gingen alle entsprechenden Informationen an ihn. Großen Wert legte er auf Berichte des FSB über die politischen Sympathien der Chefredakteure aller Massenmedien. Putins Reaktion auf einen dieser FSB-Berichte war, dass die Anzahl der Informanten in den Massenmedien erhöht und die finanzielle Unterstützung für diese Aufgabe sichergestellt wurde.

Die erfahrene Journalistin Francesca Mereu von *The Moscow Times* verfügte über beste Beziehungen zu den russischen Sicherheitsdiensten. Sie berichtete über dieses Treffen am 20. Dezember 1999 und über das, was Putin seinen alten Kampfgefährten mitzuteilen hatte.

»Liebe Kameraden, ich möchte euch verkünden, dass die FSB-Agenten, die ihr verdeckt in die Regierung geschickt habt, den ersten Teil ihrer Mission erfüllt haben.«[5]

Alle wussten, woraus der zweite Teil der Mission bestand. Ein an der Feier beteiligter FSB-Offizier wird mit folgenden Sätzen zitiert: »Wir wussten, dass der zweite Teil der Mission darin bestand, ihn zum Präsidenten zu machen, und dass dann ehemalige KGB-Agenten auf höchste Regierungsstellen gehievt werden.«[6] Denn in seiner Rede versprach Putin den KGB/FSB-Kameraden, dass er sie nie vergessen werde, wenn er die Spitze der Macht erklommen habe, schließlich »gibt es keine ehemaligen Agenten«, habe Wladimir Putin seinen Freunden in der FSB-Zentrale gesagt.

Drei Monate später gewann Wladimir Putin die Parlamentswahlen, um dann zum Präsidenten gewählt zu werden. Nach seinem

Amtsantritt als Präsident war eine seiner ersten Amtshandlungen, seinen langjährigen Vertrauten und Weggefährten Nikolai Patruschew aus Sankt Petersburg zum Chef des FSB zu ernennen. Alle bedeutsamen staatlichen Behörden genauso wie die Staatsunternehmen wurden von diesem Zeitpunkt an von KGB-Veteranen besetzt.

Der Moskauer Redakteur der *Frankfurter Allgemeinen* Zeitung, Markus Wehner, hatte sehr früh über die Untersuchung der Moskauer Soziologin Olga Kryshtanovskaya berichtet – aber anscheinend interessierte das die westlichen Konzerne, die nur an Geschäften mit Russland interessiert waren, kaum. Dabei haben diese Erkenntnisse für langfristige Unternehmensplanungen weitreichende Konsequenzen. »In Wirklichkeit, so hat die Leiterin des Moskauer Zentrums für Eliteforschung herausgefunden, haben 78 Prozent der Elite sich Sporen bei den Tschekisten oder der Armee verdient.«[7] Unter Breschnew waren es gerade mal vier Prozent.

Ehemalige KGB/FSB-Angehörige waren in der Präsidialadministration, in der Vertretung des Präsidenten in den Regionen, dem föderalen Zolldienst, dem Sicherheitsrat. FSB-Verbindungen haben der stellvertretende Sekretär des Ständigen Komitees des Unionsstaates von Russland und Weißrussland, der Generalsekretär der Eurasischen Wirtschaftsgemeinschaft und viele mehr. Für Putin waren sie die Garanten eines neuen stabilen Russlands. Da interessiert zwangsläufig ein Blick zur Gazprom-Führungsriege, wer dort vom KGB in die Leitungsfunktionen aufgestiegen ist. Die Rede ist von über einem Dutzend KGB-Veteranen allein in den höchsten Gremien des Gazprom-Imperiums. Dazu gehören Valery Golubew, Gazproms stellvertretender Vorsitzender; Konstantin Tschuitschenko, der Leiter der Gazprom-Rechtsabteilung und Geschäftsführer von RosUkrEnergo; Sergej Uschakow, stellvertretender Leiter des Gazprom-Verwaltungsausschusses; Jury Schamalow, Leiter von Gazflot; Jewgeni Plyusnin, der seit 2009 Chef der Gazprom-Sicherheitsabteilung und in Personalunion Leiter der Unternehmenskommunikation ist.

Und was unterscheidet nun Gazprom von anderen internationalen Konzernen?

»In den Zielrichtungen und Methoden, was nachrichtendienstliche Absicherung angeht, überhaupt nicht«, sagt der Geheimdienstexperte Erich Schmidt-Eenboom. Für ihn liegt der große Unterschied darin, dass Gazprom diese nachrichtendienstliche Tätigkeit überwiegend mit eigenem Personal ausübt, während zum Beispiel bei den französischen und britischen Ölkonzernen spezielle Sicherheitsfirmen mit entsprechenden Aufgaben betraut werden. Und dort arbeiten überwiegend frühere Angehörige der französischen und britischen Nachrichtendienste, die noch Verbindungen in die Nachrichtendienste selbst haben. »Bei Gazprom besteht der eigene Sicherheitsapparat aus den russischen nachrichtendienstlichen Strukturen, mit einem eigenen Apparat, der international immer extensiver agiert, der über eigene Telefon- und Satellitenüberwachung verfügt. Gazprom ist so etwas wie eine Nebenregierung.«[8]

Waffen für Gazprom

Aus Sicht der russischen Regierung ist Energie auch eine Quelle geopolitischer und geostrategischer Ängste. Sie könnte ein mögliches Ziel feindlicher Aktionen sein, unabhängig davon, ob der Gegner ein anderer Staat oder eine terroristische Vereinigung ist. »Darüber hinaus führte die Auflösung der Sowjetunion zu Spannungen zwischen den militärischen Einheiten und den Energieunternehmen, da das Militär fortan für die Energieleistungen, insbesondere den Strom, bezahlen musste.«[9]

Häufig wurde in der Vergangenheit Militäreinheiten der Strom abgestellt, weil sie die Rechnungen nicht bezahlten. Allerdings profitierte auch der Staat davon, wenn die Energieunternehmen auf militärische Hilfe angewiesen waren, insbesondere wenn es um den notwendigen Schutz vor möglicher Sabotage oder Terroranschlägen ging. Das haben Studien der britischen Verteidigungsakademie ergeben.[10] Inzwischen hat sich zwischen Militär und Energieunternehmen eine Symbiose gebildet. So hat die russische Flotte auf einer Ölplattform vor der Küste von Kaliningrad, die von Lukoil-Kaliningradmorneft betrieben wird, eine Radaranlage stationiert.[11] Es ist die erste seegestützte Radarstation und ein wichtiger Baustein der russischen Überwachungseinrichtungen.

Lukoil unterzeichnete darüber hinaus am 27. September 2004 einen Kooperationsvertrag mit dem Verteidigungsministerium über die Benutzung von Einrichtungen der Militärs. Dazu zählt die Zusammenarbeit mit der Militärakademie in Sankt Petersburg, dem Militärkrankenhaus in Khimki außerhalb von Moskau und der Personalabteilung des Verteidigungsministeriums. Lukoil versorgt dafür die Streitkräfte weiterhin mit Treib- und Schmierstoffen und bietet entlassenen Offizieren eine Beschäftigung an.[12]

Gazprom hat ein Kooperationsprogramm mit der russischen Marine entwickelt, wonach die Einrichtungen der Marine, ob Schiffe oder Infrastruktur, für die Entwicklung und den Transport von Pipelines benutzt werden können. Gleichzeitig wird jedoch eine Art Privatarmee aufgebaut, die ebenfalls dem Schutz der Einrichtungen von Gazprom dienen soll.

1998 gab es nach Angaben der russischen Regierung 5000 private Sicherheitsfirmen mit knapp 155000 Mitarbeitern. Elf Jahre später waren es nach unabhängigen Schätzungen bereits 2,5 Millionen Mitarbeiter – ohne die russischen Streitkräfte.[13] Das russische Innenministerium registrierte 2009 über 30000 Sicherheitsfirmen mit über 750000 Mitarbeitern. Ein Viertel davon beschützt Unternehmer, die mit der organisierten Kriminalität in Verbindung stehen.[14] Die Zahl der nicht registrierten Sicherheitsfirmen ist nicht bekannt. Knapp eine Million Armeeangehörige stehen dem gegenüber. Allein der Sicherheitsdienst von Gazprom beschäftigt mindestens 25000 Personen, die bis 2007 nur mit Kleinwaffen ausgerüstet waren. Sie durften auf dem Gelände des Konzerns bis zum Eintreffen der Miliz Saboteure oder Kriminelle festnehmen. Dass Russland seine Energieinfrastruktur vor Sabotage schützen muss, ist unbestritten. Gazprom kontrolliert in Russland 95000 Meilen an Gaspipelines mit Verbindungen zu europäischen Verbrauchernetzen und russischen Großstädten.

Im Jahr 2007 wurde im russischen Parlament auf Druck von Gazprom und dem staatlichen Erdölkonzern Transneft ein neues Gesetz verabschiedet. Demnach haben strategische Unternehmen und strategische Sicherheitsunternehmen das Recht, Waffen zu besitzen, um ihre »Pflichten nach den föderalen Gesetzen« erfüllen zu können.

Es war ein ausschließlich auf Gazprom und Transneft zugeschnittenes Gesetz mit weitreichenden Befugnissen. Nur sie erhielten die Genehmigung, eine eigene bewaffnete Armee zu unterhalten. Das Gesetz erlaubt es ihnen zudem, auch außerhalb der Grenzen Russlands zu operieren, um die Pipelines zu schützen. Das bedeutet nichts anderes, als dass die mit modernsten Waffen ausgerüsteten Gazprom-Soldaten über unbegrenzte Macht verfügen. Und das nicht nur auf dem Territorium von Gazprom, sondern überall dort, wo es Anlagen von Gazprom gibt, also auch Pipelines im westlichen Ausland oder in Zentralasien.

Die Soldaten der Gazprom-Privatarmee können Verhaftungen vornehmen, Personen und Autos durchsuchen. Fragen von Journalisten, warum für diese Schutzmaßnahmen nicht das Militär eingesetzt werde, blieben unbeantwortet.[15]

Die Entscheidung, die den beiden Konzernen eine private Armee genehmigte, provozierte in Russland einen Proteststurm. Gennadi Gudkow, der im Parlament gegen das Gesetz gestimmt hatte, nannte es die Büchse der Pandora. »Dieses Gesetz erlaubt die Gründung von privaten Unternehmerstreitkräften. Wenn wir dieses Gesetz genehmigen, werden wir Diener von Gazprom und Transneft.«[16] Alexander Gurow, im Innenministerium zuständig für die Bekämpfung der organisierten Kriminalität und Anfang der neunziger Jahre häufig in Deutschland anwesend, meinte: »Wir können ja nicht sagen, dass es nur zwei strategische Firmen gibt, also Gazprom und Transneft. Was ist mit Lukoil, Unified Energy Systems und anderen? Haben sie eine geringere strategische Bedeutung? Sie werden die gleichen Rechte einfordern, und das Ende wird sein, dass es viele dieser Privatarmeen geben wird.«[17]

Stanislav Markelov, ein bekannter Moskauer Anwalt für Menschenrechte, argumentierte, dass das neue Gesetz »die Grenzen zwischen Staat und Unternehmen auflöst. Entweder funktioniert der Staat nun als privates Unternehmen, oder die Sicherheitsunternehmen ersetzen den Staat.«[18] Andere Analysten fragten, was denn geschehe, wenn die Interessen der Sicherheitsfirmen mit den Interessen des Staates kollidieren. »Die Armeen dieser Unternehmen sind ein potentielles Werkzeug für einen Staatsstreich.«[19]

Bevor das Gesetz über das »Recht zur Eigensicherung« durch die Konzerne in der Duma angenommen wurde, betrieb Gazprom erfolgreich Lobbyarbeit. So informierte das Sicherheitskomitee des russischen Unterhauses über eine wachsende Anzahl von Angriffen auf die Pipelinenetze. Chronologisch fasste es in seinem »Empfehlungsbericht« Vorkommnisse wie die Sabotage an der Mozdok-Pipeline[20] und die Attacken auf die Gaspipeline in Bugulma[21] zusammen. Ein weiteres Problem stellte demnach das illegale Anzapfen von Rohstoffressourcen dar, das in die Zuständigkeit der Wach- und Schutzdienste der strategischen Konzerne fällt. Alexander Gurow vom Innenministerium erklärte, dass die Zahl der illegalen Eingriffe in die Ressourcen der russischen Netze von 84 (im Jahr 1999) auf 1 000 im Jahr 2006 gestiegen sei.

In Russland gibt es inzwischen einen wachsenden Markt für zivile unbemannte Flugzeuge, kurz UAV (unmanned aerial vehicle) genannt. Deren wichtigste Käufer sind nicht das Verteidigungsministerium oder die Miliz, sondern Öl- und Gasgesellschaften. Die UAVs werden flächendeckend zum Schutz des Erdgas-Pipelinenetzes eingesetzt. Die leichte Irkut-2 verfügt über einen effektiven Radius von knapp zehn Kilometern und die Irkut-850 über einen Radius von 200 Kilometern, ausgestattet mit Infrarotkamera.

Im Jahre 2007 hatte Gazprom mit der Irkutsk-Corporation – heute gehört sie zur Rostechnologij-Gruppe – Verträge zum Erwerb unbemannter Flugzeuge geschlossen. Darüber hinaus plant Gazprom Space System zwei hoch- und niedrigauflösende Satelliten einzusetzen: Arctica I und II. Sie werden entwickelt, um die Gaspipelines und die wichtigsten Produktionsstätten zu kontrollieren.

Es sind die ersten Satelliten überhaupt, die von einem Energiekonzern eingesetzt werden. In den nächsten Jahren wird Gazprom außerdem zwei Telekommunikationssatelliten, Yamal 401 und 402, in Betrieb nehmen. Dadurch ist Gazprom auch der wichtigste Telefon- und Fernsehsatellitenbetreiber in Turkmenistan und anderen Nachbarstaaten.

Der Beschluss, dass Gazprom und Transneft sich selbst bewaffnen dürften, kam kurz nach einer Entscheidung, wonach die Nato enge Beziehungen zu multinationalen Ölkonzernen aufbauen wolle und ihnen den Schutz der Marine anbot. Ein besonderes Angebot richtete sie an BP und Shell, dass nämlich schnelle Einsatzgruppen (rapid forces) ihre Ölplattformen vor Entführern und Erpressern schützen könnten.[22]

Militärexperten in den USA gehen sogar davon aus, dass die von Gazprom benutzten Drohnen als Waffe eingesetzt werden können. Dafür würde sprechen, dass Repräsentanten von Gazprom Israel besuchten, um sich dort über die verschiedensten Möglichkeiten dieses unbemannten Flugsystems zu informieren, meldete der russische Fernsehsender NTV am 25. November 2007. Ist es denkbar, dass unter diesen Prämissen Gazprom seine militärischen Einrichtungen auch außerhalb der eigenen Grenzen einsetzen darf – etwa in Ländern wie Polen, der Ukraine oder Weißrussland?

Die Möglichkeiten dazu wurden der Gazprom- und Transneft-Armee theoretisch jedenfalls gegeben.

Russische Geheimdienste im westlichen Ausland

Seit Putins Machtantritt operiert selbst der Inlandsgeheimdienst FSB zunehmend im Ausland und geht gefährliche Koalitionen ein. Westlichen Sicherheitsdiensten liegen Hinweise vor, »wonach russische Nachrichtendienste und kriminelle Organisationen großen Einfluss auf den russischen Rohstoffhandel nehmen«. Das behauptet nun nicht ein Nachrichtendienst, sondern das Schweizer Bundesamt für Polizeiwesen in einer ausführlichen Analyse.[23]

Russische Firmen im Ausland, so die Erkenntnisse des Schweizer Bundesamts für Polizeiwesen in Bern, dienen als Plattform für nachrichtendienstliche Aktivitäten. »So nutzt beispielsweise der größte russische Erdölkonzern Lukoil seine Vertretungen in mittel- und südosteuropäischen Staaten offenbar für nachrichtendienstliche Aktivitäten.«[24] Fairerweise muss man sagen, dass auch Shell mit dem britischen Nachrichtendienst verbunden ist.

Was hier den Unterschied ausmacht? Es ist bekannt, dass aktive FSB-Mitarbeiter in Europa selbst Schutz- und Sicherheitsdienste anbieten. Sie verwalten oder besitzen große Vermögenswerte, kaufen Immobilien, gründen Unternehmen, sind auch noch an illegalen Aktivitäten wie dem Waffenhandel beteiligt. Und sie pflegen enge Kontakte sowohl untereinander wie zur FSB-Zentrale in Moskau, zur russischen Regierung und zu Vertretern der Nachrichtendienste ihres Aufenthaltslands. Russische Nachrichtendienstler operieren in Westeuropa, insbesondere in Deutschland, der Schweiz und Österreich, unter Tarnung als Diplomaten, Funktionäre für internationale Organisationen oder auch unter einem wirtschaftlichen Deckmantel. Und was besonders aufschlussreich ist: »Es werden auch Wirtschaftskommissionen und Gremien zur Förderung der russischen Wirtschaft im Ausland gegründet, deren Mitglieder vorwiegend den verschiedenen Nachrichtendiensten angehören Sie sammeln strategisch relevante Informationen und versuchen, Einfluss auf Entscheidungen von wichtigen Unternehmen zu gewinnen.« So weit einige Erkenntnisse des Schweizer Bundesamts für Polizeiwesen vom Juni 2007.

Tatsächlich war es einer der großen Verdienste des ehemaligen russischen Präsidenten Boris Jelzin, den KGB zerschlagen und den allmächtigen Geheimdienst in unterschiedliche Arbeitsbereiche aufgeteilt zu haben. Für das Inland wurde zum Beispiel der FSB zuständig, für das Ausland der SWR und für das Militär der GRU. Diese Teilung der Macht sollte sich unter Putin, dem Ex-KGB-Mann, grundlegend ändern. Er führte zahlreiche Reformen weniger mit dem Ziel einer weiteren Kontrolle der Geheimdienste durch, sondern im Gegenteil: Er baute den Einfluss des FSB gerade im Landesinneren massiv aus. So wurden unter seiner Agenda die militärischen Operationen in Tschetschenien vom FSB gesteuert. Die bisher eigenständigen Grenztruppen oder die Föderale Agentur für Regierungsfernmeldewesen und Information (FAPSI) wurden dem FSB unterstellt. Wladimir Matjuschin, der bisherige FAPSI-Chef, erhielt das Amt des Vizeministers und als Zugabe noch die Leitung eines neu geschaffenen Komitees für Rüstungsgüterbeschaffung beim Verteidigungsministerium. Nach Auflösung der FAPSI, vergleichbar mit der NSA (National Security Agency) der USA, entstand aus ehemaligen Mitarbeitern der Behörde eine hervorragend bezahlte Informatikelite.

Von nun an konnten die Experten hilfreich bei traditionellen Aufgaben wie Desinformation und Manipulation sein. So hat der FSB zur Computerausspähung regionale Netze unter dem Codenamen Dclta-1 eingerichtet.

Delta-1 sammelt Informationen über Transaktionen der Topmanager von Tochterunternehmen strategischer Energiekonzerne, die Kontaktdaten zwischen inländischen und ausländischen Managern im Rohstoffsektor und Informationen über negative Folgen der Beteiligung von ausländischen Medien. Fälle, wonach Manager mit abgefangenen Telefonaten unter Druck gesetzt wurden, sind seitdem keine Seltenheit. Im August 2005 verfügte die russische Regierung, dass der FSB und das Innenministerium uneingeschränkten Zugriff auf die Datenbanken aller Telekommunikationsgesellschaften erhalten. Sie können dadurch erkennen, wer mit wem wie lange telefoniert, wo sich die Gesprächsteilnehmer aufhalten und so weiter. Damit haben sie auch einen großen Einblick in die gesamte Kommunikation sowohl internationaler Firmen wie von Privatpersonen.

Die Sympathie für Stasiseilschaften

Nicht nur russische Exgeheimdienstler haben führende Funktionen im Gazprom-Netzwerk, sondern auch die einstigen Brüder im Geiste, ehemalige Exgeheimdienstler aus der DDR. Einer von ihnen ist Matthias Warnig, wahrscheinlich der einzige Deutsche in Russland, der in Multifunktion gleich mehrere Toppositionen in strategisch wichtigen russischen Konzernen besetzt. Das sind Transneft[25], Rosneft[26] und die Verbundnetzgas AG in Leipzig[27]. Die wiederum ist ein Joint Venture unter anderem zwischen Gazprom und der Wintershall AG. Außerdem sitzt er in der staatlichen russischen Außenhandelsbank Vneshtorgbank (VTB) (hier wurde, um ihn in den Aufsichtsrat zu wählen, die Zahl der Aufsichtsräte erhöht)[28] und im Verwaltungsrat von Gazprom Schweiz AG[29]. Aber wie kommt er zu diesen Ehren?

Da lohnt sich ein Blick zurück in die achtziger Jahre, nach Dresden. In einer Villa in der Angelikastraße 4 war bis zur Auflösung der DDR eine Außenstelle des sowjetischen Geheimdienstes KGB untergebracht. Hier arbeitete zwischen 1985 und 1989 Wladimir Putin als Agent. Nicht weit davon entfernt war die Stasi-Bezirksverwaltung, mit der es mehr oder weniger intensive Arbeitskontakte gab. Putin betreute unter anderem in Leipzig Briefkästen des KGB.

Laut Aussage des KGB-Mitarbeiters Wladimir Ussolzew, der mit Wladimir Putin von 1985 bis 1987 zusammenarbeitete, gehörte es zu Putins Aufgaben, Agentenprofile im Bereich der Wirtschaft ohne legal abgedeckte Legende (meist Diplomaten oder Vertreter von Handelsmissionen) im »gegnerischen Territorium« zu entwickeln und zu führen.

Sergej Schemezow war zur gleichen Zeit wie Wladimir Putin in Dresden als KGB-Agent im Einsatz, und zwar in einer Tarnfirma. »Natürlich arbeiteten wir in der DDR zur gleichen Zeit zusammen. Wir lebten im gleichen Haus und diskutierten gemeinsam über unsere Arbeit und andere Dinge, wie es Nachbarn halt so tun.«[30]

Auch später, in Russland, hielt die Freundschaft an. Sie war das Sprungbrett für Sergej Schemezows weitere Karriere. Er verwaltete anfangs ein Monopol in Russland, das internationale Waffengeschäft. Als Generaldirektor des staatlichen Unternehmens Rosoboronexport war er verantwortlich für neunzig Prozent des gesamten Waffenexports ins Ausland. Inzwischen ist er Generaldirektor von Russian Technologies, die ein Drittel des gesamten russischen militärisch-industriellen Komplexes kontrolliert. Schemezows Frau machte ebenfalls Karriere: als Anteilseignerin der Gas- und Ölholding Itera, die wiederum eng mit Gazprom zusammengearbeitet hatte.

Während des Kalten Krieges war Nicolai Tokarew ebenfalls in der DDR für den KGB tätig. Auch er ist ein Amigo von Wladimir Putin und gegenwärtig Präsident des staatlichen Unternehmens Transneft, zuständig für die gesamte Logistik des Öltransports. Sein Vermögen wird auf vier Milliarden US-Dollar geschätzt. Dresden war für einstige KGB-Agenten also ein Sprungbrett für wirtschaftlichen Reichtum.

Tokarews Vorgänger bei Transneft, Semjon Weinstock, der in den Medien mit den Worten: »Ich bin Soldat, der Präsident ist der Oberkommandierende. Befehle werden nicht diskutiert«, zitiert wurde, wurde nach seinem Rücktritt 2007 vom Rechnungshof beschuldigt, dass es unter seiner Führung zu massiver Korruption bei Transneft gekommen sei.[31] Nach seiner Ablösung bei Transneft bot ihm Wladimir Putin den Posten des Leiters des Olympia-Organisationskomitees für Sotschi 2014 an. 2007 nahm er den Posten an, wurde jedoch ein Jahr später in den Ruhestand versetzt.

Über die KGB-Aktivitäten von Wladimir Putin ist bereits vieles geschrieben. Doch kaum etwas ist über Lenchen bekannt. Und zwar deshalb, weil es an Putins Image gewaltig kratzen würde. Ludmila Putina, Wladimir Putins Ehefrau, war damals mit Lenchen, der Chefdolmetscherin der Dresdner KGB-Residentur, befreundet. Eingeschleust hatte sie der Bundesnachrichtendienst. Es war einer der ganz großen Erfolge des BND zur damaligen Zeit. »Sie war bei Gesprächen dabei, die etwa mit MfS-Mitarbeitern geführt wurden, oder sie übersetzte Dokumente für die Russen.«[32]

Lenchen berichtete dem BND jedoch nicht nur Dienstliches, sondern auch private Interna. Das behauptet jedenfalls Erich Schmidt-Eenboom, ein international anerkannter Geheimdienstexperte. Ludmila Putina habe sich bei ihrer Vertrauten über häusliche Gewalt und zahlreiche Affären ihres Mannes ausgeweint.

Aber wie sicher ist die Quelle, die ihm über Lenchen berichtet hat, und hat sie überhaupt für den BND gearbeitet?

»Bevor ich den Text schrieb, hatte ich diverse Quellen. Unter anderem beim BND und Verfassungsschutz.«[33] Letzte Sicherheit erhielt er im Herbst 2011 während einer Tagung des »Gesprächskreises Nachrichtendienste« in Bad Boll. Dieser Gesprächskreis Nachrichtendienste ist eine Institution des BND. Ausgewählte Journalisten werden in trautem Zusammensein mit führenden Mitarbeitern des BND über die Sichtweisen des BND aufgeklärt und manche auch instrumentalisiert.

In Bad Boll sprach Erich Schmidt-Eenboom mit dem Vorsitzenden des Gesprächskreises. »Die warnten mich wieder vor meiner Gefährlichkeit. (Erich Schmidt-Eenboom gilt als einflussreicher Kritiker des BND, d. Autor) Da habe ich gesagt: ›Ich singe doch bald wieder ein Loblied auf den BND. Auf Lenchen. Was wollen Sie denn?‹ Er schaute auf und sagte: ›Dresden.‹ Er war zu DDR-Zeiten Unterabteilungsleiter zwölf, also zuständig für die Ostblockaufklärung. Daneben stand Hans Georg Wick, damals Präsident des BND. Mit dem habe ich mich auf der Tagung häufiger unterhalten, und zum Abschied habe ich ihn gefragt, ob Lenchen eine Leistung seiner Zeit oder seines Vorgängers gewesen sei. Und er hat gelacht. Das waren für mich die besten Bestätigungen ehemaliger hochrangiger BND-Mitarbeiter, die man überhaupt bekommen kann.«[34]

Matthias Warnig – der starke Deutsche bei Gazprom

Und nun kommt eine spezielle Persönlichkeit ins Spiel, die zu DDR-Zeiten bereits erfolgreich agierte, Matthias Warnig. Das *Wall Street Journal* berichtete unwidersprochen im Februar 2005, dass in den achtziger Jahren Wladimir Putin Hilfe bei seinen Aufklärungsarbeiten erhielt. Die sei von Matthias Warnig gekommen, dem heutigen Chef von Nord Stream.[35]

Anfang der neunziger Jahre leitete er bereits die erste ausländische Bank in Sankt Petersburg, die eine Filiale eröffnen durfte: die Dresdner Bank. Erteilt hatte die Lizenz der im Bürgermeisteramt für Lizenzen verantwortliche Wladimir Putin. Matthias Warnig war zu DDR-Zeiten auch Major der DDR-Staatssicherheit und mit Wladimir Putin zu dessen KGB-Zeit in Dresden befreundet gewesen. Das behauptet das Schweizer Bundesamt für Polizeiwesen in ihrem Analysebericht aus dem Jahr 2007. Das bestritt Warnig in einem Interview im Januar 2007 gegenüber der *Welt*. Richtig ist, dass er beim Ministerium für Staatssicherheit (MfS) noch im Jahr 1989 ein Jahresgehalt von 25 680 Mark bezog und zu DDR-Zeiten von Stasichef Erich Mielke mit der Medaille in Gold für treue Dienste in der Nationalen Volksarmee ausgezeichnet wurde.

In den achtziger Jahren hatte Warnig nicht weniger als zwanzig westdeutsche Quellen angeworben, die ihm Daten zur Raketen- und Flugzeugtechnologie übergaben. Nach Angaben von Frank Weigelt, einem ehemaligen Mitarbeiter von Matthias Warnig, habe sich dieser schnell den Ruf eines Profis bei der Anwerbung westlicher Quellen erworben. Von Weigelt zusammengestellte Informationen belegen außerdem, dass viele Dossiers des MfS dem KGB zur Verfügung gestellt wurden. »Von Warnigs Stasiakten ist heute nicht mehr viel übrig: zwei Karteikarten zur Person, einige Listen für Ordensverleihungen und Beförderungen, in denen er auftaucht. Ansonsten noch eine Art Inhaltsverzeichnis jener Papiere, die Warnig als Agent der Hauptverwaltung Aufklärung im Westen besorgt hat, insgesamt 71.«[36]

Gegenüber dem Journalisten David Crawford vom *Wall Street Journal* erklärte 2005 ein Sprecher der Dresdner Bank (die inzwischen zur Commerzbank gehört), dass es trotz sorgfältiger Prüfung keine Hinweise gebe, wonach Matthias Warnig für die Stasi gearbeitet habe.[37]

Wladimir Putin und Matthias Warnig behaupteten übereinstimmend, sie hätten sich zum ersten Mal 1991 in Sankt Petersburg kennengelernt. Ein Sprecher des Kreml erklärte gegenüber dem *Wall Street Journal*, dass sich Matthias Warnig und Wladimir Putin erstmalig 1990 in Sankt Petersburg getroffen hätten und ihre Beziehung »rein geschäftlich« gewesen sei.[38]

Auch Bernhard Walter, der damalige Osteuropa-Vorstand und spätere Chef der Dresdner Bank, erklärte, dass Warnig ihm gegenüber erklärte, er habe Putin »das erste Mal in seinem Leben 1991 kennengelernt, als ich ihn nach Sankt Petersburg geschickt habe. Ich habe keinen Grund, daran zu zweifeln.«[39] Bernhard Walter von der Dresdner Bank hatte Warnig in Ostberlin als damaligen Referenten im Wirtschaftsministerium kennengelernt und den Eindruck gewonnen, dass Warnig nicht abgeneigt schien, im Westen zu arbeiten.

Er war es auch, der Warnig im Jahr 1991 beauftragte, die Aktivitäten der Dresdner Bank in Sankt Petersburg vorzubereiten: »Er hat mich bei meinem ersten Besuch in Sankt Petersburg mit dem damaligen Oberbürgermeister Sobtschak und mit dessen Stellvertreter Putin bekannt gemacht, der zuständig für das Anwerben ausländischer Investoren war … Wir mussten keineswegs persönliche Beziehungen ausnutzen, um eine Banklizenz zu bekommen.«[40]

Zur Beziehung zwischen Putin und Warnig gibt es auch andere Berichte. Es war Irene Pietsch, die das Buch *Heikle Freundschaften*[41] schrieb, in dem sie über ihre enge Beziehung sowohl zu Ludmila Putina wie Wladimir Putin selbst berichtete.

»Sie war mir gegenüber sehr offen. Sie sagte, wir verstehen Ostdeutschland besser als Westdeutschland, und Matthias Warnig und seine Freunde sind dafür ein Beispiel. Wir sind alle im gleichen System groß geworden. Sie sagte auch, Wladimir Putin und Matthias Warnig arbeiteten für die gleiche Firma. Ich fragte sie, ob sie das konkretisieren könne. Sie sagte, Mathias arbeitete mit der Stasi und Putin mit dem KGB.«[42]

Nach der Darstellung von Irene Pietsch soll es eine enge Beziehung zwischen der Familie Warnig und Familie Putin gegeben haben. Warnig war sogar eine Art Großvater für Putins Töchter. In Briefen von Ludmila Putina an Pietsch, zum Beispiel vom 5. Mai 1998, würden diese Aussagen bestätigt. Da schreibt Ludmila Putina: »Wir haben mit Warnigs ein Café besucht, dann haben wir unsere Wohnung besichtigt. Aber sie ist sehr schön geworden und hat den Warnigs gefallen.«

Nach einem anderen Brief von Ludmila Putina an ihre Freundin Irene Pietsch hielt sie sich mit ihrem Mann und beiden Kindern im Winter 1996/1997 in Davos auf. Ludmila schrieb, dass Wladimir viel für seine Freunde getan habe und nun sie etwas für ihn tun würden. Wer diese Freunde waren, für die Putin so viel getan habe, schrieb sie nicht.

Die Freundschaft zwischen den zwei so unterschiedlichen Frauen wurde auf Eis gelegt, als Putin zum Chef des FSB ernannt wurde. In einem ihrer letzten Brief schrieb Ludmila Putina: »Es ist furchtbar. Alles fängt von vorn an. Er hat mir damals in die Hand versprochen, nie wieder dorthin zurückzukehren, wo er herkam. Dabei hatte ich den Eindruck, dass er selber froh war, die Zeit beim KGB hinter sich gebracht zu haben. Warum verfolgt er nur seine Interessen und nimmt keine Rücksicht auf mich und die Kinder?«[43] Und sie teilte ihrer Freundin Irene Pietsch mit, dass sie von nun an keinen Kontakt mehr haben dürften.

Die Dresdner Bank war auf jeden Fall das Unternehmen, das von den guten Kontakten zwischen Wladimir Putin und Matthias Warnig in besonderem Maße profitierte. Sie agierte später unter anderem als internationaler Koordinator, als Gazprom im Jahr 1996 zum ersten Mal Anteile an internationale Investoren verkaufte. Warnig soll auch mit dafür gesorgt haben, dass die Ruhrgas AG 2,5 Prozent Anteile an Gazprom übernahm. Aktiv war Matthias Warnig – inzwischen war er Aufsichtsratsvorsitzender bei der Dresdner Kleinwort, einer Investmenttochter der Dresdner Bank in Moskau – beim Verkauf des Ölimperiums des mit zweifelhaften Methoden enteigneten Oligarchen Michail Chodorkowski. Das Finanzinstitut Dresdner Kleinwort in Moskau durfte das Unternehmen bewerten.

Matthias Warnig hat sich – gut zwei Stunden Autofahrt vom schweizerischen Zug entfernt – einen Wohnsitz im Schwarzwald zugelegt. Aber nicht, um sich zur Ruhe zu setzen. Schließlich sitzt er noch im Aufsichtsrat und im Vorstand verschiedener russischer Unternehmen. Seit dem Jahr 2009 zeichnet er als Gesellschafter der MW Investin Staufen und ist dazu Direktor einer Interatis AG in Zürich. Zweck der Gesellschaft sind Beratungsleistungen beim Kauf und Verkauf von Immobilien, Geschäftsanbahnung in osteuropäischen Ländern sowie deren wirtschaftliche und rechtliche Prüfung.

Alte Freunde in der Berliner Gazprom-Dependance

Geschäftsfördernd ist allemal, wenn man auf Netzwerke zurückgreifen kann, auf alte Freunde, die etwas Gemeinsames verbindet. Besonders hilfreich ist dann, wenn diese Beziehungen etwas mit ehemaligen Auftraggebern zu tun haben.

Seit dem 1. Juli 2011 ist Vyacheslav Krupenkov Hauptgeschäftsführer der Speerspitze von Gazprom, des Berliner Unternehmens Gazprom Germania. Zuvor war er Repräsentant von Gazexport in Deutschland und dort wiederum deren Vertreter in einem Gemeinschaftsunternehmen von Wintershall AG und Gazprom. Ein Mann mit Erfahrungen im internationalen Gasgeschäft. Sein Vorgänger hatte diese Erfahrungen ebenfalls. Es war Hans-Joachim Gornig, der bis zur Wende DDR-Beauftragter für den Gasleitungsbau war, er bekleidete also »eine energiewirtschaftlich und mit Bezug auf die

Sowjetunion derart herausgehobene Stellung, dass man ihn auch zum Kader rechnen muss«.[44] An der Spitze von Gazprom Germania stehen zudem der Finanzchef Felix Strehober und Personalchef Hans-Uve Kreher, ehemalige DDR-Funktionäre mit engen Beziehungen zum Ministerium für Staatssicherheit.

Nach dem Fall der Mauer hatte Gornig im März 1990 mit anderen Funktionären der DDR-Energiewirtschaft das Unternehmen Kohle Energie Erdgascommerz GmbH gegründet. Noch in seiner Eigenschaft als Regierungsbeauftragter für Erdgasleitungsbau schlug er die Gründung eines Gemeinschaftsunternehmens vor, das die bisher auf Regierungsebene zwischen Ostberlin und Moskau vereinbarten Erdgaslieferungen übernehmen sollte. Das Projekt kam nicht zustande. Die von ihm geleitete Ergascommerz GmbH ging an die Treuhandanstalt über. Dafür wurde er aufgrund seiner guten Kontakte nach Moskau Geschäftsführer der am 3. Dezember 1990 gegründeten deutschen Gazprom-Tochter ZGG-Zarubezhgaz-Erdgashandel-GmbH, die 2006 in »Gazprom Germania« umbenannt wurde.

Hans-Joachim Gornig musste sich öffentlich Kritik gefallen lassen, über Beteiligungen an Unternehmen, die Gazprom Germania als Geschäftspartner hatten, sein Vermögen auf zweifelhafte Weise vermehrt zu haben. Die Rede ist unter anderem von der 1993 gegründeten Gasconsult GmbH, bei der er laut Bürgel Firmenprofil als Miteigentümer und sein Sohn als Geschäftsführer eingetragen ist. Ziel des Unternehmens ist die »Erbringung sonstiger wirtschaftlicher Dienstleistungen für Unternehmen und Privatpersonen«. Die wichtigsten Dienstleistungen scheint er für Gazprom Germania geleistet zu haben, dort also, wo er gleichzeitig Hauptgeschäftsführer war.

Und dann gibt es ja noch das Unternehmen Fortis Consulting GmbH. Auch an ihm ist Hans-Joachim Gornig mit gut sechzig Prozent beteiligt. Geschäftsführer ist laut Genios Firmendossier seit 2007 sein Sohn. Geschäftsgegenstand der Fortis Consulting ist die »Beratung von Unternehmen in allen Fragen der Zusammenarbeit mit osteuropäischen Ländern, insbesondere bei der Vorbereitung und Durchführung von Investitionsobjekten und Beteiligungen«.

Die Firma stellte zum Beispiel am 31. Dezember 2007 Gazprom Dienstleistungen im Gesamtbetrag von 45 673,69 Euro in Rechnung. Im einzelnen soll es sich dabei um »Erarbeitung gaswirtschaftlicher Analysen, Expertisen, Berichte und Studien« handeln sowie um »Kommunikation und Informationsmanagement«, Erstellung von Werbepublikationen und um Hilfe bei der Presse- und Messearbeit.

Der Gazprom-Manager aus Berlin erklärte zu den Vorwürfen, dass alles korrekt abgelaufen sei. Außerdem seien die Jahresabschlüsse der deutschen Gazprom-Tochter bisher weder von Betriebsprüfern noch den dafür zuständigen Gremien des Mutterkonzerns beanstandet worden. Um aber jeden Zweifel auszuräumen, habe er die Moskauer Gazprom-Zentrale zur Entsendung einer Revisionskommission aufgefordert.[45]

Bemerkenswert ist, dass er noch Mitglied des Unternehmens Gas Project Development Central Asia im schweizerischen Baar ist, an dem wiederum Gazprom Germania beteiligt ist. Auch hier geht es um »Dienstleistungen für die Gewinnung von Erdöl und Erdgas«. Mitgesellschafter ist übrigens der italienische Unternehmer Massimo Nicolazzi aus Wien.

Am 26. Juni 2009 wurde Nicolazzi »vom Aufsichtsrat des in Wien etablierten Energie-Explorations- und Handelshauses Centrex Europe Energy & Gas AG zum Mitglied des Vorstandes und Chief Executive Officer (CEO) bestellt«.[46] Und Centrex Europe Energy & Gas ist ebenfalls eng mit Gazprom verbandelt. Anlässlich eines Hearings des US-Senats am 8. Juni 2008 über die Undurchsichtigkeit des russischen Energiesektors (Russian Energy Sector Opaqueness) sprach der inzwischen verstorbene Russland-Experte Roman Kupchinsky und erwähnte dabei auch Centrex in Wien. »Gazprom, mit der heimlichen Unterstützung des Kreml, hat über fünfzig sogenannte Mittlerfirmen gegründet, die über ganz Europa verstreut und (...) mit Gazprom verbunden sind wie die Centrex Gruppe – die dadurch Unsummen Geld verdienen.«[47]

Die »Centrex Europe Energy & Gas« (CEEGAG) ist eine Gazprom sehr nahe stehende Holding, die seit 2006 den österreichischen Markt mit Gas versorgt. Nach den offiziellen Angaben von Gazprom kündigte Gazprom Export am 28. September 2006 den bestehenden Vertrag mit dem österreichischen Unternehmen Österreichische Mineralölverwaltung AG (OMV). Ein neuer Vertrag wurde nun von Gazprom Export mit Econgas und Centrex abgeschlossen, und zwar für eine Laufzeit bis zum 31. Dezember 2027. Centrex erhielt das exklusive Recht für den Gasverkauf auf dem österreichischen Markt.

»Die Gaslieferverträge mit Centrex wurden von einem Mann unterschrieben, der ein unmittelbarer Kollege von Altkanzler Gerhard Schröder ist: dem Gazprom-Vize Alexander Medwedew, der zusammen mit Schröder im Aktionärsbeirat der Pipelinegesellschaft Nord Stream sitzt. Gazprom und Gazprombank reagierten bisher nur ausweichend oder gar nicht auf die Frage, warum der Centrex-Geschäftserfolg ausgerechnet einigen anonymen Liechtensteiner Fondsbesitzern zugute kommt.«[48]

Gazprom-Vize Alexander Medwedew reist gern mit seinem Diplomatenausweis und ist zweifellos ein sehr kundiger Mann. Er war einst Sekretär an der Akademie der Wissenschaften der UdSSR und begann seine Karriere 1979 als Mitarbeiter des Moskauer Instituts für Internationale Beziehungen (MGIMO). Von 1989 bis 1991 war er Direktor der sowjetischen Donau-Bank in Wien und Direktor einer Inter Trade Consult GmbH, einer Tochterfirma der Donau-Bank.[49]

Und auch dem Tochterunternehmen von Gazprom, Gazprom Export, brachte der Deal in Österreich etwas. »Gazprom Export war es dadurch möglich, den österreichischen Endverbrauchermarkt zu erreichen«.[50]

Die unendliche Geschichte einiger Führungspersonen bei Gazprom Germania

»Mir ist bekannt, dass sich aus dem von der Partei der Arbeiterklasse dem Ministerium für Staatssicherheit gestellten Klassenauftrag sowie den verstärkten Angriffen der imperialistischen Geheimdienste und anderer feindlicher Zentren und Kräfte für jeden Angehörigen des MfS hohe Anforderungen hinsichtlich der Gestaltung seines persönlichen Lebens ergeben.«[51] Das sagte einst zu DDR-Zeiten einer der wichtigsten Männer bei Gazprom Germania, Felix Strehober.

Bei Gazprom Germania ist Felix Strehober für Finanzen und Controlling zuständig. Und er war zu DDR-Zeiten mit der Stasi verbandelt. Darüber sollte jedoch nach seinem Willen und dem des Personalchefs von Gazprom Germania, Hans-Uve Kreher, der mit dem gleichen Vorwurf konfrontiert wurde, nicht berichtet werden. Denn er, Felix Strehober, sei ja nur Mitarbeiter eines kleinen Tochterunternehmens des Konzerns Gazprom. »Hier einen Mitarbeiter, der seit Jahren untadelig einfach seine Arbeit macht, Vorwürfe zu dessen Jahrzehnte zurückliegender Vergangenheit betreffen allein die Privatsphäre des Antragstellers und sind für die Öffentlichkeit tabu. Die Brandmarkung durch derartige Geschichten, die eigentlich jemand völlig anderen treffen sollen, ist offensichtlich.«

Mit diesen Worten setzte sich Felix Strehobers Anwalt gegen Berichte in der Zeitung *Die Welt* vom 16. August 2007 zur Wehr. Die hatte erstmals über die Stasivergangenheit sowohl von Felix Strehober wie Hans-Uve Kreher berichtet. Und die wehrten sich mit den bekannten juristischen Finessen, insbesondere mit eidesstattlichen Versicherungen.

In einer eidesstattlichen Versicherung vom 5. September 2007 erklärte Felix Strehober: »Ich bin niemals Angestellter oder sonstwie hauptamtlicher Mitarbeiter des Ministeriums für Staatssicherheit gewesen. Ich war nach dem Abschluss meiner Ausbildung als Ex- und Importkaufmann bei der DDR-Firma Intrac Handelsgesellschaft angestellt. ... Dementsprechend war ich nie als hauptamtlicher Mitarbeiter für das Ministerium für Staatssicherheit tätig.«

Das gibt Anlass, näher hinzuschauen. Felix Strehober studierte Finanzwirtschaft und schloss 1989 mit der Berufsbezeichnung Diplomökonom sein Studium an der Berliner Humboldt-Universität ab. Das Thema seiner Diplomarbeit: »Die Dialektik von objektiven und subjektiven Einflussfaktoren auf die Entwicklung der Aktienkurse im Umfeld der Börsenbaisse von 1987«. Ein MfS-Oberstleutnant meldete am 18. Oktober 1985 laut Dokumenten des Bundesbeauftragten für die Unterlagen des Staatssicherheitsdienstes der ehemaligen DDR: »Genosse Feldwebel Strehober wurde nach Ableistung seiner dreijährigen Dienstzeit im Wachregiment als Berufssoldat in das Ministerium für Staatssicherheit/Arbeitsgruppe BKK (Arbeitsgruppe Bereich Kommerzielle Koordinierung, Anmerkung des Autors) übernommen. Nach dem Studium wird er im Ministerium für Außenhandel/Bereich Kommerzielle Koordinierung eingesetzt.«[52]

Glaubt man den Erkenntnissen der damaligen Bundesbeauftragten für die Unterlagen des Staatssicherheitsdienstes der ehemaligen DDR, verpflichtete er sich im Oktober 1982, im Wachregiment Felix Dserschinski für die Dauer von drei Jahren als Soldat auf Zeit seinen Dienst abzuleisten.

Das Wachregiment war bekanntlich der militärische Arm der Stasi gewesen. Im Aussprachebericht mit einem Stasimitarbeiter vom 12. November 1982 ist zu lesen: »Bei einer Eignung für den Dienst und einer Einstellung als Berufsoffizier in das MfS wird vorgeschlagen, unabhängig von der Studienrichtung den Genossen Strehober zum Hochschulstudium zu delegieren.«

Die Verpflichtung bei dem Wachregiment war eine sogenannte Langzeitperspektive, die erst umgesetzt werden konnte, wenn er den dreijährigen »Ehrendienst« beim Wachregiment abgeleistet und sich dafür entschieden hatte, als Berufsoffizier in das MfS einzutreten.

Nach zwei Jahren Dienst im Wachregiment erklärte er sich grundsätzlich bereit, Berufsoffizier des MfS, also hauptamtlicher Mitarbeiter zu werden. Tatsächlich unterzeichnete er im April 1985 eine Bereitschaftserklärung, die mit den Worten beginnt: »Ich, Strehober Felix, verpflichte mich, auf der Grundlage der dazu erlassenen Rechtsvorschriften und dienstlichen Bestimmungen im Ministerium für Staatssicherheit Dienst im militärischen Beruf zu leisten.«[53] Während seines Studiums an der Humboldt-Universität in Berlin arbeitete er – laut Dokumenten der Stasi-Unterlagenbehörde – für die Stasi und bespitzelte anscheinend mit guten Ergebnissen seine Kommilitonen. »Im Prozess der operativen Zusammenarbeit erhaltene Aufträge zur Klärung der Frage ›Wer ist wer?‹ unter seinen Mitstudenten, realisierte er sehr gewissenhaft und in hoher Qualität.«[54]

Wegen seiner sehr guten Studienleistungen wurde er unter anderem mit der Artur-Becker-Medaille in Bronze[55] und einer Ehrenurkunde des Zentralvorstands der Gesellschaft für Deutsch-Sowjetische Freundschaft ausgezeichnet. Nach Abschluss des Studiums beförderte man ihn zum Leutnant mit der Dienstbezeichnung Offizier im besonderen Einsatz (OibE). Als Offizier im besonderen Einsatz wurde er dann bei der Intrac Handelsgesellschaft mbH im Bereich Internationale Finanzen eingestellt, die Teil des Imperiums von Alexander Schalck-Golodkowski war.

»Hinter der Konzeption, Entstehung, Entwicklung und Arbeitsweise des Bereiches Kommerzielle Koordinierung, KoKo, stand das Ministerium für Staatssicherheit.«[56]

Die Intrac Handelsgesellschaft, ein Unternehmen im Bereich Kommerzielle Koordinierung (KoKo) wurde von Alexander Schalck-Golodkowski geleitet und machte in den achtziger Jahren bis zur Wende einen Jahresumsatz von geschätzten zehn Milliarden D-Mark. Ohne direkte und indirekte Unterstützung durch das Ministerium für Staatssicherheit wäre sie unfähig gewesen, die – auch weltweiten – Geschäfte zu tätigen. Von besonderer Bedeutung war dabei der Handel mit Erdöl- und Mineralölprodukten, teilweise auch im Auftrag der Sowjetunion.

Strehobers Kaderinstrukteur schrieb noch am 25. Juli 1989 in einer Stellungnahme zur vorgesehenen Reisekaderbestätigung: »Ausgehend von einem festen Klassenstandpunkt hat sich Genosse Strehober bisher stets mit den Anforderungen an einen Mitarbeiter des MfS identifiziert und seine Handlungsweise darauf ausgerichtet. Notwendige Hinweise seitens des Führungsoffiziers beziehungsweise des Kaderorgans … wurden durch ihn akzeptiert und umgesetzt.«[57]

Die Mauer fiel, die DDR wurde als eigenständiges Staatsgebilde aufgelöst, und die ideologisch geschmeidigsten Männer aus dem Intrac-Handelsbereich, Mitarbeiter der Stasi, auch inoffizielle, erhielten nach der Wende hochdotierte Anstellungen bei westlichen Konzernen und Banken. Felix Strehober wurde für Gazproms Geschäfte in Deutschland ein gefragter Kollege.

Er schrieb in seiner eidesstattlichen Versicherung, nie etwas mit der inzwischen verpönten Stasi zu tun gehabt zu haben. Das veranlasste den Kölner Anwalt Winfried Seibert, der die Zeitung *Die Welt* in dem damaligen Verfahren vertrat, das Kölner Landgericht aufzufordern, die zuständige Staatsanwaltschaft einzuschalten: »Angesichts der Unverfrorenheit, mit der der Kläger diese äußerst intensive Tätigkeit für die Stasi leugnet, rege ich an, die Akten nach Abschluss des Verfügungsverfahrens wegen des Verdachts der Abgabe einer falschen eidesstattlichen Versicherung und des Prozessbetruges an die zuständige Staatsanwaltschaft abzugeben.«[58]

Am 5. Dezember 2007 nahm Felix Strehobers Anwalt den Antrag auf einstweilige Verfügung vor dem Landgericht Köln zurück.

Ich bin es nicht – ich weiß es nicht

Bleibt noch Hans-Uve Kreher, der Personalchef von Gazprom, eine Funktion, die er laut Webseite der Universität Leipzig bis heute innehat.[59] Dort ist er als wissenschaftlicher Beirat an der wirtschaftswissenschaftlichen Fakultät aufgeführt. Aufgabe des Beirats ist die Einrichtung und Ausgestaltung sowie die Qualitätssicherung energiewirtschaftlicher Bildungsangebote an der Universität Leipzig. Dieser Beirat besteht überwiegend aus Vertretern der Energiewirtschaft.[60] Da wird den Studenten wissenschaftlich unabhängig das süße Gift einer konzernorientierten Energiewirtschaft eingeträufelt.

Auch Hans-Uve Kreher wehrte sich mit einem Unterlassungsantrag gegen *Die Welt*, weil dort behauptet wurde, er sei einst für den DDR-Geheimdienst als inoffizieller Mitarbeiter tätig gewesen.

Dreißig Jahre zuvor schrieb er jedoch eine Verpflichtungserklärung als inoffizieller Mitarbeiter des MfS. Von 1977 bis 1979 und von 1985 bis 1989 war er demnach als inoffizieller Mitarbeiter unter den Decknamen Roland Schröder beziehungsweise Hartmann tätig. In den siebziger Jahren bekleidete er den Posten des Justitiars im volkseigenen Energiekombinat Süd in Jena und später den des Leiters der Abteilung Recht im Gaskombinat Mittenwalde. Er selbst gibt an, dass der Kontakt zum Ministerium für Staatssicherheit von ihm nicht bewusst gesucht worden sei, sondern dass es dazu aufgrund einer unvorsichtigen Äußerung von ihm über die Ausreiseabsichten eines Mitarbeiters gegenüber einem Vorgesetzten gekommen sei. Die Unterlagen zeichnen jedoch ein differenziertes Bild.

In einem Stasibericht wird Folgendes behauptet: »Am 9. Dezember 1976 verpflichtete sich Hans-Uve Kreher, über das mit einem Mitarbeiter des Ministeriums für Staatssicherheit geführte Gespräch und alle weiteren Gespräche gegenüber jedermann, auch gegenüber den Organen wie zum Beispiel der Volkspolizei und Justiz, strengstes Stillschweigen zu bewahren.«[61]

In einem anderen Stasidokument wird sein Motiv für die Zusammenarbeit mit dem MfS als »Überzeugung« angegeben. Am 29. März 1977 verpflichtete er sich – er arbeitete im VEB Energiekombinat Süd als Justitiar – zur Zusammenarbeit mit dem MfS und »zur Sicherheit der DDR, gegen alle Anschläge der imperialistischen Geheimdienste vorzugehen, um unsere Gesellschaftsordnung vor feindlich gesinnten Personen zu schützen«. Als Dank für seine Mitarbeit erhielt er am 28. November 1977, laut einer von ihm unterschriebenen Quittung, »von einem Mitarbeiter des MfS für die Realisierung des Auftrages zur Person A. (Festigung des Vertrauensverhältnisses/Besuch in Weimar) ein Sachgeschenk.« Und zwar einen Bierkrug.

Am 3. Dezember 1985 verpflichtete sich Hans-Uve Kreher erneut, mit dem MfS auf freiwilliger Grundlage zusammenzuarbeiten. »Ich erkläre hiermit, dass ich meine Verpflichtung zur inoffiziellen Zusammenarbeit vom 29. März 1977 nach wie vor anerkenne.«[62] Einige Monate zuvor, am 15. August 1985, hatte ein Kontaktgespräch zwischen ihm und einem Hauptmann vom MfS stattgefunden. »Erfahrungswerte und grundlegende Kenntnisse sind bei ihm schon aus der Zeit seiner inoffiziellen Zusammenarbeit mit dem MfS im Bezirk Gera vorhanden. Dabei sprach er auch seine Unterstützung des MfS während seines Einsatzes an der Erdgasstrecke in der Sowjetunion an.«[63]

Im Fall Kreher urteilte das Landgericht Köln – wie im Fall Strehober –, dass ein berechtigtes Informationsinteresse der Öffentlichkeit an der Berichterstattung über die Stasivergangenheit des Hans-Uve Kreher bestehe. Seinen Antrag auf Erlass einer einstweiligen Verfügung gegen *Die Welt* zog er später ebenfalls zurück. Der Anwalt von Strehober und Kreher hatte deren einstweiligen Verfügungen zunächst unter anderem mit der Begründung durchgesetzt, dass es sich bei dem Unternehmen Gazprom Germania GmbH nur »um ein relativ kleines deutsches Tochterunternehmen des russischen Konzerns Gazprom« handeln würde.[64] Quasi bedeutungslos, wollte er vielleicht sagen, und deshalb dürfe nicht über Führungspersonen aus dem Konzern berichtet werden.

Das Landgericht Köln korrigierte ihn in der Hauptverhandlung. So habe Gazprom Germania im Jahr 2006 einen Umsatz in Höhe von 6,1 Milliarden Euro bei einem Jahresüberschuss in Höhe von 383,5 Millionen Euro gemacht. Und der Rechtsanwalt der Zeitung *Die Welt*, Winfried Seibert, kommentierte in Bezug auf Gazprom Germania: »Die, wenn man es so ausdrücken will, ›Stasidichte‹ ist schon beeindruckend. Schon allein deshalb dürfte sie der Erwähnung wert sein.«

Das Landgericht Köln bestätigte seine Auffassung: »Veröffentlichungen über die IM-Tätigkeit können nach wie vor dazu beitragen, der Öffentlichkeit ein Bild davon zu vermitteln, in welchem Ausmaß die Bevölkerung der DDR von ihrer eigenen Regierung mit nachrichtendienstlichen Mitteln ausgeforscht wurde, und so zur Aufarbeitung dieser jüngeren Vergangenheit beitragen.«[65]

Und weiter: »Es war legitim, die Frage aufzuwerfen, ob und inwieweit die heutige Karriere des Verfügungsklägers in der Energiewirtschaft durch seine frühere IM-Tätigkeit zumindest mitgefördert wurde und welche Rückschlüsse von der früheren Tätigkeit der Führungsebene der Gazprom Germania GmbH für den Machtapparat der DDR auf deren heutige Integrität möglich sind.«[66]

Wegen des Verdachts auf Abgabe einer falschen Versicherung an Eides Statt musste sich Gazprom-Manager Felix Strehober vor dem Amtsgericht Köln verantworten. Am 2. Oktober 2008 wurde das Verfahren »gegen eine Geldauflage eingestellt«, teilte die Kölner Staatsanwältin Breloer der *Welt* mit. Zur Höhe wollte sie keine Angaben machen. Die Einstellung erfolgte nach Paragraph 153a der Strafprozessordnung. Nach Auskunft des Amtsgerichts hat Strehober die Auflage zwischenzeitlich erfüllt.

Fazit dieser doch auffälligen Dichte von Exstasimitarbeitern in Führungspositionen bei Gazprom Germania: Aus bekehrten Kommunisten wurden hier in Deutschland wie in Russland blitzschnell ebenso bekehrte Kapitalisten.

7 Die Quelle der Macht, des Reichtums und verborgene Geheimnisse

Der 7. Mai 2000 ist für den Sohn eines Fabrikarbeiters aus Leningrad[1] ein besonderer Tag, der krönende Abschluss einer bislang beispiellosen steilen Karriere. Der am 7. Oktober 1952 geborene Wladimir Wladimirowitsch Putin lächelt ein wenig, als sich in einem der prunkvollen Palasträume des Kreml die goldenen Türen vor ihm öffnen, er auf einem roten Teppich an 1 500 geladenen Gästen vorbeigeht, die blasse Hand auf die Verfassung legt und den Amtseid auf sie schwört.

Wenige Wochen zuvor, kurz vor den Präsidentschaftswahlen am 26. März 2000, berichteten russische Medien (zu diesem Zeitpunkt gab es noch relative Presse- und Meinungsfreiheit) über Korruptionsvorwürfe gegen Wladimir Putin, diesmal im Zusammenhang mit seiner beruflichen Tätigkeit als zweiter Bürgermeister in Sankt Petersburg, Anfang bis Mitte der neunziger Jahre.

Dabei ging es um den städtischen Fonds Kooperative 20. Jahrhundert, über den unter anderem im spanischen Torrevieja an der Costa Blanca hochwertige Appartements gekauft worden sein sollten. Wladimir Putin soll sich für diesen Fonds eingesetzt haben.

Ein Bewohner von Torrevieja, so zitierten es Nachrichtenagenturen, habe zudem berichtet, dass sich Putin noch kurz vor seiner Wahl zum Regierungschef im Jahr 2000 in einem Restaurant in Torrevieja mit einem ehemaligen KGB-Offizier getroffen habe, der in Verbindung mit diesen Fonds gestanden haben soll.[2]

Am 4. Februar 1999 wurde gegen die Geschäftsführung der Kooperative 20. Jahrhundert die Strafsache Nummer 144 128 eröffnet. Demnach, so die Strafakte, transferierte die im Jahr 1993 ins Leben gerufene Kooperative in den Jahren 1993 bis 1995 insgesamt

28 Millionen Dollar unter anderem auf spanische und finnische Konten. Genaueres lässt sich nicht mehr verfolgen, da inzwischen alle Akten über die Transaktionen verschwunden sind.

Wladimir Putin, der in der Ermittlungsakte genannt wurde, dementierte den Vorwurf, an diesem Fonds beteiligt gewesen zu sein. Ebenfalls in der Strafakte genannt wurde Alexei Kudrin (er war von Mai 2000 bis September 2011 russischer Finanzminister). Er soll eine Vereinbarung mit der privaten Kooperative getroffen haben, indem er ihr einen staatlichen Kredit genehmigte. Dieses Geld sei danach über mehr als zwei Dutzend Firmen nach Spanien, Finnland, Schweden, Deutschland und in die USA transferiert worden.

Die Untersuchung der Staatsanwaltschaft wurde jedoch gestoppt. Alexei Kudrin selbst bestritt die Vorwürfe.

Viele Fragen blieben trotzdem unbeantwortet. Zum Beispiel flog der Chef der Kooperative häufig ins benachbarte Finnland. Hier verschwanden laut der Strafakte mehr als 1,5 Millionen Dollar. Und mehrmals flog auch Wladimir Putin nach Helsinki. Reporter der Zeitung *Nowaja Gazeta* fanden heraus, dass er zum Beispiel am 30. Januar 1994 um 16.50 Uhr mit der Fluggesellschaft Finnair zusammen mit dem Direktor des Trusts nach Helsinki flog. In Finnland angekommen, haben sich Direktor Nikjeschin und Putin im Fünf-Sterne-Hotel Intercontinental im Zentrum der Altstadt mit Blick auf den Hafen aufgehalten. Bezahlt hatte die Reise der Direktor der Kooperative.

Dass Wladimir Putin häufiger ins benachbarte Finnland reiste, ist auch einer Aussage von Ludmila Putina in einem Brief an eine Hamburger Freundin zu entnehmen: »Wolodja fährt immer nach Finnland, wenn er etwas Wichtiges zu besprechen hat. Er ist der Ansicht, dass man in ganz Russland nichts ungehört besprechen kann.«

Zum Abschluss der Ermittlungen in der Strafsache kam es nicht, nachdem Wladimir Putin im Sommer 1998 zum Direktor des Geheimdienstes FSB ernannt wurde.

Andrej Zykow, der damalige oberste Untersuchungsrichter der Ermittlungsbehörde in Sankt Petersburg, der die Ermittlungsabteilung im Bereich Korruption leitete, erinnert sich: »Als man uns im November 1999 einen Mann aus Moskau schickte, haben wir verstanden, dass wir die Strafsache einstellen werden. Wir wussten, dass wir zu tief gegraben hatten. Sie versuchten, uns in die Enge zu treiben, aber wir haben immer neue Beweise vorgelegt. Im Rahmen der Ermittlungen haben wir nach Spanien ein Rechtshilfeersuchen geschickt, auch in die USA, nach Kanada, Israel und Finnland.«[3]

Doch die Generalstaatsanwaltschaft der Russischen Föderation verweigerte die Rechtshilfeersuchen und stellte die Ermittlungen am 30. August 2000 ein.

Oleg Kalinitschenko, oberster Bevollmächtigter der Antikorruptionsabteilung der Miliz in Sankt Petersburg, hatte persönlich darauf bestanden, die Ermittlungen aufzunehmen. Nachdem die Strafsache eingestellt werden musste, rief ihn Untersuchungsrichter Andrej Zykow an: Er sei gezwungen worden, den Dienst zu quittieren. Danach ist Zykow verschwunden. Von seiner Mutter erfuhr der Petersburger Korruptionsermittler, dass er ins Kloster gegangen sei. Oleg Kalinitschenko besuchte ihn dort. »Er hat gesagt, dass er von all dem Ganzen müde geworden sei. Die Unterlagen, in denen solche Namen auftauchen, werden alle verlorengehen. Er habe sämtliche Informationen über diese Leute, die zur Zeit in Moskau sind, gelöscht, und er habe keine Lust, sich noch zu diesem Thema zu äußern.«[4]

Dieses Säubern von Akten war die typische Art und Weise, wie erfolgreich versucht wurde, alles, was den neuen Präsidenten belasten könnte, zu eliminieren.

Kurz vor seinem Amtsantritt im Kreml am 7. Mai 2000 wurde Putin von dem Journalisten Sergei Roldugin über seine Zeit in Sankt Petersburg gefragt, ob er nicht irgendwo eine kleine Fabrik besitzen würde.

Putins Antwort: »Sie wissen, ich habe nichts.«

Der Journalist ließ nicht locker: »Bürokraten sind da, um Bestechungsgeld in Empfang zu nehmen, und es kann nicht sein, dass Sie nichts genommen haben.«

»Du weißt Sergei, dass ich ohne das überleben kann. Wenn ich Bestechungsgelder genommen hätte, wäre ich heute unendlich reich. Ich konnte nichts, außer Informationen zu bekommen, und Leute würden mir dafür viel Geld anbieten. Aber ich habe es nicht genommen, und deshalb bin ich heute wertvoller als je zuvor.«[5]

Zwölf Jahre später, im Dezember 2011, ließ Putin öffentlich erklären, dass er in den letzten vier Jahren insgesamt umgerechnet 441 000 Euro eingenommen habe. Der Betrag setze sich aus seiner KGB-Pension, seinem Regierungsgehalt und Dividenden einer Minderheitsbeteiligung an der Sankt Petersburger Rossija Bank zusammen. Außerdem habe er umgerechnet 140 000 Euro auf seinem Sparkonto liegen.[6]

Dieses deklarierte Einkommen steht im Widerspruch zu Behauptungen, dass er seit Beginn seiner zweiten Präsidentschaft im Mai 2007 ein Milliardenvermögen akkumuliert haben soll. Die britische Zeitung *The Guardian* und andere Medien berichteten, dass er einen großen Teil seines Vermögens in der Schweiz und in Liechtenstein deponiert haben soll.[7]

Der Kampf um die Lizenzen – das unbekannte Gesicht Putins?

»Ich habe einen Traum: Alle Leute sind herzlich und ernst, aufrichtig und offen, wohlwollend und nett, nie wieder bösartig und immer hilfsbereit, ein Paradies auf Erden. Nur dieser Traum wird nie wahr werden.«

Das schrieb Ludmila Putina im Jahr 1998 an Irene Pietsch, ihre Freundin in Hamburg. Warum dieser Traum für sie geplatzt ist, dafür ist sicher auch mit verantwortlich, was mit dem Geheimnis von Sankt Petersburg im Zusammenhang steht: gewaltige Betrügereien. Im Mittelpunkt stand dabei ein besonderes Haus, der Smolny, ein weitläufiges ehemaliges Kloster mit einem prächtigen Palast, der Sitz des Oberbürgermeisters sowie seines späteren Stellvertreters, Wladimir Putin, von 1991 bis 1997. Während der Herrschaft der Zaren war er ein »Institut für höhere Töchter«. Geplant war er als Alterssitz für Zarin Elisabeth I. Dann kam 1917 die Oktoberrevolution dazwischen, und er wurde von den Bolschewiki besetzt. Hier rief Lenin den neuen Sowjetstaat aus. Die erste sowjetische Regierung residierte in der Smolny, bis sie nach Moskau umzog. Danach war er der Sitz der KPdSU. »Und hier wurde schließlich am 1. Dezember

1934 der Leningrader Parteichef Kirow ermordet – das Attentat lieferte Stalin den Vorwand zum Startschuss für den ›Großen Terror‹.«[8] Symbolhafter könnte ein Gebäude nicht sein.

Im Herbst 1991 litt die Bevölkerung von Sankt Petersburg unter massiven Versorgungsschwierigkeiten. Die baltischen Staaten hatten als erste die bislang vom sowjetischen Staat geregelten Preise freigegeben. Daraufhin wurden die noch verbliebenen Lebensmittel aus Sankt Petersburg in die baltischen Staaten exportiert.

»Es sind vor allem die Armen, die Rentner und die Kinderreichen unter den einfachen Arbeitern, die zu leiden haben. Es sind die Erniedrigten und Beleidigten, die zu Dostojewskis Zeiten auf der Schattenseite der Newa hausten.«[9] Humanitäre Hilfe kam von der Europäischen Union und von engagierten Bürgern aus Hamburg. Doch das linderte die Not nur wenig, zumal viele der Spenden in dunklen Kanälen verschwanden. In dieser Phase war Wladimir Putin stellvertretender Bürgermeister, zuständig für die Privatisierung und die Auslandsbeziehungen.

Marina Salie, die einstige Abgeordnete im Stadtparlament von Leningrad (die Stadt wurde 1991 wieder in Sankt Petersburg umbenannt), kennt den Palast Smolny nur zu gut. Sie leitete 1992 eine Kommission, um Unregelmäßigkeiten bei der Vergabe von Exportlizenzen in den Zeiten der explodierenden Preise und Lebensmittelknappheit in den Jahren 1990 und 1991 zu untersuchen. Es drohte eine Hungerkatastrophe. Im Jahr 1993 stellte sie fest: Die Lizenzen für die Ausfuhr von Rohstoffen, als Gegenleistung sollten Lebensmittel geliefert werden, wurden vom Komitee für Außenwirtschaft vergeben, also von Wladimir Putin. Und die Waren mit diesen Lizenzen gingen außer Landes. Aber die mit den Verträgen verbundenen Lebensmittel kamen nie an.

Unterschiedlicher könnte die Einschätzung dieser Vorkommnisse in Sankt Petersburg damals nicht sein. Für Alexander Rahr, den Putin-Biographen, war klar, dass Putin genau wusste, »wer wo in der neuen Umgebung die Fäden zog, Dinge hinter den Kulissen manipulierte. Er kannte die kriminellen Strukturen der Stadt, durchschaute das Spiel seiner eigenen Institution – des KGB, der seine Agenten in den zahlreichen neu gegründeten Unternehmen strategisch postierte.«[10] Das schreibt Alexander Rahr in seiner Putin-Biographie.

Die naheliegende Frage, warum Wladimir Putin nichts gegen diese Strukturen unternommen habe, wo er doch nach Angaben Alexander Rahrs in Sankt Petersburg so einflussreich war, gar der Reformmotor von der Newa gewesen sei soll, beantwortet der Putin-Biograph nicht.

Besonders pfleglich geht er mit einem Vorgang um, der Putin weniger glänzend aussehen lässt. Es geht um die Vergabe von Lizenzen zur Ausfuhr von Rohstoffen und Edelmetallen ins Ausland im Tausch gegen Nahrungsmittel für die Sankt Petersburger Bevölkerung. Nach Ansicht von Alexander Rahr habe eine von Demokraten geleitete parlamentarische Untersuchungskommission Oberbürgermeister Anatoli Sobtschak deshalb nahegelegt, sich von Putin zu trennen.

»Im nachhinein erwies sich Putins Verschulden als geringfügig im Vergleich zu anderen Korruptionsvorfällen in der Stadt. Er hatte den Fehler gemacht, eigenen Geschäftsleuten blindlings zu vertrauen.«[11] Und an anderer Stelle: »Falls es Unregelmäßigkeiten in Putins Tätigkeit gegeben hat, waren sie die Folge seiner Überforderung.«[12]

Damit die Bevölkerung von Leningrad nicht verhungerte, mussten Waren im Wert von 120 Millionen Dollar im Austausch für sowjetische Rohstoffe gekauft werden. Für einige einflussreiche Männer war es das große Geschäft – auf Kosten der leidenden Menschen. Und Wladimir Putin drohte aufgrund der Enthüllungen durch eine Untersuchungskommission des Sankt Petersburger Parlaments ein erniedrigender Prozess.

Im Gegensatz zu Alexander Rahr kam der Moskauer Journalist Wladimir Iwandize, der wochenlang in Sankt Petersburg recherchierte, zu einem vollkommen gegensätzlichen Urteil: »Die Schlussfolgerung war, dass die Untersuchungen auf Dokumenten und Berichten basierten, deren Existenz niemand bestreiten konnte. Ich hatte alle Dokumente gegenrecherchiert. Eigentlich müsste Putin im Gefängnis sein. Aber der hatte Unterstützung von den Steuerbehörden und der St. Petersburger Administration.«[13] Und er sagt weiter: »Von Beginn an war es nur eine Methode, um diese Rohmaterialien zu stehlen.«

Als die Machenschaften 1992 nicht mehr zu verheimlichen waren, wurde im Stadtparlament, das in Wirklichkeit zerstritten war und kaum etwas zu sagen hatte, eine Untersuchungskommission eingerichtet. Die Vorsitzende der Kommission wurde die Abgeordnete Marina Salie. Zur damaligen Zeit, das begünstigte vieles, hatte »der normale Bürger keine Ahnung davon, was sowohl das Büro des Bürgermeisters wie der Lensowjet, also das Parlament, überhaupt taten«. [14]

Marina Salie bricht ihr jahrzehntelanges Schweigen

Sie hat jahrelang geschwiegen – aus Angst. Einem Reporter des regimekritischen Internetportals svobodanews.ru vertraute sie jedoch, fast zwanzig Jahre nach den Ereignissen in ihrer Heimatstadt. Ihm gab sie im März 2010 das erste und einzige ausführliche Interview[15] und präsentierte ihm Dokumente aus der Zeit, als sie Abgeordnete des Stadtparlaments in Leningrad und dort Vorsitzende der Lebensmittelkommission und dann eines Untersuchungsausschusses war.

Die heute über siebzigjährige Expolitikerin kann nur noch mit stützenden Stöcken laufen. Sie lebt allein, abgesehen von ihren beiden Hunden, in einer kleinen Datscha, in einem ebenso kleinen Dorf nahe Moskau.

Das Interview mit ihr und die von ihr präsentierten Originalunterlagen wurden sowohl in Russland wie in Europa totgeschwiegen. Sie ist von Beruf Geologin, habilitiert in Geologie-Mineralogie und arbeitete von 1957 bis 1990 am Institut für Geologie und Geochronologie der Akademie der Wissenschaften der UdSSR. Seit 1987 war sie in demokratischen Organisationen und Bewegungen aktiv und spielte dort eine führende Rolle. Sie stand an der Spitze der Volksfront Leningrad (1988–1990), des Überregionalen Zusammenschlusses demokratischer Organisationen (1989–1990). 1990 war sie eine der Initiatorinnen zur Gründung der liberalen Demokratischen Partei Russlands und in der Bewegung »Demokratisches Russland« engagiert.

1994 schrieb sie aufgrund ihrer Erfahrungen das Buch »Mafruption, Mafruption! Mafia und Korruption«.[16] Ein Grund dafür war sicher, dass zu »Beginn des Jahres 1993 die durchschnittliche Höhe der Bestechungsgelder 2000 Dollar betrug, während das Mindestgehalt bei vier Dollar lag, die Gehälter der führenden Mitglieder der Stadtverwaltung zwischen fünfzig und fünfundfünfzig Dollar lagen, und der Bürgermeister Anatoli Sobtschak ein Gehalt von achtzig Dollar erhielt. Natürlich waren nicht alle Abgeordneten korrupt.«[17]

Marina Salie war auf jeden Fall jene mutige demokratische Abgeordnete, die die Unregelmäßigkeiten bei der Vergabe der Lizenzen durch die Stadtverwaltung untersuchte, mit deren Erlösen die drohende Hungersnot abgewendet werden sollte. Denn es war inzwischen zu offensichtlich, wie Millionen verschleudert wurden und in schwarze Kassen von Kriminellen und Funktionsträgern der Sankt Petersburger Stadtverwaltung versickerten. Das war auch die Geburtsstunde großer krimineller Organisationen, die später die ganze Stadt erobern sollten.

Damals gab es in Deutschland große Spendenaktionen, nachdem die Versorgungslage nicht nur in Sankt Petersburg katastrophal war und der russische Präsident Michail Gorbatschow um die Hilfe von »guten Nachbarn und Freunden« bat. Und in Deutschland wurden Millionen gespendet. Allein eine Spendenaktion, die von der Illustrierten *Stern* organisiert wurde, brachte 138 Millionen Mark zusammen.[18]

Kurz danach war die Begeisterung vorbei. »Ein halbes Jahr nach den dramatischen Appellen – ›Es darf kein neuer Stalin die Macht im Kreml übernehmen, nur weil die Hungernden nach Brot schreien‹ (Schmidt-Holtz/*Der Stern*) und Bresser (ZDF) in einem *Stern*-Leitartikel) – ist weniger als ein Drittel der Spendensumme angekommen.«[19]

Im Dezember 1990 hielt sich der Journalist Klaus Wiendl in Leningrad auf, um für *Report München* einen Beitrag über die Hungersnot in Leningrad zu recherchieren. »Auf dem Newski Prospekt habe ich vor einem Fleischerladen Menschenschlangen gesehen, die hofften, Fleisch zu bekommen. Ich bin in das Geschäft und habe gesagt, ich möchte seine Kühlkammern sehen. Nachdem er sich erst weigerte, hat er mir die Kühlkammern aufgemacht, und sie waren voll von Fleisch. Auf meine Frage, warum die Menschen dort draußen nichts bekommen, sagte er, das Fleisch sei für Kombinatsmitarbeiter reserviert. Dann bin ich ins Kühlkombinat gefahren, zum dortigen Direktor, und wollte die Kühlhäuser sehen. Das waren riesige Hallen, so groß wie ein Fußballfeld, und die waren bis unter das Dach voll mit tiefgefrorenen Tierhälften. Als wir uns das Verfallsdatum ansahen, war schon vieles abgelaufen. Und in einem Schlachtkombinat wurden die Tiere im Wald verkippt, weil es keine Schlachtmöglichkeiten gab. Die Menschen bekamen nichts.«[20]

Für ihn war das ein Beweis dafür, dass es keinen Mangel an Fleisch gab, sondern die Hungerskatastrophe in Sankt Petersburg hausgemacht war. Sein Bericht in *Report München* endete mit den Sätzen: »Die Newa in Leningrad ist bereits zugefroren. Ein langer Winter steht bevor – auch für Gorbatschow. Hilfe für ihn und sein Volk ist sicher nötig, doch können Care-Pakete auf die Dauer nicht das lösen, was vordringlich wäre: das Ende von Unvermögen, Sabotage, Chaos.«[21]

Die ersten Beweise für Betrügereien lagen der Salie-Kommission Anfang Januar 1992 vor. Sie stammten zwar nicht von Putin, der sich auf das Geschäftsgeheimnis berief, sondern vom Vertreter des Präsidenten in Sankt Petersburg sowie vom Bevollmächtigten des Ministeriums für außenwirtschaftliche Beziehungen und vom Zoll. Das waren jene Behörden, die Wladimir Putin und seine Mittelsleute beim Abschluss von Verträgen hätten informieren müssen. Und nur dank der Tatsache, dass nicht schon alle Unterlagen vernichtet worden waren, konnte die Kommission ihre Akten zusammenstellen. Wladimir Putin wurde deshalb mehrmals zur Rechenschaft vor den Lensowjet, das Sankt Petersburger Stadtparlament, zitiert.

»Ich habe gehört«, erzählt Marina Salie im März 2010, »dass unserer Stadt für den Verkauf von Holz, Metall und anderen Gütern im Tausch gegen Lebensmittel Quoten zugeteilt wurden. Zum Tausch gegen Lebensmittel? Und welche Quoten? Wo sind die Quoten? Offiziell weiß niemand etwas. Ich habe eine Anfrage an Oberbürgermeister Sobtschak geschickt und habe eine Antwort bekommen, ganz ehrlich, aber erst sehr spät. Daraufhin wurde eine Arbeitsgruppe zur Untersuchung der Lage gegründet.«[22]

Die Betrügereien liefen demnach folgendermaßen ab: Es wurden Verträge mit teilweise unbekannten Firmen abgeschlossen, die, so stellte sich heraus, nur vorgeschoben waren. Die Lizenzen für die Ausfuhr von Rohstoffen wurden vom Komitee für Außenwirtschaft vergeben, das heißt von dessen Leiter Wladimir Putin. Unterschrieben waren sie entweder von ihm selbst (selten) oder von seinem Stellvertreter. Tatsächlich waren beide überhaupt nicht berechtigt, diese Lizenzen zu erteilen. Und so gingen diese Waren, Rohstoffe, Metalle, Holz und so weiter ins Ausland. Aber es kamen keine Lebensmittel zurück.

Ungeklärt ist dabei auch die Rolle von Jegor Gaidar in Sankt Petersburg. Der Chefideologe der radikalen Marktreform vom kommunistischen System zur freien Marktwirtschaft und damalige für die Lizenzen zuständige russische Wirtschaftsminister hatte die Papiere unterzeichnet, die praktisch die von Putin in Sankt Petersburg ausgestellten Lizenzen legalisierten, obwohl Putin damals keine Zuständigkeit für die Vergabe der Lizenzen hatte.

»Aber wenn Gaidar ein Schreiben verfasst, dass niemand außer ihm und dazu bevollmächtigte Personen das Recht haben, Lizenzen zum Rohstoffexport auszustellen und Verträge abzuschließen, dann ist das doch ganz normal«, stellte Marina Salie fest.[23] Putin kann also nicht einfach Lizenzen ausstellen. Denn dass Putins Komitee auch Komitee für Außenbeziehungen hieß, bedeutete ja nicht, dass er dasselbe tun konnte wie das Ministerium für außenwirtschaftliche Beziehungen in Moskau. Aufgrund dieser Sachlage schrieb Jegor Gaidar einen drohenden Brief nach Leningrad, wonach allein die Berechtigten des Ministeriums für außenwirtschaftliche Beziehungen Lizenzen für die Ausfuhr von Rohstoffen ausgeben dürfen.

»Im Föderationsbezirk Nordwest ist Alexander Pachomow. Er kommt zu mir und sagt: ›Sehen Sie nur, Marina Jewgenjewna, was passiert ist.‹« Oberbürgermeister Anatoli Sobtschak hatte kurzerhand ein Protokoll »über die Zusammenarbeit zwischen dem Bürgermeisteramt von Sankt Petersburg und dem Ministerium für Außenwirtschaftsbeziehungen der Russischen Föderation« verfasst. In dem hat Pjotr Awen, der damalige russische Außenwirtschaftsminister, seinen Freund Putin zum Bevollmächtigten des Ministeriums für außenwirtschaftliche Beziehungen für Sankt Petersburg ernannt. Damit war alles wieder in die gesetzlichen Bahnen gelenkt.

Diese Ernennung geschah jedoch erst, nachdem die ersten Ermittlungen gegen Putin bereits liefen. Die damalige Hilfestellung von Pjotr Awen sollte nicht zu seinem Nachteil sein. Bis Juni 2011 war er Präsident der Moskauer Alfa-Bank.

Wladimir Iwandize war übrigens einer der letzten Journalisten, die mit Anatoli Sobtschak, dem geschassten Oberbürgermeister von Sankt Petersburg, einige Tage vor dessen Tod im Februar 2000 gesprochen hatten. »Alle seine Antworten liefen auf eins hinaus: Diese Tauschlieferungen waren keinesfalls ungesetzlich. Als ich versuchte, seine Aufmerksamkeit auf die Unterlagen zu lenken, sagte er: ›Dem dürfen Sie nicht glauben!‹« [24]

Sobtschak hatte hingegen Marina Salie vorgeworfen, dass es wegen der Untersuchungen zu Verzögerungen gekommen sei und dadurch keine Lebensmittel mehr Sankt Petersburg erreicht hätten.

»Aber doch nicht durch meine Schuld. Die Lebensmittel sind nicht gekommen, weil es keine Firmen gab, die sie hätten liefern müssen«, sagte hingegen Marina Salie. Sie stellte zum Beispiel fest, dass die Preise für Rohstoffe stark herabgesetzt waren, zum Beispiel für Scandium, ein Metall der seltenen Erden. Hier waren die Vertragspreise für die seltenen Erden um das Dreifache gegenüber den marktüblichen Preisen herabgesetzt..

Für Scandium war im Vertrag ein Preis von 72,60 D-Mark angegeben. In Wirklichkeit kostete das billigste Scandium 2000 Dollar pro Kilo, also vierzigmal mehr als der Vertragspreis. Dazu Marina Salie: »Und 1992, als das Metall exportiert wurde, betrug der Preis für Scandiumpulver 372 000 Dollar pro Kilo, also viele hundert Male mehr. Es wurden sieben Kilo Scandium exportiert. Rechnen Sie das einfach mal hoch! Insgesamt geht es bei diesem Vertrag um Millionen, Abermillionen Dollar Gewinn. Und solche Geschäfte machte nicht nur Putin, sondern auch Sobtschak.«

Bis zum heutigen Tag ungeklärt ist der Verbleib von Warenbeständen, die damals veräußert wurden. Dazu gehörten 997 Tonnen hochreines Aluminium im Wert von etwa 700 Millionen US-Dollar; 20 000 Tonnen Zement; 100 000 Tonnen Baumwolle im Wert von 120 Millionen Dollar, um nur einiges zu nennen

»Die Vergabe der Lizenzen selbst ist unter aller Kritik, auf einigen findet sich kein Datum, auf einigen kein Stempel, keine Unterschrift. Was alles da gefehlt hat – jede Menge – Regelverstöße. Im Mai 1991 war ich auf Dienstreise in Berlin, das heißt ich, der Vorsitzende der Lebensmittelkommission des Stadtparlaments von Leningrad und der stellvertretende Vorsitzende. Wir waren wegen Kartoffeln und Fleisch unterwegs, mussten Verträge abschließen«, erinnert sich Maria Salie.[25]

Die Leningrader Repräsentanten wollten die Chefin der Firma Norung, die einst für die Stasi gearbeitet hatte, treffen. Sie ließ ihnen aber ausrichten, dass sie sich mit ihnen nicht treffen könne, weil sie Verhandlungen über eine sehr große Summe führe, und das ebenfalls mit Leuten aus Petersburg.

»Wir haben ihr gesagt: ›Lebensmittel, das sind wir, sonst niemand.‹«

In Sankt Petersburg fanden sie später heraus, dass die Norung-Chefin einen Vertrag über neunzig Millionen D-Mark für 60 000 Tonnen Fleisch abgeschlossen hatte. Marina Salie rief daraufhin Oberbürgermeister Anatoli Sobtschak an, um ihm mitzuteilen, dass die Abrechnungen für dieses Geschäft über die Bank für Außenwirtschaft laufen würden. Kurz darauf rief Anatoli Sobtschak sie zurück und erklärte, dass er alles geprüft habe und keine Beträge bei der Bank für Außenwirtschaft eingegangen seien. Doch geschehen ist nichts.

Ähnlich wie im Fall der Firma Kontinent.

Das Unternehmen wurde beauftragt, Lebensmittel und andere Waren für Sankt Petersburg zu kaufen. Das Fleisch ist zwar in Russland angekommen, landete jedoch in Moskau, genau am 18. August 1991, am Vorabend des Putschs gegen Michail Gorbatschow. Hohe Funktionäre der KPdSU und einige Generäle riefen den Ausnahmezustand aus und versuchten, eine neue Regierung zu bilden. Doch die Streitkräfte folgten ihnen nicht, und der russische Präsident Boris Jelzin organisierte erfolgreich den Widerstand gegen die Putschisten.

»Es ist doch merkwürdig, dass genau diese Firma ›Kontinent‹ auch 1992 weiterhin Lebensmittel gekauft hat. Ich habe eine Anfrage an den leitenden staatlichen Inspektor der Russischen Föderation, den Leiter der Kontrollstelle der Verwaltung des Präsidenten, an Juri Boldyrew, gerichtet. Eine Antwort auf diese Anfrage habe ich nicht erhalten, aber Juri wurde daraufhin unerwartet schnell von seinem Posten abgelöst.«

Das hing jedoch auch vielleicht damit zusammen, dass er Mitbegründer der liberalen Yabloko-Partei von Grigori Jawlinski wurde, einem erbitterten Gegner Wladimir Putins.

Wladimir Putin hingegen verteidigte sich gegen die Vorwürfe, beim großen Betrug beteiligt gewesen zu sein. Denn er hätte ja überhaupt keine Lizenzen ausstellen können, sondern nur die zuständigen Abteilungen des Ministeriums für Außenwirtschaft. Dumm für Putin war, dass es zahlreiche von ihm selbst unterzeichnete Verträge und Lizenzen gab. »Bei den Verträgen, die wenigstens irgendwie echt wirken, findet man in den Verträgen zu den Bunt- und Erdmetallen ganz offene Lügen. Die Preise sind zwanzig-, dreißig- und sogar tausendmal zu niedrig angesetzt. Natürlich kauft ein Vermittler die Ware zu einem niedrigeren Preis als auf dem Weltmarkt auf, aber diese Marge beträgt zwei Prozent, sie kann nicht bei fünfzig Prozent liegen.«

Eine weitere Erklärung von Putin zu den seltsamen Lizenzverträgen war, dass zahlreiche dieser Firmen plötzlich einfach wie vom Erdboden verschwunden wären, so dass er keine Möglichkeit gehabt hätte, etwas gegen sie zu unternehmen.

Marina Salie lässt das nicht gelten: Sie kann nicht glauben, dass Putin jenen wichtigen Unternehmer nicht kennt, der die Genehmigung zur Lieferung von 150 000 Tonnen Erdölprodukten erhalten hatte. »Er kennt Herrn Gennadi Timtschenko nicht, der als Chef-Trader dieses Werks tätig war und an der Spitze der Exportabteilung stand?« Im Jahr 1987 arbeitete Timtschenko noch in der Unterabteilung für Außenhandel der Raffinerie in Kirischi im Gebiet

Leningrad. Erst im Jahr 2011 erklärte Wladimir Putin öffentlich, dass er Gennadi Timtschenko aus der Zeit kenne, als er stellvertretender Bürgermeister war, also Anfang der neunziger Jahre.[26]

Gennadi Timtschenko besitzt heute fünfzig Prozent des Schweizer Unternehmens Gunvor, des drittgrößten Erdöl-Traders der Welt, und gehört zu den hundert reichsten Russen. Gemunkelt wird, dass er, sollte der Kreml jemals Gazproms staatliche Anteile auf dem freien Markt anbieten, die entsprechenden Aktienanteile übernehmen wird. Gemunkelt wurde auch, dass er geschäftliche Beziehungen zu Wladimir Putin habe. Das dementierte Putin heftig mit folgenden aufschlussreichen Worten: »Alles was mit Timtschenkos Geschäftsinteressen zu tun hat, ist seine persönliche Angelegenheit. Ich hatte damit nichts zu tun und beabsichtige es auch nicht zu tun. Ich hoffe, dass er auch niemals seine Nase in meine Geschäfte stecken wird.«[27]

Sankt Petersburger Nächte – wie Verfahren im Sande verlaufen

Wladimir Putin selbst erklärte in seinem im Jahr 2000 erschienenen Buch *Aus erster Hand*[28], wenn alles so gewesen wäre, wie es Marina Salie behauptet, hätte er selbstverständlich die Verantwortung dafür übernommen. Zum Abschluss der Ermittlungen des Salie-Untersuchungsausschusses wurde im Jahr 1992 ein umfangreicher Bericht erstellt und dem Präsidium des Stadtparlaments geschickt. Das genehmigte den Bericht und leitete ihn an die Staatsanwaltschaft weiter. »Im Bericht habe ich nicht auf der Verantwortung von Sobtschak beharrt, sondern nur auf der des Leiters des Komitees für Außenwirtschaft, Putin. Anders hätte das Präsidium den Bericht nicht bestätigt. Gegen Sobtschak wären sie nicht angegangen.«

Als die Staatsanwaltschaft nicht reagierte, schickte sie den Untersuchungsbericht nach Moskau, an Juri Boldyrew, den Leiter der Kontrollstelle der Verwaltung des Präsidenten. »Ich habe ihn angerufen, und wir haben uns bei ihm getroffen. Er hat schnell gehandelt.« Im Beisein von Marina Salie hatte er am 31. März 1992 ein

Schreiben an Pjotr Awen geschickt. »Bei der Kontrollstelle der Verwaltung des Präsidenten der Russischen Föderation sind Materialien von Deputierten der Arbeitsgruppe des Stadtsowjets der Volksdeputierten von Sankt Petersburg eingegangen, die beweisen, dass es möglicherweise erforderlich ist, den Vorsitzenden des Komitees für Außenbeziehungen des Bürgermeisteramts von Sankt Petersburg, W. W. Putin, von seinem Posten abzulösen. Ich bitte Sie in diesem Zusammenhang, eine Ernennung von W. W. Putin auf einen anderen Posten bis zur Untersuchung dieser Materialien durch die Kontrollstelle nicht in Betracht zu ziehen.«

Nach dieser Aufforderung aus Moskau ernannte Anatoli Sobtschak seinen Stellvertreter Wladimir Putin sofort zum Bevollmächtigten der Internationalen Bank für Wirtschaftliche Zusammenarbeit für Sankt Petersburg. Das Motiv dafür schien klar, so Marina Salie. »Sie werden verstehen, die Geschichte mit den Lizenzen, mit den Lebensmitteln, Dutzenden von Millionen Dollar, die die Beteiligten verdient haben, sie hat Sobtschak und Putin sehr fest aneinander geschweißt. Das ist aus allen Unterlagen ersichtlich.« Sobtschak wusste über alle Einzelheiten dieser Sache Bescheid. Er hat Putin »gedeckt«.

Und wie sieht Marina Salie Wladimir Putin?

»Ich weiß nicht, ob ich einen anderen so hochrangigen Staatsmann nennen kann, der das Gesetz so gering achtet.«[29]

Nach ihren Erfahrungen in Sankt Petersburg ging Marina Salie nach Moskau, aber nur bis Anfang 2000. Dort hatte sie ein besonderes Erlebnis, für sie der Grund, die Hauptstadt sofort zu verlassen, ohne dass irgendjemand erfahren konnte, wo sie sich aufhält. Aber warum?

»Ich bin wegen Sergej Juschenkow umgezogen. Wir hatten uns mit ihm Anfang 2000 getroffen. Dort habe ich in seinem Arbeitszimmer einen Menschen gesehen, den ich nie, nirgends und unter keinen Umständen sehen wollte. Und da habe ich verstanden, dass es besser ist, wegzugehen.«

Drei Jahre nach diesem Treffen wurde Sergej Juschenkow, der frühere russische Informationsminister (1993–1994) und Duma-Abgeordnete, in Moskau erschossen. Er war Mitglied im Geheimdienstausschuss der Staatsduma und einer der schärfsten Kritiker des FSB. Er hatte ein Jahr zuvor einen Film veröffentlicht, in dem er dem FSB vorwarf, in eine Serie von Bombenanschlägen verwickelt zu sein, bei dem 300 Moskauer starben. »Parlamentspräsident Gennadi Selesnjow sagte laut Nachrichtenagentur *ITAR-TASS,* er habe keinen Zweifel, dass der Anschlag auf Juschenkow politische Gründe hat.« [30]

Der Zaubertrick, um aus Kriminellen ehrenwerte Bürger zu machen

Doch wieder zurück nach Leningrad beziehungsweise Sankt Petersburg. Ende der achtziger und Anfang der neunziger Jahre bildeten sich aufgrund des Auflösungsprozesses der UdSSR die ersten großen kriminellen Organisationen. Hinzu kam, was Anatoli Tschubais, auch gern »Vater der russischen Privatisierung« genannt und erster Vizeministerpräsident Russlands, 1998 gegenüber einem Journalisten gesagt haben soll: »Wir hatten ja nicht die Wahl zwischen einem idealen und einem kriminalisierten Übergang zur Marktwirtschaft. Wir standen vor der Alternative: kriminalisierter Übergang oder Bürgerkrieg.« [31] Anatoli Tschubai war derjenige Politiker, der die Privatisierung unter Anleitung von US-amerikanischen Regierungsberatern in Russland gnadenlos vorangetrieben hatte. Flaggschiff dieser Privatisierung von Staatsbetrieben war das »Russische Privatisierungszentrum«, das enge Beziehungen zu den neoliberalen Köpfen der Harvard-Universität pflegte. »Die Harvard-Universität war sowohl Gründer wie Vollmitglied dieses russischen Privatisierungszentrums. Das Zentrum erhielt finanzielle Zuschüsse von den USA, dem Internationalen Währungsfonds, der Weltbank, der Europäischen Bank für Aufbau und Entwicklung, der EU, Deutschland und Japan.« [32]

Damals gab es zwei Arten von Schutzgelderpressung durch kriminelle Gruppen. Zum einen die Erpressung kleiner Ladenbesitzer und zum anderen die Schutzgelderpressung der mittleren und großen privaten Geschäftsunternehmen. Sie bestand entweder aus der Bezahlung für Sicherheitsdienstleistungen oder der Schuldeneintreibung. In einigen Fällen »schützten die kriminellen Gruppen die Unternehmen, indem ihre Repräsentanten dort Teilhaber wurden«. Der Sankt Petersburger Professor Yakov Gilinsky hatte über diese Phase eine soziologische Studie veröffentlicht. »In dieser Zeit standen fast alle staatlichen Unternehmen ausschließlich unter dem Schutz dieser kriminellen Gruppen. Häufig platzierten die kriminellen Organisationen ihre führenden Mitglieder im Direktorenvorstand oder dem Vorstand der Geschäftsunternehmen und Banken. Auf diese Weise kam es zur Vereinigung legaler und krimineller Geschäfte.«[33]

Und die Privatisierung von Staatsbetrieben führte zu einem weiteren Machtzuwachs der kriminellen Organisationen. »Die organisierte Kriminalität war sowohl Ursache wie die Folge des korrupten russischen Privatisierungsprozesses. Sie hat der organisierten Kriminalität einen beispiellosen Zugang zu den Ressourcen des russischen Staates verschafft. Geld, Technologie, Ausrüstung, ausgebildetes Personal von Militär und den Sicherheitskräften und riesige Vermögenswerte wurden den Gruppen der organisierten Kriminalität zur Verfügung gestellt.«[34]

Dieser historische Zustand ist von zentraler Bedeutung, um die weitere Entwicklung in Sankt Petersburg genauso wie in Russland einzuordnen.

In dieser Phase der Auflösung aller Ideologien und Werte und der Institutionen kämpften die nach Macht und Einfluss strebenden Kriminellen altmodisch mit Fäusten, Messern, Maschinenpistolen und Schlagringen. Sieger blieben die Männer der Mafiagruppen Tambowskaja und Malyschewskaja, deren Einfluss von Monat zu Monat wuchs, gestützt auf ihre über 500 »Soldaten«.

Zum Kern der Tambowskaja gehörten 120 Personen mit engen Verbindungen zur Exekutive und Legislative der Stadt. Dazu zählte der Gouverneur von Sankt Petersburg. In der Blütezeit der Organisation, Mitte der neunziger Jahre, standen 2 000 »Soldaten« unter dem Kommando des Anführers Wladimir Kumarin, der später den Namen seiner Mutter, Barsukow, annahm.

Am 1. Juni 1994 wurde der schöne Mercedes Wladimir Kumarins mit einer Kalaschnikow buchstäblich durchsiebt. Im Auto befanden sich außer ihm sein Leibwächter und der Fahrer. Fahrer und Leibwächter wurden erschossen, Kumarin selbst wurde mit schweren Verletzungen ins Krankenhaus Kostuchko eingeliefert. Das Krankenhaus wurde sofort durch hundert Kämpfer der Tambowskaja umstellt, da sie ein neues Attentat befürchteten. Kumarin lag einen Monat im Koma, und ihm musste ein Arm amputiert werden. Seitdem wurde er auch der Einarmige genannt.

Zwölf Jahre später feierte er in Anwesenheit eines Dutzends Parlamentsabgeordneter seinen fünfzigsten Geburtstag und war so berühmt, dass ihn jeder auf der Straße erkannte, was wiederum den Kreml verärgerte. Vollkommen unerwartet wurde er 2007 bei Sankt Petersburg verhaftet und im November 2009 wegen Betrugs und Geldwäsche zu fünfzehneinhalb Jahren Gefängnis verurteilt.

Die Verhandlung fand in Moskau statt. Hierher war das Sankt Petersburger Bezirksgericht ausgewichen, um die Sicherheit der Richter zu gewährleisten, was in Sankt Petersburg selbst nicht möglich gewesen wäre.

Während der Verhandlung beteuerte der inzwischen in mystische Religiosität abgedriftete Barsukow seine Unschuld: »Das Gericht ist eine Farce, und ich bin weit davon entfernt, gebrochen zu sein. Das einzige Gericht, das ich anerkenne, ist Gott. Wenn ich auf mein Leben zurückblicke, habe ich nichts, wofür ich mich zu entschuldigen hätte.«[35]

Der Anwalt des verurteilten Topgangsters resümierte mit den Worten, dass er der »letzte der Mohikaner sei. Die Entscheidung wurde getroffen, weil er in der Stadt nicht mehr benötigt wurde.«[36] Was wohl genau so zutreffen dürfte.

Die andere mächtige Gruppe war die Malyschewskaja-Gruppe, die aus 500 Mitgliedern bestand. Mitte der neunziger Jahre wurde sie durch die Ermittlungen der Strafverfolgungsbehörden beträchtlich reduziert. Sie war weder in der Administration noch in der Miliz verankert und hatte im Gegensatz zur Tambowskaja keinen politischen und nur geringen wirtschaftlichen Einfluss in der Stadt. Ihr Anführer, ein brutaler Gangster, floh deshalb auch nach Marbella, Spanien.

Seit dem Jahr 2000, als Wladimir Putin Staatspräsident wurde, bis zum heutigen Tag hat sich in der Tat, was die strukturelle Lage zumindest in Sankt Petersburg betrifft, etwas verändert. Die beste Erklärung dazu lieferte ein Polizeioffizier der Abteilung zur Bekämpfung der organisierten Kriminalität. Professor Yakov Gilinsky fragte ihn, was sich im Bereich der Schutzgelderpressung im Vergleich zu früher geändert hätte. »Sie existiert nicht mehr. Wir sind es jetzt. Jetzt kontrollieren wir alles. Heute befinden sich alle Unternehmen, ob die kleinen oder die großen, unter dem Dach der Sicherheitsbehörden. Man kann davon ausgehen, dass die gesamte russische Polizei die einzige mächtige Gruppe der organisierten Kriminalität ist.«

Was die ukrainische Regierung glaubte, über Putin zu wissen

Am 31. Mai 2000 meldete die Nachrichtenagentur *United Press* International *(UPI)*: »Eine russische Zeitung und eine Webseite veröffentlichen eine Geschichte, die Wladimir Putin mit einer deutschen Immobilienfirma in Verbindung bringt, deren Mitbegründer vor kurzem wegen des Verdachtes der Geldwäsche und der Verbindungen zur organisierten Kriminalität verhaftet wurde. Die Geschichte basiert auf einem Artikel in der französischen Tageszeitung *Le Monde*.«[37]

Wenige Tage später, weit von Moskau und Deutschland entfernt, empfängt am 2. Juni 2000 in der ukrainischen Hauptstadt Kiew der ukrainische Präsident Leonid Kutschma den Chef des ukrainischen Nachrichtendienstes SBU, Leonid Derkatsch. Beide wissen nicht, dass in Kutschmas Amtszimmer seit Wochen alle Gespräche aufgezeichnet werden. Major Nikolaj Melnitschenko, der drei Jahre lang der Leibgarde des Staatspräsidenten Kutschma angehörte, hatte ein digitales Aufnahmegerät unter der Couch des Präsidenten versteckt.

Sein Motiv war es, wie er 2001, nachdem er die Tonbänder in Kiew öffentlich machte, sagte, das kriminelle Handeln des Regimes zu stoppen, um das ukrainische Volk von Schmutz und Lügen zu säubern.

In einem der mitgeschnittenen Gespräche berichtet Leonid Derkatsch seinem Chef, dass er Exklusivmaterial über Wladimir Putin habe, der gerade in Moskau zum Präsidenten gewählt worden war. Kutschma denkt daraufhin laut darüber nach, um was er den gerade neu gewählten russischen Präsidenten Putin im Austausch für das erworbene Exklusivmaterial bitten könnte.

Derkatsch: Wir haben hier von den Deutschen interessantes Material gekriegt. Also, da ist einer festgenommen worden.
Kutschma: Steht da was über Putin?
Derkatsch: Jedenfalls haben die Russen das alles schon aufgekauft. Hier sind aber alle diese Dokumente. Die haben jetzt nur noch wir. Ich glaube, dass Patruschew (der Direktor des russischen Inlandsgeheimdienstes FSB, d. Autor) bald zu uns kommt ... Die wollen die Geschichte unter den Teppich kehren.«[38]

Am 4. Juni 2000 eilte der SBU-Chef Leonid Derkatsch erneut zu seinem Präsidenten.

Kutschma: Sag mir, soll man das Putin geben, oder soll man ihm nur sagen, dass wir dieses Material haben?
Derkatsch: Ja, könnte man. Aber er wird sowieso kapieren, woher wir das Material haben.
Kutschma: Ich werde sagen: »Der Geheimdienst« und ... Ich werde sagen, dass unser Geheimdienst interessantes Material hat.
Derkatsch: Und sagen sollte man, dass wir das aus Deutschland geholt haben und sich nun alles bei uns befindet und die es uns übergeben haben. Sonst hat das niemand. Ja? Also, ich habe alle Dokumente über Putin vorbereitet und habe sie hiermit Ihnen übergeben.[39]

Was die oben zitierten Gespräche betrifft, fällt auf, dass die damalige ukrainische Regierung anscheinend belastendes Material von einer deutschen Behörde erhalten hatte, Unterlagen, die von russischer Seite in ganz Europa gezielt aufgekauft worden sein sollen.

Die Authentizität der heimlich aufgezeichneten Gespräche ist gesichert, obwohl die ukrainische Regierung erklärte, sie seien gefälscht. Sowohl das niederländische Innenministerium wie FBI und

CIA haben bestätigt, dass weder geschnitten noch manipuliert worden sei.

Nikolaj Melnitschenko, der Exmajor der staatlichen Leibwache und Vorsitzende einer kleinen Partei, hatte sich, nachdem er ukrainische Journalisten über diese Gesprächsinhalte informierte, im Ausland versteckt, da er sowohl Strafverfolgung wie um sein Leben fürchtete. Einige Zeit blieb er im Ausland, im Jahr 2005 kehrte er wieder in die Ukraine zurück. Seit Oktober 2011 ist er wieder verschwunden, so sein Anwalt Nikolaij Nedilko. Seinen Worten nach ist das Verschwinden seines Mandanten mit »der Bedrohung seines Lebens verbunden«.[40] Möglich ist auch, dass er immer noch mit Gerichtsverfahren rechnen muss und deshalb verschwunden ist.

Spuren, die wieder einmal nach Deutschland führen

Darmstadt war der Ausgangspunkt dieser unglaublichen Geschichte. Dort dümpelte über mehrere Jahre hinweg ein eigentlich hochexplosives Geldwäscheverfahren vor sich hin, bis es schließlich 2010 eingestellt wurde. Politisch heikel war das Ermittlungsverfahren insbesondere deshalb, weil Wladimir Putin in den neunziger Jahren im Beirat des Unternehmens saß, das im Zentrum der Ermittlungen wegen Geldwäsche stand. Er soll sogar das börsennotierte Unternehmen Anfang der neunziger Jahre mit initiiert haben. Die Darmstädter Staatsanwaltschaft ging bei ihren Ermittlungen von einer gewagten These aus. Sie hoffte, belegen zu können, dass dieses Unternehmen in Darmstadt nur deshalb gegründet wurde, um die von der kriminellen Organisation Tambowskaja erwirtschafteten Gewinne zu waschen und sie dann wieder in Immobilien in Sankt Petersburg zu investieren.

Auf genau dieses Verfahren und die bisherigen Ermittlungen bezog sich das Gespräch in Kiew zwischen dem ukrainischen Präsidenten und seinem Geheimdienstchef. Höhepunkt der mehrjährigen Ermittlungen in Darmstadt war, als im Mai 2003 das Bundeskriminalamt die Geschäftsräume dieses Unternehmens, eine Immobilien und Beteiligungs GmbH, wegen des Verdachts der Geldwäsche für die kriminelle Vereinigung Tambowskaja durchsuchte und kistenweise Material beschlagnahmte.

Welche Indizien gab es jedoch für den Verdacht der Geldwäsche?

Da gibt es A. B. (Name geändert), den Aufsichtsratsvorsitzenden des Unternehmens. Mit ihm hatte sich Putin mehrmals sowohl in Frankfurt wie Sankt Petersburg getroffen, und beide hätten damals eine Beteiligungs GmbH initiiert – auch mit Hilfe der Dresdner Bank. Und immer wieder fällt im Zusammenhang mit der Firma der Name Wladimir S., der sich ebenfalls regelmäßig mit Putin getroffen habe.

Tatsache ist, dass der damalige Oberbürgermeister von Sankt Petersburg, Anatoli Sobtschak, sein Stellvertreter, Wladimir Putin, und Wladimir S. sich im Jahr 1992 in Frankfurt anlässlich von Besprechungen bei der Wirtschaftsberatungsgesellschaft KPMG aufhielten. Ein hessischer Wirtschaftsprüfer hatte damals alle drei Männer getroffen und mit Wladimir S. eine Firma gegründet, die 1995 wieder liquidiert wurde. An diesem gemeinsamen Unternehmen in Sankt Petersburg (Geschäftsgegenstand Buchhaltungstätigkeit, Consulting-Dienstleistung) war Wladimir S. mit neunzehn Prozent beteiligt.

Der Sankt Petersburger Gangsterklub

Das wichtigste Verbindungsglied in diesem Beziehungsgeflecht zwischen der kriminellen Tambowskaja auf der einen und Wladimir Putin auf der anderen Seite war zur damaligen Zeit Wladimir S., der in Sankt Petersburg an einer Vielzahl von Firmen, die fast alle wichtigen Wirtschaftbereiche der Stadt abdeckten, als Geschäftsführer oder Mitgesellschafter beteiligt war. Das reichte von Chemieunternehmen, Rüstungsfirmen, Hafeneinrichtungen wie der Baltischen Seefahrtsgesellschaft (die den gesamten Hafenbetrieb kontrollierte und deren Direktor erschossen wurde, als die Tambowskaja das Unternehmen übernahm), Computertechnik, Dienstleistungen bis hin zu Immobilien. Gezählt wurden vom FSB 49 inländische und elf ausländische Firmen. Wladimir S. unterhielt anfänglich über einzelne seiner Firmen enge Beziehungen zur kriminellen Malyschews-kaja-Gruppe in Sankt Petersburg und erst danach zur Tambowskaja. Er galt als ein agiler, geschäftlich und politisch erfahrener Geschäftsmann mit engsten Kontakten zu entscheidenden Trägern von Politik und Wirtschaft der Stadt und auf föderaler Ebene.

Mir erzählte schon im Jahr 2000, als ich mich in Sankt Petersburg aufhielt, ein Unternehmer, der eng mit den dortigen Banditen kooperieren musste, folgendes Erlebnis: 1993 sei in Sankt Petersburg ein deutsches Restaurant nahe des Newski-Prospekts, der Hauptverkehrsstraße, eröffnet worden, das deutsches Bier ausschenkte. An dem Restaurant mitbeteiligt sei die Tambowskaja gewesen. Das wisse er deshalb so genau, weil die Kooperation mit diesem Unternehmen erst mit seiner Hilfe zustandegekommen sei. Am Tag der Eröffnungsfeierlichkeit habe ihn Kumarin angerufen: »Komm, schau dir doch einmal an, wie es hier jetzt aussieht. Ich bin gerade bei der Einweihung.«

»Ich bin daraufhin hingefahren. Wenig später ist Wladimir S. hinzugekommen. Damals hatte Kumarin Probleme mit der Staatsanwaltschaft, und gegenseitige Hilfe war selbstverständlich. Wladimir S. hatte einen guten Draht. Sagen wir mal, er war bei der Tambow und beim Bürgermeister zu Hause«, erinnert sich der deutsche Unternehmer aus Sankt Petersburg.«

Über Wladimir S. hatte der Unternehmer auch etwas gehört. Der sei Gründungsgesellschafter einer großen Reihe von Unternehmen unter Beteiligung von ausländischem Kapital, die über Kapitalverflechtungen mit dem Firmenverbund der »Tambower« verbunden wären. Einem internen FSB-Protokoll aus dem Jahr 1997 ist zu entnehmen: »Wladimir S. war und ist einer der engsten Vertrauten von Barsukow (Kumarin). Nach vorliegenden Erkenntnissen ist er der unmittelbare Berater (›Finanzmanager‹) von Barsukow in allen ›offenen und verdeckt geführten Geschäften‹. Darüber hinaus hat Wladimir S. auch Kenntnisse von finanziellen Regelungen zur ›Neutralisierung‹ von Personen durch die ›Tambower Gruppierung‹ (darunter auch Auftragsmorde).«

Ein Beamter der Sankt Petersburger RUBOP, dem regionalen Direktorat des Innenministeriums zur Bekämpfung der organisierten Kriminalität, berichtete: »Die Analyse der Tätigkeit der ›Tambower‹

Gruppierung, ihrer Methoden, insbesondere ihrer ausgeprägten personellen Verflechtungen und Positionen in Wirtschaft und Behörden lassen den Schluss zu, dass sich die kriminelle Struktur zu einer Art ›Schattenregierung‹ entwickelte.« Das würde bedeuten, dass sie ab Mitte der neunziger Jahre der dominierende Faktor in der Stadt war. Diese Situation war Anlass für den russischen Innenminister, im August 2001 davon zu sprechen, dass in Sankt Petersburg über hundert Firmen von der Tambowskaja kontrolliert würden.

Fakt ist, dass Ende der neunziger Jahre eine systematische und erfolgreiche Etablierung von Mitgliedern der Tambower Gruppe in Industrie und Wirtschaft von Sankt Petersburg und der Provinz Leningrad zu Ende gegangen ist. Seitdem wurde strikt darauf geachtet, auf gesetzlicher Grundlage zu arbeiten, strafrechtlich belastete Personen wurden nicht mehr eingesetzt. Die erwirtschafteten finanziellen Mittel durch Firmen und Organisationen wurden wieder in den Wirtschaftskreislauf zurückgeführt – im Gegensatz zur Praxis Anfang und Mitte der neunziger Jahre, als große Summen dieser Gelder ins Ausland »transferiert« wurden. Die einstigen Banditen der Führungsclique der »Tambower Gruppierung« hatten ausreichend aktive Lobbyarbeit geleistet beziehungsweise rückten durch ihre Aktivitäten und personellen Verstrickungen mit Mitarbeitern staatlicher Behörden in einflussreiche Positionen der Wirtschaft und Politik.

Der See- und Geldhafen Sankt Petersburg

Seit 2007 ermittelte die Polizei in Monaco wegen Geldwäsche gegen die Firma Sotrama in der Rue du Gabian Nummer 7. Das Unternehmen ist bis heute im Handelsregister mit dem Geschäftsziel eingetragen: »Shipping Operations and Trade Management«. Ein Tochterunternehmen von Sotrama war die Horizon International Trading in Liechtenstein, die Verträge in Höhe von Hunderten von Millionen Dollar mit führenden russischen Ölunternehmen abgeschlossen hatte. Kopf der Geldwäschegruppe, so die Ermittler in Monaco, sei unter anderem der Sankt Petersburger Geschäftsmann

Dmitri Skigin gewesen, der bereits im Jahr 2000 aus Monaco ausgewiesen wurde, sich danach im französischen in Saint-Jean Cap Ferrat aufhielt und im Jahr 2003 in Nizza an Krebs starb.

Ein Geschäftsfreund Skigins war Ilja Traber, ebenfalls ein einflussreicher Unternehmer aus Sankt Petersburg, der Anfang der neunziger Jahre den größten Teil des Antiquitätenmarktes in der Stadt beherrschte.[41] Bereits Anfang der neunziger Jahre verfügte er über Beziehungen zur Tambow-Mafia.[42]

Sein Name tauchte erneut bei der Operation Troika der spanischen Polizei gegen die Tambowskaja/Malyschewskaja-Mafia im Sommer 2008 auf, als Geschäftspartner des mutmaßlichen Mafiabosses Gennadi Petrow.[43] (Siehe Seite 59–64)

Verfolgt man die Karrieren sowohl von Ilja Traber wie Dmitri Skigin, stößt man schnell auf den Hafen von Sankt Petersburg, und zwar Mitte der neunziger Jahre, als Wladimir Putin unter Bürgermeister Anatoli Sobtschak Vorsitzender des städtischen Komitees für Auslandsbeziehungen war und ab 1994 Sobtschaks Stellvertreter.

Hier in Sankt Petersburg und am Seehafen begann genau in dieser Periode nicht nur der unaufhaltsame Aufstieg machtvoller krimineller Strukturen, sondern parallel dazu die Karriere heute einflussreicher Männer, von denen auffällig viele schließlich auch bei Gazprom führende Positionen einnahmen.

Der Hafen Sankt Petersburg ist die wichtigste Transportverbindung zwischen dem Osten und dem Westen. Anfang 1990 waren die beiden Unternehmer Dmitri Skigin und Ilja Traber, sowohl an der Unternehmensgruppe Sankt Petersburger Seehafen wie dem Petersburger Ölterminal finanziell beteiligt. Das privatisierte Unternehmen »Seehafen von Sankt Petersburg« umfasste zahlreiche Serviceunternehmen. Dazu gehörte auch die 1995 gegründete Firma »Informations und Rechtsanwalt Büro Peter«, an der Ilja Traber maßgeblich beteiligt war.

Zu jener Zeit waren praktisch alle zentralen Funktionen des Hafenbetriebes privatisiert und wurden von privaten Firmen wahrgenommen. Das reichte vom Be- und Entladen der Schiffe über die Lagerung bis hin zum Terminalbetrieb. So gesehen war die Petersburger Hafengesellschaft in den neunziger Jahren lediglich noch eine Hülle.[44]

Im Jahr 1997 wurde die »Vereinigung von Bankinvestition in den Hafen« (OBIP) gegründet. Miteigentümer waren Ilja Traber und Viktor Korytov, ein weiterer Anteil wurde von der Rossija Bank gehalten, Wladimir Putins Hausbank.

Viktor Korytov hatte von 1979 bis 1992 für den KGB gearbeitet, war also ein Kollege von Wladimir Putin. Er ist heute stellvertretender Vorsitzender des Managementvorstands der Gazprombank.[45]

Wenig überraschend war auch der Aufstieg von Alexander Djukow, der ebenfalls eng mit den Geschäften von Traber und Skigin verbunden war. 1991 arbeitete er als Ingenieur in dem Ölunternehmen Sovex, wo Traber Vorstandsvorsitzender und Skigin Mitglied des Vorstands war. 1996 stieg Alexander Djukow auf, zuerst zum Finanzdirektor und später zum Generaldirektor des Unternehmens Petersburger Ölterminal, das wiederum von Ilja Traber kontrolliert wurde.[46]

1998 wechselte Alexander Djukow zum Sankt Petersburger Seehafen und wurde dort Generaldirektor. Heute ist er Vorstandsvorsitzender von Gazprom Neft[47], einer Gazprom-Tochtergesellschaft.[48]

Bei IUB Peter war zwischen 1998 und 2000 auch Mikhail Sirotkin beschäftigt, der 2001 eine führende Position in der Gazprom-Rechtsabteilung übernahm.[49] Heute ist er Generaldirektor der Gazprom-Tochtergesellschaft Krasnoyarskgazprom.[50]

Alexei Miller war in den Jahren 1998 und 1999 OBIP-Repräsentant und Direktor für Entwicklung und Investitionen des Sankt Petersburger Seehafens.[51] Doch wer beherrschte tatsächlich diesen für die zukünftige Karriere vieler Männer so wichtigen Hafen?

Am 9. August 2001 berichtete der russische Innenminister Boris Gryzlow über die kriminellen Strukturen in Sankt Petersburg. Demnach kontrolliere die kriminelle Organisation Tambowskaja in der Stadt an der Newa nicht nur mehr als hundert Industrieunternehmen, sondern zu achtzig Prozent auch die vier wichtigsten Seehäfen: Sankt Petersburg, Kaliningrad, Arkhangel und Murmansk.

Die Freunde von der Datscha Osero – das neue Politbüro

Der Seehafen Sankt Petersburg spielte eine Schlüsselrolle bei der finanziellen Absicherung der Freunde Putins. In weit größerem Umfang trifft das auf die Kooperative Osero (der See) zu, die in Sankt Peterburg eine besondere Rolle spielte. Dabei handelt es sich um eine Kooperative von Landhäusern (Datschen). Sie befindet sich am östlichen Ufer des Komsomolskoye-Sees nahe Sankt Petersburg.

Entdeckt hatte diesen idyllischen Landstrich Viktor Subkow, der Stellvertreter Wladimir Putins im Ausschuss für auswärtige Angelegenheiten. Dort blieb er bis 1993. Danach wurde er Chef des Sankt Petersburger Finanzamts, und heute ist er stellvertretender Ministerpräsident.

Auch Ludmila Putina kennt die Kooperative. In einem mir vorliegenden Brief bezieht sie sich auf ihre Datscha am Komsomolskoye-See. »Damals, am 10. oder 11. August, hat Wolodja mir den Brief gebracht. Bevor ich ihn fertig gelesen habe, geschah es, die Brandstiftung. Das war am 13. August 1996 um 23:30 Uhr. Das Feuer war so stark, dass die Steine der Wände zerbrachen, und das Feuer war so schnell, dass es nichts zu retten gab. Nur wir, unsere Familie, und noch die Familie unserer Besucher haben überlebt. Und unser Wolodja hat uns eine Reise in die Türkei organisiert, damit wir dieses Entsetzen ein wenig vergessen können.«

Brandstiftung – das darf nicht sein. Später lautete die offizielle Version: ein Kurzschluss in der Sauna. Genauso schildert es auch der Putin-Biograph Alexander Rahr. Demnach entstand der Brand aufgrund eines Konstruktionsfehlers an der Saunaheizung. Ob Wladimir Putin in höchster Not seinen Geldkoffer, den er in seiner Datscha aufbewahrt hatte, wirklich retten konnte oder nicht, darüber gibt es unterschiedliche Versionen. Nach Alexander Rahr war der Koffer mit allen »Ersparnissen jedoch verbrannt«.[52] Aber es ist gut zu wissen, dass Putin zur damaligen Zeit einen gefüllten Geldkoffer besaß.

Zuständig für den Schutz des weiträumigen Geländes mit den Datschen war das Sicherheitsunternehmen RIF-Security. Gegründet wurde es im Jahr 1996 mit dem Ziel, sowohl die »Schattenholding« von Wladimir S. als auch andere Firmen aus dem Verbund der

Tambowskaja zu schützen. In einem Bericht des FSB vom 2. Februar 2000 ist zu lesen: »Die direkte kapitalmäßige, persönliche und geschäftliche Verbindung der ›RIF-Security‹ GmbH mit der ›Tambower Gruppierung‹ und der Petersburger Ölgesellschaft Peterburgskaja Tobliwnaja Kampagnija (PTK)[53] wird über die Firma ›Inform-Future‹ und die Gesellschaft ›Projektmanagement und Investitionsgesellschaft GmbH‹ realisiert.« In beiden Firmen hielt wiederum Wladimir S. erhebliche Gesellschafteranteile. Und das führt zurück nach Deutschland. Hauptgesellschafter war die Immobilien- und Beteiligungsgesellschaft, der die Staatsanwaltschaft Darmstadt vergeblich versuchte, Geldwäsche nachzuweisen.

Wer Mitglied der Kooperative Osero war, die von der Tambowskaja geschützt wurde, der brachte es später zu großem Einfluss und Reichtum. »Innerhalb weniger Jahre«, so der liberale russische Politiker Boris Nemtsow am 2. Februar 2001, »stiegen diese Freunde von durchschnittlichen Unternehmern zu Dollarmilliardären auf.«[54]

Übertreibt der Oppositionspolitiker etwas?

Mitbegründer von Osero war neben Wladimir Putin auch Nikolai Schamalow. Er ist zusammen mit dem Osero-Mitglied Juri Kowaltschuk Großaktionär der Sankt Petersburger Rossija Bank. Sie hält bekanntlich 51 Prozent am Versicherungskonzern für die Gasindustrie, an Sogaz.[55]

Ende der neunziger Jahre war diese Rossija Bank eine der vielen hundert Kleinbanken in Russland. Heute steht sie auf Platz neunzehn.

Wladimir Jakunin brachte es im Oktober 2000 zum stellvertretenden Verkehrsminister und im Februar 2002 zum Vizeeisenbahnminister. Nach der Bahnprivatisierung wurde er Vorstandschef der russischen Eisenbahn (RZD), eines der inzwischen größten russischen Konzerne. Sergej Fursenko führte erst das Unternehmen Lentransgaz, danach Gazprom Transgaz Sankt Petersburg und wurde schließlich Vorstandsvorsitzender der Rossija-Medienholding NMG sowie Vorsitzender des russischen Fußballverbands. Sein Bruder Andrej ist seit 2004 russischer Bildungsminister.

Direktor der Kooperative Osero war – und hier schließt sich der Kreis – Wladimir S., also der Unternehmer mit den engen Bindungen an die Tambowskaja-Gruppe. Auch ihn zog es mit Wladimir Putin nach Moskau.[56] Nach Putins Wahl zum Präsidenten wurde Wladimir S. zunächst als Berater in der Kreml-Verwaltung beschäftigt. Wladimir S. wurde offizieller Mitarbeiter (Berater) im Apparat des Präsidenten. Damit hatte die Tambowskaja-Gruppe ihren langjährigen Interessenvertreter in Moskau platzieren können.

Wladimir S. beschäftigte sich in seinem Verantwortungsbereich mit Fragen staatlicher Immobilien und ihrer Bewirtschaftung. Dazu gehörte, neben den Fragen des Staatseigentums (Immobilien) auch die Probleme des russischen Vermögens (Immobilien) im Ausland zu lösen.

Nach internen Erkenntnissen des FSB war Wladimir S. unmittelbar dem Leiter der Verwaltungsbehörde (Büro) des Präsidenten zugeordnet. Leiter dieser Verwaltungsbehörde, die zuvor von dem wegen massiven Korruptionsverdachts international bekannt gewordenen Pawel Borodin geleitet wurde, wurde der ebenfalls aus Sankt Petersburg kommende Wladimir Koschin. Deshalb passt es ins Bild, dass der einstige KGB-Offizier Valery Golubew im Oberbürgermeisteramt von Sankt Petersburg seine politische Karriere begann. Es folgte die Position des Repräsentanten des Föderalen Rates des Regierungsbezirks Leningrad und danach die des Generaldirektors von Gazkomplektimpex[57], und schließlich war er Vorstandsmitglied von Gazprom.

Ein anderer KGB-Veteran aus Sankt Petersburg ist Sergej Uschakow.[58] Von 2001 bis 2002 war er stellvertretender Direktor des FSB in Sankt Petersburg und danach bis ins Jahr 2007 im Gazprom-Vorstand verantwortlich für die gesamte Sicherheit der Unternehmensgruppe.[59] Im Oktober 2007 ernannte ihn Wladimir Putin zu seinem Mitarbeiter, und 2008 wurde er zum Berater von Präsident Dmitri Medwedew ernannt.[60]

Fazit: Ohne diese Bündnisse von Personen in den neunziger Jahren, einer Periode, wo der Unterschied zwischen kriminellen Organisationen, der Wirtschaft, Banken und den städtischen Organen beziehungsweise deren Repräsentanten nur sehr schwer auszumachen war, ist im Kreml weder die heutige herrschende Rolle der politischen und wirtschaftlichen Elite Russlands zu erklären noch die Macht der KGB/FSB-Veteranen, der Silowiki.

Die gebetsmühlenartig vorgebrachte Entschuldigung, das seien die üblichen Geburtswehen des Transformationsprozesses, trägt hier nicht. Schon allein deshalb, da aus heutiger Sicht diese historische Struktur die wesentliche Ursache dafür ist, dass Russland sich zu einem undemokratischen Staat entwickelte und demokratische Strukturen in der Wirtschaft wie der Gesellschaft kaum vorhanden sind. Weil das so ist, werden diese Beziehungsgeflechte nach Möglichkeit geheimgehalten.

Über eine mächtige Bank, deren Besitzer und was das mit Nord Stream zu tun hat

Es wird gekauft und wieder verkauft und dann zurückgekauft, wieder verkauft und noch einmal zurückgekauft, um dann wieder verkauft zu werden– das ist das System, mit dem etwas verschleiert werden soll. Aber was?

Üblicherweise wird mit dieser Methode verhindert, dass die tatsächlichen Hintermänner von großen Firmen und Banken bekannt werden. An dieser Stelle soll dieses Prinzip am Beispiel einer Bank und einer Versicherungsgesellschaft aufgezeigt werden, weil sich hier die Beziehungen mehrfach mit Gazprom kreuzen.

Die Webseite der Sankt Petersburger Rossija Bank wirbt mit dem Slogan »Russland – das Land der Möglichkeiten«.[61] Auf der gleichen Webseite wird auf das russische Versicherungsunternehmen Sogaz hingewiesen. Bei Sogaz wiederum gibt es ein Banner, das zu Gazprom führt. [62] Auf Gazproms Hauptwebseite jedoch gibt es nichts, was sowohl auf Sogaz und/oder auf die Rossija Bank hinweist.[63] Besser könnte man die Verbindungen untereinander nicht darstellen.

Auf der Internetseite der Rossija Bank gibt es immerhin einen Link zur Geschichte der Bank.[64] Doch da ist nichts darüber zu finden, wer eigentlich die Bank gründete und welche Rolle sie in den neunziger Jahren in Sankt Petersburg spielte. Was vielleicht damit zusammenhängen könnte, dass hier zu Sowjetzeiten die Gelder der Leningrader KPdSU deponiert waren. Anfang der neunziger Jahre wurde die Bank von privaten Investoren übernommen.

Dem Journalisten Wladimir Iwanidze gelang es, ein Dokument in die Hände zu bekommen, wonach Wladimir Putin derjenige gewesen sein soll, der von Beginn an bei der Rossija Bank selbst aktiv dabei war. »Er war derjenige, der sich von Beginn an um alles kümmerte. Danach war eine weitere Hilfe nicht mehr notwendig.«[65]

In Petersburg kursiert bis heute eine Geschichte darüber, wie Agenten des FSB die Bank aufsuchten, nachdem Bürgermeister Anatoli Sobtschak wegen Korruptionsvorwürfen als Zeuge vernommen werden sollte und erst einmal nach Paris auswich. Sie hätten das gesamte elektronische Gehirn der Bank und alle Disketten mitgenommen und in einem privaten Appartement außerhalb der Bank deponiert, bis sich die Wogen wieder geglättet hätten.

Was jedoch nicht weniger wichtig war, bezieht sich auf einen der einstigen Mitbesitzer: Gennadi Petrow, der intellektuelle Vater der sich Anfang der neunziger Jahre etablierenden Tambow-Malyschewskaja-Mafia. Er hielt einen Anteil von 2,2 Prozent an der Bank.[66]

Spätestens Ende der neunziger Jahre, so der Journalist Wladimir Iwanidze, hatte sich jedoch die alte Eigentümerstruktur komplett verändert. Jetzt kamen die zentralen Personen des »normalen« Wirtschaftslebens an die entscheidenden Stellen der Bank. Einer der Hauptaktionäre der Bank mit einem Anteil von mit 30,4 Prozent war nun Juri Kowaltschuk, seit vielen Jahren ein enger Freund Wladimir Putins. Ein weiterer Hauptaktionär, Nikolai Schamalow, zählte ebenfalls zu Putins engerem Freundeskreis .

Und hier beginnt das Versteckspiel. Die Sankt Petersburger Bank Rossija hielt einen Anteil von 51 Prozent an der Versicherungsgesellschaft Sogaz. Die gehörte einst zu Gazprom, hatte sich jedoch getrennt, um Hauptanteilseigner der Derzhany-Finanz-Union zu werden. Dieser Finanz-Union gehörten Aktienanteile an insgesamt neunzig russischen Firmen. Es bestand also eine klare Trennung zwischen Gazprom und Sogaz. An dem Finanzkonsortium war unter anderem die Rossija Bank beteiligt. 51 Prozent des nun dem Konsortium gehörenden Aktienanteils von Sogaz wurden danach an eine hundertprozentige Tochterfirma der Rossija Bank verkauft, die Firma Abros, weitere 12,5 Prozent an das Unternehmen Aksept, an dem wiederum die Rossija Bank mit 3,93 Prozent beteiligt war. Nach bislang nicht dementierten russischen Medienberichten gehören 99,99 Prozent der Aktien von Aksept dem Sohn einer Cousine von Wladimir Putin. Es ist Michail Schelemow.

»Im August 2006 kaufte Sogaz, immer noch überwiegend im Besitz der Rossija Bank, einen Aktienanteil von 75,1 Prozent des Unternehmens Lider. Das managte den Pensionsfonds Gazfond von Gazprom. Gazfond verwaltete knapp sechs Milliarden US-Dollar an Pensionsrücklagen. Ende 2005 wurde Juri Schamalow Präsident von Gazfond. Er ist der Sohn von Nikolai Schamalow, der seit 2004 Teilhaber der Rossija Bank war.«[67]

Mitte der neunziger Jahre gehörten Wladimir Putin und Nikolai Schamalow zu den Gründungsmitgliedern der Kooperative Osero in Sankt Petersburg. Und damit ist man wieder bei der Ausgangslage: bei Gazprom auf der einen Seite und den engen Freunden von Wladimir Putin auf der anderen Seite – das goldene Dreieck.

Nikolai Schamalow, ein gelernter Zahnarzt, war zwischen 2001 und 2008 Repräsentant der Siemens AG für die Nord-West-Region von Russland. In dieser Zeit war Korruption sozusagen das einzige Schmiermittel, um in Russland überhaupt ins Geschäft zu kommen. Und Siemens war dabei besonders aktiv.

Erst als öffentlich wurde, dass Nikolai Schamalow unter anderem Krankenhäusern Computertomographen zu weit überhöhten Preisen verkaufte, wurde er von Siemens entlassen. Und zwar deshalb, weil er sich beharrlich weigerte, Fragen über Korruptionsvorwürfe – es ging um 55 Millionen US-Dollar – zu beantworten. Der Job hatte ihn sowieso nicht ausgefüllt. Gleichzeitig war er unterdessen Mitbesitzer des Unternehmens Wyborg Shipyard in Wyborg.[68] Sein Kompagnon ist Vasilew Gorelow. Auch er ist wie Nikolai Schamalow Anteilseigner an der Rossija Bank. »Wyborg Shipyard wird von den Besitzern der Rossija Bank kontrolliert«, heißt es in einer Bewertung der Moskauer Investmentgesellschaft Rye, Man & Gor Securities vom 18 Mai 2009. Denn »die Besitzer sind seriös und haben enge Beziehungen mit Gazprom und einigen Mitgliedern der russischen Regierung«.[69]

Das Unternehmen, das auch kleine und mittlere Schiffe bauen lässt, erhält große Aufträge sowohl von Gazprom wie von Rosneft für den Bau von Offshore-Plattformen. Der wichtigste Kunde ist Gazflot, eine Tochtergesellschaft von Gazprom. 75 Prozent der Einnahmen stammen aus dieser Kooperation. In Wyborg beginnt übrigens auch die durch die Ostsee führende Pipeline nach Lubmin in Deutschland, das Projekt Nord Stream. Am 9. April 2010 meldete die Pressestelle des russischen Präsidenten:»Dmitri Medwedew nahm an den Feierlichkeiten zum Beginn des Baus der Nord-Stream-Gaspipeline, Bereich Unterwasser teil. Er besuchte Wyborg Shipyard und hinterlegte am Denkmal Peters des Großen einen Blumenstrauß.« [70]

Aber er war nicht allein anwesend. Andere Teilnehmer der feierlichen Zeremonie waren unter anderem Altbundeskanzler Gerhard Schröder und Matthias Warnig für Nord Stream, der niederländische Premierminister Jan Peter Balkenende, die französische Staatssekretärin Anne-Marie Idrac und EU-Kommissar Günther Oettinger.[71]

In deutsche Schlagzeilen geriet Nikolai Schamalow, als durch Veröffentlichungen der Moskauer Zeitung *Vedemosti* bekannt wurde, dass er der Bauherr eines prächtigen Palasts in der Nähe des Dorfes Praskowejewka am Schwarzen Meer sei. Das Anwesen ist sogar aus dem All zu erkennen. Neben dem Palast befinden sich ein Kasino, ein Theatersaal, Schwimmbäder, Sportanlagen, ein Landschaftspark und ein Hubschrauberlandesplatz. Kostenpunkt: 770 Millionen Euro.

»Schamalow, Miteigentümer eines Petersburger Unternehmens, das sich auf Baugruppen für Einrichtungen des staatlichen Gesundheitswesens spezialisiert hat, sei nur ein Strohmann, behauptet jetzt dessen langjähriger Geschäftsfreund und Mitgesellschafter Sergej Koleschnikow.«[72] Der Prachtbau sei durch »Spenden von Oligarchen, die eigentlich für die Anschaffung von medizinischem Equipment für Kliniken in Sankt Petersburg gedacht waren, finanziert worden«.[73] Aber in Wahrheit gehöre der Palast Ministerpräsident Wladimir Putin, was von dessen Pressesprecher postwendend dementiert wurde.

Nicht dementiert wurde ein anderer Vorwurf. Anfang Januar 2011 berichteten russische Medien, dass die Erbauer des Palasts in einen anderen Korruptionsskandal verwickelt sein sollen. Dabei ging es um Erpressung des Unternehmens Toshiba. Insgesamt eine Million Dollar sollen die Erpresser von Toshiba gefordert haben für die Möglichkeit, erfolgreich an der Ausschreibung für den Kauf medizinischer Ausrüstung teilzunehmen. Geplant war die Errichtung medizinischer Zentren in über fünfzehn russischen Städten.[74]

Doch damit nicht genug. Lange Zeit hielt sich das Gerücht, dass auch Wladimir Putin selbst Aktien der Rossija Bank besitzen würde. Dessen Pressesprecher erklärte noch im Juni 2008, dass es überhaupt keine Beziehungen zwischen Wladimir Putin und der Bank gebe. Im Dezember 2011 wurde dagegen offiziell bekanntgegeben, dass er einen Minderheitsanteil an der Rossija Bank halte.[75]

Übrigens: Sogaz ist heute *das* Versicherungsunternehmen der russischen Gasindustrie. Sie versicherte unter anderem die Pipelineprojekte South Stream, Nord Stream und Blue Stream.[76]

.

8 Gazproms Beziehungen zu mafiosen Strukturen

Nach dem Machtwechsel bei Gazprom im Jahr 2001, als Alexei Miller von Putin zum Vorstandsvorsitzenden ernannt wurde, verlor Itera zwar einige lukrative Deals, blieb aber mit Gazprom weiter im Geschäft. Warum der bisherige Vertrag im Zusammenhang mit den Gaslieferungen aus Turkmenistan gekündigt wurde,[1] blieb lange Zeit im Nebel der russischen Energiepolitik verborgen. Auskunft gibt vielleicht eine Depesche des US-Botschafters in Kiew vom 10. Dezember 2008, der mit einem anderen großen Player im internationalen Gasgeschäft gesprochen hat: dem ukrainischen Oligarchen Dmytro Firtasch, der auch in der kommenden Geschichte eine zentrale Rolle spielen wird.

So habe Dmytro Firtasch an Itera Ausrüstungsmaterial über ein Unternehmen, die Highrock Holdling, verkauft, mit dessen Hilfe das turkmenische Gas in den Westen gepumpt werden konnte. Igor Makarow, der Besitzer von Itera, bezahlte Firtasch diese Leistungen in bar. Doch dann habe sich Igor Makarow geweigert, für weitere erbrachte Leistungen von Firtasch fünfzig Millionen US-Dollar zu bezahlen. Daraufhin habe Firtasch sein eigenes Gashandelsgeschäft ausgeweitet und Igor Makarow vom Markt verdrängt. Firtasch erinnerte sich in dem Gespräch mit dem US-Botschafter auch daran, dass ihn Igor Makarow im Januar 2002 zum Dinner in Kiew eingeladen habe, kurz nachdem er, Firtasch, den Gasdeal in Zentralasien abgeschlossen hatte.

»Firtasch fügte hinzu, dass er zu dem Dinner gegangen sei, ohne zu wissen, ob er verprügelt oder sogar getötet werden würde, weil er Makarows Geschäft übernommen hatte. Nach Angaben von Firtasch war Makarow in Begleitung seines Sicherheitschefs sowie

Sergej Michailows von der Solnzevskaja, Mr. Averin (ebenfalls ein Führungsmitglied der Solnzevskaja, d. Autor) und Semjon Mogilewitsch (er gilt als Topgangster und wird weltweit per internationalem Haftbefehl gesucht, d. Autor). In diesem Gespräch sagte ihm Makarow, dass er das Gasgeschäft genauso schnell wieder übernehmen werde, wie Firtasch es ihm abgenommen habe. Firtasch verließ das Treffen lebend.«[2]

Dmytro Firtasch wurde jedoch in den russischen und ukrainischen Medien ebenfalls beschuldigt, selbst enge Verbindungen zu kriminellen Organisationen, insbesondere zu dem Topgangster Semjon Mogilewitsch, unterhalten zu haben. In dem Gespräch mit dem US-Botschafter gab er dazu eine plausible Erklärung. Der Westen würde nicht verstehen, erklärte er, was die Ukraine nach dem Zusammenbruch der Sowjetunion war. Es sei unmöglich gewesen, irgendeinen Regierungsvertreter zu treffen, ohne dass gleichzeitig ein Mitglied einer kriminellen Organisation dabei war. Firtasch bestätigte dem US-Botschafter, dass er diese Beziehungen benötigt hätte, um sein Geschäft aufzubauen, und dazu von Mogilewitsch die Genehmigung erhalten habe. »Ansonsten wäre es ihm unmöglich gewesen, ein Unternehmen zu betreiben.« Aber er bestritt gleichzeitig eine »enge Verbindung« zu Semjon Mogilewitsch. Warum sich Firtasch überhaupt mit dem US-Botschafter zweieinhalb Stunden lang unterhalten hatte, war dem Botschafter nicht so recht ersichtlich. »Aber im Verlauf des Gesprächs war klar, dass er das Treffen benutzte, um sich selbst in einem positiven Licht darzustellen.«[3]

Meine Nachfragen bei Firtasch zu diesem Gespräch mit dem US-Botschafter und seinen Verbindungen zu Semjon Mogilewitsch blieben unbeantwortet.

Verschleierungen und Mafiabosse

Wenn ein international gesuchter Gangster, wie es Semjon Mogilewitsch zweifellos ist, im Zusammenhang mit Gazprom genannt wird, entsteht nicht nur ein Imageproblem für den Kreml-Konzern.

Entweder gibt es für diese Behauptung keine Belege, oder der Gazprom-Vorstand in Moskau hat keine Kontrolle über die verschiedensten Aktivitäten von Tochter- und Unterfirmen, insbesondere wenn es um Firmen geht, die öffentlich überhaupt nicht in Verbindung miteinander zu stehen scheinen. Doch die Verbindung zwischen lukrativen Geschäften im Zusammenhang mit Gazprom und organisierter Kriminalität lässt sich an einem konkreten Beispiel dokumentieren: Semjon Mogilewitsch. Um seine Macht zu verstehen, bedarf es eines Rückblicks in die neunziger Jahre, und zwar nach Ungarn, weil er von Budapest aus bis ins Jahr 1999 unbehindert agierte.

Hundert Kilometer östlich von Budapest liegt die Kleinstadt Miskolic, einst beherrscht von dem ehemaligen staatlichen Stahlkonzern Diósgyri Gépgyár (DIGEP). Im Zuge der Privatisierung zu Beginn der neunziger Jahre sollte der Konzern an private Investoren verkauft werden. Doch es fand sich lediglich ein Investor, und der hatte nur Interesse an der profitablen Abteilung für Rüstungsgüter, der Army-Coop. Im Herbst 1993 meldete eine ungarische Zeitung: »Eine Person russischer Nationalität leitet die Firma Army-Coop. Ein Großteil der Waffen wird nach Russland verkauft.«[4]

Der neue Investor war das Unternehmen Arigon, an dem Semjon Mogilewitsch einen Anteil von neunzig Prozent hielt. Er besaß sowohl die russische wie die israelische Staatsbürgerschaft und hielt sich in den neunziger Jahren häufiger in Israel auf. Das erklärt das Interesse der israelischen Sicherheitsbehörden an ihm. Die israelische Polizei schrieb über ihn: »Mogilewitsch wurde einer von Ungarns Waffenherstellern für Luftabwehrraketen und Mörser, indem er zwei ungarische Waffenfirmen kaufte, unter anderem Army-Coop.«[5] Die israelische Polizei kam zu dem Resümee: »Mogilewitsch selbst ist nie direkt an kriminellen Aktivitäten beteiligt, aber er kontrolliert verschiedene kriminelle Organisationen, die eine Gefahr für die israelische Wirtschaft werden können. Wie bereits erwähnt, gibt es keine konkreten kriminellen Vorstrafen. Wie es für einen ehrenhaften internationalen kriminellen ›Godfather‹ üblich ist.«

Für die ungarischen Behörden spielte all das keine Rolle. Doch Mogilewitsch und seine Organisation Solnzevskaja »beschränkten sich nicht auf Investitionen in die legale Wirtschaft, sondern, laut FBI-Unterlagen, habe er versucht, die ungarische Regierung zu betrügen und Konkurrenten aus dem Ölmarkt zu verdrängen. Es wird angenommen, dass der Krieg der ungarischen Unterwelt Anfang der neunziger Jahre, in dem sowohl ungarische wie russische Gruppen involviert waren, ein Konflikt um die lukrativen staatlichen Öl- und Gasverträge war.«[6]

Unterdessen interessierten sich internationale Polizeibehörden immer intensiver für die kriminellen und legalen Aktivitäten von Mogilewitsch. Und zwar im Zusammenhang mit dem internationalen Waffenhandel, mit Prostitution, Drogenhandel und Geldwäsche. Obwohl er in Tschechien zur Persona non grata erklärt wurde und der ungarischen Polizei der Bericht der israelischen Kollegen wie des amerikanischen FBI und anderer europäischer Polizeidienststellen vorlag, ließen die ungarischen Behörden ihn gewähren.

Im Frühjahr 1996 trafen sich die Repräsentanten internationaler Polizeibehörden in einem Budapester Nobelhotel. Eingeladen hatte das amerikanische FBI. Semjon Mogilewitsch war erneut zentraler Gegenstand der Tagung. Der wusste jedoch bereits am zweiten Tag der Sitzung, wer sich da getroffen hatte und warum. Daraufhin mobilisierte er seine Kontakte zur ungarischen Polizei. Denen übergab er mit einer gewissen Schadenfreude eine Mappe mit brisantem Inhalt. Es waren Informationen über die Mogilewitsch-Organisation in russischer Sprache, die aus der Moskauer Zentrale zur Bekämpfung organisierter Kriminalität stammten. Wenn schon über ihn gesprochen werde, so sollten die Delegierten doch richtig informiert sein, ließ er ausrichten. In Moskau konnte er sich nämlich unterdessen mächtiger Freunde im Kreml sicher sein. Doch nicht allein in Moskau.

Da gibt es den US-amerikanischen Anwalt William Session. In den neunziger Jahren war er Direktor des FBI und ächtete damals die russische Mafia und natürlich Semjon Mogilewitsch. Seit 2007 ist er Anwalt und Berater der Sicherheitsfirma Global Option in Washington, deren Kunden im wesentlichen in Russland und in der Karibik operieren.

Aufgefallen ist der Ex-FBI-Chef als Anwalt von Semjon Mogilewitsch, und er soll in der Folge auch im Zusammenhang mit Gazprom eine nicht unbedeutende Rolle spielen. »William Session versuchte, mit dem US-Justizministerium einen Deal abzuschließen. Demnach würde Mogilewitsch den US-Behörden Informationen über islamistische Terroristen liefern, im Gegenzug sollte die Staatsanwaltschaft alle Verfahren gegen ihn in den USA beenden.«[7]

Auch aus Berlin wurde eine ähnliche Geschichte berichtet, die zeigt, mit welcher Sicherheit und Protektion aus Moskau sich der Topgangster in Europa anscheinend bewegen konnte. Da traf er sich am 21. März 1996 in Begleitung des Chefs der Moskauer Polizei und des Leiters der Wirtschaftsabteilung der russischen Botschaft im Berliner Hotel Intercontinental mit Beamten des Berliner Landeskriminalamts, zuständig für die Bekämpfung der osteuropäischen organisierten Kriminalität. Er wollte ihnen ein Angebot unterbreiten, sagte der Vermittler des Gesprächs, der Chef der Moskauer Polizei. Er hatte Mogilewitsch zuvor als eine in der Öffentlichkeit vollkommen falsch dargestellte Persönlichkeit beschrieben. In Wirklichkeit sei Semjon Mogilewitsch doch ein erfolgreicher Unternehmer.

Dann folgte Mogilewitschs delikates Angebot: Wenn er in Deutschland ungehindert investieren dürfe, würde er als Gegenleistung dafür sorgen, dass in der kriminellen osteuropäischen Szene in Berlin Ruhe einkehre. Das ist in einem Protokoll des Berliner Landeskriminalamts vom 22. März 1996 nachzulesen. Dass er für Ruhe in Berlin sorgen könnte, hängt mit seinen engen Verbindungen zu dort bekannten Kriminellen aus der Ex-UdSSR zusammen. Das Angebot wurde vom Berliner Landeskriminalamt brüsk abgelehnt. Viel lieber hätten die Beamten ihm Handschellen angelegt.

Und wer es in Ungarn wagte, Mogilewitsch krimineller Handlungen zu beschuldigen, der stand vor unlösbaren Problemen. Das sagte ein ungarischer Unternehmer aus, der wegen Betrugs im Zusammenhang mit Ölgeschäften von der Budapester Polizei im Mai 1998 vernommen wurde: »Die Unternehmer hier, die ihr Öl nicht über den russischen Mafiaboss Mogilewitsch importieren, werden bedroht und erpresst.«

Anfang Juli 1998, wenige Wochen nach seiner Aussage bei der Polizei, traf ihn der Bannstrahl Mogilewitschs. Der aussagewillige Unternehmer wurde durch eine Autobombe im Zentrum Budapests für immer zum Schweigen gebracht.

Öffentlich im Zusammenhang mit Gazprom fiel der Name Mogilewitsch jedoch erst im Jahr 2002, obwohl entsprechende Beziehungen bereits seit mehreren Jahren bestanden. Grund dafür war eine undurchsichtige Vereinbarung zwischen Gazprom und einer ungarischen Firma, der Eural Trans Gas (ETG), die als Ersatz für die bisherigen Geschäfte zwischen Gazprom und Itera von Igor Makarow gegründet wurde.

Beobachter vermuteten, nachdem diese Vereinbarung bekannt wurde, dass es sich eigentlich wieder einmal nur um Kick-back-Zahlungen an Gazprom-Manager und Politiker in Russland und der Ukraine handeln könne. Ansonsten ergebe dieser Vertrag überhaupt keinen wirtschaftlichen Sinn. Die Notwendigkeit solcher Zwischenhändler ist im Prinzip einfach zu erklären. Wenn Russland und die Ukraine direkt zusammenarbeiten, in diesem Fall Gazprom mit Naftogaz in der Ukraine, ist es ungleich schwieriger, Milliarden von Euro zu stehlen. Und Semjon Mogilewitsch kannte alle Feinheiten des Finanzmarkts im Westen, wusste, wie auf hohem Niveau gestohlen und betrogen wird, um das dadurch erwirtschaftete Kapital wieder profitabel zu investieren.

Dokumente sowohl von Interpol wie des russischen Innenministeriums belegten, dass Mogilewitsch bereits in den neunziger Jahren Gazprom-Aktien auf seinem Budapester Bankkonto deponiert hatte. Sie waren die Sicherheit dafür, dass er bei seiner Bank dort ein Darlehen aufnehmen konnte. Damit wiederum finanzierte er seine weltweiten kriminellen Aktivitäten.

Gazprom-Aktienbesitzer wurde er, weil er beste Kontakte zu einem Berater des damaligen Gazprom-Chefs, Rem Wjachirew, hatte. Diesen Berater, den bulligen Vyacheslav Kunetow, traf er zum Beispiel im Herbst 1999 in der Schweiz. Mit dabei war der Chef der kriminellen Organisation Solnzevskaja, Sergej Michailov, der seinerseits nahe Genf lebte. Gemeinsames Gesprächsthema war, wie man russisches und turkmenisches Erdgas in die Ukraine liefern könne. Gemeinsam entwickelten sie einen Plan, der wenig später vom damaligen Gazprom-Chef, Viktor Tschernomyrdin, unterstützt wurde. Auch in Kiew zeigte der amtierende Ministerpräsident Pavlo Lazarenko großes Verständnis für den Vorschlag. Ihn zu überzeugen war das geringste aller Probleme. Pavlo Lazarenkos engster Berater und rechte Hand war Igor Fisherman, ein Partner Mogilewitschs.

Ein kleines ungarisches Dorf, eine noch kleinere Hütte und die Geburt eines Energiegiganten

Die mysteriöse Geschichte um Eural Trans Gas (ETG) begann am 6. Dezember 2002 im Wohnzimmer eines Einfamilienhauses im ungarischen Dörfchen Csapdi. Für umgerechnet 12 000 US-Dollar Grundkapital wurde die Eural Trans Gas (ETG) beim Bezirksgericht Feijer im Handelsregister unter der Nr. 0709009069 eingetragen. Angemeldet hatten das Unternehmen drei rumänische Bürger ohne jegliche Geschäftserfahrung und ein Mittelsmann von Semjon Mogilewitsch. Bei den drei neuen Gesellschaftern handelte es sich um eine Schauspielerin, die hoffte, mit dem Geld ihr Telefon bezahlen zu können; ihren Mann, einen Computerexperten, und um eine Krankenschwester.

Am gleichen Tag, als die neue Firma ETG in das Handelsregister beim Bezirksgericht Feijer eingetragen wurde, unterschrieb einer der Hintermänner von ETG bei Gazprom in Moskau den Gasvertrag zwischen ETG und Gazprom. Damit waren die Rechte für den Gastransport von Zentralasien über Russland in die Ukraine in Höhe von mehreren Milliarden Dollar an ETG vergeben.

Der rumänische Journalist Paul Radu hatte später die drei rumänischen Firmengründer aufgesucht, unter anderem das rumänische Ehepaar. »Es handelte sich um ein junges Ehepaar in einer schwierigen finanziellen Situation. Sie leben in einem einzelnen Zimmer in der Wohnung der Mutter. Kontaktiert wurden sie von einem ungarischen Rechtsanwalt, der ihnen erzählte, dass sie Geld verdienen würden, wenn sie nach Ungarn führen, um sich dort als offizielle Besitzer von ETG eintragen zu lassen.«

Anfragen von Journalisten sowohl bei Gazprom wie Naftogaz, dem ukrainischen Staatsunternehmen, an das die ETG das Gas aus Turkmenistan lieferte, endeten immer gleichlautend. Man wisse nichts über die Kontakte zwischen ETG und Mogilewitsch. Auch die merkwürdigen Besitzverhältnisse änderten daran nichts. Der einzige bemerkenswerte Kommentar kam aus der Kommandozentrale von Gazprom: »Wir verstehen, dass das nicht die transparenteste Firma in der Welt ist. Aber wir haben keine andere Wahl.«[8] Ein anderes Argument war, dass die Vorläuferfirma von Eural Trans Gas, das Unternehmen Itera, »kein guter Zahler der Transportkosten gewesen sei«.[9]

Von Anfang an stellten sich daher Fragen, die bis heute nicht beantwortet sind. Warum gewährte Gazprom einer winzigen ungarischen Klitsche das Recht, lukrative Exportgeschäfte im Gegenwert von Hunderten von Millionen US-Dollar für die Lieferung von Gas aus Turkmenistan in die Ukraine und weiter nach Europa abzuwickeln?

Und warum genehmigte Gazprom im ersten Halbjahr 2003 dem dubiosen Unternehmen einen Kredit in Höhe von 227 Millionen Euro über die staatliche Außenhandelsbank Wneshekonombank? Und warum gewährte die Gazprombank, also eine hundertprozentige Gazprom-Tochter, weitere siebzig Millionen Kredit?

In einem Dossier des österreichischen Bundeskriminalamts wird festgehalten: »Laut Erhebungsergebnis der gemeinsamen Ermittlungsgruppe des FBI und der ungarischen Behörden wurde festgestellt, dass im Jahr 2003 die russische Firma Gazprom ihre Rechte für den Transport von Erdgas an die Eural Trans Gas abgetreten hatte. Diese Gesellschaft war mit Hilfe von Krediten der Gazprom gegründet und aufgebaut worden.«[10]

Auch in Wien lagen der Polizei Erkenntnisse vor, nämlich über die Bankverbindungen der ETG. Sie unterhielt bei der Meinl Bank AG ein Konto, und die Meinl Bank, so das BKA in Wien, hatte bereits seit 2003 mehrfach bei Geschäften mit der ETG mitgewirkt. Und ein Name taucht bereits jetzt auf, der des ukrainischen Oligarchen Dmytro Firtasch. Er soll der wahre Hintermann auch bei ETG gewesen sein.

Der vierte Gesellschafter bei der Firmengründung in der kleinen ungarischen Wohnung war Igor Fisherman, ein langjähriger Geschäftspartner von Mogilewitsch, und zwar über das Unternehmen Highrock Properties Ltd. in Zypern. Die Eintragung in das Zentralregister der Republik Zypern erfolgte am 15. Januar 2001. Gegründet wurde das Unternehmen von Zeev Gordon, einem israelischen Anwalt. Zu dessen besten Klienten gehört Semjon Mogilewitsch bis zum heutigen Tag.

»Ich habe einige Monate lang als Treuhänder für die Aktionäre von ETG gedient«, so Gordon gegenüber der Zeitschrift *Profil.* »Ich war aber in keiner Art und Weise mit geschäftlichen Aktivitäten betraut.«

Und Semjon Mogilewitsch?

»Er hat mir versichert, dass er mit ETG absolut nichts zu tun hat.«

Laut Interpol war »Igor Fisherman die Kontaktperson zur kriminellen Organisation Solnzevskaja, insbesondere in Verbindung mit Semjon Mogilewitsch, und wurde von den europäischen Polizeibehörden wie dem FBI als Vermittler von Geschäften für die kriminellen Autoritäten gesehen.«

Igor Fisherman war derjenige, der die Aktivitäten von Mogilewitsch in den USA, Ungarn und der Ukraine managte. Deshalb steht er bis zum heutigen Tag auf der Fahndungsliste des FBI. Ein Vorwurf ist Geldwäsche.[11]

Im Zusammenhang mit den undurchsichtigen Besitzverhältnissen der Eural Trans Gas (ETG) hatte sich sogar Carlos Pascual, der damalige US-Botschafter in der Ukraine, öffentlich geäußert. Er sei darüber besorgt, dass russische Banditen Einfluss auf die Gasversorgung nehmen.[12] Als in den Medien darüber berichtet wurde, dass in Wirklichkeit Semjon Mogilewitsch hinter ETG stünde, hagelte es von der ETG angestrengte Verleumdungs- und Schadensersatzklagen, denen damals in Russland meistens stattgegeben wurde. Nein, so die ETG, Semjon Mogilewitsch hat nichts mit dem Unternehmen zu tun.[13] Die öffentliche Diskussion und die politischen Interventionen wegen der unklaren Besitzverhältnisse der ETG waren auf jeden Fall mit ein Motiv, dass sich Gazprom im Jahr 2004 von der ETG trennte.

Die wiedergewonnene Ehre des Semjon Mogilewitsch in Moskau

Der steile Aufstieg in Europa hörte für Semjon Mogilewitsch Ende 1999 auf, als die ungarische Steuerpolizei seine Unterlagen beschlagnahmte. Er setzte sich rechtzeitig nach Moskau ab. Dort galt er weiterhin als angesehener Unternehmer und wechselte nun ins internationale Gasgeschäft. »Es wird behauptet, Semjon Mogilewitsch sei sogar bei russisch-ukrainischen Gasverhandlungen zum Teil persönlich anwesend gewesen«, schreibt das Schweizer Bundesamt für Polizeiwesen über Semjon Mogilewitsch.[14]

Und das, obwohl bereits ein Haftbefehl gegen ihn vorlag, ausgestellt von den US-Justizbehörden. Der Haftbefehl hängt mit einem großen Betrugs- und Geldwäschefall in den USA zusammen. Mogilewitsch spielte dabei die entscheidende Rolle. Stuart Nash, der stellvertretende Generalstaatsanwalt, erklärte am 14. November 2006 vor einem Senatsausschuss: »Semjon Mogilewitsch wird in Pennsylvania wegen Erpressung, Betrug und Geldwäsche im Zusammenhang mit einem Multimillionen-Dollar-Betrugssystem gesucht, bei dem Tausende Investoren in den USA, Kanada und außerhalb geschädigt wurden.«

Am 23. Januar 2008 wurden Semjon Mogilewitsch und sein Partner, der Besitzer der zweitgrößten russischen Parfümeriekette, in Moskau verhaftet. Das Motiv für die vollkommen unerwartete Festnahme, so die darauffolgenden Spekulationen in Moskau, dürfte damit zusammenhängen, dass er ein Milliarden-Dollar-Gasgeschäft zwischen der Ukraine und Russland störte.

Oder seine Festnahme war Ausdruck eines Machtkampfes miteinander konkurrierender Kreml-Klans um das Gasgeschäft. »Die Verhaftung eines Mannes von dieser Größe«, sagte Wladimir Owschinski, der ehemalige russische Interpol-Direktor und Kreml-Berater, »ist ein Kampf an der Spitze.«[15] Deshalb wurde Semjon Mogilewitsch auch nicht wegen des Haftbefehls des FBI verhaftet, sondern wegen Steuerhinterziehung. Während der Ermittlungen gegen Mogilewitsch trat der Chefermittler zurück. Der Stab des russischen Präsidenten hatte ihn aufgefordert zu erklären, dass das auf eigenen Wunsch geschehe. Auch sein Nachfolger wurde nach nur kurzer Zeit abgelöst.[16] Im Gegensatz zu Al Capone, der mit der gleichen Begründung verhaftet und später verurteilt wurde, kam Mogilewitsch achtzehn Monate später wieder frei.

Die Vorwürfe seien nicht substantiiert gewesen, begründete das Gericht seine Entlassung aus dem Gefängnis. Fast gleichlautend argumentierte eine Sprecherin des Innenministeriums. »Die Vorwürfe sind nicht besonders gravierend, daher haben die Ermittler kein besonderes Interesse mehr, ihn weiter im Gefängnis zu halten.«[17]

Das FBI sieht das immer noch ganz anders. Auf der FBI-Webseite ist er wegen Erpressung, Betrug und Geldwäsche international zur Fahndung ausgeschrieben. Im Oktober 2009 hatte das FBI einen neuen internationalen Haftbefehl ausstellen lassen. Seitdem gehört er zu den zehn Meistgesuchten (most wanted) vom FBI.[18] Das FBI hat 100 000 US-Dollar als Belohnung für jegliche Informationen ausgelobt, die zu Mogilewitschs Verhaftung führen.

Das FBI begründet den Haftbefehl folgendermaßen: »Ein ukrainischer Geschäftsmann wird der Erpressung beschuldigt, des Betruges, Geldwäsche und weiterer Wirtschaftskriminalität in mehr als vierzig Fällen in Dutzenden von Ländern in der Welt. Er wurde neu in die Liste der zehn Meistgesuchten aufgenommen.«[19] Das FBI habe jedoch keine gesetzlichen Möglichkeiten, ihn wegen anderer krimineller Aktivitäten zu verfolgen, so Special Agent Peter Kowenhoven, »aber offene Quellen zeigen, dass er in Waffenhandel, Auftragsmorde, Erpressung, Drogenhandel und Prostitution auf internationaler Ebene involviert war«.[20]

Peter Kowenhoven bezeichnet ihn – immerhin auf der offiziellen FBI-Webseite – als einen skrupellosen Kriminellen. Opfer bedeuten ihm nichts. Und was ihn so gefährlich mache, sei, dass er grenzenlos agiere. »Durch sein extensives internationales kriminelles Netzwerk kontrolliert Mogilewitsch Naturgaspipelines in Osteuropa, und er benutzt seinen Reichtum und seine Macht nicht nur für seine kriminellen Unternehmen, sondern auch, um Regierungen und deren Wirtschaft zu beeinflussen.«[21]

Neben der strafrechtlichen Würdigung eines einzelnen Topgangsters zeigen die hier deutlich gewordenen undurchschaubaren Geflechte zwischen ihm und Firmen, die auf die eine oder andere Art und Weise miteinander verbunden sind, noch etwas anderes, eine viel größere Bedrohung: die Übernahme der Energieversorgung durch Banditen.

Kurzum: Hinter der Fassade von Eural Trans Gaz (ETG) versteckten sich zwei bekannte Männer. Der eine, Semjon Mogilewitsch, war ein Topkrimineller. Der andere, der ukrainische Oligarch Dmytro Firtasch, der anscheinend ohne Mogilewitsch im Gasgeschäft keine Fortune gehabt hätte. Und der Gazprom-Vorstand in Moskau wusste das natürlich und hatte keine Skrupel, mit solchen Personen Milliardengeschäfte abzuschließen. Doch was ist nun mit den Gaslieferungen aus Turkmenistan in die Ukraine? Und hatte sich Gazprom, wie erwartet wurde, jetzt selbst um die Lieferungen aus Turkmenistan gekümmert, ohne einen umstrittenen Zwischenhändler wie ETG einzuschalten?

Das Katz-und-Maus-Spiel um die wahren Eigentümer

Nein, jetzt ging man noch gewiefter vor, indem eine neue Gesellschaft gegründet wurde, die Russisch-Ukrainische Energie RosUkrEnergo, kurz RUE. RUE war im Prinzip eine Schöpfung des ukrainischen Präsidenten Leonid Kutschma und seines russischen Kollegen Wladimir Putin. Die Entscheidung wurde offiziell am 26. Juli 2004 während eines ukrainisch-russischen Business-Forums in Jalta von den beiden Präsidenten bekanntgegeben. Doch das Unternehmen – mit dem Geschäftszweck, Handel mit Rohstoffen im Energiesektor, insbesondere mit Gas zu betreiben – wurde bereits einige Tage zuvor in Zug registriert, am 22. Juli 2004.

Waren bei der ETG die wahren Besitzverhältnisse schon bizarr genug, sollte sich das noch steigern lassen. Bei RosUkrEnergo handelt es sich zwar wieder um ein eher kleines Unternehmen, das über großes Kapitalvermögen verfügte. Aber es wurde diesmal nicht in einem kleinen ungarischen Dorf gegründet, sondern im noblen Schweizer Steuerparadies Zug. Am 22. Juli 2004 meldete der Schweizer Treuhänder Lars Haussmann, der damalige Juniorchef der Zürcher Finanzberatungsfirma Haussmann und Partner, die Ros-UkrEnergo AG (RUE) an.

Die Finanzberatungsfirma Haussmann verwaltete zusätzlich das am 14. Februar 2005 in Zug registrierte Unternehmen Cronos Im-Ex AG. Das gibt als Geschäftszweck den Handel mit chemischen Produkten sowie mit Gütern und Maschinen für den Bedarf der chemischen Industrie an. Die Cronos Im-Ex AG wiederum ist ein Unternehmen, das im Zusammenhang mit Semjon Mogilewitsch erwähnt wurde. Und das kommt so: Direktor von Cronos Im-Ex AG in Zug ist Alexander Emelin aus Moskau.[22] Er war der Repräsentant von Dmytro Firtaschs Import- und Export-Unternehmen Euronit in Moskau und nach 2002 in Moskau Angestellter der Handelsgesellschaft Elmstad Trading in Zypern. Hier arbeitete er mit Oleg Palschikow zusammen, dem Direktor von RosUkrEnergo.[23]

Die Verbindung zu Semjon Mogilewitsch stellte der Moskauer Journalist Roman Shleynow her, als er in dem Unternehmensregister darauf stieß, dass das Büro des Repräsentanten von Euronit unter der gleichen Adresse eingetragen war wie diejenige Firma, in der Olga Sch., eine von Mogilewitschs insgesamt drei Exfrauen, als Eigentümerin verzeichnet ist. Unter der gleichen Telefonnummer wie Euronit fand sich das wenig bekannte Handelsunternehmen Transkomplekt. Und das wiederum gehört Galina T., Mogilewitschs zweiter Exehefrau und damaliger Gattin von Igor Fisherman.[24]

Eigentümer der RosUkrEnergo (RUE) waren zu je fünfzig Prozent zwei in Wien registrierte Holdings: Agrogas und Centragas. Sie wurden 2004 von der Raiffeisen Investment AG gegründet, einem Ableger der österreichischen Raiffeisenbank. Wer sich hinter Agrogas verbarg, war schnell klar: Gazprom. Aber wer war der Eigentümer von Centragas? Das sollte lange ein streng gehütetes Geheimnis bleiben, obwohl erste Vermutungen aufkamen, als der Name eines der Geschäftsführer von RosUkrEnergo bekannt wurde: Oleg Palschikow. Er war zuvor Moskau-Repräsentant der ungarischen Eural Trans Gas, also verbunden mit Semjon Mogilewitsch. Der andere, von Gazprom eingesetzte Geschäftsführer arbeitete von 1989 bis 1992 für den KGB und war später Leiter der Gazprom-Rechtsabteilung und Mitglied des Gazprom-Vorstands.

Schaut man sich nun einmal die Webseite von RosUkrEnergo an, dann ist für ein milliardenschweres Unternehmen wenig, eigentlich überhaupt nichts zu erfahren, abgesehen davon, dass ihre Shareholder Gazprom und die Centragas Holding sind.[25] Herauszufinden, wer die Aktionäre der Centragas Holding waren, war ungeheuer schwierig. Es war der mächtige Oligarch Dmytro Firtasch mit vierzig Prozent, ein zumindest zeitweise enger Bekannter von Semjon Mogilewitsch. Der andere Aktienbesitzer mit fünf Prozent Anteil war ein Ivan Fursin, ebenfalls ein ukrainischer Unternehmer.

Auch die österreichische Polizei hatte darüber Erkenntnisse. Das Wiener BKA schrieb über ein Treffen im April 2005 in Wien: »Bereits im April 2005 konnte durch hiesige Erhebungen festgestellt werden, dass Fursin und Palschikow in Wien mit Dmytro Firtasch zusammentrafen. Ermittlungen des FBI ergaben, dass diese unmittelbar darauf ein gemeinsames Treffen mit der Raiffeisen Bank hatten.«[26]

Zweck des Treffens, meinten die Ermittler, sei die Einrichtung von Bankkonten gewesen. Eines dieser Konten (70.54.024.500/01) wurde im Mai und Juni 2005 benutzt, um Gelder der RUE an Gazprom und die ukrainische Firma Naftogaz zu überweisen. Mitte 2005 gab es eine weitere Überweisung. Diesmal von dem Raiffeisen-Bankkonto (70.50966.712) auf verschiedene Konten von Firmen in Estland, Russland und Großbritannien. Inhaber dieses Bankkontos? Eine Firma von Dmytro Firtasch.

Damals musste bei der Firmengründung alles sehr schnell gehen. Deshalb firmierte die Raiffeisen Investment AG (RIAG) in Wien und eine ihrer Sekretärinnen als Vertreter von Centragas. Die RIAG gilt als der aggressivste Player bei Privatisierungen und Übernahmen in Zentral- und Osteuropa, und es gibt kein osteuropäisches Land, in dem sie nicht prominent vertreten ist. In bestimmten Geschäftsbereichen scheint sie besondere Qualitäten zu entwickeln. »Über lokale Schmiergeldgepflogenheiten berichtete der RIAG-Vorstand Wolfgang Putschek laut *Salzburger Nachrichten*: ›Das läuft in der ganzen Welt gleich. Im Westen vielleicht etwas eleganter.‹«[27]

Er muss es wissen, leitete er doch zuvor die Raiffeisen Investment in Budapest. Am gleichen Tag, am 22. Juli 2004, als RUE im schweizerischen Steuerparadies Zug registriert wurde, wurde im ebenfalls als Steueroase bekannten Österreich von der Raiffeisen Investment die Centragas Holding AG in Wien angemeldet. Verwaltet wurde die RUE von einem Koordinierungskomitee, das aus acht Mitgliedern bestand. Vier von der Gazprombank und vier von Raiffeisen Investment. Mitglieder des Komitees auf der Seite von Centragas waren unter anderem Wolfgang Putschek und Juri Boiko, der damalige Generaldirektor der staatlichen Naftogaz Ukraine. Zu den vier Mitgliedern der Gazprombank gehörten Alexander Medwedew von Gazprom Export, Alexander Ryazanow, stellvertretender Vorsitzender des Managementkomitees von Gazprom, sein Stellvertreter, Juri Komarow, und der Chef der Gazprombank, Andrej Akimow.

Interfax zitierte den damaligen ukrainischen Ministerpräsidenten Juri Jechanurow (2005–2006), der zu dem Thema, dass RosUkrEnergo doch wegen krimineller Aktivitäten Bestandteil von Ermittlungen sei, Folgendes antwortete: »Die Ukraine hatte keine Verbindung zu RUE. Es ist eine Firma, die von Gazprom gegründet wurde.« Während des Interviews sagte er außerdem: »Es ist nicht so, dass wir uns dessen nicht bewusst sind, was die RUE ist. Wir haben aber keine Alternative. Die russische Seite bot eine Firma an. Weder unser Sicherheitsdienst noch unsere wirtschaftlichen Partner haben irgendeinen offiziellen Beweis wegen fehlender Transparenz bei den Geschäften dieser Firma.«[28]

Gemeint war nicht nur Semjon Mogilewitsch, sondern auch Dmytro Firtasch, der mächtige ukrainische Oligarch.

Die Rolle der Raiffeisen Investment im Zusammenhang mit der RosUkrEnergo blieb lange Zeit im Nebel des Bankgeheimnisses versteckt. Wolfgang Putschek, der bei Raiffeisen Investment die Aktien der Centragas verwaltete, behauptete zunächst, dass sein Unternehmen überhaupt nichts mit der RUE zu tun habe und nur dessen Anlageportfolio verwalte. Das würde ukrainischen Geschäftsleuten gehören, die in der Gaswirtschaft tätig sind.[29] Er weigerte sich, diese Investoren konkret zu nennen. In einer Pressemitteilung vom 4. Januar 2006 erklärte er wiederum, dass sein Unternehmen sicherstellen soll, dass RUE im Einklang mit den westeuropäischen Standards arbeite und Raiffeisen Investment lediglich die finanziellen Angelegenheiten überwache.

Dafür hat er immerhin viel Geld kassiert, glaubt man einer Depesche von US-Diplomaten, die am 1. Dezember 2010 durch Wikileaks öffentlich wurde. »RosUkrEnergo zahlte jährlich je 360 000 Dollar an jeden der zwei Raiffeisen-Investment-Verantwortlichen als Beratungsgebühr. Wir vermuten, dass es wahrscheinlich Schmiergeld für die RIAG ist, um Mogilewitsch außen vor zu halten.«[30] So weit diese Behauptung der US-Diplomaten, die von den Beteiligten später dementiert wurde.

Warum sollte die Gazprombank, ein mächtiges Kreditinstitut, zur Überwachung der »finanziellen Angelegenheiten« eine Investmentgesellschaft in Wien benötigen? Ist es vorstellbar, dass die Gazprombank ihren eigenen Steuerberatern misstraut und deshalb ein Unternehmen gründet, um die Transparenz zu gewährleisten?

»Wir haben unsere Auftraggeber einer strikten Überprüfung unterzogen«, erklärte Wolfgang Putschek gegenüber Journalisten des österreichischen Wochenmagazins *Profil* als Begründung. »Ich sehe da wenig Raum für Irrtümer.« Raiffeisen Investment sei in dieser Transaktion nur finanz- und rechtstechnischer Abwickler: »Wir führen bloß die Aufträge unserer Treugeber aus – selbstverständlich auf legaler Basis. Sollten wir irgendwelche Bedenken haben, etwa dass es kriminelle Verbindungen geben könnte, würden wir uns sofort zurückziehen. Das ist auch vertraglich vereinbart.«[31] Außerdem hätten doch die Compliance-Abteilung der Raiffeisen und die US-Sicherheitsfirma Kroll die Treugeber genau überprüft und nichts Bedenkliches bei den ukrainischen Geschäftsleuten gefunden, und die hätten dann grünes Licht gegeben. Das war dann anscheinend eine besondere Prüfungsmethode.

Zumindest bei Gazprom war das Image bedroht, weil so viele internationale Polizeibehörden, insbesondere das FBI, sich mit dem Unternehmen beschäftigten. Am 16. Januar 2007 kaufte Gazprom daher die Gazprombank-Anteile an der RUE auf und setzte neue Manager ein. Unter anderem Valery Golubew, einen ehemaligen KGB-Offizier, der 2006 stellvertretender Vorsitzender des Gazprom-Verwaltungsrats wurde. Trotzdem blieben die ukrainischen Aktionäre von Centragas weiter geheim. Erst auf großen internationalen Druck hin legte die Raiffeisen Investment im Juni 2006 die bislang geheimen Treugeber (Dmytro Firtasch und Ivan Fursin) offen – und beendete die so lange geheimgehaltenen Beziehungen.

Ob es danach weitere Geschäftsbeziehungen zu Firtasch gegeben hat, ließ Putschek offen. »Wir sehen keinen Grund, einen Kunden wie Herrn Firtasch abzulehnen«, wird er vor einem Untersuchungsausschuss in Wien zitiert. Aber – wir ahnen es – Kundenbeziehungen unterliegen generell dem Bankgeheimnis. Und das österreichische Bankgeheimnis ist bekanntlich besonders ausgeprägt, wenn es um Kunden aus der ehemaligen UdSSR geht.

Wie ging es mit RosUkrEnergo weiter?

Die international angesehene Nichtregierungsorganisation Global Witness in London hat sich als erste Organisation überhaupt das Ziel gesetzt, die Verflechtungen zwischen der Nutzung natürlicher Ressourcen einerseits und Konflikten und Korruption andererseits aufzubrechen.[32]

Am 8. Januar 2009 schrieb Global Witness einen offenen Brief an Alexei Miller, den Vorstandsvorsitzenden von Gazprom. »Wie Sie natürlich wissen, kauft RosUkrEnergo Gas von Gazprom, um es in die Ukraine und andere Länder zu verkaufen. Fünfzig Prozent gehören Gazprom. Es ist nun öffentlich geworden, dass der Rest der Anteile zwei ukrainischen Geschäftsleuten gehört, Dmytro Firtasch (45 Prozent) und Ivan Fursin (fünf Prozent). Wir versuchen seit vier Jahren zu verstehen, warum eine solche Zwischenfirma notwendig ist.«[33]

Global Witness bezog sich auf eine Zusage vom Februar 2008, als der damalige Präsident Wladimir Putin und der ukrainische Präsident Viktor Juschtschenko eine Vereinbarung getroffen hatten, wonach RosUkrEnergo durch ein Joint Venture abgelöst werden sollte, und zwar direkt zwischen Gazprom und dem ukrainischen staatlichen Energiemonopol Naftogaz Ukraine. Doch entgegen diesen Verlautbarungen hatte sich nichts getan.

Die Installation von RosUkrEnergo (RUE) im Sommer 2004 war trotz alledem ein gutes Geschäft. 2006 berichtete die Gazprombank, dass Gazprom von RosUkrEnergo eine Dividende von 367,8

Millionen Dollar erhalten habe. Das heißt aber auch, dass Dmytro Firtasch und Ivan Fursin eine Dividende in gleicher Höhe gutgeschrieben bekamen, die ansonsten bei Gazprom die Aktionäre gefreut hätte. Bis 2009 zahlte RUE an Gazprom über zwei Milliarden Dollar an Dividenden – das Tausendfache des Kaufpreises. 2010 war in ukrainischen Medien zu lesen, dass an Gazprom für das Jahr 2010 eine Dividende von insgesamt 550 Millionen von RUE überwiesen wurde.

Dann jedoch wurde RUE auf Anordnung der ukrainischen Ministerpräsidentin Julia Timoschenko im Jahr 2010 erst einmal aus dem lukrativen Gasgeschäft gedrängt – mit unabsehbaren Folgen für die politische Kultur in der Ukraine. »Korrumpierte und skrupellose Schattenfirma«, nannte sie RUE und erzwang direkte Gaslieferungen von Russland in die Ukraine ohne den Umweg über einen ominösen Mittelsmann.

Der staatliche ukrainische Gaskonzern Naftogaz beschlagnahmte deshalb kurzerhand 12,1 Milliarden Kubikmeter Gasreserven von RUE. In einer Nacht-und-Nebel-Aktion hatte Gazprom seine Forderungen gegenüber der RUE (1,7 Milliarden US-Dollar) an Naftogaz abgetreten und so die Gasbeschlagnahmung ermöglicht. Der Konflikt über diese Aktion hält bis heute an. Denn RosUkrEnergo (RUE) klagte gegen diesen Beschluss der Regierung. Vor dem Stockholmer Schiedsgericht wurde im Sommer 2010 Naftogaz dazu verpflichtet, die 12,1 Milliarden Kubikmeter Erdgas an RUE zurückzugeben. Bei der Bewertung gingen die Auffassungen beider Seiten vor dem Schiedsgericht weit auseinander. RUE hatte erklärt, dass Naftogaz 5,4 Milliarden US-Dollar zahlen solle, während die ukrainische Seite diesen Wert im Moment der Beschlagnahmung mit 1,6 Milliarden US-Dollar bewertet hatte. Der aktuelle Preis lag bei der Entscheidung des Stockholmer Schiedsgerichts bei 2,78 Milliarden US-Dollar.[34]

Im August 2010 bestätigte ein Gericht in Kiew die Entscheidung des Schiedsgerichts und verpflichtete Naftogaz, an RosUkrEnergo 12,1 Milliarden Kubikmeter Gas bis zum 1. September 2010 oder innerhalb einer von beiden Seiten abgestimmten Frist zu erstatten. Das wären umgerechnet drei Milliarden US-Dollar. Ein anderes Urteil wäre in Kiew auch nicht zu erwarten gewesen. Jetzt herrschte Viktor Janukowitsch, der die bislang sowieso nicht besonders unabhängige Justiz endgültig gefesselt hatte. Auf jeden Fall können sowohl Gazprom wie Dmytro Firtasch seitdem weiter ihre Geschäfte in Europa betreiben.

Und eine der größten Gegnerinnen von RosUkrEnergo war inzwischen ebenfalls ausgeschaltet. Julia Timoschenko, die einstige glamouröse Ministerpräsidentin, wurde am 11. Oktober 2011 zu sieben Jahren Gefängnis verurteilt. Der Vorwurf gegen sie war ein umstrittener Gasvertrag mit Russland, aus dem sie übrigens keinerlei persönlichen Nutzen gezogen hatte. Ihre politische Entscheidung, sich von RosUkrEnergo zu lösen, hätte bei dem Staatsunternehmen Naftogaz zu einem Schaden von 188 Millionen Dollar geführt. Vor der Urteilsverkündigung sagte sie noch zu Journalisten:»Ich weiß sehr genau, dass das Urteil nicht von Richter Kirejew gesprochen wird, sondern durch Präsident Janukowitsch. Wie immer das Urteil ausfallen wird, mein Kampf wird weitergehen.«[35]

Wien, warum immer wieder Wien?

Während der achtjährigen Präsidentschaft von Wladimir Putin entwickelte sich die Stadt an der Donau zum bevorzugten Operationsgebiet russischer und ukrainischer Öl- und Gasunternehmen. Die Attraktion von Österreich könnte damit zusammenhängen, dass »bei Fragen der Bestechung, bei Untreue und Betrug, bei der Selbstbedienungsmentalität der Parteien (abgesehen von den Grünen) aus dem Staatseigentum«[36] die Eliten aus der ehemaligen UdSSR sich irgendwie heimisch fühlten.

Heute ist Wien die Drehscheibe für die wichtigsten russischen Gasaktivitäten in Westeuropa. Ein kurzer Rückblick: In den achtziger und neunziger Jahren war Wien das offene Tor für unterschiedlichste wirtschaftliche und geheimdienstliche Aktivitäten des KGB beziehungsweise des Auslandsnachrichtendienstes SWR. Seit Anfang der neunziger Jahre konnten sich bekannte kriminelle Autoritäten ein schönes Leben in den Wiener Luxushotels machen oder prächtige Villen in ganz Österreich kaufen. Mit ihren prallen Geldbündeln, weil sie den Banken noch nicht vertrauten, war in Österreich sowieso vieles zu kaufen, nicht nur Sachwerte wie Immobilien oder Edelmarken-Luxuskitsch.

»Die größte Bedrohung stellen die enormen Gelder der GUS-Staaten dar, die über eigens in Österreich gegründete Handelsgesellschaften in das heimische Bankwesen einfließen. Die Herkunft der Gelder ist meist nicht zu ermitteln. Es gibt immer wieder Hinweise, die auf Betrug, Drogenhandel, Korruption hinweisen. Die Größe dieses Problems ist schwer einzuschätzen, da anzunehmen ist, dass große Organisationen bereits seit Jahren ausgeklügelte Systeme anwenden, die unauffällig funktionieren, zum Beispiel reell arbeitende Firmen, die illegale Geschäfte mit den legalen bis zur Unkenntlichkeit vermischen.« Das war das Resümee der österreichischen EDOK, die Einsatzstelle zur Bekämpfung organisierter Kriminalität im Wiener Innenministerium aus dem Jahr 1997.

Die EDOK gibt es schon lange nicht mehr, und auch ansonsten hat sich in Wien manches verändert. Heute ist Österreich, was die Energieversorgung angeht, auf jeden Fall fest in den Händen russischer Erdgas- und Ölkonzerne. Für die österreichischen Parteien, ob Sozialdemokratische Partei Österreichs (SPÖ) oder Österreichische Volkspartei (ÖVP) war das kein Problem, profitierten sie beziehungsweise hohe Amtsträger doch von der Wiener Freundschaftspflege auf die eine oder andere Art und Weise.

Eine Person steht für diesen Einfluss. Es ist Alexander Medwedew, der heutige Chef von Gazprom Export und Gazprom-Vorstandsmitglied.

Von 1989 bis 1991 war er Direktor der sowjetischen Donau-Bank und Direktor der Tochtergesellschaft Inter Trade Consult und danach Direktor der österreichischen IMAG Investment Management Gruppe.[37] Dass die einstige Donau-Bank zu Zeiten des Kalten Krieges auch Gelder des KGB verwaltete, war in Wien und Washington kein Geheimnis.

In Österreich pflegte Alexander Medwedew während seiner unternehmerischen Aktivitäten Beziehungen zu Politikern der SPÖ, unterhielt klugerweise aber auch Kontakte zur ÖVP und vor allem zu Haiders Freiheitlicher Partei Österreichs (FPÖ).

Noch freundlichere Beziehungen bestanden zum damaligen Chef der Gewerkschaftsbank BAWAG (Bank für Arbeit und Wirtschaft AG) und zu diversen Vorständen der Raiffeisenbank Österreich. Über Alexander Medwedew dürfte die Raiffeisenbank ihre Vormachtstellung in der Ukraine gesichert haben. Besonders auffällig, obwohl verständlich, waren seine exzellenten Kontakte zum Vorstand der österreichischen Mineralstofffirma OMV. Nicht weniger bedeutsam schienen Kontakte zu Martin Schlaff zu sein, einem der umstrittensten Millionäre aus Österreich. »Von geheimnisvollen Stiftungen in Österreich und Liechtenstein ist die Rede, über die führende Gazprom-Manager Gelder transferierten. Schlaffs Steuerberater und Vertrauter, Michael Hason, besetzt in der Centrex-Gruppe eine Reihe wichtiger Positionen. Zu Schlaffs Imperium gehört ebenfalls eine Firma in Zypern. Die hat dort denselben Sitz wie die Centrex.«[38]

Dieses Unternehmen Centrex spielt im europäischen Gasgeschäft eine wichtige, wenn nicht die zentrale Rolle. Begonnen hatte alles in den neunziger Jahren mit dem eher kleinen Unternehmen Jurimex und einer Tochterfirma, der Jurimex Energy & Gas Development AG. Daraus wurde schließlich die Centrex. Aus der Centrex entstand die Centrex Europe Energy & Gas Develogmet AG, die Centrex Beteiligungs GmbH und die Centrex Gashandels und -vertriebs GmbH. Über allem herrscht jedoch die Centrex Group Holding in Limassol, Zypern. Und unter der gleichen Adresse findet sich auch ein Gazprom-Unternehmen. Gazprom Germania ist mit 25 Prozent an der Centrex Europe Energy & Gas Holding in Wien beteiligt.[39]

»Wer soll da noch eine Übersicht haben?«, fragten sich deshalb viele Beobachter des internationalen Energiemarkts. Sie rätselten darüber, ob diese Firmengeflechte vielleicht dazu dienen, beträchtliche Gewinne aus den Unternehmen abzuzapfen und sie in Stiftungen in Österreich und Liechtenstein zu bunkern. Bislang konnte dieses Rätsel niemand lösen.

Gleichzeitig breiteten sich Gazprom und mit dem Konzern in Verbindung stehende Unternehmen in Wien weiter aus.

Vorläufiger Höhepunkt war die Gründung einer neuen Gasbörse in Wien. An der Wiener Börse nahm am 11. Dezember 2009 die CEGH Gas Exchange die Handelsaktivitäten als Gasbörse auf. Die Wiener Gasbörse entstand aus der österreichischen Gas-Drehscheibe des Central European Gas Hub (CEGH). Diese Tochter der OMV Gas & Power GmbH stellt internationalen Gasunternehmen eine Handelsplattform in Baumgarten und an anderen Grenzpunkten des österreichischen Netzes zur Verfügung.

»Gazprom und OMV hatten bereits im Mai 2007 einen Einstieg der Russen bei der österreichischen Gas-Drehscheibe und deren gemeinsamen Ausbau zum größten Gashub Kontinentaleuropas vereinbart. Im November 2008 verständigten sie sich zusätzlich auf die Errichtung einer zentraleuropäischen Gasbörse mit Spot- und Terminmarkt. Der Terminhandel soll im kommenden Jahr aufgenommen werden.«[40]

Alleineigentümer des Unternehmens war der Energiekonzern OMV. Aufgrund eines Kooperationsabkommens, das OMV und Gazprom im Januar 2008 unterzeichneten, soll Gazprom zur Hälfte beteiligt werden (zu dreißig Prozent über Gazprom Germania und zu zwanzig Prozent über die Gashandelsfirma Centrex). Außerdem soll die Wiener Börse zwanzig Prozent übernehmen, so dass OMV noch dreißig Prozent verbleiben. »Die neue Gasbörse hat gute Aussichten, dem vor zweieinhalb Jahren eröffneten Gashandel an der Europäischen Strombörse European Energy Exchange AGEEX in Leipzig den Rang abzulaufen, der eher schleppend verläuft. Das Verhältnis der beiden Handelsplätze ist offiziell aber eher von Kooperation als Konkurrenz geprägt.«[41]

Bis zum heutigen Tag hat das intensive wirtschaftliche Engagement Russlands in Österreich nicht nur wirtschaftliche Konsequenzen durch Abhängigkeiten, sondern zwangsläufig auch politische Folgen. Das zeigte sich zuletzt im Juli 2011, als ein mit Haftbefehl gesuchter Ex-KGB-Offizier in Österreich am Wiener Flughafen verhaftet wurde. Aufgrund intensiver Interventionen des russischen Botschafters in Wien konnte der Ex-KGB-Offizier unbehindert nach Moskau zurückfliegen. Er soll in Litauen vor zwanzig Jahren verantwortlich für den Tod von zwanzig litauischen Demonstranten gewesen sein, als er die litauische Unabhängigkeitsbewegung bekämpfte. Damit er nicht nach Litauen ausgeliefert würde, drohte der russische Botschafter dem österreichischen Außenministerium anscheinend mit politischen und wirtschaftlichen Folgen.

Der Grünen-Abgeordnete Peter Pilz brachte den Skandal auf den entscheidenden Punkt: »Wenn Putin auf die Gasleitung zeigt, geht die österreichische Regierung in die Knie.«[42]

9 Ein gewagtes Machtspiel oder Hintergründe eines eiskalten Winters

Welche Schlüsselrolle die Zwischenhandelsfirmen wie RosUkrEnergo auf der einen Seite und das ukrainische Staatsunternehmen Naftogaz und Gazprom auf der anderen Seite beim sogenannten Gaskrieg 2009 spielten, ist bislang mehr oder weniger ausgeblendet worden. Daher ein kurzer Rückblick. Im tiefsten Winter 2009 kam aus der Ukraine kein Gas mehr. Russland hatte den Gashahn für die Ukraine zugedreht. Etwa achtzig Prozent des russischen Gases wurden bisher über Leitungen in der Ukraine in die Europäische Union gepumpt. »Nachdem bereits am Dienstag weite Teile Europas von russischen Gaslieferungen abgeschnitten waren, verschärfte sich die Situation weiter. Österreich, Italien, Bulgarien, Griechenland, Tschechien und Rumänien meldeten am Mittwoch einen Totalausfall russischer Gasimporte. In Serbien frieren Zehntausende Menschen zum orthodoxen Weihnachtsfest in kalten Wohnungen.«[1]

Denn die Ursache für diesen Konflikt war nicht nur, dass RosUkrEnergo und damit auch Gazprom nicht mehr am besonders lukrativen Geschäft mit Gas beteiligt waren, sondern dass Naftogaz vollkommen überschuldet war und fällige Rechnungen aus Moskau nicht mehr bezahlen konnte. Diese Schulden waren das Motiv, um der Ukraine und damit Europa den Gashahn zuzudrehen. Als der Konflikt zwischen der Ukraine und Russland wegen der Schulden und verspäteten Zahlungen an Russland begann, wurde deutlich, dass in großem Umfang RosUkrEnergo verstrickt war. Als dann auch noch Gazprom Chef Alexei Miller erklärte, RUE sei sogar verantwortlich für den Abbruch der Verhandlungen am 31. Dezember 2008 zwischen den ukrainischen und russischen Kontrahenten gewesen, der schließlich im Winter 2009 zur Gasblockade in der Ukraine und danach in anderen EU-Staaten führte, dann ergibt überhaupt nichts mehr einen wirtschaftlichen wie politischen Sinn. Schließlich ist Gazprom selbst zu fünfzig Prozent Anteilseigner an der RUE. Und es war der Gazprom-Vorstand, der darauf bestanden haben soll, dass RUE die neue Zwischenfirma werden müsse.

Der kalte Winter in Europa 2009 beziehungsweise die Abhängigkeit von der Ukraine in der Gasversorgung aufgrund der Zwischenfirmen war und ist immer noch das Hauptmotiv zum Bau der Nord-Stream- wie der South-Stream-Pipeline. Diese Zwischenstationen sollten ausgeschaltet werden. Doch war das alles nicht nur ein strategisches Spiel, insbesondere weil Gazprom selbst an einer dieser Zwischenfirmen mit fünfzig Prozent beteiligt war?

»Aber Putin ist es, der in den kommenden Tagen den Ton angibt, er ist der starke Mann, der Krisenmanager. Die Einladungen zu Briefings des Managements in Moskau verschickte nicht der Pressedienst Gazproms, sondern der Kreml. Die Politik hat übernommen. Nachher wird es heißen, Moskau habe den Konflikt sorgfältig vorbereitet, um die Ukraine international zu diskreditieren, das Land innenpolitisch zu destabilisieren und einen hohen Gaspreis herauszuholen. Also doch: Gas als Waffe, Gazprom – das Schwert.«[2]

Die ukrainische Regierung scheint seitdem vordergründig ukrainische Unternehmen vor dem Zugriff russischer Unternehmen schützen zu wollen, zumindest was das Gasgeschäft angeht. Doch das ist nur Camouflage. Denn es gelang Gazprom, im Jahr 2011 seinen Einfluss am ukrainischen Gasmarkt weiter auszubauen, insbesondere aufgrund des Einflusses von Dmytro Firtasch auf den Gasmarkt des Landes. Deshalb lohnt sich auch ein Blick auf das Unternehmen Naftogaz, das Anteile an allen ukrainischen Gasversorgern besaß; bei etwa einem Drittel liegt er zwischen fünfzig und 51 Prozent. In den letzten Jahren jedoch sank dieser Einfluss immer weiter. Hauptnutznießer sind Gazprom und Dmytro Firtasch. Sie glauben anscheinend, jetzt endgültig den ukrainischen Gasmarkt erobern zu können.

Dafür spricht eine Meldung in einem Aktienportal vom 6. Mai 2010. Demnach habe der ukrainische Ministerpräsident Mikola Azarow mitgeteilt, dass seine Regierung den Vorschlag der Gazprom, die beiden staatlichen Unternehmen Naftogaz und Gazprom zu fusionieren, prüfen werde. Es war Wladimir Putin, der vorgeschlagen hatte, Naftogaz und Gazprom zu fusionieren. Und das geht nur, indem Naftogaz erst einmal in die Schuldenfalle getrieben wird.[3]

In einem Bericht des BND (VS vertraulich) vom Dezember 2011 wird das Folgende behauptet: »Schätzungsweise siebzig Prozent der Gasversorger werden – unter anderem durch Korruption – von Firtasch-Strukturen kontrolliert.«

In den vergangenen Jahren habe demnach Firtasch systematisch Firmen aufgekauft, die Aktien von Gasversorgern halten. Erwähnt wird in dem BND-Dokument auch, dass das Firtasch-Unternehmen Ostchem in Wien eigenständig Gas in Kasachstan, Turkmenistan und Usbekistan aufkauft, und zwar über Gazprom Germania. Inzwischen führten die hohen Schulden des Staatsunternehmens Naftogaz insbesondere gegenüber russischen Banken dazu – sie werden auf über fünf Milliarden Dollar geschätzt –, dass die Zerschlagung von Naftogaz diskutiert wird. Das wäre ein fetter Happen – sowohl für Firtasch wie Gazprom. Konsequent wird dieses Ziel verfolgt.

Die Möglichkeit dazu verschaffte – unabsichtlich – die ehemalige ukrainische Ministerpräsidentin Julia Timoschenko, die Anfang 2009 mit dem Kreml einen für die Verbraucher zwar sehr günstigen, für Naftogaz jedoch extrem ungünstigen Vertrag abgeschlossen hatte. Denn diese Vereinbarung führte dazu, dass das Staatsunternehmen immer mehr Verluste anhäufte. Ob das bewusst geschah, sozusagen im Interesse des Kremls, sei dahingestellt.

Nicht weniger wichtig ist, dass die mangelnde Bilanzkontrolle bei Naftogaz es auf allen Stufen des Gaszwischenhandels ermöglichte, Gelder abzuzweigen. Die fehlten für Investitionen in der Infrastruktur des Staatskonzerns.

Das bestätigt auch der BND-Bericht vom Dezember 2011: »Die Zusammenarbeit zwischen Ukraine und Russland auf dem ukrainischen Gasmarkt hat sich seit der Übernahme des Präsidentenamtes durch Viktor Janukowitsch stark entwickelt. Die Folge: Die staatliche Naftogaz muss regelmäßig mit Mitteln aus dem Staatshaushalt oder Krediten des Internationalen Währungsfonds vor der Insolvenz bewahrt werden.«

Die wahren Profiteure dieser Politik sind die regierungsnahen Oligarchen in der Ukraine. Und nicht zu vergessen, wie der BND behauptet: »Juri Boiko – Energieminister, Valeri Khorchowskij – Direktor des Geheimdienstes SBU, und Viktor Janukowitsch – Staatspräsident.« Diese Erkenntnis deckt sich mit den Aussagen von Julia Timoschenko, die im März 2010 von ihrem Amt als Ministerpräsidentin zurücktreten musste.

Sie erklärte am 6. September 2010 vor ausländischen Diplomaten, dass Dmytro Firtasch als ein Teilhaber von RosUkrEnergo de facto der finanzielle Förderer ihres Rivalen Janukowitsch gewesen sei. »Ein weiterer Partner von RosUkrEnergo ist der gegenwärtige Chef der Staatssicherheit, Valeri Khorchowskij, der auch Partner des Fernsehkanals Inter TV ist. Außerdem war in der Vergangenheit der gegenwärtige Chef des Präsidentenamtes, Ljowoschkin, ein Geschäftspartner von RosUkrEnergo. Das sind offensichtliche Fakten, die heute keinerlei Proteste mehr auslösen.«[4]

Das Fazit des BND-Berichts vom Dezember 2011: »Die Zusammenarbeit mit Gazprom führt zum weiteren Vordringen Gazproms auf dem ukrainischen Gasmarkt; die ukrainische Regierung nimmt das in Kauf.« Genau wie andere Regierungen in Europa.

Wer also ist dieser Gasoligarch, und woher kommt er?

Die Erfolgsgeschichte des Dmytro Firtasch und seine Verbindungen nach Deutschland

Dmytro Firtasch selbst präsentiert sich als erfolgreicher Unternehmer, der sehr früh mit dem Gasgeschäft begann. Er wurde am 2. Mai 1965 in der Ukraine geboren. Seine Mutter war Buchhalterin in einer Zuckerfabrik und sein Vater Fahrer. 1984 schloss er das Eisenbahn-Technikum in Dnipropetrowsk ab und diente von 1984 bis 1986 in der sowjetischen Armee. Danach wurde er Feuerwehrmann in Czernowitz. Als nächstes folgte der Handel mit Butter, Fleisch und Autos. Alles spielte sich, soweit das nachprüfbar ist, in der Ukraine ab.

Im Jahr 1990, im Alter von 25 Jahren, ging er mit einem Kapital von 50 000 Dollar nach Moskau, um nun größere Geschäfte zu tätigen.[5]

Noch war er im Handel mit Lebensmitteln tätig. Während seines Aufenthalts in Moskau sei er nach Turkmenistan gefahren und habe dort den ukrainischen Geschäftsmann Igor Bakai getroffen, der Autos verkaufte, aber größere Pläne gehabt hätte. Bakai habe danach den ukrainischen Ministerpräsidenten Leonid Krawtschuk getroffen und ihn davon überzeugt, ihm die Genehmigung zu geben, Gas aus Turkmenistan für die Ukraine zu kaufen. 1993 gründete er das Unternehmen Respublica, das später in Intergas umgewandelt wurde und das lukrative Gasgeschäft zwischen Turkmenistan und der Ukraine betrieb. Bakai wurde später, 1998, Generaldirektor der staatlichen Öl- und Gasgesellschaft Naftogaz. Gemeinsam hätten sie, Bakai und Firtasch, beschlossen, ins lukrative Bartergeschäft (Tauschhandel) einzusteigen – Lebensmittel gegen Gas aus Turkmenistan, ein typisches Bartergeschäft.[6]

Die nächsten zehn Jahre sei er, Firtasch, dann hinter den Kulissen im Gashandel aktiv gewesen, bis er auf Itera und Igor Makarow gestoßen sei und dessen Gasgeschäft übernommen habe. Das könnte so gewesen sein – muss es aber nicht. Denn es gibt da eine Beziehung nach Deutschland. Und die fehlt in seiner farbigen Biographie.

Ende der neunziger Jahre, also zu der Zeit, als er in Russland und der Ukraine mit Bartergeschäften vermögend geworden sein will, taucht sein Name zwei Mal in Berlin auf.

Zum einen ist er laut Ausländerzentralregister (AZR) als Dimitri Firtasch, geboren 2. Mai 1965, in der Potsdamer Straße aufgeführt.

Am 18. August 1996 ist er demnach nach Berlin eingereist. Die Aufenthaltsgenehmigung wurde widerrufen, da Einreisebedenken bestanden, und Firtasch zog am 1. Juli 1998 wieder aus Berlin weg. Wohin, ist unbekannt.

In einem anderen Meldesystem, dem des Berliner Landesamtes für Bürger- und Ordnungsangelegenheiten, ist hingegen ein Dmitri Firtasch erfasst, und zwar mit dem gleichen Geburtstag und Geburtsort wie Dimitri Firtasch. Der Vorname unterscheidet sich hier nur durch das fehlende I.

Mit einem Kaufvertrag vom 23. Oktober 2003 hat er demnach ein Grundstück in Berlin-Zehlendorf erworben. Der Kaufpreis belief sich auf 784 000 Euro. Als Zustellungsbevollmächtigter für seine Post wurde im Grundstücksvertrag ein A. S. angegeben, der wiederum mit Firtaschs Exehefrau verheiratet ist.

Am 29. Juni 2004 übertrug er das Grundstück unentgeltlich seiner in Berlin lebenden Tochter. Der Schenkungsvorgang wurde beim Finanzamt Neukölln bearbeitet und eine Schenkungssteuer von 130 948 Euro festgesetzt.

Ein knappes Jahr später wurde die notarielle Vereinbarung zwischen Vater und Tochter geschlossen, dass das Wohngebäude Eigentum der Tochter geworden ist. Die Baukosten beliefen sich auf eine Summe von 1,1 Millionen Euro.

Meine Nachfrage bei seiner Exehefrau – sie ist heute Mitbesitzerin eines noblen Bekleidungsgeschäfts in Berlin –, ob sie mir etwas zu ihrem Exmann sagen könnte, blieb ohne Antwort. Ihre Reaktion: »Dazu sage ich nichts.«

Für Firtaschs damalige Lebensgefährtin K. hingegen wurde als Meldeanschrift die Uhlandstraße in Berlin angegeben. Sie reiste am 19. Dezember 1996 nach Berlin ein und verließ Deutschland aufgrund einer Ausweisungsverfügung wieder am 20. Februar 2000. In dem Verfahren wegen Verstoßes gegen das Ausländergesetz wurde als Meldeanschrift »Uhlandstraße, bei Firtasch« angegeben. Auch hier war er demnach angemeldet und nicht nur in der Potsdamer Straße. Alles ist höchst unklar, was die Motive seines mehrjährigen Aufenthalts in Berlin angeht.

Dmytro Firtaschs weitere nachweisbare Spuren in Deutschland führen zu einem Unternehmen in München, an dem er und seine damalige Lebensgefährtin K. beteiligt waren. Im zentralen Handelsregister vom 12. September 1997 findet sich dieses Unternehmen. Es ist die Transspeditions GmbH. Gegenstand des Unternehmens sind: Warenspedition in die GUS-Staaten, An- und Verkauf von Kraftfahrzeugen und so weiter. Das Stammkapital betrug 100 000 D-Mark.

Als Geschäftsführer des Unternehmens sind K., Kauffrau in Berlin, und Dmytro Firtasch, Kaufmann in Berlin, eingetragen. Der Gesellschaftsvertrag wurde am 29. August 1997 geschlossen. Ein weiterer Geschäftsführer ist ein Kaufmann aus München. Drei Jahre lang existierte das Unternehmen.

Dem Handelsregister vom 18. April 2000 ist zu entnehmen, dass Dmytro Firtasch und K. als Geschäftsführer wieder ausgeschieden sind. Ihr Geschäftspartner aus München hatte danach weitere Firmen mit viel Kapital gegründet, unter anderem eine Spedition.

1996 hatte K. ihren langjährigen Freund Dmytro Firtasch geheiratet und ließ sich knapp zehn Jahre später von ihm scheiden. Sie forderte eine Milliardensumme. Als Vergleichsangebot wurde ihr ein zweistelliger Millionenbetrag angeboten. Es kam zum Streit, in dem es auch um Firtaschs Vermögensverhältnisse ging.

Der Streit wurde nicht nur in Kiew, sondern auch in Wien vor Gericht ausgetragen. In Wien, weil Dmytro Firtasch hier inzwischen ein weitverzweigtes Firmenimperium aufgebaut hatte: Auf der Webseite seiner Holding sind jene Firmen aufgeführt, die von ihm kontrolliert werden: Centragas, die fünfzig Prozent von Ros-UkrEnergo besitzt, Zangas für den Pipelinebau und -berieb, Ebfesz, ein ungarisches Energieunternehmen, DF Real Estate AG für Gasfelder und Immobilien und insbesondere Ostchem, selbst eine Holding für zahlreiche Chemiefirmen in Osteuropa.[7]

Mein mehrfaches Nachfragen bei Dmytro Firtasch, was genau er in Berlin getan und ob er in Berlin in Immobilien investiert habe, blieb unbeantwortet.[8]

Seine Macht setzt er insbesondere in der Ukraine ein, und das wiederum hat Folgen nicht nur für die Demokratisierungsprozesse in der Ukraine selbst, sondern auch für die Energieversorgung Europas.

Besonders protegiert wird Firtasch dabei von seinem alten Freund Igor Bakai. Der ehemalige Chef des Staatsunternehmens Naftogaz gründete die karibische Strohfirma Annex Holding, um über diese Firma Washingtoner Lobbyisten zu bezahlen, damit Treffen zwischen Igor Bakai und führenden Republikanern ermöglicht werden. 98 000 Dollar ließ er sich die Vermittlung kosten, bezahlt von der Annex Holding, die wiederum Anteile an dem umstrittenen Gasgeschäft mit Firtasch hatte. Der kann triumphieren. Am 17. Februar 2012 ernannte ihn der ukrainische Präsident Viktor Janukowitsch zum Vorsitzenden des Nationalen Sozial- und Wirtschaftsrats.[9] Der Rat spielt die zentrale Rolle bei der Steuerung der staatlichen Politik.

Von Kiew nach Baden-Baden – der Tummelplatz für Gasbarone

Auch Igor Bakai ist in Deutschland kein Unbekannter. Weihnachten und Neujahr 2003 übernachtete er im noblen Schlosshotel Bühlerhöhe, und einige Wochen später nochmals, vom 16. Januar bis 2. Februar 2003. Ein Jahr zuvor war er Vater eines Mädchens geworden, das in der Stadtklinik Baden-Baden zur Welt kam. Die schöne Oase der Vermögenden muss das Ehepaar Bakai seitdem ins Herz geschlossen haben. Auch wenn das Landeskriminalamt in Stuttgart zu seinen Besuchen eine wenig schmeichelhafte Feststellung traf: »Igor Bakai ist der Ziehsohn von Kutschma (der damalige Präsident der Ukraine, d. Autor) und steht offensichtlich unter dessen Schutz. Eine andere Beurteilung scheint widersinnig, da trotz eines Rechtshilfeersuchens wegen Verdachts der Untreue und Geldwäsche bislang kein internationaler Haftbefehl ergangen ist«. Er soll zusammen mit seinem Vizechef bei Naftogaz 86 Millionen US-Dollar unterschlagen haben

Igor Didenko, der Vizechef von Naftogaz, wurde im Januar 2001 bei seiner Einreise nach Deutschland verhaftet und wegen eines anderen Delikts angeklagt. Vor dem Landgericht Hildesheim musste er sich wegen Verdachts der Untreue verantworten. Er und ein mitangeklagter ukrainischer Banker sollen von insgesamt 400 Millionen D-Mark Entschädigung für ehemalige ukrainische Zwangsarbeiter sechzig Millionen für sich abgezweigt haben. Veruntreut wurden Gelder deutscher Steuerzahler, die für die ehemaligen ukrainischen Zwangsarbeiter deutscher Firmen bestimmt waren. Das Geld wurde zwar nach Kiew überwiesen, versickerte dann aber in Briefkastenfirmen in den Steuerparadiesen Zypern oder der Isle of Man. Beide Angeklagten wehrten sich mit allen denkbaren Mitteln gegen die Vorwürfe der Staatsanwaltschaft. »Doch die Staatsanwaltschaft, die nach verbalen Ausfällen Didenkos im gepanzerten Wagen zur Verhandlung anreist, scheint fest entschlossen, den Prozess durchzuführen. Mehrfach hatte das Gericht festgehalten, dass es Zeugen für unglaubwürdig hält.«[10]

Am 7. Juni 2004 wurde das Urteil gesprochen: Wegen Beihilfe zur Untreue wurde Igor Didenko zur vier Jahren und drei Monaten Haft verurteilt.[11]

In der Ukraine war das kein Problem. Nachdem er bereits drei Jahre in Untersuchungshaft gesessen hatte, konnte er sehr schnell wieder in die Ukraine zurückkehren. Im Jahr 2009 war er jedenfalls wieder Naftogaz-Vizechef.

In diesem Zusammenhang veröffentlichte die Abteilung für politische Wissenschaften der Yale Universität 2002 eine Studie, und zwar über »Korruption als informeller Mechanismus staatlicher Kontrolle«.[12] Ein Abschnitt ist der Ukraine und ganz konkret Igor Bakai gewidmet.

Demnach wurde es Beamten und Staatsangestellten in der Ukraine erlaubt, sie wurden sogar ermuntert, staatliche Unternehmen zu bestehlen. Das sei von dem Sicherheitsapparat wie den Steuerbehörden zwar beobachtet worden, aber sie unternahmen nichts.

Der Autor der Studie, Professor Keith Darden, zitiert ein Gespräch aus dem Jahr 2000 zwischen dem damaligen Präsidenten Leonid Kutschma und Mikola Azarow, dem damaligen Direktor der obersten Finanzbehörde.

Mikola Azarow: »Jetzt Naftogaz betreffend. Ich habe Bakai, wie vereinbart, eingeladen und zeigte ihm alle Bankunterlagen. Ich sagte ihm: ›Gut, Iggy (der Spitzname von Igor Bakai, d. Autor), als Minimum hast du hundert Millionen in deine Tasche gesteckt. Minimum. Vernichte alle Papiere, die direkt oder indirekt, die irgendein Beweis gegen dich sein können. Du hast es sehr primitiv gemacht.‹ Iggy forderte mich dann auf, dass ich meine Leute wegschicke. Das habe ich getan.«

Und wie reagierte Staatspräsident Leonid Kutschma auf diese Vorschläge?

»Absolut richtig.«

So viel dazu nur, warum Igor Baika sich in Baden-Baden aufgehalten haben könnte – da lockten ja außerdem noch Immobilien, in die ein wenig von dem geraubten Geld investiert werden könnte.

Leonid Kutschma, dies sei nur am Rande erwähnt, konnte nach seiner Niederlage im November 2004, als die Repräsentanten der orangen Revolution die Wahl gewannen, und nach seinem endgültigen Ausscheiden als Präsident im Januar 2005 über ein Vermögen von geschätzten 1,2 Milliarden Euro jubeln.

Und wie erging es später dem »Finanzexperten« Mikola Azarow? Er wurde Vorsitzender von Janukowitschs Partei der Regionen und 2004 kommissarischer Ministerpräsident. Dann kam die orange Revolution, und der ehemalige Laborleiter in einem Kohle- und Forschungsinstitut und kommissarische Ministerpräsident verlor seinen Posten. Aber nur für kurze Zeit. Seit dem 11. März 2010 ist er wiederum ukrainischer Ministerpräsident.

Als Leonid Kutschma im Januar 2005 als Staatspräsident zurücktreten musste und sein Favorit Viktor Janukowitsch die Wahl gegen die Repräsentanten der orangen Revolution, Viktor Juschtschenko (Staatspräsident) und Julia Timoschenko (Ministerpräsidentin), verloren hatte, reiste Igor Bakai sicherheitshalber einmal nach Moskau, wo er in einem Palast residierte. Er erhielt sogar die russische Staatsbürgerschaft. Die hatte ihm, mit einer Präsidentenverfügung, Wladimir Putin verliehen, trotz oder gerade weil es gegen Igor Bakai einen Interpol-Haftbefehl gegeben hatte.[13]

Für Bakai war es ein glücklicher Umstand, dass eine seiner heftigsten Kritikerinnen, die Ministerpräsidentin Julia Timoschenko, 2010 abgewählt wurde und danach Janukowitsch die Macht an sich reißen konnte. In ihrer Abschiedsrede als Ministerpräsidentin sagte sie noch voller Hoffnung: »Wenn Janukowitsch denkt, dass er in einer Woche ruhig Golf und Tennis spielen kann, während seine Umgebung sich in aller Ruhe den strategischen Besitz des Staates aneignet, so kann ich sagen, dass er heute ausgespielt hat mit Golf und Tennis.«[14] Sie sollte sich gründlich irren.

Und so kehrte Igor Bakai wieder nach Kiew zurück. Ohne seine Hilfe wäre Dmytro Firtasch wahrscheinlich nicht zu seiner heutigen Machtstellung auf dem europäischen Gasmarkt gekommen. Vielleicht als Dank für die Unterstützung war Igor Bakai Teilhaber im umstrittenen Unternehmen RosUkrEnergo.[15]

Er blieb auf jeden Fall weiterhin mit Baden-Baden verbunden, und zwar über Natalia Kozitskaya, seine Ehefrau, eine ehemalige ukrainische Schönheitskönigin. »Bakai soll einst als Chef des ukrainischen Staatsunternehmens Naftogaz ein offenbar märchenhaftes Vermögen angesammelt haben«, schrieb die *Badische Zeitung* am 10. März 2009. Wie ihm das gelungen ist, wurde nicht berichtet. Der Grund für die Berichterstattung in der regionalen Presse war die bildhübsche Schlossherrin, die für 4,64 Millionen Euro neue Besitzerin des Schlosses Rodeck aus dem elften Jahrhundert in Kappellrodeck wurde, zwanzig Kilometer südlich von Baden-Baden gelegen. Es ist Natalia Kozitskaya, die Gattin von Igor Bakai.

Im Mannheimer Handelsregister findet sich ihr Name unter der Nummer HRB 709287. Dort ist sie als Eigentümerin der Anna Marina Vermögensverwaltung GmbH in der Schwarzwaldhochstraße 1 in Bühl eingetragen.

Die Anna Marina Vermögensverwaltung GmbH ist auch Eigentümerin des Schlosshotels Bühlerhöhe, das umgebaut werden soll. »Im Gegensatz zum neuen Schloss will die Vermögensverwaltung das ›einzigartige Juwel auf Weltniveau‹ (Pressesprecher Horst Koppelstätter) selbst betreiben und nicht mehr verpachten.«[16]

Damit nicht genug. Ein befreundeter ukrainischer Journalist wies mich im April 2011 auf eine Sendung des SWR vom 18. März 2010 hin und fragte mich: »Wie können diese Leute legal Immobilien in Deutschland kaufen. Interessiert sich denn niemand für die Herkunft des Geldes?«

Der SWR hatte in der Sendung berichtet, in Baden-Baden sei die berühmte Grundig-Villa für acht Millionen Euro an Natalia Kozitskayas zypriotische Firma Folantez Investment mit Sitz in Limassol verkauft worden. »Sie ist laut Grundbuchamt Baden-Baden die Käuferin der Villa unterhalb des Baden-Badener Hausbergs Merkur.«[17] Zuvor wurde sie bereits Besitzerin des ehemaligen Verwaltungsgebäudes der französischen Streitkräfte in Baden-Baden.

Die Frage des Kollegen aus Kiew ist in der Tat berechtigt: Warum interessiert niemanden, woher das Kapital kommt, das da in Baden-Württemberg investiert wird?

Dass die Ansammlung solch großer Vermögen durch staatliche Entscheidungsträger möglich wurde, hängt mit einer besonderen Situation nicht nur in der Ukraine zusammen. Es ist der bis heute andauernde feudale Quasikapitalismus, in dem die herrschenden Eliten im strategisch wichtigen Energiebereich nicht aufgrund sozialer und politischer Konkurrenz mächtig und reich geworden sind, sondern durch das politische System der Kleptokratie.

In Baden-Baden partizipieren von den Früchten dieser Kleptokratie nicht wenige – mit fatalen gesellschaftlichen Folgen.

Francesco Forgione, der ehemalige Vorsitzende der Antimafiakommission des italienischen Parlaments, hielt im November 2010 im Museo Della 'Ndrangheta in Reggio Calabria einen bemerkenswerten Vortrag. Was er konstatierte, ist sicher nicht nur auf Baden-Baden zu übertragen. Aber hier ist es so offensichtlich.»Alle wissen, dass sie in einem Einkaufszentrum der Mafia spazierengehen, aber bis es von irgendeinem Staatsanwalt beschlagnahmt wird, ist es ein gesellschaftlicher Ort; oder vielmehr ist es der einzig mögliche gesellschaftliche Ort. So werden auf dem Rücken der gesellschaftlichen Strukturen unseres Territoriums, unserer Städte und Dörfer, die dem Zerfall anheim gegeben werden, neue Räume geschaffen, in denen Personen zu passiven Konsumenten umgepolt werden. All dies zum Nutzen und zum Konsum von Interessen, die sich sowohl mit denen eines totalen Angebots als auch mit denen der Mafien überlappen: vom Supermarkt zur Boutique, vom Kino zum Wellness-Center und der Pizzeria.«

Der Diebstahl eines ungarischen Gasunternehmens

Ungarn war jahrelang nicht nur für Gazprom oder E.ON ein lukrativer Markt. Niemand redete viel über die in der Vergangenheit stattgefundenen, teilweise kriminellen Privatisierungsmethoden von einstigen Staatsbetrieben.»Unternehmen oder Liegenschaften unter ihrem Wert zum Beispiel an Strohmänner zu verkaufen, um sie anschließend an den öffentlichen Haushalten vorbei zu versilbern, war und ist eine gängige Praxis bei den zahlreichen Privatisierungen in Ungarn, Osteuropa, aber auch während und nach der deutschen Wiedervereinigung.«[18]

Eines dieser privaten Unternehmen ist die »Erste Ungarische Erdgas- und Energiehandels- und -Service-GmbH« (Emfesz). Auf der Webseite des Unternehmens sieht der Betrachter Fotos von rauchenden Fabrikschornsteinen, einem jungen glücklichen Paar am Gasherd, einem Kind, das in die Kamera lacht.[19] Idylle pur.

Dann platzte folgende Zeitungsmeldung in die bisher reibungslosen Geschäfte: »Einer der größten Gaslieferanten ging vor ein paar Tagen von ukrainischen in russische Hände über, so still und heimlich, dass nicht einmal die Eigentümer davon wissen wollen. Letztlich geht es um das Ausschalten zwielichtiger ukrainischer Vermittler aus dem Gasexport durch andere zwielichtige Vermittler … Und um Abermillionen jährlich. Da scheinen viele Mittel recht.«[20]

Sämtliche Aktien der Emfesz wurden am 29. April 2009 – ohne Wissen und Zustimmung des eigentlichen Eigentümers – auf ein Unternehmen in der Schweiz übertragen. Kaufpreis: ein Dollar. Danach begann ein Katz-und-Maus-Spiel über die tatsächlichen Eigentümer des neu gegründeten Unternehmens RosGas AG in der Schweiz.

Auf der Webseite von Emfesz stand im Mai 2009, die RosGas AG sei eine Firma innerhalb des Netzwerks von Gazprom. Diese Seite gibt es heute nicht mehr. Ob hinter der RosGas AG der russische Gasriese Gazprom direkt steckte, wollte ein Sprecher von Emfesz gegenüber Journalisten weder bestätigen noch dementieren. Das aber dementierte der Gazprom-Sprecher, Sergei Kuprijanow: »Es gibt keinerlei Beziehungen zu Gazprom, und das Unternehmen in Zug gehört nicht zur Gazprom-Gruppe.«[21]

In der Schweizer Fachpresse wurde trotzdem die Frage gestellt: »Steht Gazprom hinter dem Deal und der Zuger RosGas AG, zielen die Vorgänge nur darauf ab, mit Firtasch einen unliebsamen Geschäftspartner loszuwerden und die ohnehin schon komfortable Position als Gaslieferant an die EU zu stärken. Ansonsten ist RosGas nur die nächste Firma in der immer länger werdenden Reihe intransparenter Gaszwischenhändler.«[22]

Genau das ist das Problem mit Gazprom und seinen Satellitenfirmen auf der einen Seite und den Gaskunden, den Verbrauchern, auf der anderen Seite. Es herrschen keine klaren, sondern schummrige Verhältnisse, die zu den abwegigsten Theorien führen können.

Zum Beispiel dass in der Tat Gazprom hinter RosGas stand, weil das Unternehmen RosUkrEnergo aufgrund der Probleme in der Ukraine kein Gas mehr liefern konnte und Gazprom die Konkurrenz aus Deutschland, in diesem Fall E.ON, ausschalten wollte.

Dafür gibt es zahlreiche Indizien. Denn einen Tag bevor am 29. April 2009 der zweitgrößte ungarische Gasimporteur Emfesz von einem in Zug in der Schweiz registrierten Unternehmen gekauft wurde, hatte Emfesz bekanntgegeben, kein Gas mehr von RosUkrEnergo beziehen zu wollen, weil kein Gas mehr ankäme. Das hing wiederum mit dem Gaskrieg zwischen der Ukraine und Russland zusammen. Am 27. April 2009, also kurz vor dem Aktienverkauf an die unbekannte RosGas AG in Zug, hatte der Staatskonzern Naftogaz aus Kiew Ungarn informiert, dass es nur noch Gas an die Kunden von Gazprom Export liefern würde.

Das bedeutete, dass keinerlei Gas mehr an Emfesz geliefert werden würde. Bislang kam das Gas aus Zentralasien über RosUkrEnergo nach Westeuropa. Einen Monat zuvor hatten bereits ungarische Medien berichtet, dass Emfesz wahrscheinlich in Zukunft direkt mit Gazprom Export zusammenarbeiten wolle. In einer Depesche der US-Botschaft in Budapest vom 13. Mai 2009 wird ein Interview mit dem Generaldirektor von Emfesz in der ungarischen Presse zitiert. Demnach könnten die Verhandlungen mit Gazprom über Gaslieferungen auch beinhalten, dass Gazprom Anteile an Emfesz kauft. Diese Aussage wurde zwei Wochen vor dem Verkauf an die RosGas AG in Zug gemacht.

In der Botschaftsdepesche wird auch der E.ON-Vertreter in Budapest zitiert. »Er glaubt nicht, dass Gazprom direkt hinter RosGas steht, aber die Schüsse gegen Emfesz von Moskau aus gesteuert sind und dass viele Personen bei Emfesz involviert sind einschließlich Gazprom. Er vermutet, dass eine Fraktion innerhalb des Gazprom-Vorstands oder eine andere Gesellschaft mit einer Vollmacht von Gazprom involviert sei.«[23]

Die Aussage ist eindeutig. Der neue Besitzer ist Gazprom unter einem anderen Namen, auch wenn das in der Depesche der US-Botschaft nur mit einem Fragezeichen versehen ist.

Ein Blick in die Firmenstruktur der obskuren RosGas AG in der Schweiz genügt, um das System der Verschleierung deutlich zu machen: Am 10. Dezember 2008 wurde unter der Adresse des Züricher Rechtsanwalts András Laki eine Ikron AG eingetragen. Geschäftszweck unter anderem war die »Erbringung von Dienstleistungen«. Sechs Wochen später, am 22. Januar 2009, taucht zum ersten Mal – immer noch unter der Ikron AG – der Name RosGas AG als neue Gesellschaft auf. Aber ohne irgendeinen Eigentümer.

Nach weiteren drei Wochen wird aus der Ikron AG die RosGas AG mit Sitz in Zug, und zwar unter der Adresse c/o Connect Phone AG in Zug. Eingetragen ins Handelsregister wurde sie jedoch bereits am 4. Dezember 2008. Einziges Verwaltungsratsmitglied ist der Züricher Anwalt András Laki.

Am 3. April 2009 schließlich ist der in Ungarn geborene András Laki Direktor der RosGas AG, und im Firmenregister taucht jetzt Tamás Gazda aus Budapest auf – als einziges Mitglied des Verwaltungsrats. Tamás Gazda ist ebenfalls Rechtsanwalt, der für Emfesz in der Führungsspitze arbeitete und Vorstandsmitglied von Emfesz Polen war.

Das heißt, die Übernahme muss lange vorbereitet worden sein. Zuerst wird über einen Anwalt ein Firmenmantel gekauft, der ein Unternehmen treuhänderisch verwaltet, bis sich ein Eigentümer gefunden hat. Und auch der ist nur ein Strohmann angesichts der Tatsache, dass die tatsächlichen Besitzverhältnisse der RosGas AG immer noch unbekannt sind.

Am 12. März 2010 folgte die nächste Veränderung im Firmenregister. Neben Tamás Gazda gibt es nun ein zweites Verwaltungsratsmitglied. Es ist Dmitri Kuznetsow aus Moskau. Er war im Jahr 2009 in der Moskauer MDM-Bank für die Verwaltung von Vermögenswerten verantwortlich.[24] Danach verlieren sich die weiteren Spuren.

Was geschah zwischen April 2009 und März 2010? Warum kam es überhaupt zum Konflikt zwischen dem ungarischen Unternehmen Emfesz und dem eigentlichen Eigentümer des Unternehmens, Dmytro Firtasch?

Tatsächlich ging es bei dem Firmenwechsel um das einzige, was in diesem Gewerbe zählt – um viel Geld, in diesem Fall um offene Rechnungen. Emfesz schuldete Firtasch 500 Millionen Dollar für geliefertes Gas. »Doch sie wollten nicht zahlen, sondern es mit jenen 1,7 Milliarden Dollar verrechnen, die Firtasch ihnen schulde.«[25] Ein anderes Motiv: Die neuen ungarischen Besitzer zählten zur wirtschaftlich-politischen Oligarchie Ungarns, während die alten Besitzer, unter anderem also Dmytro Firtasch, eher ukrainische und insbesondere Moskauer Interessen wahrnahmen.

Als nächstes folgten juristische Auseinandersetzungen zwischen Emfesz und RosGas auf der einen und Firtasch auf der anderen Seite. Der wollte nicht hinnehmen, dass ihm aus seiner Sicht so ohne weiteres ein Unternehmen gestohlen wurde. In der Schweiz wies das Gericht eine Klage gegen Emfesz ab. »Der Wechsel der Besitzverhältnisse zu RosGas fand in gutem Glauben und in Übereinstimmung mit den Interessen des Unternehmens statt.«[26] Gestärkt von diesem Urteil, gründete RosGas nun weitere Tochtergesellschaften, unter anderem eine Energy Holding. Das Problem bestand trotzdem weiterhin, dass immer noch Gerichtsverfahren drohten. Sollte ein Verfahren verlorengehen, war der Bankrott von Emfesz beziehungsweise der RosGas AG absehbar. Deshalb wurde Vorsorge getroffen durch die Gründung eines neuen Firmenmantels auf Zypern, der die Kunden von Emfesz dann übernehmen sollte.[27]

Am 30. März 2010 wurde der Konflikt vor einem ungarischen Gericht verhandelt. Das entschied, dass der Verkauf von Emfesz an die Schweizer RosGas AG illegal war.

István Gaczi von Emfesz hatte keine Vollmacht, so das Gericht, als er in »betrügerischer Art und Weise das Unternehmen ohne Wissen der legalen Besitzer für einen Dollar an seinen eigenen Assistenten Tamás Gazda und an die RosGas AG, deren Besitzer immer noch unbekannt sind, verkaufte«.[28] »Es wird eine Ermittlung notwendig werden, welche illegalen Transfers durch Emfesz stattgefunden haben«, wurde der Vorstandsvorsitzende der Firtasch-Firmengruppe Group DF zitiert.[29]

Gegen dieses Urteil legte Emfesz Berufung ein. Vergebens. Mitte November 2011 entschied der Appellationshof ebenfalls, dass der Verkauf ungültig sei. Das Gericht bestätigte damit das im März ergangene Urteil.[30] Nun muss Emfesz an RosUkrEnergo 537 Millionen Dollar Schadenersatz zahlen.[31] Ein Teil davon wird, sollte das Unternehmen das überhaupt bezahlen können, bei Gazprom landen.

Vertuschungsmanöver und/oder das System Zuckerbrot und Peitsche scheinen eine gewisse Tradition zu haben, gerade wenn es darum geht, unliebsame Konkurrenz auszuschalten. Und Konkurrenz bedeutet auch das von vielen europäischen Staaten geplante Pipelineprojekt Nabucco, um von Russland ein wenig unabhängiger zu werden.

Im Jahr 2000 wurde bekannt, dass die in Dublin registrierte Milford Holdings Ltd. einen Aktienanteil von 24,7 Prozent von Borsodchem, dem größten Chemiekonzern Ungarns, erworben hatte. Die Milford Holdings ist jedoch lediglich ein Aktienhändler. Niemand wusste, in wessen Auftrag die Milford Holdings den Aktienanteil erworben hatte. Schnell machte in Ungarn das Gerücht die Runde, es sei Gazprom. Doch Gazprom hatte ja zuvor erklärt, überhaupt kein Interesse an Borsodchem zu haben.

Gekauft hatte die Aktien Sibur, eine Tochterfirma Gazproms. Nachdem Sibur die Aktienanteile an Borsodchem erworben hatte, hoffte Borsodchem, dass die »Eigentümerstrukturen des Unternehmens transparenter und professioneller werden, um dadurch das Vertrauen der Investoren zu stärken«.[32]

Wenig später erhöhte Sibur sein Aktienpaket um 3,17 Prozent. Und nahm ab sofort massiv Einfluss auf die Unternehmensentscheidungen. Schließlich bestätigte auch Gazprom offiziell, dass ein außerordentlich großes Interesse vorhanden sei, in der osteuropäischen chemischen und petrochemischen Industrie zu investieren.

Diese Nachricht hing damit zusammen, dass in Budapest der Verdacht geäußert wurde, Gazprom würde versuchen, auch beim privatisierten ungarischen Öl- und Gaskonzern MOL (Magyar Olaj- és Gázipari Részvénytársaság) Einfluss zu gewinnen. MOL ist nach Umsatz und Mitarbeitern das größte ungarische Unternehmen.

»Würden Gazprom all diese Schritte gelingen, käme die ungarische Chemieindustrie, die Gaseinfuhr sowie der Großhandel in eine Hand – die der Gazprom.«[33]

Grund für den Verdacht diesmal war, dass im August 2000 größere Aktienpakete von MOL an der ungarischen Börse von einem anonymen Käufer erworben wurden. Doch Gazprom dementierte, es hätte an MOL überhaupt kein Interesse.

Doch worin hätte das große Interesse von Gazprom an der ungarischen MOL bestanden, abgesehen von wirtschaftlichen Erwägungen?

War das Motiv, das alternative Pipelineprojekt zur South-Stream-Pipeline zu verhindern – mit allen Mitteln wie in Griechenland? Bislang galt Ungarn als Nabucco-Verbündeter.

Am 26. Juni 2006 fand eine vom österreichischen Wirtschafts- und Arbeitsminister Martin Bartenstein einberufene Konferenz in der Wiener Hofburg statt. Ziel war es, das Projekt Nabuccco der Verwirklichung näherzubringen. Vertreten waren die für Energie zuständigen Repräsentanten der Regierungen von Bulgarien, Rumänien, der Türkei und Ungarn, hochrangige Vertreter der Internationalen Energieagentur (IEA) sowie die Spitzen des Managements der beteiligten Unternehmen. Am Ende der Konferenz wurde eine gemeinsame Erklärung veröffentlicht. Demnach haben die Vertreter der beteiligten Staaten und die Europäische Kommission »ein klares Signal zur Unterstützung des Nabucco-Projekts gesetzt«, erklärte der österreichische Wirtschaftsminister und Vorsitzende des EU-Energierates, Martin Bartenstein. »Denn es sei das wichtigste Energieprojekt Europas.«[34]

Wenige Wochen vor dieser Konferenz gab es bei Gazprom, das in den vorangegangenen Jahren kein Interesse an MOL zeigte, Überlegungen, ob man nicht doch Aktien von MOL kaufen solle. Als das bekannt wurde, notierten Börsenexperten: »MOL-Gazprom: Etwas Größeres könnte sich anbahnen.« Die Überschrift bezog sich auf eine Gesprächsrunde zwischen Gazprom-Chef Alexei Miller und dem Vorstandsvorsitzenden von MOL, Zsolt Hernadi. Bei den Gesprächen sei es um die Möglichkeiten einer größeren Zusammenarbeit gegangen.

Wiederum ein Jahr nach der Nabucco-Konferenz in der Wiener Hofburg sind die Würfel gefallen. Das ergibt sich aus einem streng vertraulichen Strategiepapier des MOL-Vorstands, datiert vom Juni 2007. In dem Dokument wird beschrieben, wie in den letzten Monaten Verhandlungen mit Gazprom und der russischen Regierung abgelaufen sind und welche Konsequenzen daraus gezogen wurden. Zum Beispiel dass das Projekt Nabucco nicht weiter verfolgt wird, »weil das Projekt nur der österreichischen OMV nutzen würde«.

Dieser Entscheidung gingen wichtige Treffen voraus. Unter anderem zwischen dem russischen Präsidenten Wladimir Putin sowie dessen Amtskollegen aus Turkmenistan und Kasachstan am 12. Mai 2007 in Turkmenistan mit dem MOL-Vorstandsvorsitzenden. Bei den Gesprächen habe Putin ihn gefragt, wie MOL einer strategischen, langfristigen Zusammenarbeit gegenüberstünde.

Vierzehn Tage später traf sich der MOL-Chef, Zsolt Hernadi, mit dem damaligen Gazprom-Aufsichtsratsvorsitzenden Dmitri Medwedew in einem Gazprom-Gästehaus in der Nähe von Nowgorod. Er informierte Zsolt Hernadi, so geht es aus internen Unterlagen hervor, über Folgendes: »Russland, Turkmenistan und Kasachstan bauen eine Erdgaspipeline entlang des Ostufers des Kaspischen Meers. Damit sei das Projekt der EU, eine Pipeline auf dem Grund des Kaspischen Meers zu verlegen, mit der Erdgas aus Turkmenistan über Aserbeidschan und Georgien und die Türkei in den Westen gepumpt werden soll, gestorben. Und zwar deshalb, weil Gazprom über RosUkrEnergo so viel Erdgas in Turkmenistan aufkauft, dass für Gas unter Umgehung Russlands nach Europa keine ausreichende Menge mehr zur Verfügung steht.«

In dem Gespräch bekräftigte Dmitri Medwedew erneut sein Angebot an MOL, den österreichischen Mineralölkonzern OMV als europäischen Lieferanten für Gas- und Erdöl abzulösen und auch die Marktanteile am Tankstellennetz in Osteuropa und an den Raffinerien in Ungarn deutlich anzuheben. Russland sei bereit, MOL bei der Übernahme des kroatischen Marktführers für Treibstoffe, Industrija nafte INA, zu unterstützen und entsprechenden politischen Einfluss auf Kroatien auszuüben, wenn Mol zu einer langfristigen Zusammenarbeit mit Gazprom in Westeuropa bereit sei. Auf die Frage von Zsolt Hernadi an den Gazprom-Repräsentanten Dmitri

Medwedew, was das für MOL bedeuten würde, präsentierte ihm der einen Geschenkkorb: »Belieferung der MOL-Raffinerien mit russischem Öl zu einem Preis, der es der MOL ermöglicht, deutlich unter den Angeboten der Konkurrenten zu bleiben, sowie die Beteiligung von MOL bei einer feindlichen Übernahme des größten rumänischen Erdölunternehmens Petrom.«

Das war das Zuckerbrot. Aber ohne die russische Peitsche läuft nichts bei Gazprom. Wenn es zu keiner Zusammenarbeit mit den MOL-Verantwortlichen käme, dann würde man die »guten Kontakte des russischen Präsidenten zu seinem ungarischen Amtskollegen nutzen, um den Einstieg bei MOL zu schaffen. Außerdem seien verschiedene russische Investoren bereits mit knapp zehn Prozent an MOL beteiligt, andere russische Investoren hielten außerdem Anteile an den Hausbanken der MOL.«

Nach den freundlichen Besprechungen mit Dmitri Medwedew war für MOL das Projekt Nabucco, dem noch ein Jahr zuvor in Wien zugestimmt wurde, gestorben. Inzwischen beteiligt sich MOL an Blue Stream und South Stream.

Als nächstes folgte, dass im Gazprom-Konzern ein Angebot von MOL eintraf mit dem Vorschlag, ein gemeinsames Gaspipeline-Unternehmen zu gründen. Es soll den zentral- und südosteuropäischen Markt beliefern.[35] Das konkrete Angebot unterbreitete MOL-Chef Zsolt Hernadi im Dezember 2008 nach einem Treffen mit dem neuen Gazprom-Chef Alexei Miller. Sein Vorgänger Dmitri Medwedew war inzwischen zum russischen Präsidenten gewählt worden. Ein Vierteljahr später, am 10. März 2009, unterzeichnete MOL in Moskau ein Abkommen mit Gazprom Export zur Gründung einer Gaslagerfirma in Ungarn. Geplant ist eine Kapazität von 1,3 Milliarden Kubikmeter Gas. Sie ist nahe der serbisch-rumänischen Grenze geplant. Damit soll die Versorgungssicherheit der drei Länder sowohl bei niedrigem Verbrauch wie in Notfällen gewährleistet werden. Am selben Tag unterzeichneten Wladimir Putin und der ungarische Regierungschef Ferenc Gyurcsány ein bilaterales Abkommen zum Bau des ungarischen Abschnitts von South Stream.

Drei Jahre nach der Wiener Energiekonferenz, in der erklärt wurde, das Alternativprojekt Nabucco voranzutreiben, ist MOL anscheinend umgestiegen. Ohne Zustimmung der Regierung in Budapest wäre das nicht möglich gewesen.

Für Gazprom und Wladimir Putin jedenfalls war es ein wichtiger Etappensieg, sich der Konkurrenz zu entledigen. Und MOL ist inzwischen Mehrheitseigentümer an dem kroatischen Unternehmen INA. Eingebunden in die neue Kooperation ist im übrigen Gazprom Germania. Im Jahresabschluss 2010 taucht unter den Firmen, an denen Gazprom Germania mit fünfzig Prozent beteiligt ist, ein ungarisches Unternehmen mit dem Namen Pusztaföldvár Földgáztároló Zrt. auf. Das ist ein Tochterunternehmen von MOL in Ungarn.

Wenn im Zusammenhang mit der italienischen Mafia der Name Gazprom fällt

»Die Entdeckung großer Öl- und Gasvorkommen hat Basilikata, eine der ärmsten Regionen Italiens, zu einen Gebiet von strategischer Bedeutung gemacht. Und zwar nicht nur für Italien, sondern für ganz Europa«, schrieb das US-Konsulat in Neapel am 31. Oktober 2008 in einer von Wikileaks veröffentlichten Depesche.[36] Basilikata ist eine süditalienische Region, die zwischen Apulien, Kampanien und Kalabrien liegt.

»Es ist eine strategische Region, weil dort atomare Abfälle gelagert sind, weil dort die 'Ndrangheta und Camorra beherrschend sind, weil sie die Region benutzen, um giftigen Müll zu entsorgen«, sagt hingegen der Genfer Kriminalitätsexperte Nikolas Giannakopoulos. »Jetzt werden dort enorme Investitionen getätigt, und das ist ideal für die kriminellen Organisationen.«[37]

Denn diese kriminellen Gruppen und ihre Firmen sind diejenigen, die von den geplanten Baumaßnahmen profitieren. Ob Gaslager, Ölraffinerien oder illegale Abfallentsorgung – es ist ein Milliardengeschäft, und Investitionen in dieser Region bedeuten gleichzeitig weiteren Machtzuwachs für die in Basilikata agierenden Mafiaklans. Mafia, Geldwäsche, rücksichtslose Entsorgung, keine Sanierung und Überwachung – das sind die Elemente, die im Lauf der letzten Jahre weite Gebiete Basilikatas zu einer immer größeren Mülldeponie gemacht haben. Seit langem wird in bestimmten Regionen eine alarmierende Zunahme der Krebserkrankungen und der Sterblichkeitsrate festgestellt, insbesondere im Umfeld der Müllverbrennungsanlagen.

Der Unternehmer Friedrich (Name geändert) aus dem Umfeld des BND erzählte mir im Frühjahr 2010, er sei gerade mit dem Zug aus München gekommen, zusammen mit dem »Dottore«. Der habe bei der Münchner Hypo einen Vierzig-Millionen-Kredit erhalten. Auch er und der Dottore beschäftigten sich mit Basilikata und dem Gas.

In den nächsten Tagen werde er, erzählte mir Friedrich, sich wieder mit dem Dottore in Frankfurt treffen. Der Dottore sei ein wichtiger Verbindungsmann der Cosa Nostra in Deutschland und erwarte in seiner Frankfurter Villa hohen Besuch aus der Schweiz, den russischen Oligarchen Viktor Wekselberg, einen der reichsten Männer der Welt. Bei dem Treffen in Frankfurt soll es um Millioneninvestitionen in Basilikata gehen, sozusagen ein Abschluss vorheriger Verhandlungen in Mailand.

»Der Dottore kennt Wekselberg persönlich. Das ist gesicherte Erkenntnis«, sagte mir der Geschäftsmann aus dem Umfeld des BND. Für ihn und den BND sei diese Verbindung »ein Beleg für die Kooperation zwischen Cosa Nostra und russischen Oligarchen, abgedeckt durch den Kreml«. Denn Wekselberg habe gute Beziehungen zu Putin.

Das Treffen, von dem der weitgereiste Unternehmer Friedrich sprach und an dem er nachweislich teilnahm, fand am 15. März 2010 in Frankfurt statt, aber ohne den angekündigten Viktor Wekselberg. Dafür sei der italienische Repräsentant der Schweizer Gas- und Energiegesellschaft Avelar Energy Group, einer Tochtergesellschaft der Renova[38], gekommen, bestätigte mir Unternehmer Friedrich am nächsten Tag. Tatsächlich war an dem erwähnten Abend die Villa des Dottore hell beleuchtet. Schwarze Limousinen parkten vor dem ansonsten eher einsamen Gelände. Und in der Tat ist das Unternehmen Avelar eine hundertprozentige Tochtergesellschaft des Schweizer Konzerns Renova. Und Renova gehört dem russischen Oligarchen Wekselberg. Den von BND-Friedrich erwähnten Repräsentanten von Avelar in Italien gibt es auch.

Der Deal im Hintergrund, der unter anderem über Banken in San Marino abgewickelt werden soll: Partizipation an den Investitionen für den Bau neuer Gasdepots in Basilikata. Die Schweizer Gas- und Energiegesellschaft Avelar Energy Group habe die italienische Gas-Container Gesellschaft Geogastock übernommen, hatten die Medien kurz vor diesem Treffen gemeldet.[39] Die geplanten Bauarbeiten wiederum sollen von einem italienischen Investmentunternehmen der Avelar-Gruppe durchgeführt werden. Nach Angaben des Generaldirektors von Avelar Energy, Igor Achmerow, belaufen sich die Investitionen in das Projekt auf etwa 400 Millionen Euro. In Basilikata riesige Erdgasdepots für die South-Stream-Pipeline zu bauen ist deshalb bedeutsam, weil hier die unterschiedlichsten Interessen zusammentreffen. »Du hast alles: Umwelt, Oligarchen und Verbindungen zur organisierten Kriminalität«, sagte mir dazu Nikolas Giannakopoulos. In den Anfangsplanungen sollte eigentlich Gazprom das gesamte Projekt übernehmen. Dann jedoch sprang aus bislang unbekannten Gründen Viktor Wekselberg ein.

Der Oligarch Wekselberg gilt durchaus nicht als besonderer Freund Wladimir Putins. Aber wenn es nötig ist, bekommt er die entsprechende Unterstützung. In der Schweiz wollte ihm das Eidgenössische Finanzdepartment im Jahr 2010 eine Buße in Höhe von vierzig Millionen Franken wegen angeblicher Ungereimtheiten bei seinem Erwerb des Schweizer Unternehmens Oerlikon[40] auferlegen. »Putin reagierte umgehend: Er beauftragte seinen Stellvertreter Igor Schuwalow, ›Vorschläge zu bringen, was wir machen können‹. Zur Diskussion stehen demnach auch Maßnahmen gegen die Schweiz.«[41]

Warnungen kamen auch vom Präsidenten des Kooperations-Rats Schweiz/Russland. Der befürchtete Probleme für Schweizer Firmen in Russland, wenn die Buße tatsächlich ausgesprochen würde. Außerdem drohe der Abzug russischen Vermögens aus der Schweiz.

Gegen die Verfügung des Finanzdepartements legte Wekselberg Widerspruch ein. Und das Bundesstrafgericht entschied am 21. September 2010, dass der Vorwurf Meldepflichtverletzung im Zusammenhang mit dem Beteiligungsanteil an OC Oerlikon AG unbegründet sei. »Nach einer eingehenden Analyse der Urteilsbegründung verzichtet das Eidgenössische Finanzdepartement EFD darauf, den Entscheid vor dem Bundesgericht anzufechten.«[42]

Zwar wurde noch 2004 geschrieben, dass sich Basilikata zum Vorzeigemodell für Italien entwickelt habe. Denn »die Mafia interessierte sich nie für die Basilikata. Hier kennt jeder jeden, die soziale Kontrolle funktioniert, die Firmen arbeiten unbehelligt.«[43] Das war schon 2004 ein schönes Märchen, ist es aber heute noch viel mehr.

2009 ermittelten italienische Staatsanwälte gegen einen 'Ndranghetaklan. Die ins Visier geratenen Mafiosi wurden beschuldigt, in den achtziger und neunziger Jahren von Rotondella aus, einem Dorf in der Provinz Basilikata, den Schmuggel mit giftigen und radioaktiven Materialien organisiert zu haben. Vermutet wurde, dass der giftige Abfall in der Nähe der Stadt Matera in einer der vielen tiefen Höhlen versenkt wurde.

Ein ehemaliger Berater der Provinz Matera berichtete darüber, dass es überhaupt nicht möglich war, verdächtige Lagerstätten zu kontrollieren, von denen vermutet wurde, dass dort radioaktiver Abfall versenkt wurde. Landwirte in der Region bewässerten ihre Pflanzen mit verschmutztem Wasser. Im Jahr 2005 kam es zu einer Ölpest. Sie führte dazu, dass der Fluss Basento kilometerlang nur ein pechschwarzes Gewässer war. Unzählige Fische starben. Festgestellt wurde zudem in der Umgebung der Müllverbrennungsanlagen ein Anstieg der Krebsfälle von 118 Prozent in den Jahren 2007 bis 2010. Obwohl Umweltschützer immer wieder auf den Zusammenhang zwischen illegaler Abfallentsorgung und der 'Ndrangheta beziehungsweise der Camorra hingewiesen hatten, dachte jahrelang niemand daran, diesen Vorwürfen nachzugehen. Und wenn doch, wurden die Ermittler massiv behindert und zum Schweigen gebracht. Auch die Untersuchungen im Zusammenhang mit dem Klan aus Rotondella wurden beendet, ohne dass irgendjemand angeklagt wurde. Später wird der Direktor der lokalen Antimafiabehörde, der die Untersuchungen geführt hat, sagen, dass er »rotes Licht« erhalten habe, um weitere Untersuchungen zu unterlassen.

Außerdem gibt noch ein weiteres Problem. Früher oder später droht der Vesuv auszubrechen, und das bedeutet ein hohes Risiko für die gesamte Region einschließlich Basilikata, eine Region mit häufigen schweren Erdbeben.

Niemand macht sich anscheinend darüber Gedanken, was dann mit den Gasdepots, den Ölraffinerien und den Pipelines geschehen wird. Wird es eine nicht mehr zu bewältigende Umweltkatastrophe geben? Die Umweltorganisation Ola (Organizzazione lucana ambientalista) beklagte, dass die vielen Umweltfragen im Basentotal, wo sowohl die Pipeline-Verdichterstation von South Stream wie auch die riesigen Gaslagerdepots errichtet werden sollen, nicht beantwortet wurden. Was bedeutet es, fragen sie, wenn die Megaspeicher-Kraftwerke in der unmittelbaren Nähe zur Verdichterstation von Geogastock stehen, wenn niemand weiß, wohin die Abwässer der Kraftwerke geleitet werden? »Es ist eine explosive Mischung, wenn man die ökologischen und sozialen Veränderungen im Basentotal und in der Region Basilikata den großen energiepolitischen Interessen unterwirft, und eine schwere Hypothek für die Zukunft.«[44]

Wie in Italien Gasdeals mit Gazprom aussehen

Glaubt man einem VS-vertraulich gekennzeichneten Dokument des Bundesnachrichtendienstes vom 28. März 2006, sollen »einige Großklans der 'Ndrangheta (sowie der Cosa Nostra) größere Aktienpakete auf dem Energiesektor, unter anderem des russischen Energie-Multis Gazprom, erworben haben. Italienische Industrielle würden zusammen mit führenden Mafiosi im Verwaltungsrat von vier Gasfirmen sitzen.«[45] Was versteckt sich jedoch hinter dieser Meldung?

Anfang Dezember 2005 flogen Staatsanwälte aus Palermo nach Bukarest. Ihre Ermittlungen führten zu dem rumänischen Unternehmer Giovanni Lapis. Er ist Besitzer zahlreicher Firmen, die im Gasgeschäft tätig sind. Lapis wiederum arbeitete nicht nur mit Strohmännern von Bernardo Provenzano, dem Boss der Bosse der sizilianischen Cosa Nostra Palermo, zusammen, sondern anscheinend auch mit einem Repräsentanten von Gazprom. Zumindest war er im Auftrag dubioser italienischer Geschäftsleute mit engen Beziehungen zur Cosa Nostra dabei, einen Vertrag mit Gazprom abzuschließen. Das wiederum wurde von Gazprom bestritten.

Der Staatsanwaltschaft in Palermo lag die Kopie eines Briefes von Lapis an Gazprom-Chef Alexei Miller von 13. Oktober 2003 vor. Lapis wollte die Genehmigung zum Kauf von über zehn Milliarden Kubikmeter Erdgas. Partner von Lapis war Massimo Ciancimino, der Sohn des ehemaligen Bürgermeisters von Palermo, der eng mit der Cosa Nostra zusammengearbeitet hatte.

Im Winter 2004 will sich Massimo Ciancimino, heute ein Kronzeuge der italienischen Staatsanwaltschaft, im italienischen Winterkurort Cortina d'Ampezzo zufällig mit Igor Makarow getroffen haben, dem Chef der Itera-Gruppe.

»Ich habe Igor Makarow von Itera in Cortina zweimal getroffen, und zwar während eines gemeinsamen Skikurses. Da sind wir ins Gespräch gekommen. Aber im Grunde genommen hatten wir nie die Absicht, mit Itera irgendwelche Geschäfte abzuschließen.«[46]

Igor Makarow bestritt hingegen, sich mit Massimo Ciancimino getroffen zu haben.

Massimo Ciancimino erzählte auch, dass er bei seinen Geschäftsanbahnungen Dariga Nasarbajewa kennengelernt habe, die Tochter von Nursultan Nasarbajew, dem Präsidenten von Kasachstan. Dank des damaligen Kontakts hätte sich Nursultan Nasarbajew bereiterklärt, insgesamt eine Milliarde Kubikmeter Gas pro Jahr an das Unternehmen Fingas zu verkaufen, und zwar zu einem günstigeren Preis als an Gazprom. Fingas mit Sitz in Palermo war unter anderem von Massimo Ciancimino gegründet worden, um das Gasgeschäft mit Gazprom abzuschließen. »Gazprom war damit einverstanden, Gas aus Kasachstan über seine Pipelines zu transportieren«, behauptete Massimo Ciancimino. Über die britische BG-Group, eines der weltweit führenden Unternehmen für Energieversorgung, sollte das Gas danach in Europa weiterverkauft werden, unter anderem nach Deutschland.

Von einer Milliarde Kubikmeter jährlich war die Rede. Massimo Ciancimino ist auch im Besitz eines Schreibens, das den Deal beweisen soll. Absender des Briefes vom 18. April 2004 war Gazprom in

Moskau, der Empfänger die Geschäftsführung von Nefgaz Ukraine in Kiew. Das Unternehmen sollte in den geplanten Gasdeal über eine Strohfirma eingebunden werden.[47]

Alexei Miller erklärte nach Bekanntwerden des geplanten Deals, dass alle Dokumente im Zusammenhang mit Gazprom Fälschungen seien und es überhaupt keine Kontakte zu den Beteiligten gegeben habe. Vielmehr handele es sich um einen internen Machtkampf innerhalb der italienischen Gasindustrie, in dem irgendjemand versucht, den Konkurrenten zu diskreditieren.

Sicher ist jedoch, dass die HSBC-Bank bereits eine Bankgarantie für den Deal bereitgestellt hatte. Und ohne die Ermittlungen der Staatsanwaltschaft in Palermo wäre das Geschäft, davon gehen alle italienischen Beobachter einschließlich der Staatsanwaltschaft in Palermo aus, wahrscheinlich sogar zustande gekommen.

Nachdem der merkwürdige Deal bekannt wurde und die Staatsanwaltschaft entsprechende Ermittlungen führte, kam es zu einem großen Geschäft zwischen ENI, dem italienischen Energiekonzern, und Gazprom. Im Mai 2005 unterzeichneten sie ein Abkommen, wonach es dem Gazprom-Tochterunternehmen Gazprom Export erlaubt werden sollte, russisches Gas an die italienischen Kunden zu verkaufen. Das führte jedoch zu massiven Protesten im italienischen Parlament und zur Bildung einer Kommission, die sich intensiv mit dem Vertrag auseinandersetzte. Dabei stellte sich heraus, dass die Wiener Firma Central Energy Italian Gas Holding (CEIGH) eine bedeutende Rolle beim Abschluss dieses Vertrages spielte. Der Industrielle und Berlusconi-Freund, Bruno Granelli, sollte nämlich den Zuschlag erhalten. Er hält einen Anteil von 33 Prozent an dem Unternehmen CEIGH, an dem wiederum die Centrex in Wien 41,57 Prozent Anteile besitzt.[48]

Silvio Berlusconi wurde daraufhin beschuldigt, aufgrund der Beteiligung seines Freundes persönliches Interesse an diesem Vertrag zu haben. Der Vertrag kam nicht zustande, nachdem auch noch bekannt wurde, dass Granelli ein Strohmann Berlusconis war.[49]

Im Jahr 2006 unterzeichneten der italienische Erdölkonzern ENI und Gazprom eine Vereinbarung, die es dem italienischen Konzern erlaubte, drei Milliarden Kubikmeter Gas zu kaufen. Bei diesen Vereinbarungen spielte der italienische Banker Antonio Fallico eine bedeutende Rolle. Wladimir Putin zeichnete ihn am 22. April 2008 mit dem Freundschaftsorden aus – das ist der höchste Orden, der an Ausländer verliehen wird. Am selben Tag unterzeichnete die italienische Bank Intesa-Sanpaola,[50] also die von Antonio Fallico, einen Vertrag mit der Gazprombank, um ein neues italienisch-russisches Finanzinstitut zu schaffen. Eine zentrale Aufgabe dieses neuen Finanzinstituts ist die Mitfinanzierung des Baus der Gaspipeline South Stream. Und damit sind wir wieder in Basilikata.

10 Die deutschen und europäischen Amigos des Systems Putin-Gazprom

In guter Erinnerung geblieben ist mir das Statement des liberalen Oppositionspolitikers Grigori Jawlinski während des Forums 2000 im Oktober 2011 in Prag. Er sprach davon, dass das System Putin doch erst durch die massive Unterstützung der westlichen Welt möglich geworden sei. Einen besonderen Anteil daran haben US-amerikanische Anwaltskanzleien und europäische Lobbyagenturen, was das Reinwaschen sowohl von russischen Topkriminellen wie auch von Wladimir Putins Amigos und Gazprom angeht. Einige US-amerikanische Anwaltskanzleien und Lobbyagenturen, dieser Eindruck drängt sich mir irgendwie auf, haben wahrscheinlich auch wenig Skrupel, Despoten reinzuwaschen.

Um ein umstrittenes Image aufzupolieren, bedarf es heutzutage einer Vielzahl von Strategien. Im Fall von Gazprom ging es darum, dass der Konzern doch so gern als angesehener und zuverlässiger Energielieferant gesehen werden möchte. Entsprechend beauftragten sowohl die russische Regierung wie Gazprom westliche Public-Relations-Firmen. Der lukrativste Vertrag kam zwischen Gazprom und Gavin Anderson zustande. Im März 2007 begann Gazprom, an die Agentur Anderson monatlich 100 000 US-Dollar zu zahlen, um »Gazprom-Geschäftsstrategien zu vermitteln und die Verstärkung der Glaubwürdigkeit von Gazprom für Investoren«.[1] Gazprom Export wiederum wählte als seine PR-Agentur das US-amerikanische Unternehmen Ketchum aus. Für dessen Dienste zahlte Gazprom Export monatlich 247 500 US-Dollar, also 147 500 US-Dollar mehr als die Mutterfirma Gazprom an Anderson. Ketchums Beschreibung seiner Dienstleistungen war kurz und bündig: »Ketchum verfolgt verschiedene Aktivitäten einschließlich der Vereinbarung von Interviews zwischen Repräsentanten von Gazprom und Medienangehörigen.«[2] 2007 wurde Wladimir Putin im *Time-Magazin* als »Mann des Jahres« ausgezeichnet. Besonders hilfreich dabei, dies zu erreichen, war die amerikanische Public-Relations-Company Ketchum.

Sicherheitshalber, so meldete die Zeitung *Kommersant*, habe Gazprom Export mit einem Konsortium von PR-Firmen in Moskau einen Dreijahresvertrag für eine Reihe von Kampagnen in den USA und in Europa abgeschlossen. Gazprom würde dafür allein im Jahr 2007 elf Millionen US-Dollar bezahlen.[3]

Im Januar 2009 beauftragte die PR-Firma Ketchum, die sich rühmt, mit den höchsten Ebenen der russischen Regierung und von Gazprom zusammenzuarbeiten, mit zusätzlicher Lobbyarbeit die Washingtoner Anwaltskanzlei Alston & Bird, in der der ehemalige republikanische US-Senator Bob Dole Partner ist. Alston & Bird organisierte zum Beispiel ein Interview von Wladimir Putin mit *CNN*, ein Treffen Washingtoner Journalisten mit dem Kreml-Sprecher Alexei Pawlow und arrangierte ein Gespräch von Journalisten des *Wall Street Journal* mit Alexander Medwedew, dem stellvertretenden Vorsitzenden von Gazprom.[4]

Brüsseler Spitzen oder vom Wesen der kosmetischen Verschönerung

Aber es gibt noch weitere Verbindungen, und die sind im Paradies der Lobbyisten, in Brüssel, zu finden, dort, wo die europäische Energieversorgung geregelt werden soll. In einer seriösen deutschen nachrichtendienstlichen Quelle wird Folgendes zitiert: »Im letzten Frühjahr, nicht lange nach dem Gasstreit zwischen der Ukraine und Russland, erklärte Alexei Miller, der Vorstandsvorsitzende von Gazprom, gegenüber den EU-Botschaftern in Moskau, Russland werde überschüssiges Gas aus Westsibirien eher nach China als nach Europa schicken. Die klare Botschaft war, Europa solle auf EU-Märkten keine Antimonopolgesetze gegen Gazprom anwenden, und EU-Länder sollten zweimal nachdenken, bevor sie Gazproms Zugang zu ihrer Transportinfrastruktur begrenzten.«

Auch hier hilft ein Blick auf die Landkarte, um diese Warnung einordnen zu können. Russland ist geographisch geteilt. Nur der europäische Teil und Teile von Westsibirien besitzen überhaupt eine Infrastruktur, um Gas zu fördern. Das halbe Land, ungefähr das Gebiet östlich des Jenissei, verfügt über gar kein Gas – mit Ausnahme von Gegenden im Fernen Osten nahe dem rohstoffreichen Sachalin. Um Gas nach China zu pumpen, müsste man die gewaltigen Gasfelder in Ostsibirien, etwa Kovykta und Tschajanda, anbohren. Das Gas den ganzen Weg von der Halbinsel Jamal zum chinesischen Markt zu transportieren (Altai-Pipeline) ist technisch machbar, würde aber bedeuten, das Gas aufgrund der hohen Kosten wirtschaftlich nicht optimal zu nutzen. Deshalb ist Europa für die Vorkommen von Jamal und Schtokman der bevorzugte Markt. China hingegen ist von der Kohle abhängig und noch nicht auf Gas eingestellt.

Im Frühjahr 2010 wurde von der EU-Kommission untersucht, mit wem und auf welche Art und Weise Gazprom seine Lobbyarbeit organisiert. Auch der Bundesnachrichtendienst (BND) beauftragte im Frühjahr 2010 seinen Brüsseler Residenten, Informationen über die Lobbyisten für Gazprom in Brüssel zu sammeln. Seit geraumer Zeit ging die EU-Kommission zudem dem Verdacht nach, dass die großen Energieunternehmen, unter anderem Gazprom Germania, durch Preisabsprachen, die Verhinderung des Zugangs von Konkurrenten zu ihren Pipelines und Speichern und andere verbotene Praktiken den Erdgasmarkt gestört haben.

Ein Ergebnis dieser Untersuchungen könnte gewesen sein, dass im November 2011 die Büros von rund zwei Dutzend Gasunternehmen in zehn EU-Staaten durch Beamte der EU-Kommission durchsucht wurden mit dem Ziel herauszufinden, ob der russische Staatskonzern Gazprom systematisch die Regeln des EU-Binnenmarkts verletzt.

Denn seit Jahren behindere der weltgrößte Produzent von Erdgas die Bemühungen der Europäer, auch den Markt für Energie fair und transparent zu gestalten. »Wenn ein Unternehmen auf dem europäischen Markt tätig ist, hat es sich an europäische Regeln zu halten«, sagte am 28. September 2011 in Brüssel die Sprecherin von EU-Wettbewerbskommissar Joaquín Almunia auf die Frage nach dem

Zweck der Razzien in den Geschäftsräumlichkeiten von Branchengrößen wie RWE, E.ON Ruhrgas, Gazprom Germania und der OMV. Sollten die bei den Razzien sichergestellten Akten diesen Verdacht der Marktmanipulation erhärten, drohen den beteiligten Firmen Geldbußen. Bei Abschluss des Manuskripts war der Ausgang des Verfahrens noch nicht bekannt.

Gazprom versuchte, die Untersuchung herunterzuspielen. »Gazprom als Pionier der Liberalisierung der europäischen Energiemärkte war und bleibt stets ein Unterstützer des Wettbewerbs auf dem Gasmarkt«, hieß es in einer Presseerklärung.[5] Verschickt wurde sie von derselben PR-Agentur, die auch das öffentliche Image der russischen Regierung in Brüssel pflegt: g + europe.

»Das Makabre ist«, sagte mir ein Informant aus der EU-Kommission, »dass die deutsche G-8-Ratspräsidentschaftschaft im Jahr 2007 von dieser Agentur g + europe begleitet wurde. Sie haben auch die russische G-9-Ratspräsidentschaft gemacht.« Das hat alles seinen Preis. »Konkurrenten schätzten, dass die Verträge zwischen drei und vier Millionen Euro pro Jahr liegen allein an Ausgaben, ohne die Kosten für Pressekonferenzen oder Mittagessen mit den jeweiligen Kontakten.«[6] Anfragen bei g + europe, wie hoch der Etat für Gazprom war, beantwortete Gregor Kreuzhuber, Partner von g + europe, damit, dass zu finanziellen Details grundsätzlich keine Angaben gemacht werden.[7]

g + europe wurde auch von Gazprom Export beauftragt, ein Konzept umzusetzen, wonach – entgegen der westlichen Medienpropaganda – in Wirklichkeit bei Gazprom und Gazprom Export Transparenz herrscht. Vier Mitarbeiter der Agentur waren allein für PR-Aktionen in Deutschland zuständig. Zu dem Engagement bei Gazprom und für die russische Regierung erklärt g + europe auf Nachfrage mir gegenüber: »g + europe unterstützt die russische Regierung seit 2006 in ihrer Kommunikation mit internationalen Medien. Wir sind seit 2007 auch mandatiert, die Kommunikation von Gazprom mit europäischen Regulatoren und Medien zu verbessern. Dabei ging und geht es auch darum, Gazprom das regulatorische Umfeld auf EU-Ebene näherzubringen und einen Dialog zwischen Moskau und Brüssel zu fördern.«[8]

Auch wenn g + europe keine Angaben zu finanziellen Details zur Verfügung stellt, macht das Unternehmen »Kundenliste und relevante Zahlen, die sich auf Lobbyingarbeit mit der EU beziehen, freiwillig im Transparenzregister ETI der EU publik«. Daher schaute ich in das erwähnte Transparenzregister der EU. Dort findet sich in der Rubrik »Umsatz von mindestens 300 000 Euro und weniger als 350 000 Euro« der Name Gazprom Export.[9] Nach Angaben dieses Transparenzregisters war Gazprom Export der lukrativste Kunde von g + europe. Beobachter der Lobbyszene in Brüssel behaupten ja sogar, dass g + europe der zentrale Angelpunkt in Brüssel sei, wenn es um die Kanalisierung von Lobbyinteressen für Gazprom geht.

Bei g + europe war auch Peter Witt beschäftigt. Der ehemalige deutsche Repräsentant in Brüssel, verantwortlich für Wirtschaft und Energie, war nach Angaben von g + europe nur kurzfristig bei der Agentur tätig. Von eineinhalb Jahren ist die Rede. Zwei Monate nach seiner Pensionierung kam der EU-Profi als Partner zu g + europe. »Er wird unser Angebot für Kunden weiter stärken, die beste Beratung darüber brauchen, wie sich Brüssel auf ihr Geschäft auswirkt«, sagte g + europe-Vorstand Peter Guilford.

Ob Liberalisierung des Energiemarkts, Telekommunikationsregulierung oder Verbraucherschutz – Peter Witt hat als stellvertretender ständiger Vertreter Deutschlands bei der EU über sieben Jahre – bis Mitte 2008 – die deutschen Interessen auf dem Gebiet der Wirtschaft vertreten. Die Ständige Vertretung ist die diplomatische Vertretung Deutschlands bei der Europäischen Union und hat ihren Sitz in Brüssel. Peter Witt spielte, so wird er auf der Webseite von g + europe beschrieben, »eine zentrale Rolle bei den Verhandlungen mit anderen EU-Mitgliedstaaten während der deutschen EU-Präsidentschaft im Jahr 2007«.[10]

Die EU-Politiker hatten nicht bedacht, dass die Privatisierung des Energiemarktes für den Kreml-Konzern eine Einladung sein könnte, elementare Lebensbereiche ganzer Staaten zu kontrollieren. »Eine sogenannte Gazprom-Klausel der Brüsseler Kommission sollte verhindern, dass Unternehmen aus Drittstaaten Strom- und Gasnetze regionaler Betriebe aufkaufen können. Denn würde der Superkonzern Gazprom nationale Grundversorger mehrheitlich übernehmen, wären Produktion und Vertrieb in einer Hand. Markt und Verbraucher hätten keine Chance.«

Dazu sagte Claus Bergschneider von Gazprom Germania: »Das ist erklärte Strategie, und am Ende dieser Kette steht, so gesehen, der kleinste Kunde, um den man sich natürlich dann besonders bemühen muss, und das ist der sogenannte Endverbraucher oder Endkunde, und der steht auch auf dem Programm.«[11]

Die Schaffung eines funktionierenden Energie-Binnenmarkts ist bis zum heutigen Tag das zentrale Projekt einer gemeinschaftlichen EU-Energiepolitik. Sie vollzieht sich seit Mitte der 1990er Jahre jedoch nur sehr schleppend. Die jüngsten Beschlüsse zum »dritten Binnenmarktpaket« bringen zwar unzweifelhaft einige Fortschritte, vor allem aber eine Gewissheit. In der Europäischen Union fehlte es bislang an einem gemeinsamen (= grenzüberschreitenden) Markt für die netzgebundenen Energieträger Strom und Gas. Die nationalen oder bestenfalls regionalen Teilmärkte sind weitgehend voneinander abgeschottet. Das behindere nicht nur den Wettbewerb sowie die Integration erneuerbarer Energien (vor allem Offshore-Windparks), sondern insbesondere auch die Versorgungssicherheit. In einem funktionierenden europäischen Energiebinnenmarkt seien Haushalte und Unternehmen wesentlich besser gegen das Risiko von Lieferunterbrechungen gewappnet.

Geklärt werden sollte zudem die angemessene Form der Entflechtung der vertikal integrierten Energieversorger, also die wirksame Trennung von Produktion und Netzen. Außerdem ging es um die Zulassung von Netzbetreibern aus Nicht-EU-Staaten. Das wurde als die Gazprom-Klausel interpretiert. »In beiden Bereichen bringt das dritte Paket kaum Veränderungen am Status quo. Hinsichtlich der Frage der Entflechtung setzten Deutschland, Frankreich und sechs weitere Mitgliedsstaaten ein Optionsmodell durch (»dritter Weg«), das den großen Energieversorgern nur wenige Anpassungsleistungen abverlangen wird. Auch die Übernahme von Mehrheitsbeteiligungen an Übertragungs- und Fernleitungsnetzen durch Unternehmen aus Drittstaaten wird nicht der Kontrolle der EU-Kommission unterworfen werden.[12]

Der russische Ministerpräsident Wladimir Putin kritisierte das Dritte EU-Energiepaket und rief die Europäische Union auf, Gazprom zu erlauben, europäische Kraftwerke und Endverbraucher direkt zu beliefern. Das Dritte Energiepaket der EU sei nichts weiter als ein Versuch, einseitig den jetzigen marktgerechten Preisbildungsmechanismus zu verändern und den Gaspreis nach unten zu drücken, monierte Wladimir Putin.[13]

Für Deutschland hatte Peter Witt das Paket mitverhandelt. Nach Abschluss der Verhandlungen ließ er sich in den Ruhestand versetzen, um gleich danach als Partner bei g + europe sein Wissen und seine Verbindungen vergolden zu lassen. Bei g + europe blieb er jedoch nicht lange.

»Peter Witt (67) wird neuer Leiter des Siemens-Verbindungsbüros bei der Europäischen Union (EU) in Brüssel«, meldete Siemens in einer Presseerklärung am 14. Juli 2010. »Der frühere stellvertretende deutsche EU-Botschafter tritt in seiner neuen Funktion die Nachfolge von Wilhelm Schönfelder (69) an, der Siemens seit 2007 in Brüssel vertreten hat und in den Ruhestand geht. Peter Löscher, Vorstandsvorsitzender der Siemens AG, dankte Wilhelm Schönfelder für seine erfolgreiche Arbeit im Unternehmen.«

Der von Siemens erwähnte Wilhelm Schönfelder, hier schließt sich nun ein Kreis, was perfekte Lobbyarbeit ehemaliger hochrangiger deutscher Brüssel-Repräsentanten angeht, ließ sich ebenfalls in den Ruhestand versetzen, um für Siemens Lobbyarbeit in Brüssel zu betreiben. Der Botschafter war ein äußerst erfahrener Europa-Diplomat. Er vertrat vor allem die Bundesregierung im Ausschuss der Ständigen Vertreter. In diesem Gremium werden sämtliche Entscheidungen der EU-Staaten vorbereitet. Schönfelder leitete während der deutschen EU-Präsidentschaft die Verhandlungen zur Außen-, Europa-, Innen- und Justizpolitik sowie zur Finanzpolitik. Damit er während der deutschen Präsidentschaft noch die Zügel in Brüssel in der Hand halten konnte, verlängerte die Bundesregierung sogar seine Amtszeit über das normale Pensionsalter von 65 hinaus. Das kann in der Zukunft vielleicht ganz wichtig sein. Denn Siemens-Chef Peter Löscher umwirbt inzwischen Russland mit einem riesigen Investitionsprogramm, um die russische Regierung zu unterstützen »bei ihrem Bemühen, die rückständige industrielle Basis des Landes auf Vordermann zu bringen«.[14] Am 19. Dezember

2011 wurde zudem bekannt, dass Siemens und Gazprom eine strategische Partnerschaft beschlossen haben.[15] Da kann ein Lobbyist in Brüssel mit großen Erfahrungen außerordentlich nützlich sein.

Ein weiteres führendes Mitglied des Teams der Agentur g + europe ist Gregor Kreuzhuber, der auf der Webseite von g + europe mit den Worten zitiert wird, dass er in der Europäischen Kommission zehn Jahre lang als Sprecher und politischer Berater von zwei EU-Kommissaren tätig war.[16] Als Berater und späterer Sprecher von Agrarkommissar Franz Fischler und seit Herbst 2004 als Sprecher von EU-Industriekommissar Günter Verheugen war er der ideale Partner für g + europe. Jetzt bringt er »Unternehmen, Verbänden und Politikern bei, wie Brüssel funktioniert und wie sie einen guten Ruf und Einfluss auf dem EU-Parkett entwickeln können. Erfolgreich sind die, die sich über Jahre ein Profil erarbeitet haben«, sagt Kreuzhuber.[17] Von Andris Piebalgs aus Lettland, dem EU-Kommissar für Energie und Vorgänger von Günther Oettinger, wird in Brüssel folgende Aussage kolportiert: »Wenn ich ein Problem mit Putin oder Gazprom habe, rufe ich Gregor Kreuzhuber an.«

Wer jedoch nimmt hier in Deutschland zum Beispiel Stellung zu dem undurchschaubaren Beziehungsgeflecht und den damit verbundenen russischen Politikern wie Wladimir Putin und den von diesem System profitierenden europäischen und deutschen Konzernen? Im Prinzip niemand. Es fällt dabei ziemlich schwer, diese Servilität bis hin zur intellektuellen Selbstaufgabe der Putin-Freunde angesichts der erschütternden Realitäten in Russland zu begreifen. Allein mit der gern vorgeschobenen Notwendigkeit der sogenannten Realpolitik ist diese schleimige Ergebenheit nicht zu erklären.

Ob Zynismus oder primitive Propaganda ist schwer auseinanderzuhalten, wenn es in diesem Zusammenhang um die Aussage einer »Russland-Expertin« geht. Im September 2011, auf einer Veranstaltung der Frankfurter Industrie- und Handelskammer (IHK), hielt die einstige Fernsehjournalistin Gabriele Krone-Schmalz und Professorin einer privaten Unternehmer-Hochschule in Iserlohn (seit Dezember 2011) einen Vortrag über »Vorurteile und andere Wahrheiten«. Sie mahnte an, dass die deutsche Öffentlichkeit dazu neige, mit zweierlei Maß zu messen. »Man solle sich nicht wie Lehrmeister gegenüber Russland aufführen, das sei verletzend und schade den Wirtschaftsbeziehungen. Die einfache Bevölkerung habe in den vergangenen zwanzig Jahren so viele Veränderungen erlebt, dass deren Bedarf an ›Reformen‹ mehr als gedeckt sei. Die Russen erwarteten nicht ständig neue Vorschläge für ihr politisches System, sondern zum Beispiel Ideen und Konzepte für notwendige Infrastrukturmaßnahmen.«[18] Im Kreml wird ähnlich argumentiert. Da beklagt man immer wieder den »demokratischen Messianismus« des Westens.

Ist das tatsächlich so simpel? Die französische Politologin Marie Mendras lehrt russische Politik und Außenpolitik am Institut d'Etudes Politiques (IEP) in Paris. Die Wissenschaftlerin sagt: »Die aktuell unter Putin erfolgten Einschränkungen der individuellen Freiheiten und des öffentlichen Lebens sind für die Russen momentan nur sehr schwer zu ertragen und zu leben. Sie haben Angst, ihre Meinung zu sagen, fühlen sich vom Polizeistaat kontrolliert und überwacht. Ich kann die Vorstellung, dass ihnen das gefällt, einfach nicht akzeptieren. Ich würde eher sagen, dass sich die Russen momentan von einer Welle tragen lassen, die sowohl von der Hoffnung auf wirtschaftliche Verbesserung gespeist wird als auch von einer allgemeinen Ablehnung des politischen und öffentlichen Lebens.«[19]

Doch die Argumente von Gabriele Krone-Schmalz geben Gelegenheit, direkt zu Altbundeskanzler Gerhard Schröder überzuleiten. Und nicht nur deshalb, weil die deutsche Journalistin Mitglied des Lenkungsausschusses im »Petersburger Dialog« ist. Dabei handelt es sich um eine Initiative des russischen Präsidenten Putin und des damaligen Bundeskanzlers Gerhard Schröder mit aktiver Mithilfe von Klaus Mangold, dem damaligen Vorsitzenden des Ost-Ausschusses der Deutschen Wirtschaft. Während eines dieser Petersburger Dialoge, der am 9. Oktober 2006 in Dresden stattfand, erlebte Boris Reitschuster, der Moskau-Korrespondent des Magazins *Focus*, wie dort auf kritische Berichterstattung über Russland reagiert wurde. Er hatte kurz zuvor ein kritisches Buch über Russland geschrieben. Das Auswärtige Amt nahm vollkommen unerwartet von einer geplanten internen Präsentation seines Buches Abstand –

»weil es der Chefetage zu brisant und zu kritisch sei«, wie er mir erzählte.

»Ich halte diese Entscheidung für sehr bedauerlich – und bedenklich: Wenige Tage nach dem Mord an der Journalistin Anna Politkowskaja sendet das Auswärtige Amt damit ein Signal, dass es sich von kritischen Journalisten distanziert. Muss es denn erst einen Deutschen erwischen, bevor man zur Vernunft kommt?«

Besonders bitter aufgestoßen ist ihm diese Entscheidung des Auswärtigen Amts, nachdem er beim 3.-Oktober-Empfang der Botschaft Grigori Jawlinski, den früheren russischen Vizeministerpräsidenten und jetzigen liberalen Oppositionspolitiker, traf. Der sagte ihm: »Ich bin jedes Mal froh, wenn ich Sie lebend sehe – dass Sie noch leben.« Etwas makaber sei sein Humor, entgegnete ihm Boris Reitschuster. Daraufhin antwortete ihm Grigori Jawlinski: »Das ist kein Witz. Seien Sie vorsichtiger! Was Sie tun, ist gefährlich.« Reitschuster hatte das eigentlich Selbstverständliche getan – ohne Scheuklappen über die russischen Realitäten zu berichten.

Boris Reitschuster war auch Zuhörer bei der Diskussion des Petersburger Dialogs am Nachmittag des 9. Oktober 2006 in Dresden, als Michail Gorbatschow und Lothar de Maizière miteinander sprachen. Lothar de Maizère war 1990 der letzte Ministerpräsident der DDR gewesen. Im Dezember 1990 war bekannt geworden, dass das Ministerium für Staatssicherheit (MfS) de Maizère »als inoffiziellen Stasimitarbeiter mit dem Namen ›Czerny‹ erfasst hatte«. Eine inoffizielle Tätigkeit dementierte er jedoch.[20] Und er war in Dresden der Vorsitzende des Lenkungsausschusses der Petersburger Dialoge. Boris Reitschuster erinnert sich noch genau daran, wie Lothar de Maizière reagierte, als er auf der anschließenden Pressekonferenz nach der zwei Tage zuvor ermordeten Moskauer Journalisten Anna Politkowskaja gefragt wurde: In Afghanistan werden auch Journalisten umgebracht, sei dessen Antwort gewesen.

Boris Reitschuster dazu: »Tiefer kann man eigentlich nicht mehr fallen.« Da sollte er sich jedoch täuschen.

Über den bösen Anschein und Interessenkonflikte

Spätestens seit Immanuel Kant wissen selbst die Herrschenden, dass die Achtung fürs moralische Gesetz die einzige und zugleich unbezweifelte moralische Triebfeder sein sollte.[21] Der Philosoph Immanuel Kant wird gern von jenen zitiert, die jetzt am großen Rad drehen wollen, um die entscheidenden Schalter politisch und wirtschaftlich an- und auszuknipsen. Realpolitiker sind gefragt, deren ethisches Gewissen nur schwer zu messen ist.

»Nicht wenige wirtschaftlich Handelnde vertreten die Auffassung, wonach Ethik in der Wirtschaft nichts verloren habe, äußern das aber nur – wie etliche Politiker für die Politik – in vertrauten Zirkeln gleicher Gesinnung.« Der das sagt, ist der Philosoph und Publizist Norbert Copray: Für ihn ist Gerhard Schröder »ein bedeutender Symptomträger der Abspaltung ethischen Handelns vom ökonomischen Handelns. Das Symptom heißt Verantwortungslosigkeit, die mit ökonomischem Weitblick bemäntelt wird.« Denn für die hohen Profite im Energiesektor werden Millionen Verbraucher immer stärker zur Kasse gebeten. »Man könnte auch sagen: Die Verbraucher werden ausgepresst, mitunter erpresst.« [22]

Norbert Coprays Aussage bezieht sich auf eine besondere Männerfreundschaft, die zwischen Gerhard Schröder und Wladimir Putin. Noch war Gerhard Schröder als Bundeskanzler in Amt und Würden, damals im Jahr 2005. Im Verlauf seiner Kanzlerschaft hatte der »Kanzler der Bosse«, wie er von einigen schnippisch genannt wurde, den russischen Präsidenten irgendwie in sein großes sozialdemokratisches Herz geschlossen. Das strahlte wohl auch auf das von Putin favorisierte Projekt einer Gaspipeline von Russland nach Deutschland aus. Dafür machte sich Gerhard Schröder bekanntlich als Bundeskanzler besonders stark.

Er und Kreml-Chef Putin assistierten am 11. April 2005 in Hannover bei der Unterzeichnung der Grundsatzvereinbarung über die Beteiligung der BASF am Bau der nordeuropäischen Gaspipeline und gaben damit der formal privatrechtlichen Vereinbarung den regierungsamtlichen Segen. Im späten Sommer 2005, kurz vor der Bundestagswahl im September, zeichnete sich ab, dass die SPD die

Wahl wahrscheinlich verlieren würde. Und es kam ein Gerücht auf, das von dem Moskauer *Focus*-Korrespondenten, Boris Reitschuster, kolportiert wurde. Demnach wollten die »Petersburger« (darunter wird die Sankt Petersburger Machtclique um Putin verstanden) Gerhard Schröder bei Gazprom oder einer Tochterfirma von Gazprom unterbringen, sollte er die anstehende Wahl nicht gewinnen.[23] Es folgte prompt ein heftiges Dementi.

Später meldete die *Frankfurter Allgemeine Sonntagszeitung*, sie habe zur gleichen Zeit, als Boris Reitschuster darüber berichtete, aus Unternehmerkreisen in Moskau erfahren, »über den Posten für Schröder sei schon vor der Bundestagswahl vom 18. September entschieden worden«.[24]

Zehn Tage vor der Bundestagswahl wurde der Vertrag über die Ostseepipeline zwischen Schröder und Putin unterschrieben.

Die Bundestagswahl 2005 ging für die SPD verloren, das Ende der Kanzlerschaft Gerhard Schröders war für viele politische Beobachter offensichtlich nahe. Doch noch war die neue CDU/SPD-Koalition nicht installiert.

Da meldete die *Bild-Zeitung* am 10. Oktober 2005, dass Bundeskanzler Gerhard Schröder bei Gazprom eine Stelle angeboten worden sei. Auch russische und britische Medien berichteten darüber. Der Artikel der *Bild-Zeitung* wurde wieder heftig dementiert. Der damalige SPD-Generalsekretär, Uwe Benneter, sprach von einem üblen Gerücht.

Am 28. Oktober 2005 unterzeichnete Wirtschaftsminister Wolfgang Clement (SPD) eine Vorlage für eine Bürgschaft für das Pipelineprojekt in Höhe von einer Milliarde Euro. Die Bundesregierung hatte sich grundsätzlich bereiterklärt, eine Garantie für einen Kredit der Kreditanstalt für Wiederaufbau und der Deutschen Bank AG an Gazprom in Höhe von einer Milliarde Euro zu übernehmen. Mit diesem Steuergeld sollte Gazprom ein Kreditangebot ermöglicht werden, um die teilweise Finanzierung der Onshore-Pipeline[25] vom Gasfeld Yushno Ruskoje (Nordwest-Russland) nach Sankt Petersburg abzusichern. Dieses Projekt hat ein Gesamtvolumen von über fünf Milliarden Euro. Diese Bürgschaft war zur damaligen Zeit die höchste, die der Bund je für eine ausländische Firma übernommen hatte.

Noch-Bundeskanzler Gerhard Schröder, so die offizielle Version, sei dabei nicht eingeschaltet gewesen, also ahnungslos, im Gegensatz zur Wirtschaftsabteilung des Bundeskanzleramtes. Das musste die neue Bundesregierung nach einer parlamentarischen Anfrage der FDP im April 2006 einräumen. Genehmigt hatte die Bürgschaft Caio Koch-Weser, der Staatssekretär im Finanzministerium und Vorsitzende des Verwaltungsrats der Bundesanstalt für Finanzdienstleistungen (BaFin). Einen Tag nach seiner Unterschrift unter die Bürgschaft wechselte er als Topmanager zur Deutschen Bank.[26]

Anfang November 2005 erhielt Gerhard Schröder Gesprächsunterlagen, die ihn über den geplanten Spatenstich zum Bau der Ostseepipeline am 9. Dezember 2005 in Kenntnis setzten.[27]

Am 2. Dezember 2005 wurde das neue Konsortium Nord Stream im schweizerischen Zug eingetragen. Mit 51 Prozent war Gazprom Hauptanteilseigner, die anderen Anteile wurden unter anderem von E.ON und BASF gehalten.

Eine Woche später, am 9. Dezember 2005, erklärte nicht etwa Gerhard Schröder, sondern der Gazprom-Vorstand, dass der ehemalige Bundeskanzler als Aufsichtsratsvorsitzender für die Gazprom-Tochter Nord Stream mit Sitz in Zug/Schweiz tätig sein werde. Und Alexei Miller, der Gazprom-Chef, »soll von Schröders Ernennung selber überrascht worden sein«, schreiben die beiden russischen Journalisten Waleri Panjuschkin und Michail Sygar: »Erst wenige Minuten vor Beginn der Pressekonferenz habe Präsident Putin ihn telefonisch davon in Kenntnis gesetzt, sagte uns einer der Gazprom-Chefs im Vertrauen.«[28]

Sie machten auch mit Gerhard Schröder ihre Erfahrungen, als sie versuchten, ihn zu interviewen. Und zwar anlässlich der Vorstellung seines Buches in der Moskauer Buchhandlung Moskwa. »Als ein persönlicher Referent von Schröder die Worte ›Interview‹ und ›Gazprom‹ hört, tippt er sich nur vielsagend an die Schläfe.«[29]

Egal, wie es dazu kam, dass Gerhard Schröder den Posten bei Nord Stream mit einem mickrigen Jahresgehalt von 250 000 Euro (das ist der offiziell bestätigte Betrag) erhielt, er hätte ihn wohl kaum bekommen können, wenn das Pipelineprojekt gar nicht zustandegekommen wäre. Es hat sich deshalb im nachhinein als goldrichtig erwiesen, dass er sich während seiner Amtszeit als Bundeskanzler – allein aus politischen Gründen – vehement für genau dieses Projekt Nord Stream stark gemacht hat – und nicht so sehr für das europäische alternative Pipelineprojekt Nabucco.

Denn Nabucco hätte eine vom Kreml unabhängige Gasversorgung bringen sollen. Siim Kallas war in dieser Zeit der amtierende EU-Kommissar, zuständig für Verwaltung, Audit und Betrugsbekämpfung. Er hatte sich insbesondere für die Durchsetzung von Transparenzinitiativen innerhalb der EU-Vergabepraxis verdient gemacht, und er beschuldigte Gerhard Schröder, die deutsche Integrität beschädigt zu haben. »Wären die Standards der EU-Kommission eingehalten worden, könnte Gerhard Schröder den Posten nicht annehmen.«[30]

»Der Staats- und Verwaltungsrechtler Hans-Herbert von Arnim sprach – unter Hinweis auf fehlende Beweise und die Unschuldsvermutung – öffentlich die Frage an, ob Gerhard Schröder sich einer Vorteilsnahme verdächtig gemacht habe.«[31] Stimmt das? Und was ist eigentlich mit dem enormen unbezahlbaren Machtwissen? Bleibt es in einem neuen Job versteckt?

Helmut Görling ist einer der bekanntesten deutschen Wirtschaftsanwälte und Geschäftsführer der »Görling Unternehmensgruppe für forensische Dienstleistungen« mit Sitz in Frankfurt am Main. Der einstige Beamte des Hessischen Landeskriminalamtes, Abteilung Organisierte Kriminalität, hat seine ganz eigene Meinung zu dem Vorgang Gerhard Schröder. In seinem Büro sagt er mir im November 2011 über Schröders Wechsel zu Nord Stream: »Ich bin damals hellhörig geworden. Mein Gott, das muss doch strafbar sein, dachte ich. Wie kann man das machen?«

Ein unvergleichbarer Vorgang – nur ein Gedanke

Genauso sah es die Staatsanwaltschaft Bonn in einem Verfahren gegen einen angestellten Berater der Stadt Bonn. Monatelang beschäftigte sich im Jahr 2011 in der ehemaligen Bundeshauptstadt ein Gericht mit einer Anklage, in der Betrug, Korruption und Vorteilsnahme eine große Rolle spielen. Der Hintergrund: Im Februar

2002 hatte Bonn die Trägerschaft über die ehemaligen Gebäude des Bundestags, des Bundesrates und des durch den Deutschen Bundestag genutzten Wasserwerks übernommen. Ziel der Stadt war nun, das Gelände wieder nutzbar zu machen durch die Errichtung eines internationalen Kongresszentrums, das den Anforderungen der Vereinten Nationen entspricht, sowie eines Hotels. Das Land Nordrhein-Westfalen sollte Fördermittel in Höhe von bis zu 35,79 Millionen Euro zur Verfügung stellen. »Das Kongresszentrum ist mittlerweile eine Bauruine, die vom Insolvenzverwalter winterfest gemacht und von Gläubigern aus aller Welt beansprucht wird.«[32]

Von den Verantwortlichen der Stadt sitzt bislang noch niemand auf der Anklagebank. Aber ein Mann, der als angestellter Berater für die Stadt Bonn erheblichen Anteil daran gehabt haben soll, dass das Millionenobjekt umgesetzt wird. Er hatte die Oberbürgermeisterin und den Stadtrat beraten, an wen das Projekt vergeben werden sollte, und Gutachten über die Bewerber erstellt. Am Ende entschied er mit, dass ein koreanischer Geschäftsmann den Millionenauftrag erhielt, der jetzt ebenfalls wegen Betrugs auf der Anklagebank sitzt.

Allerdings hatte der verantwortliche Berater sich nicht nur für den koreanischen Geschäftsmann stark gemacht. Vielmehr sei in dieser Zeit der von ihm favorisierte koreanische Investor zu ihm gekommen und habe ihn gefragt, ob er nach Abschluss des Vertrags mit der Stadt bei ihm arbeiten wolle. In der Anklageschrift der Staatsanwaltschaft Bonn wird der Vorwurf gegen ihn so formuliert: »Er hat als Beauftragter eines geschäftlichen Betriebes im geschäftlichen Verkehr einen Vorteil für sich als Gegenleistung dafür gefordert, sich versprechen lassen und angenommen zu haben, dass er einen anderen bei dem Bezug von gewerblichen Leistungen im Wettbewerb in unlauterer Weise bevorzuge, wobei sich die Tat auf einen Vorteil großen Ausmaßes bezog.«[33]

Der Beschuldigte selbst sagte dazu, er habe erst nach dem Ratsbeschluss den Wunsch geäußert, für dieses Unternehmen arbeiten zu können. Vor dem Ratsbeschluss habe es weder konkrete Forderungen durch ihn noch konkrete Zusagen (…) gegeben, bei erfolgreichem Projektabschluss für die SMI tätig sein zu können.[34] Das Gericht muss nun die Vorwürfe der Staatsanwaltschaft klären.

Ob und inwieweit dieser Fall aus Bonn mit Gerhard Schröder in Berlin vergleichbar ist, darüber kann man streiten. Er bestätigt aber im kleinen, dass ein »Seitenwechsel«, wie ihn Gerhard Schröder im großen vorgeführt hat, das Vertrauen in die Politik untergräbt und schon deshalb von Übel ist. Und wie wird bewertet, wenn das Machtwissen eines Bundeskanzlers und sein Beziehungsnetzwerk als Hebel benutzt werden, um wirtschaftlichen Interessen des neuen Arbeitgebers zu nutzen? Fragen über Fragen.

Gerhard Schröder sieht das nicht so. In seinem Buch *Entscheidungen – Mein Leben in der Politik* schreibt er: »Als ich im November 2005 vom Vorstandsvorsitzenden der Gazprom gebeten wurde, dieses Amt anzunehmen, habe ich zunächst abgelehnt. Nicht der Sache wegen, sondern weil ich keine festen beruflichen Bindungen eingehen wollte. Im Dezember rief mich dann Präsident Putin an, der mich wegen der Bedeutung dieses europäischen Energieprojektes überzeugte, den Vorsitz des Gremiums zu übernehmen … Entsetzt war ich vor allem über die Unterstellungen, mit denen ich mich konfrontiert sah … Meine Unterstützung der Ostsee-Pipeline hatte ausschließlich mit Interessen unseres Landes und Europas zu tun.«[35]

Für die Rechte an Schröders Biographie zahlte der höchst umtriebige Unternehmer Carsten Maschmeyer übrigens rund eine Millon Euro an Gerhard Schröder. [36]

Das Unwesen der Loyalität und des Verdrängens bei Parlamentariern

Der Wechsel Gerhard Schröders vom Staatsamt zum Gazprom-Konzern hatte nicht nur bei kritischen Bürgern und in den Medien, sondern auch im Bundestag für Empörung gesorgt. Am 15. Dezember 2005 fand daher im Bundestag eine aktuelle Stunde statt. Obwohl das Thema »Die Haltung der Bundesregierung zur Berufung von Bundeskanzler a. D. Gerhard Schröder zum Aufsichtsratsvorsitzenden des Konsortiums Nordeuropäische Gaspipeline« war, fehlten die Mitglieder der Bundesregierung. Erst auf Intervention des Bundestags wurde der Vizekanzler und damalige SPD-Vorsitzende, Franz Müntefering, ins Parlament zitiert.

Die folgenden Auszüge aus dem Parlamentsprotokoll[37] geben einen Eindruck wider, was man– zumindest zur damaligen Zeit – unter Ethik in der Politik versteht. Oder auch nicht.

Franz Müntefering, SPD-Bundesminister für Arbeit und Soziales, konnte da überhaupt nichts Anrüchiges erkennen. »Als Mitglied dieser Bundesregierung sage ich Ihnen aber meine persönliche Meinung als Franz Müntefering: Gerhard Schröder konnte dieses Angebot, das ihm gemacht worden ist, annehmen. Ich bin froh, dass er das getan hat, weil er an dieser Stelle für unser Land und für Europa auch in Zukunft gute strategische Arbeit leisten kann. Dieses Projekt ist ein strategisches Projekt für ganz Europa.«[38]

Uwe Benneter von der SPD-Fraktion stellte klar, dass Gerhard Schröder doch »von russischer Seite angesprochen wurde, ob er den Aufsichtsratsvorsitz für dieses europapolitisch, geostrategisch, energie- und wirtschaftspolitisch wichtige Projekt übernehmen wolle. In dieser Situation habe sich Gerhard Schröder, dem die Stärkung der deutsch-russischen Beziehungen durch ein gemeinsames, technologisch nach vorn gerichtetes Projekt immer ein Anliegen war, bereiterklärt, die Oberaufsicht über diese Gesellschaft zu übernehmen.«[39]

Der Protokollant notiert Beifall bei der SPD sowie bei Abgeordneten der CDU/CSU.

Matthias Berninger von Bündnis 90/Die Grünen hingegen meinte: »Ich finde das erstens unanständig, weil Gazprom in Russland aufgrund ihrer unternehmerischen Verzweigtheit nicht gerade für bürgerliche Freiheitsrechte steht, sondern im Gegenteil – siehe den Fall Chodorkowski – auch davon profitiert, dass Leute inhaftiert werden und der russische Staat seinen starken Arm zeigt. Es gibt sehr viele nicht namentlich zu nennende Personen aus dem Medienbereich, die unter der Gazprom zu leiden haben.«[40]

Reaktion von der SPD/CDU? Keine.

Und was sagte Rainer Brüderle von der FDP-Fraktion, also der Opposition, damals? »Gazprom ist ja nicht irgendein Unternehmen … Das ist ein Instrumentarium der russischen Politik und kein

Unternehmen wie Telefonica oder sonst irgendeines, bei dem es einen Markt mit Konkurrenz gibt ... Dort geht der deutsche Kanzler hin und wird Aufsichtsratsvorsitzender!«

Beifall bei der FDP sowie bei Abgeordneten der Partei Die Linke und bei Bündnis 90/Die Grünen.

Brüderle weiter: »Sie sollten mal überlegen, was Sie tun! Den kleinen Genossen, die bei Ihnen Plakate geklebt haben, kommt das Frühstück hoch, und ein Teil Ihrer Fraktion schämt sich draußen.«[41]

2009 bewilligte die schwarz-gelbe Bundesregierung Nord Stream zwei Bürgschaften zur Finanzierung der Ostseepipeline in Höhe von insgesamt 2,8 Milliarden Euro. Das ist dreimal so viel wie die Bürgschaft der rot-grünen Regierung, die sie im Oktober 2005 bewilligt hatte. Gazprom hatte sie damals jedoch wegen der Kritik an Gerhard Schröder und seinem neuen Posten bei Gazprom nicht in Anspruch genommen.

Diesen Bürgschaften 2009 stimmten auch die FDP-Minister Guido Westerwelle und Rainer Brüderle zu. Vier Jahre zuvor noch hatten sowohl Brüderle wie Westerwelle die Bürgschaft der rot-grünen Bundesregierung scharf kritisiert. »Das ist eine regelrechte Selbstbedienungsaffäre«, wurde Westerwelle in der *Frankfurter Allgemeinen Zeitung* zitiert. Er frage sich, »warum der deutsche Steuerzahler für einen russischen Staatskonzern geradestehen soll«.[42]

Immerhin wurde die Kreditgarantie 2009 wenigstens publik. »Die erste Bürgschaft, die knapp unter einer Milliarde Euro lag, war erst ein halbes Jahr später bekanntgeworden, und dies auch nur deshalb, weil in einer gerichtlichen Auseinandersetzung Schröders mit Westerwelle ein entsprechender Aktenvermerk auftauchte.«[43]

Die wohl heftigste und schmerzhafteste Kritik im Zusammenhang mit Gerhard Schröders Gazprom-Engagement kam jedoch aus den USA – allerdings erst zwei Jahre nach der Entscheidung in Berlin.

Tom Lantos, Abgeordneter der Demokraten in Washington, der im Februar 2008 an den Folgen einer Krebserkrankung starb, leitete 2007 den Auswärtigen Ausschuss des US-Abgeordnetenhauses und war der einzige Holocaust-Überlebende im US-Kongress. Im Sommer 2007 anlässlich der Einweihung eines Denkmals für die Opfer des Kommunismus in Washington nannte er Gerhard Schröder einen »politischen Prostituierten, jetzt, da er von Putin dicke Schecks kassiert. Aber die Prostituierten in meinem Wahlbezirk fühlen sich beleidigt.«[44]

Ein Aufheulen der politischen Klasse in Deutschland folgte auf diese markigen Worte. Frank-Walter Steinmeier, von 2005 bis 2009 Außenminister, nannte diese Aussage eine schlimme Entgleisung. Sie beleidige nicht nur den früheren Bundeskanzler, sondern die große Mehrheit des deutschen Volkes. Wirklich? Er müsste es doch besser wissen. Wochen nachdem der Abgeordnete der Demokraten sich so unflätig über Gerhard Schröder geäußert hatte, fuhr dieser Anfang September 2007 nach Moskau. Vorgestellt wurde die russische Übersetzung seiner Memoiren *Entscheidungen. Mein Leben in der Politik*. Das Vorwort schrieb Dmitri Medwedew, damals Vizeministerpräsident und Vorsitzender des Aufsichtsrats von Gazprom, der natürlich ebenfalls anwesend war.

Über politische Ethik und Glaubwürdigkeit am Beispiel Gerhard Schröder

Schwamm darüber, ist doch im Prinzip Vergangenheit. Ein Lernprozess hat stattgefunden. Tatsächlich? Weil vieles so schnell vergessen wird, fragte ich einen osteuropäischen Gasoligarchen, wie er es denn beurteile, dass Gerhard Schröder Aufsichtsratschef von North Stream wurde:

»Es sind wahrscheinlich die Geldgier und politische Korruption, aber alles vollkommen im Rahmen der Gesetze. Ich bin nicht sicher, was die Moral angeht. Aus Sicht der Deutschen ist seine Präsenz aber positiv zu beurteilen. Man kann nicht sagen, dass er korrupt geworden ist, denn die Deutschen haben das Projekt ja alle unterstützt. Man könnte es auch so formulieren, dass er dort hingeschickt wurde, um deutsche Interessen zu schützen.«

Ein ähnliches Angebot wie Gerhard Schröder unterbreitete Gazprom nach Zeitungsmeldungen im April 2008 auch Romano Prodi, als der 2008 sein Amt als italienischer Regierungschef verloren hatte. Er sollte einen Posten als Präsident des Projekts South Stream bekommen. Der Vorstandsvorsitzende des italienischen Energiekonzerns ENI, Paolo Scaroni, hätte diese Entscheidung begrüßt. »Wir äußern uns normalerweise nicht zu Mediengerüchten. Aber dies scheint mir eine exzellente Wahl: Für die Leitung einer Infrastruktur, für die Energiesicherheit Europas einen Mann vorzuschlagen, der Präsident der EU-Kommission war, ist tatsächlich eine optimale Idee.«[45] Romano Prodi hat das Angebot abgelehnt.

Daniel Cohn-Bendit, Kovorsitzender der Fraktion Die Grünen/ Freie Europäische Allianz im Europäischen Parlament, gehört zu den wenigen aufrechten politischen Persönlichkeiten, die nie in Verdacht standen, sich korrumpieren zu lassen. Deshalb ist mir seine Meinung zu Gerhard Schröder besonders wichtig, gehört er doch zudem der gleichen Generation wie Gerhard Schröder an. Ich treffe ihn im November 2011 im Strandcafé im Frankfurter Nordend. Vor ihm steht ein Glas Tee und eine Schale mit Birchermüsli. Was denkt er über Gerhard Schröder und sein Engagement bei Gazprom?

»Ich fand die ganze Geschichte mindestens merkwürdig, wenn nicht politisch einfach verwerflich.«

»Meinst du ethisch oder politisch?«, frage ich.

»Ethisch und politisch. Das ist für mich das Gleiche. Wenn man die Geschichte Revue passieren lässt: Es wird die Pipeline gebaut. Man kann ja diskutieren, ob es im deutschen Interesse war, das zu machen. Aber es war sicherlich, was die europäischen Interessen betrifft, falsch. Dann aber zwei, drei Monate später, nachdem er die Wahlen verloren hat, bei Putin auf der Lohnliste zu stehen, mit der merkwürdigen Bemerkung über Putin als lupenreinen Demokraten, das ist schon unglaublich. Da sieht man, wenn einer gekauft worden wäre, hätte er nicht anders geredet. Ob er gekauft wurde, weiß ich nicht. Das Ergebnis ist aber das Gleiche. Für mich war da die Schmerzgrenze dessen, was man als Politiker machen darf, überschritten.«

»Aber warum steht bis heute die SPD hinter ihm?«, will ich von ihm wissen.

»Ich habe lange überlegt, und die bestmögliche Erklärung für die SPD ist, dass sie nicht glaubt, dass Schröder als Kanzler schon seine zukünftige Position bei Gazprom ausgehandelt habe. Weil das unglaublich wäre. Sie sagt daher, das ist vielleicht kein guter Stil, und über Fragen des Stils kann man streiten. Das Problem ist: War das vorher schon eingetütet oder nicht? Ich weiß es nicht. Das andere jedoch ist das Abnicken des absolut korrupten Putin-Systems. Das ist unfassbar.«[46]

Ist das eine etwas grobschlächtige Denkweise? Ja, werden ganz sicher Gerhard Schröders Freunde sagen. Und die fragte ich auch.

Das Thema Begünstigungen und die Antworten einiger Bundestagesabgeordneter

Ich hoffte also, von Bundestagsabgeordneten ähnlich klare Aussagen zu bekommen wie die von Daniel Cohn-Bendit, insbesondere natürlich von SPD-Bundestagsabgeordneten. Im Dezember 2011 habe ich deshalb über abgeordnetenwatch.de einigen Bundestagsabgeordneten die Frage gestellt, wie sie angesichts der massiven Wahlmanipulationen in Russland sowie der nachweislichen Menschenrechtsverletzungen und der Unterdrückung der Meinungsfreiheit in Russland das Engagement Gerhard Schröders bei Gazprom und seine Aussage bewerten, Wladimir Putin sei ein lupenreiner Demokrat. Ausgewählt hatte ich die Abgeordneten unter anderem danach, wie häufig sie Fragen der Bürger auf abgeordnetenwatch.de beantwortet hatten. Die Antworten kamen bis auf wenige Ausnahmen prompt.

Nachfolgend einige Beispiele der Antworten, die ich über abgeordnetenwatch.de bekommen habe.

Die SPD-Abgeordnete Ingrid Arndt-Brauer, Mitglied des Finanzausschusses des Deutschen Bundestags, meinte: »Ich betrachte es nicht als meine Aufgabe, Meinungsäußerungen und Tätigkeiten von ehemaligen Bundeskanzlern meiner Partei öffentlich zu bewerten.«

Caren Marks, SPD-Abgeordnete aus Hannover, also aus dem direkten Wirkungsfeld Gerhard Schröders, antwortete mit den Sätzen: »Freiheit, neben Gerechtigkeit und Solidarität, war, ist und bleibt einer der wichtigsten Grundwerte in der fast 150-jährigen

Geschichte der Sozialdemokratie. Ich bin sicher, dass auch Gerhard Schröder das so sieht.«

Da war die SPD-Abgeordnete Ute Vogt, einst Vorsitzende der SPD in Baden-Württemberg, immerhin ein klein wenig kritisch. »Auch Gerhard Schröder liegt zuweilen falsch.« Eine klare Stellungnahme kann man das trotzdem nicht nennen.

Christel Humme, SPD-Abgeordnete aus Nordrhein-Westfalen, fühlte sich nicht zuständig, schrieb aber immerhin: »Ich persönlich teile die von Ihnen angesprochene Einschätzung Wladimir Putins durch Gerhard Schröder nicht.«

Der SPD-Abgeordnete Ulrich Kelber aus Bonn, dort sitzt er im Aufsichtsrat der Gesellschaft für Energie- und Gebäudemanagement, ist schon geradezu offenherzig: »Ich halte Wladimir Putin nicht für einen Demokraten, und das war auch schon vor den aktuellen Wahlmanipulationen so. Was die beruflichen Tätigkeiten von Gerhard Schröder betrifft, so sind sie in erster Linie seine persönliche Entscheidung.«

Gern wird der niedersächsische SPD-Abgeordnete Sebastian Edathy, Mitglied des Rechtsausschusses des Bundestags, in den Medien als Symbol der neuen SPD hervorgehoben. Er wagte nicht mehr zu sagen, als dass er sich der Antwort seines Fraktionskollegen Kelber anschließt. Deshalb schrieb ich ihm am 15. Dezember 2011 eine Mail: »Gazprom ist bekanntlich nicht nur ein Energiekonzern, sondern auch eine politische und wirtschaftliche Waffe des Kreml. Auch das wissen Sie sicher als Vorsitzender des Rechtsausschusses. Oder liege ich da falsch?« Am 11. Januar 2012 antwortete er: »Ich bedaure, dass Sie meine Antwort auf abgeordnetenwatch nicht zufriedengestellt hat. Die Antwort meines Kollegen Ulrich Kelber entspricht jedoch nach wie vor meiner Haltung zum Thema, und ich habe dem zum jetzigen Zeitpunkt nichts hinzuzufügen.«

Viel hatte ich von dem SPD-Abgeordneten Thomas Oppermann aus Niedersachsen und Mitglied des Rechtsausschusses erwartet. Ich sollte mich getäuscht haben. »Die Berichte über die russischen Parlamentswahlen habe ich mit Sorge verfolgt. Meine Fachkolleginnen und -kollegen im Auswärtigen Ausschuss befassen sich intensiv mit diesen Entwicklungen. Russland darf demokratische Spielregeln nicht länger ignorieren.« Ach ja. Kein Wort zu seinem Partei-freund Gerhard Schröder.

Kein Wort zu Schröder kam auch von dem SPD-Bundestagsabge-ordneten Hubertus Heil. Er schrieb nur: »Ich sehe die Entwicklung in Russland mit großer Sorge und finde die aktuellen Vorgänge ge-nauso kritikwürdig wie Sie. Menschenrechte sind für mich nicht verhandelbar.« Aber mit denjenigen Geschäfte machen, die dafür verantwortlich sind – das scheint kein Problem zu sein.

Die Antwort der SPD-Generalsekretärin Andrea Nahles war die merkwürdigste: »Bei Fragen zu meiner Tätigkeit als Generalsekre-tärin der SPD wenden Sie sich bitte an mein Büro im Parteivor-stand.« Nichts zu Gerhard Schröder. Und zu ihrer Tätigkeit als Ge-neralsekretärin wollte ich überhaupt nichts wissen.

Gernot Erler, der stellvertretende Vorsitzende für die Bereiche Außen-, Sicherheits-, Entwicklungs- und Menschenrechtspolitik der SPD-Bundestagsfraktion und einstige Staatsminister im Auswärti-gen Amt (November 2005 bis Oktober 2009) schrieb mir am 28. Fe-bruar 2012: »Gerhard Schröder antwortete im November 2004 in der ARD-Sendung ›Beckmann‹ auf die Frage, ob Putin ein lupenrei-ner Demokrat sei: ›Ja, ich bin überzeugt dass er das ist.‹ Er sei si-cher, dass Putin Russland ›zu einer ordentlichen Demokratie ma-chen will und machen wird‹. Dass er diese Aussage immer wieder bekräftigt haben soll, ist mir nicht bekannt. Ich habe da eine andere Sicht der Dinge und empfehle Ihnen die Russland-Seite auf meiner Homepage www.gernot-erler.de.«

In der Tat äußert er sich dort sehr kritisch über die Situation in Russland – doch nicht über seinen Parteifreund Gerhard Schröder. Anscheinend weiß der Abgeordnete Gernot Erler nicht, dass Ger-hard Schröder im Dezember 2006 erneut Putin als lupenreinen De-mokraten bezeichnete[47] – ebenso wie im November 2007 gegenüber n-tv laut der Webseite des Nachrichtensenders.[48]

Da fällt mir doch ein Interview vom Januar 2008 in der Zeitung *Die Welt* mit Gernot Erler ein. Gefragt, ob er Putin als lupenreinen Demokraten bezeichnen würde, wie es Gerhard Schröder tat, ant-wortete er: »Ich ziehe es vor, nicht über Personen zu reden, sondern lieber mit den Personen. Dazu gehören die Regierenden, aber auch die Opposition, die außerparlamentarische Opposition und die Vertreter der Zivilgesellschaft in Russland.«[49]

Eindeutig antwortete hingegen Dietmar Bartsch von der Linkspartei: »Wenn Spitzenpolitiker zeitnah nach dem Ausscheiden aus ihrem Amt in Lobbyverbände und Wirtschaft wechseln und wenn es sich dabei wie im Fall von Gerhard Schröder um ein Unternehmen handelt, das noch kurz vor Ende der Regierungszeit von Schröder ordentlich politisch befördert wurde, dann hat das in den Augen vieler zu Recht ein ›Gschmäckle‹.«

Der Generalsekretär der CSU und Bundestagsabgeordnete Alexander Dobrindt war für seine Verhältnisse wiederum eher zurückhaltend: »Die Zwischenfälle und die in den Medien berichteten Ungereimtheiten bei den Wahlen in Russland sind besorgniserregend. Mit dem Selbstverständnis eines demokratischen Rechtsstaates sind sie nicht in Einklang zu bringen. Wie Altkanzler Gerhard Schröder in diesem Zusammenhang seine Einschätzung und sein persönliches Engagement begründet, kann ich Ihnen nicht beantworten.«

Dorothee Bär, die CSU-Bundestagsabgeordnete und stellvertretende CSU-Generalsekretärin, wollte Gerhard Schröders Engagement bei Gazprom »nicht bewerten«. Aber auch für sie hat sich immerhin gezeigt, dass »das Modell einer gelenkten Demokratie von den Bürgern Russlands nicht länger hingenommen wird«.

Unter Umständen hängt die Zurückhaltung der CSU, was Gerhard Schröders Engagement bei Gazprom anbelangt, damit zusammen, dass die Bayerische Staatsregierung mit Gazprom gemeinsame Projekte verwirklichen will.

Glücklicherweise waren die Antworten von Grünen-Politikern weniger wachsweich. Die Grünen-Abgeordnete Katrin Göring-Eckardt antwortete: »Das offensichtlich durch Manipulationen zustandegekommene Wahlergebnis für die Partei Einiges Russland bestätigt, dass Putin und Medwedew klar antidemokratische Methoden zur Sicherung ihrer Macht nutzen. Wladimir Putin war nie ein lupenreiner Demokrat. Mit Blick auf die aktuelle Lage in Russland bin ich persönlich der Auffassung, dass die Bezeichnung Demokrat für die handelnden Personen des Regimes generell nicht angebracht ist.«

Volker Beck von den Grünen und Mitglied des Bundestagsausschusses für Menschenrechte und humanitäre Hilfe antwortete, wie nicht anders zu erwarten: »Was Herr Schröder über seinen Männerfreund Wladimir Putin sagt, entzieht sich meiner Beurteilung. Dass er während seiner Zeit als Bundeskanzler Herrn Putin als ›lupenreinen Demokraten‹ bezeichnete, löste jedoch angesichts der Staatsdoktrin der gelenkten Demokratie bei mir Befremden aus. Fragwürdig fand ich zudem, dass Herr Schröder sich nach nur sehr kurzer Zeit im Anschluss an das Ende seiner Amtszeit bei Gazprom engagiert hat. Ich selber halte Wladimir Putins Umgang mit den Menschenrechten und der Demokratie nicht für akzeptabel.«

Ich erinnere mich noch an die heftige Kritik des Philosophen und Publizisten Norbert Copray von der Fairness-Stiftung an Gerhard Schröder. Für ihn sei Gerhard Schröder eine Person, »in der sich die Trennung von wirtschaftlichem Erfolgsstreben und ethischer Verantwortung manifestiert. Gerhard Schröder handelt ohne den vermeintlichen Ballast ethischer Reflexion, rein nach ökonomischem Gewinnkalkül.«[50] Das kann man so sehen, muss jedoch seine Meinung nicht teilen.

Der Sprecher des konservativen Seeheimer Kreises in der SPD hingegen, Johannes Kahrs, sieht das ganz anders. Er möchte Schröder am liebsten für ein Comeback in der aktiven Politik gewinnen. »Ich würde mich freuen, wenn Gerhard Schröder wieder aktiv in die Politik eingreifen würde. Das wäre ein Gewinn für Deutschland.«[51]

Schluss: Politische Ethik als Blockade für blendende Geschäfte

In Deutschland wie in den meisten europäischen Ländern haben die eigenen wirtschaftlichen Interessen gegenüber dem Kreml und Putin uneingeschränkten Vorrang vor den Fragen, die sich bezüglich Menschenrechte, Presse- und Meinungsfreiheit sowie demokratische Reformen stellen. »Gazprom ist daher nicht nur eine Herausforderung für die Zukunft der Demokratie in Russland, sondern in seiner momentanen Bedeutung und Monopolstellung Provokation für die Demokratie weltweit.«[1]

Der Moskauer Anwalt Alexej Nawalni, eine Führungsfigur der russischen Oppositionsbewegung, beurteilt das deutsche Engagement in Russland recht eindeutig: »Deutschland muss aufhören, den korrupten Schwindlern, die in Russland an der Macht sind, einen politischen Deckmantel zu bieten. Wir erwarten, dass die Mitglieder des deutschen Establishments es nicht mehr für in Ordnung halten, für sehr zweifelhafte Projekte wie die Nord-Stream-Pipeline zu arbeiten ... Dieses Projekt ist purer Diebstahl, es ist völlig korrumpiert.«[2] Die Repräsentanten der deutschen Wirtschaft hingegen haben ihre ganz eigene Sichtweise, in der Menschenrechte und Unterdrückung demokratischer Prinzipien eher eine unbedeutende Rolle spielen.

Als Ende September 2011 bekannt wurde, dass Wladimir Putin im März 2012 wieder das Amt des Staatspräsidenten anstrebt, jubelte der Ost-Ausschuss der Deutschen Wirtschaft. Dessen Geschäftsführer, Rainer Lindner, sagte doch tatsächlich: »Wir haben mit ihm in den vergangenen elf Jahren bereits zusammengearbeitet. In seiner ersten Amtszeit als Präsident wurden viele Initiativen ins Leben gerufen, die heute noch die deutsch-russischen Beziehungen maßgeblich bestimmen.«[3]

Gleichwohl stellt sich darüber hinaus die Frage, welche Unterschiede es zwischen Gazprom und anderen multinationalen Energiekonzernen wie zum Beispiel BP, Shell oder Exxon-Mobil gibt. »Der Ölkonzern BP (Marken Aral und Castrol) zieht über die Erde und beutet alles aus, was sich ausbeuten lässt. Boden, Wasser, Luft und – Gesellschaften. Er kennt keine Grenzen. Und wo welche sind, werden Betrug, Korruption, Lügen und Extremlobbyismus eingesetzt, um sie zu überwinden. Nicht nur moralfrei, sondern moralfeindlich wird hier gewirtschaftet, skrupellos.«[4]

Diese Art von Politik, bei der jegliche ethischen Grundsätze als lästige Behinderung beiseitegeschoben werden, setzt sich auch beim dem Projekt Nabucco fort. Durch diese Pipeline soll das Gas aus Zentralasien unter Umgehung russischen Hoheitsgebiets nach Europa gepumpt werden. Gefördert wird das Projekt insbesondere durch die EU. Das Ziel ist es, sich nicht total von Russland und Gazprom abhängig zu machen. Das Nabucco-Projekt der EU hat jedoch nur eins: eine schräge Logik. Die umworbenen Länder, die als Lieferanten für das Gas in Frage kommen – neben Turkmenistan auch Aserbaidschan und Kasachstan –, haben mit Demokratie nichts im Sinn. Dort herrschen Diktatoren und mafiose Klans, die alle Gas- und Öleinnahmen für sich beanspruchen. Im Vergleich zu den totalitären Herrschaftsstrukturen dort gibt es selbst in Russland mehr demokratische Freiheiten. Niemanden interessiert das jedoch in Europa. Im Gegenteil – die herrschenden Despoten werden hofiert.

Natürlich könnte die EU Bedingungen stellen und das Milliardenprojekt Nabucco davon abhängig machen, dass »die internationalen Konventionen über Menschenrechte und Korruption in diesen Ländern durchgesetzt, dass die fundamentalen Menschenrechte eingehalten werden und dass die Regierungen alle Gaseinnahmen öffentlich machen sowie jegliche Verschiebungen der Einnahmen aus dem Gasgeschäft auf Offshore-Firmen blockieren«.[5] Und im Gegenzug könnte die EU technische Hilfe und Investitionen anbieten, um diese zentralasiatischen Länder zu befähigen, die Rohstoffvorkommen maximal zum Wohl der eigenen Bevölkerung auszubeuten.

Doch selbstverständlich wird das weder von der EU noch von den europäischen Regierungen gefordert, die sich an Nabucco beteiligen wollen. Berater des Projekts Nabucco ist übrigens Joseph Fischer, der ehemalige Außenminister und Exvorsitzende der Partei Die Grünen, der sich damit als Lobbyist für RWE betätigt. Mein Versuch, unter den Stichworten Nabucco, Menschenrechte und Joseph/Joschka Fischer etwas Aussagekräftiges in den Medien zu finden, ergab nur einen Treffer: »Ich bin ja kein Außenminister mehr, ich arbeite nur für das Projekt Nabucco.«[6]

Gazprom und Putin – das ist so etwas wie ein goldenes Dreieck. Die Ebene, sozusagen das Fundament, sind die mafiosen Machtstrukturen in den neunziger Jahren in Sankt Petersburg. Die beiden Seitenwinkel sind Wladimir Putin und seine Amigos auf der einen und Gazprom samt seinen Managern auf der anderen Seite. Fällt ein Teil davon weg, bricht das gesamte Imperium in sich zusammen. Ein goldenes Dreieck ist es deshalb, weil alle Beteiligten dieser Konstellation bisher in hohem Maße von diesem goldenen Dreieck profitierten. Die einen haben mehr oder weniger Milliardenvermögen auf Kosten der russischen Bevölkerung angehäuft, einige davon mit hochkriminellen Methoden, aber vom Kreml geduldet. Andere wurden integrierter Bestandteil des Machtzentrums im Kreml selbst. Und sie sind ebenfalls außerordentlich vermögend geworden. Den Preis dafür bezahlten bislang die russischen Bürger, indem ihre demokratischen Freiheiten eingeschränkt wurden, und die westlichen Verbraucher, indem sie immer höhere Energiepreise zahlen müssen.

Dabei gibt es noch eine weitere geostrategische Implikation. Die beschreibt Chris Weafer, einer der bedeutendsten Wirtschaftsanalysten Russlands, so: »Es gibt keinen Zweifel. Zu Zeiten der Sowjetunion bestand der politische Einfluss Russlands aufgrund der 14000 Atomraketen, die in Richtung Westen gerichtet waren. Jetzt sind es die Pipelines in Richtung Westen.«[7]

Deutlicher argumentiert Pawel Wieczorkiewicz, Professor für Geschichte an der Universität Warschau: »Heute braucht es keine Panzer mehr, um ein Land zu erobern – es reichen Erdöl, Gas und Banken. In all diesen Bereichen ist das Engagement des Kremls auf den europäischen Märkten mehr als offensichtlich.«[8]

Diese Einschätzung wird von weiteren unabhängigen Energieexperten geteilt. Professor Michael Klare lehrt Frieden und Weltsicherheit an der Universität Massachusetts, und er ist Mitglied des Direktoriums der international angesehenen Organisation Human Rights Watch. Er sagt, dass »eine neue Ära angebrochen ist, wonach die Atomwaffen, die einst die Supermächte zu Rivalen machten, durch die Energie ersetzt wurden. Und Wladimir Putin glaubt das und versucht, so viel Energiemacht zu akkumulieren, wie er kann.«[9]

Aber wie lange wird das noch möglich sein? Spätestens seit den gefälschten Parlamentswahlen im Dezember 2011 stellt sich ihm und seiner Clique eine immer mächtiger werdende Protestbewegung entgegen.

Als Reaktion auf die großen Demonstrationen insbesondere in Moskau und Sankt Petersburg kündigte Putin am 19. Dezember 2011 an, er wolle nun konsequent gegen Korruption vorgehen, und er forderte die russischen Minister für Energie und für Wirtschaft sowie die Sicherheitsbehörden auf, die Korruption in den staatlichen Unternehmen zu untersuchen.

Die Kontrollen sollten sogar Firmen wie Gazprom einschließen. Welche Public-Relations-Firma ihm dies diktiert hat, ist nicht klar. Demonstrativ wurden wenige Tage nach Putins Ankündigung einige Bauernopfer gebracht. Drei hochrangige Manager von Gazprom wurden entlassen. Der eine war Vizevorstandsvorsitzender und Leiter des Produktionsbereichs von Gazprom, der andere war Chef der Abteilung »Arbeit mit den Staatsbehörden«, und die dritte war Leiterin der Abteilung Vermögensverwaltung und Außenkommunikation.[10] Außerdem wurde die Abteilung für strategische Entwicklung aufgelöst.

Ein Sprecher von Gazprom betonte, dass die Entlassung der drei Gazprom-Topmanager nichts mit Putins Aufforderung zu tun habe.[11] Tatsächlich grenzt die ganze Angelegenheit an Zynismus angesichts der Tatsache, dass Wladimir Putin seit dem Jahr 2000 mehr oder weniger für die mafiosen Zustände in Russland verantwortlich ist. Ohne ihn wären diese Verhältnisse gar nicht erst entstanden.

Um die unzufriedenen Bürger dafür zu gewinnen, Putin zum Präsidenten zu wählen, machte man ihnen folgende Wahlgeschenke: Im

Januar 2012 wurden die Benzinpreise eingefroren, die Pensionen erhöht, den Fußballfans Freiflüge nach Polen und in die Ukraine zur Fußballeuropameisterschaft im Sommer 2012 versprochen, Lehrern, Ärzten und Universitätsangehörigen Gehaltsverbesserungen zugesagt, die Löhne der Militärs und der Polizei um das Doppelte erhöht.[12]

Es ist der 4. März 2012. In der russischen Föderation wird der neue Präsident gewählt. Tage vor der Abstimmung meldeten russische Meinungsforschungsinstitute, dass Wladimir Putin mit über fünfzig Prozent gewinnen werde. Leichten Schneefall und minus zwei Grad Celsius meldet die Wetterstation in Moskau um zehn Uhr MEZ. Im Internet wird auf Live-Ticker, zum Beispiel bei der Zeitung *Nowaja Gazeta*, bereits ausführlich über die Präsidentschaftswahlen berichtet. Aus vielen Städten und Gemeinden, ob im fernen Sibirien, in Sankt Petersburg oder Moskau, berichten die russischen Wahlbeobachter von massiven Wahlmanipulationen und Behinderungen ihrer Arbeit. Um fünfzehn Uhr MEZ häufen sich die Meldungen über Wahlmanipulationen. Aus Sankt Petersburg berichten Wahlbeobachter, dass im Vergleich zu den Parlamentswahlen im Dezember 2011 »die Wahlfälschungen und Behinderungen der Wahlbeobachter um 45 Prozent zugenommen haben«.[13]

Nichts hat sich geändert, obwohl diesmal sogar in allen Wahllokalen Webcams installiert wurden, um »faire und freie Wahlen« zu gewährleisten, wie es Wladimir Putin noch im Dezember 2011 versprochen hatte. Doch wenn viele der insgesamt 200 000 Webcams in den rund 95 000 Wahllokalen ausgeschaltet, zugeklebt oder auf eine weiße Wand gerichtet wurden, wie am 4. März 2012 geschehen, dann war die ganze Aktion in erster Linie ein tolles Geschäft für die Webcam-Hersteller. Karl-Georg Wellmann, der außenpolitische Sprecher der CDU/CSU-Bundestagsfraktion und Wahlbeobachter der Organisation für Sicherheit und Zusammenarbeit in Europa (OSZE), wurde am Abend vor der Wahl gefragt, ob die Wahlen fair ablaufen werden. »Ich glaube nicht, dass es während des eigentlichen Wahlvorgangs Fälschungen geben wird, es wird relativ sauber verlaufen.«[14]

Und nach der Wahl erklärte er: »Wir konnten keine Fälle von organisiertem Betrug feststellen.« Von massivem Betrug bei dem »sehr gut organisierten« Wahlakt selbst könne nicht gesprochen werden.[15] Was hat der CDU-Bundestagsabgeordnete in Moskau getan? Wollte er die Realität nicht wahrnehmen, ließ er sich, von wem auch immer, blenden? Denn die Beobachtermission der OSZE stellte fest, »dass es bei der Abstimmung in jedem dritten Wahllokal Unstimmigkeiten gegeben habe und das Votum von Manipulationen geprägt war«.[16]

Auch Exbundeskanzler Gerhard Schröder meldete sich nach den Wahlen zu Wort, und zwar am 7. März 2012 in einem Interview im Deutschlandfunk. Da fragte ihn der Journalist Rainer Burchardt: »Die OSZE-Beobachtergruppe hat jetzt festgestellt, dass es viele Wahlfälschungen oder ungeklärte Manipulationen gegeben haben soll, sage ich mal ganz vorsichtig. Ihnen persönlich hängt ein Satz nach wie vor in den Kleidern, Putin sei ein lupenreiner Demokrat, wie Sie wohl mal gesagt haben. Ist er wirklich so lupenrein, stehen Sie nach wie vor dazu?« Daraufhin antwortete ihm Gerhard Schröder unter anderem: »Ich habe nichts daran abzustreichen. Ich glaube, dass er ernsthaft sein Land auf eine wirkliche Demokratie hin orientiert … Und was die Wahlen angeht, ich habe keine eigenen Informationen darüber. Aber wenn ich die eine oder den anderen aus Deutschland sehe und reden höre, dann bin ich nicht so ganz sicher, ob da nicht Vorurteile größer sind als Urteile. Deswegen will ich mich an dieser Diskussion aus guten Gründen nicht beteiligen.«[17] Lohnt es sich überhaupt noch, Gerhard Schröder ernstzunehmen und auf seine Aussagen so emotional zu reagieren, wie es Hermann Gröhe, der CDU-Generalsekretär, tat? Er nannte Schröder wegen dessen Aussagen im Interview »Putins bestbezahlten Minnesänger«.[18]

Am Abend des 5. März demonstrierten wieder Tausende Bürger gegen die Wahlfälschungen und gegen Wladimir Putin. Der feierte zur gleichen Zeit – mit Champagner, wie die Nachrichtenagentur *Interfax* meldete – außerhalb von Moskau mit seinen Getreuen seinen Sieg.[19] Trotzdem hat sich in Russland seit den gefälschten Parlamentswahlen im Dezember 2011 etwas Entscheidendes verändert. Hunderttausende Bürger, insbesondere junge Menschen, sind auf die Straßen gegangen. Sie haben trotz klirrender Kälte gegen Wladimir Putin und seine Komplizen im Kreml friedlich protestiert. Die empörten russischen Bürger lassen sich auf einmal trotz massiver Repressionen und Manipulationen nicht mehr den Mund verbieten. Da helfen keine nationalistischen Appelle von Putin, dass die Russen »ein Siegervolk sind, und das liegt in unseren Genen«.[20] Sie fordern demokratische Freiheiten und ein Ende der korrupten Kreml-Herrschaft. Ihr gemeinsames Anliegen ist es zu erreichen, dass Wladimir Putin nicht mehr ihr Land regiert, auch wenn er durch dreiste und unverfrorene Wahlmanipulationen die Präsidentschaftswahlen gewonnen hat. Russlands Bürger, insbesondere in Moskau und Sankt Petersburg, wollen sich nicht mehr ducken, so wie sie es seit Putins Machtantritt im Mai 2000 getan haben.

Vom Ausland oder aus Europa haben die aktiven russischen Menschenrechtler seit Jahren kaum oder überhaupt keine Unterstützung erhalten, damit die höchst profitablen Öl- und Gasgeschäfte nicht behindert werden. Die russischen Bürger und Bürgerinnen haben es aus eigener Kraft geschafft, eine Oppositionsbewegung zu bilden. Und sie werden sich auch nicht mehr ruhigstellen lassen. Der politische Frühling hat in Russland sehr spät eingesetzt. Aber er wird, wenn er nicht brutal unterdrückt werden wird, eine kritische Bürgergesellschaft ermöglichen.

Anmerkungen

Vorwort

1 Gespräch mit Wladimir Iwandize in Genf, 31. Oktober 2011
2 *stern*, 22. September 2007
3 *The Economist*, 13. Dezember 2006
4 http://eng.gazpromquestions.ru/
5 Boris Mentsov, Vladimir Milov: Putin and Gazprom. An independent expert report, Moskau 2008, S. 8
6 Roman Kupchinsky: Gazprom's European Web, The Jamestown Foundation, Februar 2009, S. 4
7 *Focus Online*, 28. April 2011
8 http://www.gazprom-germania.de/unsere-russischen-wurzeln.html
9 Farangis Najibullah: Uzbekistan: Alisher Usmanov – Billionaire with Presidential Ambitions; *Radio Free Europe/Radio Liberty*, 16. Oktober 2007
10 Roman Kupchinsky: Gazprom's European Web, The Jamestown Foundation, Februar 2009, S. 2
11 zitiert nach: Depesche der US-Botschaft in Moskau, 2. Teil über die neuen wirtschaftlichen Realitäten, mit denen Gazprom konfrontiert ist, Nr. 09MOSCOW2541
12 President of Russia: Official Web Portal, 27. Mai 2008, www.kremlin.ru/eng/text/speeches/2008/05/27/2139_type82913type84779_201630.shtml

1 Das Märchen vom possierlichen Weltkonzern, der sich alles und jeden kaufen kann

1 Nach den Wahlfälschungen im Dezember 2011 und den Protesten dagegen wurde von Alexej Nawalni, dem Initiator einer Bürgerbewegung, der Satz in Umlauf gebracht, wonach die Kreml-Partei Einiges Russland eine Partei der Diebe und und Gauner sei. Seitdem wird von der russischen Opposition dieser Begriff für Putins Partei benutzt.
2 http://www.aktuell.ru/russland/menschen/kurzbiographie/
3 http://www.faz.net/aktuell/feuilleton/medien/medien-in-russland-die-unheimlichen-kontrolleure-1515317.html
4 EU-Kommissionspräsident José Manuel Barosso, zitiert nach: *Spiegel Online* 23. Dezember 2006
5 http://en.rsf.org/press-freedom-index-2011-2012,1043.html
6 *The Guardian*, 21. Dezember 2007
7 E-Mail vom 24. Dezember 2011 an Gazprom-Pressestelle in Moskau
8 http://www.goslarsche.de/Home/harz/region-harz_arid,158434.html
9 http://www.spdnds.de/aktuell/nachrichten/2010/135262.php
10 Presseerklärung der SPD-Fraktion im Niedersächsischen Landtag, vom 22. September 2010

11 *Neues Deutschland*, 22. Juni 2009
12 http://www.spiegel.de/spiegel/spiegelspecial/d-52397652.html
13 Gespräch mit dem Autor, 24. Januar 2012 in Greifswald
14 Die Norddeutsche-Erdgas-Leitung (NEL) ist die Pipeline, die von Lubmin bis nach Niedersachsen führt.
15 Die Ostsee-Pipeline-Anbindungs-Leitung (OPAL) verbindet Lubmin mit Sachsen.
16 Bergamt Stralsund, Antrag Nord Stream AG, Planfeststellungsbeschluss vom 22. Dezember 2009
17 http://www.youtube.com/watch?v=-ZW88LrJW9w
18 siehe *Neue Zürcher Zeitung*, 18. Dezember 2005
19 Daniel Brössler: Gas und Geld, *Süddeutsche Zeitung*, 9. November 2011, S. 4
20 *Der Tagesspiegel*, 8. November 2011
21 Daniel Brössler: Gas und Geld, *Süddeutsche Zeitung*, 9. November 2011, S. 4
22 siehe *Nowaja Gazeta*, 23. Dezember 2009
23 http://www.bloomberg.com/news
24 http://diepresse.com/home/wirtschaft/eastconomist/634066/Putins-Freunde-steigen-in-der-Reichstenliste-auf
25 Eni Annual Report 2002, S. 122; Audit Chamber Report N01-195/03-3, *Interfax*, 29. Januar 2003
26 *RIANovosti*, 25. Januar 2007
27 http://web.archive.org/web/20061221131941/http://www.gazprom.ru/articles/article20266.shtml
28 http://www.gazprom.ru/press/news/2005/november/article55490/
29 Mikhail Korchekin, East European Gas Analysis, 24. November 2010, http://eegas.com/pipeline_cost_-2010-11e.htm
30 Piter Gaz ist das Vertragsunternehmen eines Gazprom-Tochterunternehmens.
31 Mikhail Korchekin, East European Gas Analysis, 24. November 2010, http://eegas.com/pipeline_cost_-2010-11e.htm
32 ebd.
33 www.fas.gov.ru/fas-news/fas-news_32369.html
34 *Vedomosti*, Moskau, 18. Oktober 2010
35 www.gas-magazin.de/gasmarkt/wie-die-ostseepipeline-den-konflikt-mit-polen-schuert_31018.html
36 http://www.balticportal.de/de/radni-chc-zmian-projekcie-ruroci-gu-nord-stream.htm-0
37 Grigori Jawlinski: The Rule of Law in Russia, Rede am 10. Oktober 2011 in Prag anlässlich der Veranstaltung Forum 2000
38 ebd.
39 Yakov Gilinsky, Diskussiionsbeitrag anlässllich des Form 2000, am 9. Oktober 2011 in Prag
40 Vortrag Yakov Gilinsky, Professor an der Universität St. Petersburg, 2001
41 Yakov Gilinsky: Die organisierte Kriminalität: Die russische Situation, in: Maximilian Edelbacher (Hg.): *Organisierte Kriminalität in Europa*, Wien 1998, S. 233
42 Roberto Scarpinato, Festrede über organisiertes Verbrechen: die organisierte Kriminalität im 3. Jahrtausend, 14. Karlsruher Gespräche, 5. Februar 2010
43 Gespräch mit dem Autor, Kiew, November 2011
44 ebd.
45 http://www.putin-itogi.ru/putin-corruption-an-independent-white-paper/
46 Nikolai Petrovich Popov: Is Poverty not a Crime? *Herald of the Russian Academy of Science*, Moskau, Volume 78, Nummer 4, Juli-August 2008, S. 353 f.
47 http://wciom.com/
48 Nikolai Petrovich Popov: Is Poverty not a Crime? *Herald of the Russian Academy of Science*, Moskau, Volume 78, Nummer 4, Juli-August 2008, S. 353/354

49 The Luzkhov Dilemma, John R. Beyerle, US-Botschaft Moskau, 2. Dezember 2010, http://wikileaks.org/cable/2010/02/10Moscow317.html
50 ebd.
51 The Kremlin Wars – Searching for the Minister of Organized Crime, Stratfor Global Intelligence, 3. Februar 2010
52 http://putinwatcher.blogspot.com/2011/02/corporate-warfare-in-new-russia-state.html
53 http://www.rosneft.com/about/board/10059/
54 www.fas.org/news/russia/2000/russia/part05.htm
55 *Der Spiegel*, 37/1998, S. 181

2 Die vielen Geheimnisse, die sich hinter Gazprom verstecken

1 http://www.netstudien.de/Russland/wjachirew.htm
2 James Risen: Gore Rejected CIA Evidence of Russian Corruption, *New York Times*, 23. November 1998
3 Julia Rubin: Gore Backs Chernomyrdin a Start Of Moscow Visit, *Associated Press*, 28. Juni 1995
4 Peter Reddaway: Better than Whitewater: Scandal Dogs Russia's Rising Star, *Wahington Post*, 20. August 1995
5 Valeri Streletsky: Mrakobesiye, Moskau, 1998, S. 15
6 Oleg Lurye: Switzerland as the Mirror of the Kremlin – a Look at the Top People in Government From the Perspective of Lake Geneva, *Novaya Gazeta*, Moskau, 26. Juni 2000
7 *Frankfurter Allgemeine Zeitung*, 25. Mai 2001
8 Waleri Panjuschin, Michail Sygar: *Gazprom – Das Geschäft mit der Macht*, München 2008, S. 133
9 Matthias Brüggmann: Undurchsichtige Geschäfte bei Gazprom, *Handelsblatt*, 10. Januar 2006
10 Frank Nienhuysen: Schröders russische Rede, *Süddeutsche Zeitung*, 2. Juli 2007
11 Florian Willershausen: Riskante Erfolge, *Wirtschaftswoche*, 13 Dezember 2010, S 74
12 http://www.gsb.stanford.edu/news/headlines/browder09.html
13 *Börsen-Zeitung*, 16. Juni 2007, S. 12
14 Kerstin Holm: Wartet nicht, bis sie euch holen! *Frankfurter Allgemeine Zeitung*, 26. Januar 2012, S. 35
15 Carnegie Endowment for International Peace, Meeting report: Gazprom and Itera: A Case Study in Russian Corporate Misgovernance, 18. März 2002
16 Eurostat, Brüssel, Gas Prices for EU households, 1. Juli 2002
17 ebd.
18 William F. Browder: The Hermitage Plan to Boost Gazprom's Value, Hermitage Capital Management, Mai 2002
19 William Browder: Analysis of Gazprom: What the Board of Directors should be asking Gazprom, Juli 2003
20 Keith Dovkants: The Browder Ultimatum, *Tatler Magazin*, London, Juni 2006
21 Medwedew gab den Posten des Aufsichtsratsvorsitzenden bei Gazprom auf, als er 2008 russischer Präsident wurde.
22 *Börsen-Zeitung*, 16. Juni 2007, S. 12
23 http://www.youtube.com/watch?v=4ZB3YoAvEron
24 *The Moscow Times*, 9. Dezember 2011
25 http://www.youtube.com/watch?v=H7yBOEPYJTc&feature=related
26 CDU/CSU Pressestelle, *news aktuell*, 14. November 2011
27 http://www.reportingproject.net/

28 *APA Journal Geld*, 14. Dezember 2011
29 Ellen Barry: Russia will bar some U. S. Citizens in Retaliation, *The New York Times*, 22. Oktober 2011
30 *The Moscow Times*, 7. Februar 2012
31 *Bloomberg Business Week*, 18. Februar 2002
32 ebd.
33 http://www.itera.ru/isp/eng//smi/242/24/
34 *The Wall Street Journal*, 10. Juni 2008
35 siehe http://caselaw.findlaw.com/us-11th-circuit/1207973.html
36 http://www.atimes.com/atimes/Central_Asia/KC19Ag01.html
37 http://www.spiegel.de/spiegel/print/d-39523450.html
38 http://www.russiamonitor.net/en/print.asp?menu_id=1_a_1144_39
39 Burkhard Wetekam: Der alte Mann und das Meer, *Die Zeit*, 12. Mai 2010
40 *Frankfurter Allgemeine Zeitung*, 24. Oktober 2011
41 *General Anzeiger für Ostfriesland, Emsland und das Oldenburger Land*, 8. Februar 2012

3 Über die Hintergründe, die den unaufhaltsamen Siegeszug des Kreml-Machtinstruments Gazprom ermöglichten

1 http://wap.stern.de/op/stern/de/ct/-X/detail/aktuell/Gazprom-Die-Gazoviki-Geld-Gier/597944/; Alexander Medwedew ist übrigens nicht mit Dmitri Medwedew verwandt.
2 *Financial Times*, 26. November 2009
3 Wingas ist ein Gemeinschaftsunternehmen von BASF-Tochter Wintershall und Gazprom.
4 H-Schulze, Gregor Witt, ARD-Magazin *plusminus*, 18. Januar 2012
5 http://www.umweltruf.de/ticker/news_druck.php3?nummer=2404
6 finanztreff.de, 13. November 2011
7 H-Schulze, Gregor Witt, ARD-Magazin *plusminus*, 18. Januar 2012
8 Presseerklärung der Bayerischen Staatsregierung, 21. Dezember 2011
9 ebd.
10 www.soccer-fans.de/content/steigt-gazprom-fc-bayern-münchen-748
11 http://www.ost-ausschuss.de/der-modernisierungsdruck-steigt
12 Dev Kar and Sarah Freitas: Illicit Financial Flows from Developing Countries Over the Decade Ending 2009, Global Financial Integrity, Center for International Policy, Washington, 12. Dezember 2011
13 www.spiegel.de/wirtschaft/0,1518,789394,00.html
14 Roman Shleynov: Hermanos de Tambov, *Nowaja Gazeta*, Moskau, 5. Oktober 2009
15 Uwe Klußmann: Auf der Spur der russischen Paten, *Spiegel Online*, 1. Dezember 2010
16 www.elpais.com/articulo/espana/Audiencia/dicta/orden/captura/diputado/partido/Putin/elpepiesp/20081019elpepinac_3/Tes
17 http://www.rbcdaily.ru/2006/11/10/finance/249273
18 http://www.elmundo.es/elmundo/2010/02/26/baleares/1267180176.html
19 zitiert nach *The Guardian*, 1. Dezember 2011
20 Gespräch des Autors mit Rüdiger Klein, 20. April 2010, Rostock
21 http://www.wmp-ag.de/know-how.php
22 *Der Spiegel*, Nr. 31/2009, S. 57
23 http://www.businesspundit.com/10-former-kgb-officers-who-are-now-filthy-rich/
24 *Handelsblatt*, 12. Dezember 2011

25 *Der Spiegel*, 25/2009, S. 79
26 www.brinkmann-partner.de/Lage-bei-den-Wadan-Werften-schwierig,-aber-nicht-aussichtslos/417.news.htm
27 Presseerklärung der IG Metall Mecklenburg-Vorpommern, 13. August 2009
28 *RiaNovosti*, 28. August 2009
29 Bernhard Honnigfort, Der russische Retter, *Frankfurter Rundschau*, 19. August 2009
30 Martin Murphy, *Handelsblatt*, 17. August 2009
31 Benjamin Bidder: Burlakow-Mord führt ins Mafia-Milieu, *Spiegel Online*, 30. September 2011
32 Gespräch mit Roman Shleynow am 13. Oktober 2011 in Kiew
33 *Russland-Aktuell*, Sankt Petersburg, 4. Oktober 2011, http://www.aktuell.ru/russland/panorama/toter_ex-werftbesitzer_beschuldigte_ministersohn_schwer_3402.html
34 *Russland-Aktuell*, Sankt Petersburg, 4. Oktober 2011
35 http://www.polus.ru/centr_e.htm
36 http://www.sergey-mihailov.ru/index.php?id=15
37 http://sergey-mihailov.ru/index.php?id=1&start=0
38 http://www.energie-chronik.de/091010.htm
39 Wie Gazprom nach Rust kam, *Badische Zeitung*, 24. März 2010
40 http://www.zeit.de/1994/11/hats-geschmeckt
41 Henning von Wistinghausen: *Im freien Estland, Erinnerungen des ersten deutschen Botschafters 1990–1995*, Köln 2004, S. 55
42 Dorothea Jung, Kommentar, *Deutschlandradio*, 16. Juli 2011
43 www.sueddeutsche.de/politik/kritik-an-quadriga-preis-fuer-putin-und-ex-kanzler-schroeder-haelt-die-laudatio-1.1118811
44 *Spiegel Online*, 11. Juli 2011
45 *Coburger Tageblatt*, 19. Januar 2009, S. 24
46 *SUPERillu*, 22. Januar 2009, S. 83
47 *Leipziger Volkszeitung*, 22. April 2009, S. 1
48 Manuel Brug: Kaviar, Sekt und Luxus von gestern, *Die Welt*, 11. Januar 2003
49 www.youtube.com/watch?v=XDu60Rd9vaQ
50 ebd.
51 http://www.bbc.co.uk/news/business-15544841
52 http://www.ebconline.org/cps/rde/xchg/SID-0E420494-EC3B2FB4/ebc/hs.xsl/10.htm
53 http://www.ebconline.org/cps/rde/xchg/SID-FD49223C-DF93CAA3/ebc/hs.xsl/18_259.htm
54 http://www.gazprom.com/press/news/2011/december/article124861/
55 http://de.rian.ru/business/20100406/125784070.html
56 http://www.ebconline.org/cps/rde/xchg/SID-71E9506C-A7D4D119/ebc/hs.xsl/18_270.htm
57 http://iwbconsult.com/vita.html
58 http://www.ebconline.org/cps/rde/xbcr/SID-6968952E-998BBEEB/ebc/10_EBC-Newsletter_engl_1-2011_mF_VI.pdf
59 www.manager-magazin.de/unternehmen/energie/0,2828,817016,00.html
60 http://www.gazprom.com/press/news/2011/december/article124861/
61 http://www.jamestown.org/single/?no_cache=1&tx_ttnews%5Btt_news%5D=34120
62 http://www.centrex.at/en/organismedetail.asp?d=1
63 http://tu-freiberg.de/presse/veranst/rohstforum/rforum.html
64 http://www.spiegel.de/unispiegel/studium/0,1518,288090,00.html
65 http://www.kommersant.com/pda/doc.asp?id=662935

66 http://www.cdi.org/russia/johnson/russia-putin-teacher-big-fortune-charges-674.cfm
67 http://www.*Phosagro*.com/about/mb/bd/
68 Nikolaus von Twickel: Putins Old Teacher Mines a Fortune, *Moscow Times*, 5. April 2011
69 http://www.wirtschaftsblatt.at/archiv/phosagro*Phosagro*-lacht-sich-gazprom-und-rusal-an-493683/index.do
70 Franziska von Mutius: Die Russen feiern in der Krise erst recht, *Morgenpost*, 4. September 2009
71 *Bild.de*, 13. Juni 2010
72 http://www.tagesspiegel.de/wirtschaft/gazprom-hat-keinen-botschafter-mehr/4262406.html
73 www.gazprom-germania.de/ru/pressa/press-relizy/pressrelease/article/gazprom-germania-unterstuetzt-die-potsdamer-schloessernacht-2010.html
74 http://www.gomopa.net/Finanzforum/index.php?form=Search&searchID=159&highlight=Gazprom

4 Zuckerbrot und Peitsche – das Kaleidoskop der Erpressungen und Einflussnahmen

1 *Spiegel Online*, 21. April 2006
2 *Neue Zürcher Zeitung*, Zürich, 25. Juli 2009
3 www.redorbit.com/news/business/1170054/analysis_traces_russias_involvement_in_lithuanian_electricity_market/
4 www.reitschuster.de/index.asp?typ=petto&newsid=5336
5 www.spiegel.de/wirtschaft/soziales/0,1518,648667,00.html
6 http://www.netzeitung.de/politik/ausland/1097597.html
7 Udo Leuschner: http://www.udo-leuschner.de/energie-chronik/110814.htm
8 Civil Georgia, *Imedi News*, 15. August 2007
9 Vladimir Socor: Germany Vulnerable to Russian Energy Supply Manipulations, *Eurasia Daily Monitor*, 9. Januar 2009
10 *Spiegel Online*, 27. September 2011
11 Eduard Steiner: Putin schlägt sich auf die Seite Gazproms, *Welt-Online*, 3. Oktober 2011
12 www.tagesspiegel.de/wirtschaft/russen-wittern-verschwoerung/4689060.html
13 Er trat sein neues Amt im Mai 2008 an.
14 Spezialinformation Nr. 213/Februar 2009, Athen
15 ebd.
16 ebd.
17 ebd.
18 ebd.
19 ebd.
20 http://www.griechische-botschaft.de/wirtschaft/energiekorridor-griechenland/
21 ebd.
22 www.ekathimerini.com/4dcgi/_w_articles_wsite1_12264_26/01/2012_424432
23 ebd.
24 http://eiti.org/eiti/principles
25 http://eiti.org/supporters/companies
26 Judit Roset Farré, Ognian Hishow: Wirtschaftsinteressen und mehr: Bulgarien als engster Freund Moskaus in der EU, Diskussionspapier Forschungsgruppe EU-Integration, Stiftung Wissenschaft und Politik, 1. Februar 2008, S. 1

27 Michail Wassiljewitsch Lomonossow wurde 1711 in Russland geboren und war Universalgelehrter und galt als Begründer der russischen Wissenschaft, die bislang eine Domäne ausländischer Experten war. Die Moskauer Universität wurde nach ihm benannt.

28 Der nach dem Großfürsten Alexander Newski benannte Orden war ein kaiserlich-russischer Zivil- und Militärverdienstorden. Russische Großfürsten und Söhne der Zaren erhielten ihn nach der Geburt. Der Alexander-Newski-Orden zweiten Grades war ein Militärverdienstorden, der von Stalin verliehen wurde.

29 http://www.nrs.bg/history.php?lang=en

30 US-Depesche, Botschaft Sofia, Betrifft: In Pursuit of Energy Diversification, PM turns to U.S. Companies, 5. Oktober 2009

31 Judit Roset Farré, Ognian Hishow: Wirtschaftsinteressen und mehr: Bulgarien als engster Freund Moskaus in der EU, Diskussionspapier Forschungsgruppe EU-Integration, Stiftung Wissenschaft und Politik, 1. Februar 2008, S. 6

32 http://bvi-grey-area.offshore-journals.com/bulgarias-overgas-inc-might-hide-its-beneficiaries-through-a-network-of-bvi-entities-and-nominal-directors-222.html

33 US-Depesche, Botschaft Sofia, Betrifft: Dirty Energy: Corruption and Lack of Transparency Plague Bulgarian Energy Sector, 20. Dezember 2006

34 https://af11.wordpress.com/tag/bogomil-manchev/

35 US-Depesche, Botschaft Sofia, Betrifft: Dirty Energy: Corruption and Lack of Transparency Plague Bulgarian Energy Sector, 20. Dezember 2006

36 *The sofia echo*, 15. April 2011

37 http://de.rian.ru/business/20060418/46557134.html

38 US-Depesche. Betrifft: Belene Nuclear Power Plant: More Troubles, 7. Juli 2009

39 www.contratom.de/2012/01/06/protest-wirkt-bulgarien-verabschiedet-sich-vom-akw-belene/

40 Schreiben von Jürgen Großmann, RWE AG, an den Autor vom 26. Januar 2009

41 http://www.handelsblatt.com/unternehmen/industrie/energie-rwe-beendet-das-abenteuer-belene;2475380

42 Alex Bivol: Energy blues, *The Sofia Echo*, 18. Dezember 2009

43 *Neues Deutschland*, 18. August 2009

44 *RIA Nowosti*, 7. Februar 2011

45 www.contratom.de/2012/01/06/protest-wirkt-bulgarien-verabschiedet-sich-vom-akw-belene/

46 www.mediafax.ro/economic/consilier-ambasada-rusiei-daca-romania-ar-fi-vandut-distrigaz-catre-gazprom-ar-fi-avut-un-pret-mai-bun-la-gaze-8270350

47 http://de.rian.ru/business/20111003/260810400.html

48 www.gazprom-germania.de

49 http://www.owc.de/2012/01/06/tuerkei-genehmigt-south-stream-pipeline/

50 http://diepresse.com/home/wirtschaft/eastconomist/516658/Gas_Die-Russen-kommen-wieder

51 http://de.rian.ru/business/20100303/125327322.html

52 *Spiegel Online*, 1. Februar 2007

53 Wurde der höchste europäische Richter Opfer eines Giftanschlags? *Neue-Zürcher-Zeitung-Online*, 28. Januar 2007, http://www.nzz.ch/2007/01/28/il/articleev28g_1.103522.html

54 ebd.

55 E-Mail vom 17. Oktober 2011

56 http://p4.focus.de/img/gen/w/a/HBwaLXLc_Pxgen_r_Ax480.gif

57 http://www.aktuell.ru/russland/menschen/kurzbiographie/

58 *Russland Aktuell*, 2006, zitiert nach: Zwischen Propaganda und Kommerz – Medien(un)freiheit in Südost- und Osteuropa, n-ost-Netzwerk für Osteuropa-Berichterstattung e. V., S. 19

59 http://www.netstudien.de/Russland/gussinski.htm
60 Boris Reitschuster: Feindliche Übernahme, *Focus*, Nr. 17/2011
61 http://www.eu.spb.ru/en/university/projects/honored-guest-lectures/
2961-2961
62 Vedomosti, 20. Mai 2006
63 E-Mail von Erich Zwettler vom BKA an den Kabinettschef des Wiener Innenministeriums, 10. Februar 2004. Das Dokument ist Bestandteil der Unterlagen eines parlamentarischen Untersuchungsausschusses zur Affäre um die Bank für Arbeit und Wirtschaft BAWAG. 2007
64 Baltic News Service, 20 Mai 2006
65 Sankt Petersburg wurde 1924 in Leningrad umbenannt und heißt seit 1991 wieder Sankt Petersburg.
66 http://investing.businessweek.com/
67 http://www.lg.lv/uploads/filedir/File/Parvalde/Padome_CV/ENG/Alexander%20V.%20Krasnenkov%20ENG.pdf
68 http://www.northgas.ru/en/company/board
69 http://www.thetrumpet.com/3888.2104.0.0/world/energy/print.php?q=3888.2104.0.0
70 Das Gasfeld Sachalin 2 ist einer von sechs Projektabschnitten zur Förderung von Erdgas und Öl nördlich der russischen Pazifikinsel Sachalin, nördlich von Japan. Es war die größte Investition ausländischer Konzerne in Russland.
71 http://www.energie-chronik.de/070611.htm
72 www.brookings.edu/opinions/2012/0104_russia_energy_strategy_partlett.aspx
73 www.rosneft.com/about/board/10055/

5 Gazprom und das Netzwerk von Günstlingen und Seilschaften

1 Interview mit Roman Shleynow, Kiew, 13. Oktober 2011
2 Catherine Belton, *The Moscow Times*, 16. Juni 2005
3 http://www.neurope.eu/article/gazprom-gets-chayanda-gas-field-without-tender
4 www.redorbit.com/news/business/1345739/russian_pm_signs_decree_on_nobid_transfer_of_chayanda_field/
5 *Der Spiegel*, 35/2008, S. 78
6 Silowiki sind die ehemaligen Mitglieder des Inlandsgeheimdienstes KGB beziehungsweise FSB sowie Führungskräfte im Militär und den Sicherheitsbehörden.
7 Henry Meyer, Ilya Arkhipov: Fathers, Sons, and Russian Power Game, *Bloomberg Businessweek*, 19. Mai 2011
8 ebd.
9 http://www.aktuell.ru/russland/politik/putin_spezi_sergej_iwanow_jetzt_kreml_verwaltungschef_4285.html
10 www.handelsblatt.com/russlands-groesster-stromexporteur-inter-rao-bietet-deutschland-atomstrom-an/5797632.html
11 Elena Tregubova: *Die Mutanten des Kreml: Mein Leben in Putins Reich*, Berlin 2006, S. 184
12 http://www.aktuell.ru/russland/menschen/kurzbiographie/
13 *Spiegel Online*, 15. Februar 2008
14 Christoph Pauly, Jörg Schmitt: Galmonds Geflecht, *Der Spiegel*, 31/2005
15 Gazprom Presseerklärung, 21. Mai 2003
16 Die Alfa-Gruppe ist ein Firmenkonglomerat, das im Öl-, Banken- und Industriegüterbereich tätig ist.
17 *Kommersant*, 24. März 2005

18 Olaf Wilke: Generalbeichte in Genf, *Focus Magazin*, 13. Dezember 2004
19 http://www.zurichcci.ch/de/schiedsgericht.html
20 http://www.ftd.de/karriere-management/management/:russischer-minister-unter-geldwaescheverdacht/76106.html?mode=print
21 Matthias Brüggmann, *Handelsblatt*, 18. März 2004
22 http://goliath.ecnext.com/coms2/gi_0199-12522532/Usmanov-s-Telecom invest-files-suit.html
23 http://helpfindthemissing.org/forum/showthread.php?t=4864
24 http://www.sueddeutsche.de/wirtschaft/korruptionsskandal-bei-siemens-schmiergeld-nach-russland-1.901763
25 Pressemitteilung der Staatsanwaltschaft Frankfurt, 13. Dezember 2011
26 zitiert nach Bernd Knabe: *Die System-Mafia als Faktor der sowjetisch-russischen Transformation*, Teil I, Köln 1998, S. 20
27 Heiko Pleines: Der politische Einfluss von Wirtschaftseliten in Russland – Die Banken in der Ära Jelzin, Arbeitspapiere und Materialien der Forschungsstelle Osteuropa, Bremen, Februar 2003
28 http://www.zeit.de/politik/ausland/2011-12/sowjetunion-ende-jahrestag
29 Diebe im Gesetz (vory y zakone) sind die höchsten traditionellen Autoritäten der sowjetischen beziehungsweise heutigen russischen und georgischen kriminellen Hierarchie. Sie bildeten die kriminelle Elite der Sowjetunion und trugen zur Stabilisierung und Konsolidierung der kriminellen Welt bei. Ihr Ansehen bei den Kriminellen ermöglichte es ihnen, Konflikte und Streitigkeiten zu schlichten, so dass sie die Rolle eines Schiedsgerichtes für die kriminelle Welt einnahmen. Ein in den dreißiger Jahren entstandenes »Diebesgesetz« half den »kriminellen Autoritäten«. Zu den Diebesregeln gehört: »Du sollst dich von allen Verwandten lossagen, auch von Eltern und Geschwistern. Du sollst dich dem diebischen Ehrenkodex unterwerfen. Du sollst anderen Mitgliedern moralisch und materiell beistehen. Du sollst nicht in der Armee dienen, du sollst dich von Leuten, die Recht und Ordnung vertreten, lossagen. Der Mord am Verräter ist erlaubt, sonst verlierst du dein Ansehen. Bis heute treffen sie sich regelmäßig zu Ernennungszeremonien und sind Vermittler bei Konflikten. Ihre Entscheidungen gelten als bindend. Sie haben eigene Gerichte, wobei ihre Rechtsprechung auf der »Diebesehre« und »Diebestradition« beruht.
30 Bernd Knabe: *Die System-Mafia als Faktor der sowjetisch-russischen Transformation*, Teil II, Berichte des Bundesinstituts für ostwissenschaftliche und internationale Studien, Köln, 48-1998, S. 11; die Namen in den Klammern des Zitats sind die Spitznamen der genannten Mafiagrößen.
31 Europol, Den Haag, Russian Organised Crime, File Nr. 2520-31 v. 6. September 2001
32 Alexander Ryklin: Bratva na nervakh, *Itogi*, Moskau, 8. Dezember 1998
33 W. Webster: Russian Organized Crime: Global Organized Crime Project, Washington, D. C.: Center for Strategic and International Studies, 1997, S. 2
34 *The Guardian*, 2. November 2011
35 *The Guardian*, 31. Oktober 2011
36 *The Star*, 1. November 2011
37 *The Sunday Times*, 14. Oktober 2007, S. 24
38 Aegis Research and Intelligence, London, *Aegis Intelligence Report*, 12. März 2008
39 *Sunday Times*, 14. Oktober 2007
40 Projekt Aktau, Report vom 3. Januar 2007, The Risk Advisory Group, London
41 http://www.reportingproject.net/PeopleOfInterest/profil.php?profil=47
42 ebd.
43 Projekt Aktau, Report vom 3. Januar 2007, The Risk Advisory Group, London

44 Ian Cobain: Usmanovs responses to Guardian questions, *The Guardian*, 19. November 2007
45 http://www.guardian.co.uk/world/2007/nov/19/russia.football
46 *The Moscow Times*, 7. Juni 2004
47 Jeffrey Carr: The War that we don't recognise is the war we lose, *Forbes*, 13. Juli 2010
48 http://www.craigmurray.org.uk/archives/2007/09/alisher_usmanov.html
49 Craig Murray: *Murder in Samarkand*, London 2006, S. 366
50 http://www.craigmurray.org.uk/archives/2005/01/indymedia_uk_to/
51 *The Guardian*, 31. Oktober 2007
52 http://www.guardian.co.uk/world/2007/nov/19/russia.football
53 *The Guardian*, 31. Oktober 2007

6 Die Armee Putins und des Imperiums

1 Sonia Mikich, Vorwort, in: Anna Politkovskaja: *Russisches Tagebuch*, Köln, 2007, S. 6
2 Christopher Andrew, Wassili Mitrochin: *Das Schwarzbuch des KGB*, Berlin 1999, S. 680
3 Olga Kryshtanovskaya, Stephen White, Inside the Putin Court: A Research Note, *Europe-Asia Studies*, Glasgow 2005, S. 1073
4 ebd.
5 Francesca Mereu: Putin made Good on Promise to FSB, *The Moscow Times*, 8. Februar 2008, S. 1
6 ebd.
7 Markus Wehner: Wir sind überall, *Frankfurter Allgemeine Zeitung*, 17. Dezember 2006
8 Gespräch mit Erich Schmidt-Eenboom, 20. November 2011
9 Michael Fredholm: The Russian Energy Strategy & Energie Policy: Pipeline Diplomacy or Mutual Dependence? Conflict Studies Research Centre, Verteidigungsakademie der britischen Armee, Shrivenham, September 2005, S. 26
10 ebd.
11 Nachrichtenagentur *Itar-Tass*, 12. Juni 2004
12 ebd., 27. September 2004
13 Cindy Hurst: The Militarization of Gazprom, *Military Review*, Fort Leavenworth, September 2010, S. 61
14 Russia – New Laws Enhance Government Controls Over Public Unrest, OSC Analysis, 4. März 2009
15 Yuliya Latynina: Oils Self-Defense, *Nowaja Gazeta*, 9. Juli 2007
16 http://www.mindfully.org/Energy/2007/Gazprom-Private-Army5jul07.htm
17 The Militarization of Gazprom, *Military Review*, September 2010, S. 61 zitiert nach: Russia – New Laws Enhance Government Controls Over Public Unrest, OSC Analysis, 4. März 2009, S. 63
18 Vladimir Voronov, Anton Tymbalov: Corporation and their Private Armies, *Defense & Scecurity*, Moskau, 20. Dezember 2007
19 ebd.
20 Die Pipeline verbindet Mozdok in Nordossetien über Tschetschenien, Dagestan mit Aserbeidschan.
21 Durch diese Pipeline wird Öl aus Tatarstan (Amletyewsk-Bugulma) nach Mitteleuropa geliefert.
22 *The Times Online*, 5. Juli 2007
23 Strategischer Analysebericht des Schweizer Bundesamts für Polizeiwesen, Juni 2007, Titel des Analyseberichts: »Organisierte Kriminalität und Nachrichtendienste aus der GUS«

24 ebd.
25 http://www.emergingmarkets.me/2011/07/former-banker-warnig-elected-transneft-chairman/
26 http://www.foxbusiness.com/markets/2011/09/13/rosneft-appoints-warnig-to-board-as-independent-director/
27 http://www.vng.de/VNG-Internet/de/1_Unternehmen/aufsichtsrat/index.html
28 http://de.rian.ru/business/20070405/63131289.html
29 http://www.gazprom-schweiz.ch/unternehmen/management/verwaltungsrat.html
30 http://rumafia.com/person.php?id=1824
31 http://www.aktuell.ru/russland/menschen/kurzbiographie/
32 Andreas Förster, Erich Schmidt-Eenboom: Putins Schatten an der Elbe, *Sächsische Zeitung*, 7. November 2011
33 Gespräch mit Erich Schmidt-Eenboom, November 2011
34 ebd.
35 David Crawford, Guy Chazan: A Friendship Forged in Spying Pays Dividends in Russia Today; *The Wall Street Journal*, 23. Februar 2005
36 Giftiger Cocktail, *Der Spiegel*, Nr. 35/2008, S. 81
37 David Crawford, Guy Chazan: A Friendship Forged in Spying Pays Dividends in Russia Today; *The Wall Street Journal*, 23. Februar 2005
38 ebd.
39 *Manager Magazin*, 23. Februar 2005
40 ebd.
41 http://www.zeit.de/1994/11/hats-geschmeckt; Irene Pietsch: *Heikle Freundschaften – Mit den Putins Russland erleben*, Wien 2001
42 David Crawford, Guy Chazan: A Friendship Forged in Spying, *The Wall Street Journal*, 23. Februar 2005
43 Irene Pietsch: *Heikle Freundschaften. Mit den Putins Russland erleben*, Wien 2001, S.383
44 Schriftsatz von Winfried Seibert an die 23. Kammer des Landgerichts Köln in einem Widerspruchsverfahren gegen eine einstweilige Verfügung vom 6. November 2007
45 www.gazprom-germania.de/presse/presseinformationen/pressemitteilung/article/stellungnahme-hans-joachim-gornig.html
46 http://www.ad-hoc-news.de/massimo-apa-ots-news-wechsel-im-centrex-vorstand--/de/News/20311775
47 http://www.foreign.senate.gov/imo/media/doc/KupchinskyTestimony080612p.pdf
48 http://wap.stern.de/op/stern/de/ct/-X/detail/kultur/Finanzpr%FCfung-Liechtenstein-Gazprom/599892/
49 *The Petersburg Times*, 12. Februar 2008
50 http://gazprom.com/f/posts/97/618699/layout_eng_02.06.pdf
51 Ministerium für Staatssicherheit, Bereitschaftserklärung vom 9. April 1985
52 HA Kader und Schulung, Vermerk zum Einstellungsbefehl Feldwebel Strehober, Berlin, 18.Oktober 1985
53 Verpflichtungserklärung vom 27. September 1985
54 Bestätigung der Reisetätigkeit des Genossen Leutnant Strehober, Arbeitsgruppe BKK, Berlin, 19. Juli 1989, Tagebuch-Nr. 1348/89; die Arbeitsgruppe BKK, Bereich Kommerzielle Koordinierung, war eine der wichtigsten Diensteinheiten des MfS.
55 Die Artur-Becker-Medaille, genannt nach dem gleichnamen Politiker in den dreißiger Jahren, war die höchste Auszeichnung der Freien Deutschen Jugend (FDJ) in der DDR.

56 Deutscher Bundestag, 13. Wahlperiode, Drucksache 13/10900, S. 395
57 Stellungnahme zur vorgesehenen NSW-Reisekaderbestätigung des Genossen Strehober, Hauptabteilung Kader und Schulung, Berlin, 25. Juli 1989
58 Schriftsatz von Winfried Seibert an die 23. Kammer des Landgerichts Köln in einem Widerspruchsverfahren gegen eine einstweilige Verfügung vom 6. November 2007
59 http://www.wifa.uni-leipzig.de/ifw/beirat.html#c23817
60 ebd.
61 Verpflichtungserklärung von Hans Uve Kreher, Jena, 9. Dezember 1976
62 Erklärung von Hans-Uve Kreher, Berlin, 3. Dezember 1985
63 Bericht über das 2. Kontaktgespräch mit dem IMS-Kandidaten »Uve«, Abteilung XVIII/2, Potsdam, 15. August 1985
64 Schreiben vom 6. September 2007
65 Landgericht Köln, Urteil vom 21. Dezember 2007, Seite 10
66 ebd.

7 Die Quelle der Macht, des Reichtums und verborgene Geheimnisse

1 Seit Juni 1991 heißt Leningrad wieder – wie vor 1924 – Sankt Petersburg.
2 *Nowaja Gazeta*, Nr. 46/2000
3 siehe auch: http://forum.artinvestment.ru/blog.php?b=155560
4 http://www.compromat.ru/page_17495.htm
5 Maureen Orth: *Vanity Fair Magazine*, 12. September 2000, zitiert nach Johnson's Russian List, 6. September 2000
6 http://www.themoscowtimes.com/business/article/putin-declares-income-of-570000-over-four-years/450347.html
7 http://www.guardian.co.uk/world/2007/dec/21/russia.topstories3
8 http://www.spiegel.de/spiegel/print/d-55946150.html
9 Kuno Krause: Das ganze Land ist Mafia, Die Zeit, 7. Dezember 1990
10 Alexander Rahr: *Wladimir Putin*, München 2000, S. 83
11 ebd., S. 94
12 ebd., S. 95
13 Gespräch mit dem Autor
14 O. Belikova: When friends don't agree, Narodny Deputat 17, 1993, S. 31
15 http://www.svobodanews.ru/content/article/1972366.html
16 Marina Salie: Mafruptsia, mafruptsia.Mafia i korruptsiia, Zakrytyi klub, Moskau 2004
17 Alexander Duka: Transformation of Local Power Elites: Institutionalization of Social Movements in St. Petersburg; *International Journal of Urban und Regional Research*, Volume 21,16. Dezember 2002, S. 439
18 *Der Spiegel*, 24/1991, S. 93
19 ebd.
20 Gespräch mit Klaus Wiendl, 28. Januar 2012
21 Klaus Wiendl: Fleischberge statt Hungersnot, *Report München*, 4. Dezember 1990
22 http://www.svobodanews.ru/content/article/1972366.html
23 http://www.svobodanews.ru/content/article/1972366.html
24 Gespräch mit dem Autor, 31. Oktober 2011, Genf
25 http://www.svobodanews.ru/content/article/1972366.html
26 Catherine Belton: Putin denies aiding oil trader, *Financial Times*, Moskau, 28. September 2011
27 Alexey Polukhin: What Vladimir Putin didn't get involved in, Nowaja Gazeta, 30. September 2011

28 http://www.nytimes.com/books/first/p/putin-first.html; Wladimir Putin, Aus erster Hand. Gespräche mit Wladimir Putin (Natalija Geworkjan, Andrei Kolesnikow, Natalja Timakowa)

29 http://www.svobodanews.ru/content/article/1972366.html

30 *Frankfurter Allgemeine Zeitung*, 17. April 2003

31 Paul Klebnikow: *Der Pate des Kreml – Boris Beresowski und die Macht der Oligarchen*, München 2001, S. 56

32 Russia's Road to Corruption: Members of the Speaker's Advisory Group on Russia: United States House of Representatives, 106. Congress, September 2000

33 Yakov Gilinsky: Russia, in: *Organized Crime and the Financial Crisis, Recent Trends in the Baltic Sea Region*, Institut für Sicherheit und Entwicklung, Stockholm 2011

34 Russia's Road to Corruption: Members of the Speaker's Advisory Group on Russia: United States House of Representatives, 106. Congress, September 2000

35 Mark Franchetti: Russia's Al Capone sneers at his trial, *The Sunday Times*, 31. Mai 2009

36 Michale Schwirtz: A Mobster Trial and a Flash of a Violent Past, *The New York Times*, 14. Mai 2009

37 Agathe Duparc, Wladimir Iwandize: Le nom de M. Poutine apparait en marge des affaires de blanchiment au Liechtenstein, *Le Monde*, 25. Mai 2000

38 Nikolaj Melnitschenko: *Who is Who auf der Couch von Präsident Kutschma*, Kiew, November 2002, S. 15-17

39 ebd.

40 http://ukraine-nachrichten.de/thema/Nikolaj-Melnitschenko

41 *Kommersant*, Moskau, 7. August 1995

42 *Nowaja Gazeta*, Moskau 22. April 2011

43 http://en.novayagazeta.ru/politics/8265.html

44 http://www.reportingproject.net/PeopleOfInterest/biography.php?id=27

45 http://www.gazprombank.ru/eng/about/board/

46 http://rumafia.com/person.php?id=64

47 Das Unternehmen exportiert Rohöl.

48 http://ir.gazprom-neft.com/corporate-governance/board-of-directors/alexander-dyukov/

49 ebd.

50 http://www.gazprom.com/subsidiaries/list-items/gazprom-geologorazvedka/

51 Nowaja Gazeta, 22. April 2011

52 Alexander Rahr: *Wladimir Putin. Der Deutsche im Kreml*, München 2000, S. 110

53 Im Jahr 1994 wurde von der St. Petersburger Stadtregierung die PTK (Peterburgskaja Tobliwnaja Kampagnija) gegründet, die das Exklusivrecht zum Handel mit Brennstoffen in der Stadt erhielt. Dabei ging es um die Versorgung des öffentlichen Fahrzeugparks der Stadt Sankt Peterburg mit Diesel, Benzin und anderen Treibstoffen durch das firmeneigene Tankstellennetz der PTK. Praktisch bedeutete das, dass alle 174 Buslinien (auf jeder Strecke verkehren im Minimum fünf Busse), der Autopark der Stadtverwaltung für Inneres, der Krankentransport, die Spezialtransportfahrzeuge (Müllentsorgung), der Pkw-Park der Stadtregierung exklusiv von der PTK versorgt wurden.

54 http://www.opendemocracy.net/od-russia/mumin-shakirov/who-was-mister-putin-interview-with-boris-nemtsov

55 http://en.sogaz.ru/

56 *Kommersant*, Moskau, 21. Februar 2003

57 Das Unternehmen beliefert insbesondere Gas- und Ölunternehmen mit Ausrüstungsmaterial.

58 http://www.independent.co.uk/news/world/europe/all-the-presidents-men-the-kgbs-great-powergrab-427965.html

59 http://piraniarchive.wordpress.com/home/about/inside-the-gazprom-management-team/
60 http://en.rian.ru/russia/20080519/107754671.html
61 http://web.abr.ru/en/
62 http://en.sogaz.ru/
63 http://www.gazprom.com/
64 http://web.abr.ru/en/about/history/
65 Gespräch mit dem Autor, 31. Oktober 2011, Genf
66 http://www.premier.gov.ru/eng/premier/press/ru/3221/print/
67 *Delovoy Petersburg*, 13. Januar 2006
68 http://www.rmg.ru/en/get-analytics-file/item/885?time=1325688406
69 ebd.
70 http://eng.kremlin.ru/trips/238
71 ebd.
72 *Der Tagesspiegel*, 30 Dezember 2010
73 Verema Diethelm: Korruptionsvorwürfe gegen Premier Putin, *Der Standard*, Wien, 12. Januar 2011
74 *Vedemosti*, 11. Januar 2011
75 http://www.themoscowtimes.com/business/article/putin-declares-income-of-570000-over-four-years/450347.html
76 http://www.premier.gov.ru/eng/premier/press/ru/4558/

8 Gazproms Beziehungen zu mafiosen Strukturen

1 Itera hatte bislang das exklusive Recht, das Gas aus Turkmenistan als Vermittlerfirma zu verkaufen.
2 www.guardian.co.uk/world-embassy-cables-documents/182121
3 US-Depesche der US-Botschaft Kiew: Subject: Ukraine: Firtash Makes His Case to the USG, 10. Dezember 2008, siehe www.guardian.co.uk/world/us-embassy-cables-documents/182121
4 Zeitung *Napi*, Budapest, 30. Oktober 1993
5 The Semion Mogilevich Crime Group, Transnational Organized Crime, Israel National Police, Research and Computerization Section, August 1996
6 Federico Varese: Mafia Transplantation, in: *Creating Social Trust in Post-Socialist Transition*, New York, 2004, S. 161
7 Glenn R. Simpson, Mary Jacoby: How Lobbyists help Ex-Soviets Woo Washington, *The Wall Street Journal*, 17. April 2007
8 Catherine Belton: Mobster Casts Shadow on Gazprom Partner, *The Petersburg Times*, 2. Dezember 2003
9 *Vedemosti*, 27. Februar 2003
10 Bericht vom 1. Dezember 2005, Bundesministerium für Inneres, Bundeskriminalamt, GZ: 1977178/1-II/BK 31030
11 http://www.fbi.gov/wanted/alert/igor-lvovich-fisherman
12 http://www.templetonthorp.com/ru/news340
13 http://www.sptimes.ru/index.php?action_id=2&story_id=2934
14 Bundesamt für Polizei: Strategischer Analysebericht, Juni 2007, S. 3
15 *The Wall Street Journal*, 26. Januar 2008
16 http://rumafia.com/material.php?id=341
17 *Reuters*, 27. Juli 2009
18 http://www.fbi.gov/news/stories/2009/october/mogilevich_102109
19 ebd.
20 ebd.
21 ebd.

22 http://www.moneyhouse.ch/u/p/emelin_alexander-7001624/cronos_im_ex_
ag_CH-170.3.028.081-2.htm
23 http://en.novayagazeta.ru/investigations/8547.html
24 http://en.novayagazeta.ru/investigations/8547.html
25 http://www.*RosUkrEnergo*.ch/ger.html
26 Bericht des Bundeskriminalamts, Wien, Aktenzeichen: GZ: 19771 1 78/1-I I/
BK/31030, 1. Dezember 2005
27 *Salzburger Nachrichten*, 20. September 2006, S. 15
28 *Interfax*, 4. Januar 2006
29 *Kyiv Post*, 16. Juni 2005.
30 Mark Rachkevych: U. S. official: Austrian bank's ties to RosUkrEnergo suspi-
cious, *Kyiv Post*, 3. Dezember 2010
31 *Profil*, Wien, 8. Mai 2005
32 http://www.globalwitness.org/
33 *Financial Times*, Russia Breaks Ties with Gas Middleman, 12. Februar 2008
34 www.ukraine-nachrichten.de
35 Stefan Wagstyl: Ukraine's gas princess found guilty and jailed for seven years,
Financial Times, 11. Oktober 2011
36 Cathrin Kahlweit: Selbstreinigung in Wien, *Süddeutsche Zeitung*, 1. Februar
2012, S. 7
37 www.gazprom.com/about/management/board/medvedev/
38 Hans-Martin Tillack: Die Gazoviki, das Geld und die Gier; *Der Stern*, 22. September 2007
39 www.gazprom-germania.de/en/company/company-history.html
40 http://www.udo-leuschner.de/energie-chronik/chframe.htm
41 ebd.
42 Blogbeitrag, www.peterpilz.at

9 Ein gewagtes Machtspiel oder Hintergründe eines eiskalten Winters

1 *Financial Times*, 7. Januar 2009
2 Thomas Wiede: Das Schwert Russlands, *Handelsblatt*, 20. Februar 2009
3 http://www.emfis.de
4 *Kyiv Post*, 9. September 2010
5 http://www.groupdf.com/chronology.asp
6 http://www.groupdf.com/management.asp
7 http://www.groupdf.com/about.asp
8 E-Mail an Dmitri Firtaschs Holding Group in Wien vom 23. Januar 2012
9 *KyivPost*, 23. Februar 2012
10 Andreas Ulrich: Knast oder Karriere, *Der Spiegel*, 10. November 2003, S. 70
11 *Der Tagesspiegel*, Berlin, 8. Juni 2004, S. 4
12 Keith Darden: *Graft and Governance: Corruption as an Informal Mechanism of
State Control*, Yale University, Department of Political Science, 6. August 2002
13 RFE/RL Newsline. 5. Mai 2005
14 http://www.aktuell.ru/russland/menschen/kurzbiographie/
15 Presseerklärung, Global Witness, London, 11. März 2010
16 *Allgemeine Hotel- und Gaststätten-Zeitung*, 26. April 2011
17 www.bankkaufmann.com/a-257820-Grundig-Villa-an-Frau-des-ukrainischen-
Oligarchen-Bakai-verkauft.html
18 http://www.pesterlloyd.net/2011_10/10politaffaeren/10politaffaeren.html
19 http://www.*Emfesz*.hu/index.php?p=news&act=show&cid=197ungar
20 *Budapester Rundschau*, 9. Mai 2009
21 *Hungarian News Agency*, 28. April 2009

22 Finanzzeitschrift *cash*, Bern, 3. August 2009
23 Shady Gas Firm Emfesz Latest front in Battle for Hungary's Gas Market, Depesche der US-Botschaft in Budapest, 13. Mai 2009: http://wikileaks.org/cable/2009/05/09BUDAPEST356.html
24 http://www.mdmbank.com/ir/corporate_governance/management/kuznetsov/
25 *Die Presse*, Wien, 13. November 2009, S. 21
26 *MIT-Econews*, 6. Januar 2010
27 Domestic Economic, Energy, BBC Monitoring Europe vom 22. Dezember 2012
28 *Interfax*, 6. April 2011
29 *Interfax*, 6. April 2011
30 *Interfax*, 16. November 2011
31 *Reuters*, 21. März 2011
32 *APA, Journal Osteuropa*, 3. Januar 2001
33 *Wirtschaftsblatt*, Wien, 26. September 2000
34 http://www.boerse-express.com/pages/490344/print
35 http://pipelinesinternational.com/news/mol_gazprom_consider_joint_pipeline_company/011299/
36 Depesche des US-Konsulats Neapel, Ref.: 09NAPLES53, 31. Oktober 2008
37 Gespräch mit dem Autor am 22. März 2010
38 Das in der Schweiz ansässige Unternehmen Renova gehört dem russischen Oligarchen Wiktor Wekselberg.
39 http://www.agcs.at/service/news/4822014625/
40 Viktor Wekselberg hält über seine Holding Renova eine Mehrheitsbeteiligung an dem schweizerischen Industriekonzern Oerlikon.
41 *Tages Anzeiger*, Zürich, 16. Mai 2010
42 http://www.news.admin.ch/dokumentation/00002/00015/?lang=de&msg-id=36795
43 Oliver Meiler: Aufbau Süd, *Berliner Zeitung*, 29. Mai 2004
44 http://www.olambientalista.it/index.php/de-filippo-puti/
45 BND-Analyse über Geldwäsche und Anlagepolitik der 'Ndrangheta vom 28. März 2006, S. 20
46 Gespräch mit Massimo Ciancimino in Bologna, 12. Oktober 2009
47 Procura Della Repubblica, Direzione Distrettuale Antimafia, N 12021/04 RGNR, Palermo, 27. Juni 2006
48 www.groupdf.com/News_190.asp.
49 *Der Standard*, Wien, 9. Oktober 2006
50 Die Intesa-Saopaolo ist eine Bankengruppe, die aus dem Zusammenschluss der Banca Intesa und der Saopaolo IMI hervorgegangen ist.

10 Die deutschen und europäischen Amigos des Systems Putin-Gazprom

1 www.justice.gov/criminal/fara
2 Roman Kupchinsky: Russia's Hired Lobbies in the West, *Eurasia Daily Monitor*, 3. August 2009
3 *Kommersant*, Moskau, 16. Januar 2007
4 www.prwatch.org/spin/2009/02/8208/consultants-rush-help-russia
5 http://diepresse.com/home/wirtschaft/international/696915/Energiepolitik_Machtkampf-um-Gaskartell
6 http://euobserver.com/24/27567
7 E-Mail von Gregor Kreuzhuber, g + europe, vom 2. Januar 2012
8 ebd.

9 http://ec.europa.eu/transparencyregister/public/consultation/displaylobby ist.do?id=7223777790-86
10 http://www.gpluseurope.com/assets/375.pdf
11 Ulli Wendelmann: Gazprom – Weltmacht aus der Pipeline; *Deutschlandfunk*, 31.März 2009
12 Oliver Geden: Entflechtung oder Marktintegration? http://carta.info/8731/ent flechtung-oder-marktintegration-die-beschluesse-zum-3-eu-energiebinnen marktpaket/
13 Interview mit dem russischen TV-Sender *Rossija*, 17. Oktober 2011
14 *Financial Times*, 18. Oktober 2011, S. 5
15 www.handelsblatt.com/unternehmen/industrie/abkommen-siemens-und-gaz prom-besiegeln-partnerschaft/5976948.html
16 www.gpluseurope.com/people/detail/3-gregor-kreuzhuber
17 Hajo Friedrich: Vom EU-Beamten zum Berater, *Frankfurter Allgemeine Zeiung*, 6. Dezember 2006
18 http://www.goerling.com/de/newsdetails/news/compliance_im_russland geschaeft/
19 http://www.arte.tv/de/Das-Recht-des-Staerkeren/1907288,CmC=1923662.html
20 http://stiftung-aufarbeitung.de/wer-war-wer-in-der-ddr-%2363%3B-1424. html?ID=2199
21 Immanuel Kant: *Die drei Kritiken*, Stuttgart, 1964, S. 233
22 Interview mit dem Autor, 19. Dezember 2011
23 Boris Reitschuster, *Focus*, Nr. 51, 2005
24 Markus Wehner, *Frankfurter Allgemeine Sonntagszeitung*, 18. Dezember 2005
25 onshore = an der Küste beziehungsweise an Land; offshore = vor der Küste
26 http://www.lobbypedia.de/index.php/Caio_Koch-Weser
27 Bundestagsdrucksache 16/1366, 3. Mai 2006
28 Waleri Panjuschkin, Michail Sygar: *Gazprom – das Geschäft mit der Macht*, München 2008
29 ebd., S. 240, 244
30 John Vinocur: For Schröder and Putin, Linkup No Coincidence, *International Herald Tribune*, 3. Januar 2006
31 Markus Wehner, *Frankfurter Allgemeine Sonntagszeitung*, 18. Dezember 2005
32 *Süddeutsche Zeitung*, 12. Dezember 2011
33 Anklageschrift der Staatsanwaltschaft Bonn, 15. April 2011
34 ebd.
35 Gerhard Schröder, *Entscheidungen – Mein Leben in der Politik*, Hamburg 2006, S. 461, 463
36 www.faz.net/aktuell/feuilleton/medien/maschmeyer-und-schroeder-memoi-ren-fuer-eine-million-euro-12898.html
37 Deutscher Bundestag, Plenarprotokoll 16/8, Stenografischer Bericht 8. Sitzung Berlin, Donnerstag, den 15. Dezember 2005
38 ebd., S. 468
39 ebd., S. 465
40 ebd., S. 466
41 ebd., S. 469
42 *Frankfurter Allgemeine Zeitung*, 3. April 2006
43 http://www.udo-leuschner.de/energie-chronik/chframe.htm; die Webseite bietet die besten Informationen über Gazprom in deutscher Sprache.
44 www.wiwo.de/politik/deutschland/bundesregierung-verteidigt-ex-kanzler-us-politiker-attackiert-gerhard-schroeder/5120962.html
45 Katharina Kort: Prodi lehnt Gazprom-Posten ab, *Handelsblatt*, 20. April 2008
46 Gespräch mit Daniel Cohn-Bendit am 28. November 2011

47 http://www.focus.de/politik/ausland/putin_aid_120847.html
48 http://www.n-tv.de/politik/Neue-Tipps-von-Schroeder-article251519.html
49 http://www.welt.de/politik/article1576805/Ist_Putin_ein_lupenreiner_Demo
krat_Herr_Erler.html
50 Stellungnahme von Dr. Norbert Copray mir gegenüber am 19. 12. 2011; mehr über
die gemeinnützige Fairness Stiftung ist zu erfahren über: http://www.fairness-
stiftung.de
51 http://www.handelsblatt.com/politik/deutschland/spd-rechte-will-schroeder-
zurueck/3020192.html?p3020192=all

Schluss

1 Thomas Hummitzsch: Gazprom – vom Staatskonzern zum globalen Energiever
sorger, www.glanzundelend.de/Artikel/gazprom.htm
2 www.ftd.de/politik/international/:vor-der-praesidentenwahl-russlands-oppo
sition-klagt-deutschland-an/60176329.html
3 Focus Money, 30. September 2011
4 http://www.fairness-stiftung.de/FSBlogEintrag.aspx?EID=135
5 Global Witness: All that Gas? Five Reasons why the European Union is wrong to
bow to the Dictatorship of Turkmenistan, Briefing, November 2009
6 Welt am Sonntag, 13. September 2009
7 The Moscow Times, 15. April 2004
8 Pawel Wieczorkiewicz: Krieg im 21. Jahrhundert? Zeitschrift region, Warschau,
6/2011, S. 10
9 zitiert nach Robert Morley: The Deadly New Weapon, Trumpet Print Edition,
Philadelphia, März 2007
10 http://ir.gazprom-neft.com/corporate-governance/board-of-directors/olga-
pavlova/
11 http://en.rian.ru/business/20111230/170566977.html
12 The Moscow Times, 28. Februar 2012
13 http://www.novayagazeta.ru/politics/51416.html
14 http://www.wellmann-berlin.de/
15 http://www.spiegel.de/politik/ausland/0,1518,819272,00.html
16 ebda
17 www.dradio.de/dlf/sendungen/interview_dlf/1696104/
18 www.spiegel.de/politik/deutschland/0,1518,819951,00.html
19 http://www.themoscowtimes.com/news/article/live-blog-post-election-
rallies/454168.html
20 Frankfurter Rundschau, 24. Februar 2012

Redaktionsschluss für die Internetseiten: 15. März 2012

Abkürzungen

AKW	Atomkraftwerk
BG	British Gas
BUND	Bund für Umwelt und Naturschutz Deutschland e. V.
CEEGAG	Centrex Europe Energy & Gas
CESID	Centro Superior de Información de la Defensa (Oberste Zentrale für Verteidigungsinformationen)
CIA	Central Intelligence Agency
CNI	Centro Nacional de Inteligencia (Nationales Informationszentrum, spanischer Geheimdienst)
EBC	European Business Congress e. V.
EEX	European Energy Exchange AG
EITI	Extractive Industries Transparency Initiative
Emfesz	Erste Ungarische Erdgas- und Energiehandels- und -Service GmbH
ETG	Eural Trans Gas
EU	Europäische Union
EWN	Energie Werke Nord
FAPSI	Federalnoje Agentstwo Prawitelstwennoi Swjasi i Informazii (Föderale Agentur für Regierungsfernmeldewesen und Information)
FBI	Federal Bureau of Investigation
FLC	Financial Leasing Company
FPÖ	Freiheitliche Partei Österreichs
FSB	Federal'naya sluzhba bezopasnosti/Bundesagentur für Sicherheit (seit 1991 Inlandsgeheimdienst der Russischen Föderation, ihm untersteht – mit Ausnahme der Auslandsspionage – die gesamte Infrastruktur des ehemaligen KGB)

GERB	Bürger für eine europäische Entwicklung Bulgariens
GRU	Glawnoje Raswedywatelnoje Uprawlenije (Hauptverwaltung der Aufklärung/russischer Militärnachrichtendienst)
GUS	Gemeinschaft Unabhängiger Staaten
IWB	Internationale Wirtschaftsberatungsgesellschaft
IWF	Internationaler Währungsfonds
KGB	Komitee für Staatssicherheit (sowjetischer In- und Auslandsgeheimdienst, der von 1954 bis 1991 bestand
KPdSU	Kommunistische Partei der Sowjetunion
MfS	Ministerium für Staatssicherheit
MOL	Magyar Olaj- és Gázipari Részvénytársaság (ungarischer Öl- und Gaskonzern)
NEK	Nationale Energiegesellschaft (Bulgarien)
NRB	National Reserve Bank
OCCRP	Organized Crime and Corruption Reporting Project
OECD	Organisation for Economic Co-operation and Development/Organisation für wirtschaftliche Zusammenarbeit und Entwicklung
OK	Organisierte Kriminalität
OMV	Österreichische Mineralölverwaltung, vormals ÖMV
ÖVP	Österreichische Volkspartei
OSZE	Organisation für wirtschaftliche Zusammenarbeit und Entwicklung
RAO JES	Vereinte Russische Energiesysteme
RIAG	Raiffeisen Investment AG
RUE	RosUkrEnergo (Russisch-Ukrainische Energie)
SBU	Sluschba bespeky Ukrajiny (Sicherheitsdienst der Ukraine/Inlandsgeheimdienst der Ukraine)
SPÖ	Sozialdemokratische Partei Österreichs
SWR	Sluschba wneschnei raswedki (Dienst der Außenaufklärung/russischer Auslandsnachrichtendienst)
VEB	Volkseigener Betrieb
VTB	Vneshtorgbank (staatliche russische Außenhandelsbank)
WWF	World Wide Fund For Nature

Personenregister

Abakarow, Arsen Arslan 32 f.
Abramow, Alexander 125
Abramowitsch, Roman 140 f.
Achmedow, Farhad 114 ff.
Achmerow, Igor 253
Akimow, Andrej 123, 166, 222
Alekseiwa, Ludmila 47
Almunia, Joaquín 262
Ananjew, Evgeni 143 f.
Andrejew, Andrei 145
Arndt-Brauer, Ingrid 280
Arnim, Hans Herbert von 272
Averin, Viktor 142, 209
Awen, Pjotr 184, 188
Azarow, Mikola 232, 239 f.

Babuschkin, Andrei 47
Bagdarsjan, Jurij 139
Bakai, Igor »Iggy« 235, 238–241
Balkenende, Jan Peter 206
Bär, Dorothee 283
Baranow, Alexander 93
Barsukow siehe Kumarin
Bartenstein, Martin 248
Bartsch, Dietmar 282
Bastrygin, Alexander 125 f., 128
Beck, Volker 283
Bekker, Arngolt 53 ff.

Belton, Catherine 120
Benneter, Uwe 270, 275
Beresowski, Boris 79, 140 f.
Bergschneider, Claus 264
Beria, Lawrenti 98
Berlusconi, Silvio 257 f.
Berninger, Matthias 276
Bespalow, Alexander 147
Beyerle, John R. 30
Bisztyga, Jan 137 f.
Blair, Tony 95
Boiko, Juri 222, 234
Boldyrew, Juri 186 f.
Borissow, Bojko 96ff., 100, 103
Borodin, Pawel 202
Brazauskas, Algirdas 88, 114
Breschnew, Leonid 150
Brok, Elmar 87
Broweder, William 22
Brüderle, Rainer 276
Burchardt, Rainer 289
Burlakow, Andrej 59 f., 64 ff.,
  68 f.
Bykov, Yuriy 121

Cavero, Gerardo 63 f.
Chernoy, Lew 125 f.
Chernoy, Michail 114, 126

Chodorkowski, Michail 83, 118, 128, 163, 276
Ciancimino, Massimo 256 f.
Clement, Wolfgang 270
Cobain, Ian 143
Cohn-Bendit, Daniel 278 f.
Copray, Norbert 269, 283
Crawford, David 161

Darden, Keith 239
Deripaska, Oleg 79, 125–129, 145
Derkatsch, Leonid 192 f.
Didenko, Igor 238 f.
Dimitrov, Konstantin 100
Djukow, Alexander 199
Dobrindt, Alexander 282
Dserschinski, Felix 98, 168

Edathy, Sebastian 281
Eichel, Hans 65, 84
Eigen, Peter 95
Elisabeth I., Zarin 177
Erdogan, Recep 105
Erler, Gernot 73, 281 f.

Fallico, Antonio 258
Feingold, Jonathan 57
Firtasch, Dmytro 120 f., 208 f., 215, 219–222, 224 ff., 232–238, 241, 244, 246 f.
Fischer, Joseph »Joschka« 286
Fischler, Franz 266
Fisherman, Igor 214, 216, 220
Fjodorow, Boris 38 f.
Forgione, Francesco 242
Fradkow, Michail 124
Fradkow, Pjotr 124

Fursenko, Andrej 201
Fursenko, Sergej 201
Fursin, Ivan 221, 224 f.

Gaczi, István 247
Gaidar, Jegor 183
Galmond, Jeffrey 130, 132 f., 135
Garzón, Baltasar 59, 62 f.
Gaydamak, Aracadi 125
Gazda, Tamás 245 ff.
Genscher, Hans-Dietrich 84
Georg Friedrich Prinz von Preußen 85
Georgiew, Krassimir 100
Gergov, Georgi 97
Giannakopoulos, Nikolas 251, 253
Gilinsky, Yakov 27 f., 31, 190, 192
Glos, Michael 85
Goldowski, Yakov 113
Golubew, Valery 150, 202, 223
Gorbatschow, Michail 37, 73, 138, 181 f., 185, 268
Gordon, Zeev 216
Gore, Al (Albert Arnold) 38
Gorelow, Vasilew 205
Göring-Eckardt, Katrin 283
Görling, Helmut 272
Gornig, Hans-Joachim 57, 85, 163 f.
Gottschalk, Thomas 85
Granelli, Bruno 257 f.
Gröhe, Hermann 289
Großmann, Jürgen 101
Gryzlow, Boris 199
Gudkow, Gennadi 153
Guilford, Peter 263
Gurow, Alexander 153 f.
Gussinski, Wladimir 111 f.

Gyurcsány, Ferenc 251

Hardenberg, Isa von 85
Hason, Michael 228
Hausheer, Urs 18 f.
Haussmann, Lars 219 f.
Havel, Václav 26, 73
Heil, Hubertus 281
Hernadi, Zsolt 249 f.
Hoeneß, Uli 58
Holm, Kerstin 42
Humme, Christel 280
Hussein, Saddam 27

Idrac, Anne-Marie 206
Ischenko, Pavel 143
Ivankov, Vyacheslav 142
Iwandize, Wladimir 7, 9, 139, 179, 184
Iwankow, Wjatscheslaw 139
Iwanow, Alexander
Iwanow, Sergei (Junior) 122 f.
Iwanow, Sergei (Senior) 123
Iwanow, Viktor 125, 127

Jakowenko, Igor 13, 113
Janukowitsch, Viktor 89, 121, 226, 233 f., 238, 240 f.
Jasew, Valeri 16
Jauch, Günther 85
Jawlinski, Grigori 26 f., 36, 186, 259, 268
Jechanurow, Juri 222
Jelzin, Boris 30, 34, 37, 72, 111 f., 122, 138, 141, 143 f., 148 f., 156, 186
Jewgenjewna, Marina 183
Juschenkow, Sergej 188 f.

Juschtschenko, Viktor 88 f., 224, 240
Jussufow, Igor 59, 66 f.
Jussufow, Vitali 59, 66–69

Kahrs, Johannes 284
Kalinitschenko, Oleg 176
Kallas, Siim 272
Kant, Immanuel 269
Karamanlis, Kostas 91 f., 94
Karimow, Gulnara 145 f.
Karpow, Pavel 45 ff.
Kastujewa, Angelika 47
Kelber, Ulrich 280 f.
Khorchowskij, Valeri 121, 234
Kirejew 226
Kirow 178
Klare, Michael 287
Klein, Rüdiger 64 f., 67 f.
Knabe, Bernd 139
Koch, Alfred 112 f.
Koch-Weser, Caio 271
Koleschnikow, Sergej 206
Komarow, Juri 222
Korchemkin, Mikhail 23
Korytov, Viktor 199
Koschin, Wladimir 202
Koslow, Alexei 42
Kosor, Jadranka 106
Kotenew, Wladimir 84 ff., 263
Kovachki, Hristo 100
Kowaltschuk, Boris 123
Kowaltschuk, Juri 123, 201, 204
Kowenhoven, Peter 218
Kozitskaya, Natalia 241 f.
Kramer, Marcel 80
Krasnenkow, Alexander 115

Montesino, Vladimiro 144
Müntefering, Franz 275
Murray, Craig 9, 145 f.

Nahles, Andrea 281
Nasarbajew, Nursultan 256
Nasarbajewa, Dariga 256
Nash, Stuart 217
Nawalni, Alexej 122, 284, 291
Nedilko, Nikolaij 194
Nemtsow, Boris 201
Nevski, Alexander 297
Nikjeschin 175

Odebrecht, Marc 66
Oettinger, Günther 71, 206, 266
Oppermann, Thomas 281
Ovtcharov, Rumen 100
Owschinnikow, Andrej 10
Özdemir, Cem 73

Pachomow, Alexander 183
Palschikow, Oleg 220 f.
Panfilowa, Jelena 29, 122
Panjuschkin, Waleri 271
Pascual, Carlos 216
Patruschew, Dmitri 124
Patruschew, Nikolai 70, 97, 128,
    150, 193
Patruschew, Viktor 70
Pawlow, Alexei 260
Pechenkin, Valery 128
Petelin, Gennadi 39
Peterson, Jeremy 53
Petkow, Rumen 97
Petrossow, Vatschagan 142
Petrow, Gennadi 59–64, 198, 204

Piebalgs, Andris 266
Pietsch, Irene 161 f., 177
Pilz, Peter 230
Plyusnin, Jewgeni 150
Polenz, Ruprecht 73
Politkowskaja, Anna 41, 268
Popov, Nikolai Petrovich 30
Potanin, Vladimir 113
Primakow, Jewgeni 84, 141
Prodi, Romano 278
Provenzano, Bernardo 256
Putin, Wladimir 7–14, 18–22, 24,
    26–32, 38 ff., 51 f., 54, 58, 60 ff.,
    71–75, 77, 79, 82 f., 90 ff., 95 f.,
    98, 100, 106, 109 ff., 117–162,
    174–179, 182–188, 191–195,
    198–202, 204–208, 219, 224,
    226, 230, 232 f., 240, 249,
    251 ff., 258–260, 265 ff., 269 ff.,
    274, 277, 279 f., 282 ff., 287–290
Putina, Ludmila 134, 159, 161 f.,
    175, 177, 200
Putschek, Wolfgang 221–224

Rahr, Alexander 178 f., 200
Reddaway, Peter 38
Reitschuster, Boris 88, 268 ff.
Rejman, Leonid 61 ff., 129–135
Reznik, Wladislaw 61 f.
Rittscher, Dieter 15 f.
Roldugin, Sergei 176
Rotenberg, Arkadi 21 f., 24
Rotenberg, Boris 20 ff., 24
Rozhetskin, Leonid 129, 131, 134,
    136
Rudloff, Hans-Jörg 118
Rühe, Volker 77

Rummenigge, Karl-Heinz 58
Ryazanow, Alexander 222

Safra, Edmond 41
Sakaschwili, Michail 90
Salie, Marina 110, 178, 180–188
Samaras, Antonis 95
Sanz, José Alises 61
Scaroni, Paolo 278
Scarpinato, Roberto 29
Schabalow, Igor 20 f.
Schalck-Golodkowski, Alexander 169
Schamalow, Jury 150, 205
Schamalow, Nikolai 60, 201, 204 ff.
Schelemow, Michail 205
Schemezow, Sergej 158
Scheremet, Wjatscheslaw 39
Schewtschenko, Viktor 98
Schlaff, Martin 228
Schmatko, Sergei 102
Schmidt-Deguelle, Klaus-Peter 65
Schmidt-Eenboom, Erich 151, 159 f.
Schönfelder, Wilhelm 265
Schröder, Gerhard 18 f., 38, 40, 67, 73, 75 f., 79, 84, 166 f., 206, 267–283, 289
Schuschkewitsch, Stanislaw 138
Schuwalow, Igor 253
Seehofer, Horst 57
Seele, Rainer 76
Seibert, Winfried 170, 172, 301 f.
Seidel, Jürgen 60, 64
Session, William 211f.
Setschin, Igor 118, 124–127
Sharma, Vidya 132
Shleynow, Roman 69, 119 f.

Sidorow, Igor 104f.
Simeonova, Albena 102
Simonow, Alexei 13
Sirotkin, Mikhail 199
Skigin, Dmitri 198 f.
Skoch, Andrej 142 f.
Smital, Heinz 101
Sobjanin, Sergei 12
Sobtschak, Anatoli 161, 179, 181, 183 ff., 187 f., 195, 198, 204
Socor, Vladimir 106
Stalin, Josef 24, 41, 178, 181, 297
Stark 169
Steinbach, Erika 49
Steinmeier, Frank-Walter 277
Stepanow, Vladlan 48 f.
Stepanowa, Olga 48 f.
Stern, Jonathan 29
Strehober, Felix 164, 167–170, 172 f.
Streletsky, Valery 38
Subkow, Viktor 200
Swetowa, Zoya 47
Sygar, Michail 271

Tanke, Detlef 15 f.
Teltschik, Horst 77
Tiedje, Hans-Hermann 65
Tillack, Hans-Martin 7
Tillich, Stanislaw 74
Timoschenko, Julia 88 f., 225 f., 233 f., 240
Timtschenko, Gennadi 186 f.
Tokarew, Nicolai 158 f.
Torgovy Dom, Trubny 120
Traber, Ilja 198 f.
Trajkow, Trajtscho 103

**Hannes Koch,
Bernhard Pötter,
Peter Unfried**

Stromwechsel
Wie Bürger und Konzerne um die Energie-
wende kämpfen

182 Seiten, gebunden

Für viele Menschen ist mit dem Atomausstieg das Thema
Energiepolitik erledigt. Dabei ist die sogenannte Energiewende
nur der erste Schritt, denn jetzt werden die Weichen gestellt,
wie die Energieversorgung in Deutschland, Europa und der
ganzen Welt in den nächsten Jahrzehnten aussehen wird. Wird sie
zentral oder dezentral sein? Bestimmen die alten Konzerne die
Zukunft der Energieproduktion oder setzen sich neue, innovative
Firmen endlich durch? Welche Köpfe beeinflussen maßgeblich
die Energiewende, wer zieht im Hintergrund die Fäden? Hier
finden Sie die Antworten.

Sven Plöger

Gute Aussichten für morgen
Wie wir den Klimawandel bewältigen und die Energiewende schaffen können

320 Seiten, Klappenbroschur

Der Klimawandel kommt, das steht außer Frage. Doch in welchem Ausmaß wird er uns treffen? Die Folgen werden wir in sämtlichen Lebensbereichen wie Wohnen, Verkehr und Landwirtschaft spüren. Wir werden konstruktive Lösungen finden müssen. Sachliche Unkenntnis und Lobbyismus verschiedener Interessengruppen aus Wirtschaft, Wissenschaft, Politik und Medien haben jedoch zu einer undurchdringlichen Vielfalt an Meinungen geführt. Sven Plöger zeigt, wie diese Einzelinteressen endlich überwunden werden können, und macht damit den Blick frei für die Möglichkeiten, die sich uns eröffnen. Denn erst der Klimawandel verstärkt den Zwang, effizientere Technologien zu entwickeln und Alternativen zu fossilen Energieträgern wie erneuerbare Energien zu fördern.